Llewellyn's
2001
Astrological Pocket Planner

Copyright © 2000 Llewellyn Publications
All rights reserved.

Printed in the United States of America
Typography property of Llewellyn Worldwide, Ltd.

ISBN: 1-56718-972-5

Cover design by Anne Marie Garrison
Cover illustration by Susan Hill
Designed by Susan Van Sant
Edited by K. M. Brielmaier and Andrea Neff

A special thanks to Leslie Nielsen for astrological proofreading.

Set in Eastern and Pacific Standard Times. Ephemeris and aspect data generated by ACS Publications. Re-use is prohibited.

Published by
LLEWELLYN PUBLICATIONS
P.O. Box 64383 Dept. 972-5
St. Paul, MN 55164-0383, U.S.A.

Table of Contents

Mercury Retrograde and Moon Void-of-Course / 2
How to Use the *Pocket Planner* / 4
Symbol Key / 5
World Map of Time Zones / 6
Time Zone Conversions / 7
Planetary Stations for 2001 / 8
2001 Week-at-a-Glance Calendar Pages / 9
2002 Month-at-a-Glance Calendar Pages / 113
Blank Horoscope Chart / 125
2001–2002 Aspectarian and Ephemeris / 126

Mercury Retrograde 2001

	DATE	EST	PST			DATE	EST	PST
Mercury Retrograde	2/3	8:55 pm	5:55 pm	—	Mercury Direct	2/25	10:42 am	7:42 am
Mercury Retrograde	6/4	12:21 am	9:21 pm(6/3)	—	Mercury Direct	6/28	12:48 am	9:48 pm(6/27)
Mercury Retrograde	10/1	2:24 pm	11:24 am	—	Mercury Direct	10/22	7:24 pm	4:24 pm

Moon Void-of-Course 2001

Times are listed in Eastern Standard Time in this table only. All other information in the *Pocket Planner* is listed in both Eastern Standard Time and Pacific Standard Time. Refer to "Time Zone Conversions" on page 7 for changing to other time zones.

Last Aspect	Moon Enters New Sign	Last Aspect	Moon Enters New Sign	Last Aspect	Moon Enters New Sign
Date Time	Date Sign Time	Date Time	Date Sign Time	Date Time	Date Sign Time
JANUARY		**FEBRUARY**		**MARCH**	
1 6:36 am	1 ♈ 5:14 pm	2 5:31 am	2 ♊ 3:56 pm	1 1:57 pm	1 ♊ 10:36 pm
3 5:09 am	4 ♉ 1:57 am	4 3:12 am	4 ♋ 7:00 pm	3 1:45 pm	4 ♋ 3:24 am
5 9:09 pm	6 ♊ 6:44 am	6 12:30 pm	6 ♌ 7:21 pm	5 10:10 pm	6 ♌ 5:30 am
7 2:19 pm	8 ♋ 8:09 am	8 4:25 pm	8 ♍ 6:35 pm	7 10:50 pm	8 ♍ 5:44 am
10 7:39 am	10 ♌ 7:44 am	10 3:18 pm	10 ♎ 6:46 pm	9 11:01 pm	10 ♎ 5:47 am
11 10:08 pm	12 ♍ 7:26 am	12 12:31 pm	12 ♏ 9:51 pm	11 9:44 pm	12 ♏ 7:43 am
13 11:12 pm	14 ♎ 9:05 am	14 10:23 pm	15 ♐ 5:02 am	14 7:17 am	14 ♐ 1:17 pm
16 7:35 am	16 ♏ 2:02 pm	17 2:22 pm	17 ♑ 3:59 pm	16 10:48 pm	16 ♑ 11:02 pm
18 8:44 pm	18 ♐ 10:35 pm	19 6:03 pm	20 ♒ 4:53 am	19 9:40 am	19 ♒ 11:36 am
20 1:18 pm	21 ♑ 9:57 am	22 7:18 am	22 ♓ 5:45 pm	21 6:03 pm	22 ♓ 12:28 am
23 10:38 am	23 ♒ 10:43 pm	24 7:25 pm	25 ♈ 5:20 am	24 5:58 am	24 ♈ 11:43 am
26 12:28 am	26 ♓ 11:39 am	26 11:34 pm	27 ♉ 3:06 pm	26 8:10 am	26 ♉ 8:50 pm
28 2:48 pm	28 ♈ 11:35 pm			28 11:29 pm	29 ♊ 4:01 am
31 8:36 am	31 ♉ 9:21 am			30 9:54 pm	31 ♋ 9:23 am

Moon Void-of-Course 2001 (cont.)

Last Aspect	Moon Enters New Sign	Last Aspect	Moon Enters New Sign	Last Aspect	Moon Enters New Sign
Date Time	Date Sign Time	Date Time	Date Sign Time	Date Time	Date Sign Time

APRIL

2 9:26 am	2 ♌ 12:54 pm
4 11:46 am	4 ♍ 2:46 pm
6 1:18 pm	6 ♎ 3:57 pm
8 7:31 am	8 ♏ 6:01 pm
10 8:43 pm	10 ♐ 10:47 pm
12 8:56 pm	13 ♑ 7:21 am
15 6:00 pm	15 ♒ 7:11 pm
17 7:26 am	18 ♓ 8:00 am
20 12:40 pm	20 ♈ 7:18 pm
22 10:34 pm	23 ♉ 3:56 am
25 12:08 am	25 ♊ 10:11 am
27 11:12 am	27 ♋ 2:49 pm
28 4:53 pm	29 ♌ 6:25 pm

MAY

1 6:43 pm	1 ♍ 9:16 pm
3 9:39 pm	3 ♎ 11:50 pm
6 1:03 am	6 ♏ 3:00 am
7 10:25 pm	8 ♐ 8:05 am
10 2:20 pm	10 ♑ 4:10 pm
12 11:17 am	13 ♒ 3:20 am
15 1:53 pm	15 ♓ 4:01 pm
18 1:18 am	18 ♈ 3:41 am
20 9:48 am	20 ♉ 12:29 pm
22 9:06 am	22 ♊ 6:12 pm
24 6:12 pm	24 ♋ 9:42 pm
26 7:44 am	27 ♌ 12:12 am
29 12:13 am	29 ♍ 2:38 am
31 4:40 am	31 ♎ 5:41 am

JUNE

2 9:41 am	2 ♏ 9:56 am
4 6:29 am	4 ♐ 3:58 pm
6 11:41 pm	7 ♑ 12:23 am
7 1:57 am	9 ♒ 11:20 am
11 7:38 pm	11 ♓ 11:53 pm
14 5:26 am	14 ♈ 12:03 pm
16 1:32 pm	16 ♉ 9:39 pm
18 6:21 pm	19 ♊ 3:42 am
20 10:24 pm	21 ♋ 6:40 am
22 9:11 am	23 ♌ 7:55 am
25 2:22 am	25 ♍ 8:57 am
27 5:12 am	27 ♎ 11:11 am
29 10:07 am	29 ♏ 3:28 pm

JULY

1 2:25 pm	1 ♐ 10:13 pm
4 3:36 am	4 ♑ 7:21 am
5 10:04 am	6 ♒ 6:33 pm
9 5:28 am	9 ♓ 7:05 am
11 7:09 pm	11 ♈ 7:36 pm
13 6:52 pm	14 ♉ 6:13 am
16 2:41 am	16 ♊ 1:26 pm
18 6:46 am	18 ♋ 4:56 pm
20 2:44 pm	20 ♌ 5:43 pm
22 7:34 am	22 ♍ 5:29 pm
24 2:48 am	24 ♎ 6:08 pm
26 10:10 am	26 ♏ 9:17 pm
28 10:50 pm	29 ♐ 3:44 am
31 11:24 am	31 ♑ 1:16 pm
31 9:21 pm	8/3 ♒ 12:53 am

AUGUST

7/31 9:21 pm	3 ♒ 12:53 am
4 11:52 pm	5 ♓ 1:30 pm
7 12:39 pm	8 ♈ 2:05 am
9 11:53 pm	10 ♉ 1:23 pm
12 5:32 pm	12 ♊ 9:59 pm
14 2:42 pm	15 ♋ 2:55 am
16 8:03 am	17 ♌ 4:25 am
18 9:55 pm	19 ♍ 3:53 am
20 3:21 pm	21 ♎ 3:19 am
22 8:34 pm	23 ♏ 4:50 am
25 6:16 am	25 ♐ 9:59 am
27 7:50 am	27 ♑ 7:02 pm
30 1:28 am	30 ♒ 6:47 am

SEPTEMBER

1 12:36 pm	1 ♓ 7:32 pm
4 3:37 am	4 ♈ 7:58 am
6 5:31 pm	6 ♉ 7:18 pm
8 1:30 pm	9 ♊ 4:41 am
10 8:42 pm	11 ♋ 11:09 am
12 10:16 pm	13 ♌ 2:16 pm
15 3:35 am	15 ♍ 2:39 pm
17 5:27 am	17 ♎ 2:00 pm
19 11:38 am	19 ♏ 2:27 pm
21 4:09 pm	21 ♐ 6:02 pm
23 7:32 pm	24 ♑ 1:48 am
26 9:38 am	26 ♒ 1:05 pm
29 12:27 am	29 ♓ 1:50 am
30 8:02 am	10/1 ♈ 2:08 pm

OCTOBER

9/30 8:02 am	1 ♈ 2:08 pm
3 11:44 pm	4 ♉ 1:01 am
5 5:33 pm	6 ♊ 10:12 am
8 11:23 am	8 ♋ 5:19 pm
10 12:47 pm	10 ♌ 9:54 pm
11 11:34 am	12 ♍ 11:58 pm
14 11:52 pm	15 ♎ 12:26 am
16 2:23 pm	17 ♏ 1:03 am
18 5:30 pm	19 ♐ 3:47 am
21 6:42 am	21 ♑ 10:11 am
23 3:11 pm	23 ♒ 8:26 pm
25 2:32 pm	26 ♓ 8:56 am
27 4:31 pm	28 ♈ 9:15 pm
30 2:17 pm	31 ♉ 7:48 am

NOVEMBER

1 11:20 pm	2 ♊ 4:12 pm
4 2:45 pm	4 ♋ 10:44 pm
6 2:10 am	7 ♌ 3:34 am
8 3:30 pm	9 ♍ 6:49 am
10 1:40 pm	11 ♎ 8:53 am
12 7:42 pm	13 ♏ 10:44 am
15 1:40 am	15 ♐ 1:51 pm
17 3:14 am	17 ♑ 7:40 pm
20 12:57 am	20 ♒ 4:55 am
22 2:37 am	22 ♓ 4:52 pm
25 12:29 am	25 ♈ 5:21 am
26 11:43 pm	27 ♉ 4:06 pm
29 6:21 pm	30 ♊ 12:04 am

DECEMBER

1 8:48 pm	2 ♋ 5:30 am
3 6:04 am	4 ♌ 9:15 am
5 9:20 am	6 ♍ 12:11 pm
7 5:57 pm	8 ♎ 2:57 pm
9 3:43 am	10 ♏ 6:09 pm
11 7:48 am	12 ♐ 10:30 pm
13 3:24 am	15 ♑ 4:48 am
16 4:35 am	17 ♒ 1:43 pm
19 9:41 pm	20 ♓ 1:09 am
22 3:44 am	22 ♈ 1:45 pm
24 10:21 pm	25 ♉ 1:12 am
26 7:22 pm	27 ♊ 9:39 am
29 1:24 am	29 ♋ 2:40 pm
31 8:43 am	31 ♌ 5:09 pm

3

How to Use the *Pocket Planner*

by Leslie Nielsen

This handy guide contains information that can be most valuable to you as you plan your daily activities. As you read through the first few pages, you can start to get a feel for how well-organized this guide is.

Read the Symbol Key on the next page, which is rather like astrological shorthand. The characteristics of the planets can give you direction in planning your strategies. Much like traffic signs that signal "go," "stop," or even "caution," you can determine for yourself the most propitious time to get things done.

You'll find tables that show the dates when Mercury is retrograde (R) or direct (D). Because Mercury deals with the exchange of information, a retrograde Mercury makes miscommunication more noticeable.

There's also a section dedicated to the times when the Moon is void-of-course (v/c). These are generally poor times to conduct business because activities begun during these times usually end badly or fail to get started. If you make an appointment during a void-of-course, you might save yourself a lot of aggravation by confirming the time and date later. The Moon is only void-of-course for seven percent of the time when business is usually conducted during a normal workday (that is, 8:00 am to 5:00 pm). Sometimes, by waiting a matter of minutes or a few hours until the Moon has left the void-of-course phase, you have a much better chance to make action move more smoothly. Moon voids can also be used successfully to do routine activities or inner work, such as dream therapy or personal contemplation.

You'll find Moon phases, as well as each of the Moon's entries into a new sign. Times are expressed in Eastern Standard Time (in bold type) and Pacific Standard Time (in medium type). The New Moon time is generally best for beginning new activities, as the Moon is increasing in light and can offer the element of growth to our endeavors. When the Moon is Full, its illumination is greatest and we can see the results of our efforts. When it moves from Full stage back to the New stage, it can best be used to reflect on our projects. If necessary, we can make corrections at the New Moon.

The section of "Planetary Stations" will give you the times when the planets are changing signs or direction, thereby affording us opportunities for new starts.

The ephemeris in the back of your *Pocket Planner* can be very helpful to you. Read the particular sign and degree of planets and asteroids. As you start to work with the ephemeris, you may notice that not all planets seem to be comfortable in the sign they are in. Think of the planets as actors, and the signs as the costumes they wear. Sometimes, costumes just itch. If you find this to be so for a certain time period, you may choose to delay your plans for a time or be more creative with the energies at hand.

As you turn to the daily pages, you'll find information about the Moon's sign, phase, and the time it changes phase. Also, you will find times and dates when the planets and asteroids change sign and go either retrograde or direct, major holidays, a three-month calendar, and room to record your appointments.

This guide is a powerful tool. Make the most of it!

Symbol Key

Planets:	☉ Sun	⚳ Ceres	♄ Saturn
	☽ Moon	⚴ Pallas	⚷ Chiron
	☿ Mercury	⚵ Juno	♅ Uranus
	♀ Venus	⚶ Vesta	♆ Neptune
	♂ Mars	♃ Jupiter	♇ Pluto
Signs:	♈ Aries	♌ Leo	♐ Sagittarius
	♉ Taurus	♍ Virgo	♑ Capricorn
	♊ Gemini	♎ Libra	♒ Aquarius
	♋ Cancer	♏ Scorpio	♓ Pisces
Aspects:	☌ Conjunction (0–8°)	⚺ Semisextile (30°)	⚹ Sextile (60°)
	□ Square (90°)	△ Trine (120°)	
	⚻ Quincunx (150°)	☍ Opposition (180°)	
Motion:	℞ Retrograde	D Direct	

World Map of Time Zones

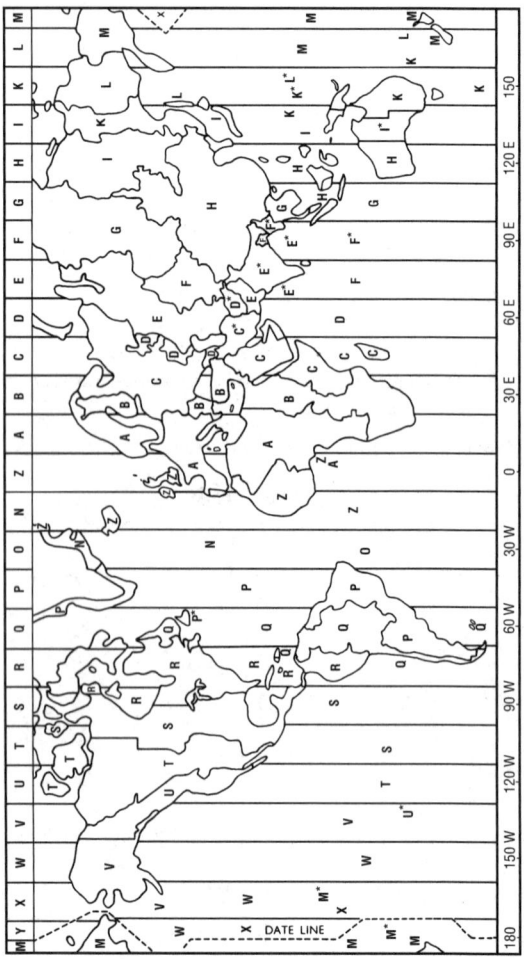

Time Zone Conversions
World Time Zones
Compared to Eastern Standard Time

- ( ) From Map
- (S) CST/Subtract 1 hour
- (R) EST (Used in calendar)
- (Q) Add 1 hour
- (P) Add 2 hours
- (O) Add 3 hours
- (N) Add 4 hours
- (Z) Add 5 hours
- (T) MST/Subtract 2 hours
- (U) PST/Subtract 3 hours
- (V) Subtract 4 hours
- (W) Subtract 5 hours
- (X) Subtract 6 hours
- (Y) Subtract 7 hours
- (A) Add 6 hours
- (B) Add 7 hours
- (C) Add 8 hours
- (D) Add 9 hours
- (E) Add 10 hours
- (F) Add 11 hours
- (G) Add 12 hours
- (H) Add 13 hours
- (I) Add 14 hours
- (K) Add 15 hours
- (L) Add 16 hours
- (M) Add 17 hours
- (C*) Add 8.5 hours
- (D*) Add 9.5 hours
- (E*) Add 10.5 hours
- (F*) Add 11.5 hours
- (I*) Add 14.5 hours
- (K*) Add 15.5 hours
- (L*) Add 16.5 hours
- (M*) Add 18 hours
- (P*) Add 2.5 hours
- (V*) Subtract 4.5 hours

Planetary Stations for 2001

	JAN 2001	FEB	MAR	APR	MAY	JUN	JUL	AUG	SEP	OCT	NOV	DEC
☿		02/03–02/25								10/01–10/22		
♀			03/08–04/19									
♂					05/11–07/19							
♃	09/29–01/25					06/04–06/28					11/02–03/01	
♄	09/12–01/24									09/26–02/07		
♇					03/17–08/23			05/29–10/30				
♆								05/10–10/17				
⚷					04/07–08/26							
☊					05/16–08/27							
⚵					04/05–07/18							
⚶												12/25–03/27
⚸										10/09–01/14		

December/January 2001

29 Friday
1st ≈
☽ v/c   **6:47 pm**   3:47 pm

---

30 Saturday
1st ≈
☽ enters ♓   **5:27 am**   2:27 am

Hanukkah ends

---

31 Sunday
1st ♓

New Year's Eve

December 2000						
S	M	T	W	T	F	S
					1	2
3	4	5	6	7	8	9
10	11	12	13	14	15	16
17	18	19	20	21	22	23
24	25	26	27	28	29	30
31						

January 2001						
S	M	T	W	T	F	S
	1	2	3	4	5	6
7	8	9	10	11	12	13
14	15	16	17	18	19	20
21	22	23	24	25	26	27
28	29	30	31			

February 2001						
S	M	T	W	T	F	S
				1	2	3
4	5	6	7	8	9	10
11	12	13	14	15	16	17
18	19	20	21	22	23	24
25	26	27	28			

Eastern Standard Time in bold type
Pacific Standard Time in medium type

Llewellyn's 2001 Pocket Planner and Ephemeris

1 Monday
1st ♓
☽ v/c **6:36 am** 3:36 am
☽ enters ♈ **5:14 pm** 2:14 pm

New Year's Day • Kwanzaa ends

2 Tuesday
1st ♈
2nd Quarter **5:31 pm** 2:31 pm

3 Wednesday
2nd ♈
☽ v/c **5:09 am** 2:09 am
♀ enters ♓ **1:14 pm** 10:14 am
☽ enters ♉ 10:57 pm

4 Thursday
2nd ♈
☽ enters ♉ **1:57 am**

Eastern Standard Time in bold type
Pacific Standard Time in medium type

January 2001

5 Friday
2nd ♉
☽ v/c   **9:09 pm** 6:09 pm

6 Saturday
2nd ♉
☽ enters ♊   **6:44 am** 3:44 am

7 Sunday
2nd ♊
☽ v/c   **2:19 pm** 11:19 am

December 2000	January 2001	February 2001
S M T W T F S	S M T W T F S	S M T W T F S
1 2	1 2 3 4 5 6	1 2 3
3 4 5 6 7 8 9	7 8 9 10 11 12 13	4 5 6 7 8 9 10
10 11 12 13 14 15 16	14 15 16 17 18 19 20	11 12 13 14 15 16 17
17 18 19 20 21 22 23	21 22 23 24 25 26 27	18 19 20 21 22 23 24
24 25 26 27 28 29 30	28 29 30 31	25 26 27 28
31		

Eastern Standard Time in bold type
Pacific Standard Time in medium type

Llewellyn's 2001 Pocket Planner and Ephemeris

8 Monday
2nd ♊
☽ enters ♋ **8:09 am** 5:09 am
⚵ enters ♓ **5:10 pm** 2:10 pm

9 Tuesday
2nd ♋
Full Moon **3:24 pm** 12:24 pm

Lunar Eclipse 19° ♋ 39' • 3:22 pm EST/12:22 pm PST

10 Wednesday
3rd ♋
☽ v/c **7:39 am** 4:39 am
☽ enters ♌ **7:44 am** 4:44 am
☿ enters ♒ **8:26 am** 5:26 am

11 Thursday
3rd ♌
☽ v/c **10:08 pm** 7:08 pm

Eastern Standard Time in bold type
Pacific Standard Time in medium type

January 2001

12 Friday
3rd ♌
☽ enters ♍ **7:26 am** 4:26 am

13 Saturday
3rd ♍
☽ v/c **11:12 pm** 8:12 pm

14 Sunday
3rd ♍
☽ enters ♎ **9:05 am** 6:05 am

December 2000	January 2001	February 2001
S M T W T F S	S M T W T F S	S M T W T F S
1 2	1 2 3 4 5 6	1 2 3
3 4 5 6 7 8 9	7 8 9 10 11 12 13	4 5 6 7 8 9 10
10 11 12 13 14 15 16	14 15 16 17 18 19 20	11 12 13 14 15 16 17
17 18 19 20 21 22 23	21 22 23 24 25 26 27	18 19 20 21 22 23 24
24 25 26 27 28 29 30	28 29 30 31	25 26 27 28
31		

Eastern Standard Time in bold type
Pacific Standard Time in medium type

Llewellyn's 2001 Pocket Planner and Ephemeris

15 Monday
3rd ♎

Birthday of Martin Luther King, Jr. (observed)

16 Tuesday
3rd ♎
4th Quarter **7:35 am** 4:35 am
☽ v/c **7:35 am** 4:35 am
☽ enters ♏ **2:02 pm** 11:02 am

17 Wednesday
4th ♏

18 Thursday
4th ♏
☽ v/c **8:44 pm** 5:44 pm
☽ enters ♐ **10:35 pm** 7:35 pm

Eastern Standard Time in bold type
Pacific Standard Time in medium type

January 2001

19 Friday
4th ♐
☉ enters ♒ **7:16 pm** 4:16 pm

Sun enters Aquarius

20 Saturday
4th ♐
♀ enters ♐ **12:40 pm** 9:40 am
☽ v/c   **1:18 pm** 10:18 am

Inauguration Day

21 Sunday
4th ♐
♀ enters ♏ **3:41 am** 12:41 am
☽ enters ♑ **9:57 am** 6:57 am

December 2000						
S	M	T	W	T	F	S
					1	2
3	4	5	6	7	8	9
10	11	12	13	14	15	16
17	18	19	20	21	22	23
24	25	26	27	28	29	30
31						

January 2001						
S	M	T	W	T	F	S
	1	2	3	4	5	6
7	8	9	10	11	12	13
14	15	16	17	18	19	20
21	22	23	24	25	26	27
28	29	30	31			

February 2001						
S	M	T	W	T	F	S
				1	2	3
4	5	6	7	8	9	10
11	12	13	14	15	16	17
18	19	20	21	22	23	24
25	26	27	28			

Eastern Standard Time in bold type
Pacific Standard Time in medium type

Llewellyn's 2001 Pocket Planner and Ephemeris

22 Monday
4th ♑

23 Tuesday
4th ♑
☽ v/c **10:38 am** 7:38 am
☽ enters ♒ **10:43 pm** 7:43 pm

24 Wednesday
4th ♒
New Moon **8:07 am** 5:07 am
♄ D **7:24 pm** 4:24 pm

Chinese New Year (snake)

25 Thursday
1st ♒
♃ D **3:39 am** 12:39 am
☽ v/c 9:28 pm

Eastern Standard Time in bold type
Pacific Standard Time in medium type

January 2001

26 Friday
1st ≈
☽ v/c **12:28 am**
☽ enters ♓ **11:39 am** 8:39 am

27 Saturday
1st ♓

28 Sunday
1st ♓
☽ v/c **2:48 pm** 11:48 am
☽ enters ♈ **11:35 pm** 8:35 pm

December 2000	January 2001	February 2001
S M T W T F S	S M T W T F S	S M T W T F S
1 2	1 2 3 4 5 6	1 2 3
3 4 5 6 7 8 9	7 8 9 10 11 12 13	4 5 6 7 8 9 10
10 11 12 13 14 15 16	14 15 16 17 18 19 20	11 12 13 14 15 16 17
17 18 19 20 21 22 23	21 22 23 24 25 26 27	18 19 20 21 22 23 24
24 25 26 27 28 29 30	28 29 30 31	25 26 27 28
31		

Eastern Standard Time in bold type
Pacific Standard Time in medium type

Llewellyn's 2001 Pocket Planner and Ephemeris

29 Monday
1st ♈

30 Tuesday
1st ♈

31 Wednesday
1st ♈
☽ v/c   **8:36 am**   5:36 am
☽ enters ♉   **9:21 am**   6:21 am
☿ enters ♓   11:13 pm

1 Thursday
1st ♉
☿ enters ♓   **2:13 am**
2nd Quarter   **9:02 am**   6:02 am

Eastern Standard Time in bold type
Pacific Standard Time in medium type

January/February 2001

2 Friday
2nd ♉
☽ v/c **5:31 am** 2:31 am
♀ enters ♈ **2:14 pm** 11:14 am
☽ enters ♊ **3:56 pm** 12:56 pm

Imbolc • Groundhog Day

3 Saturday
2nd ♊
☿ ℞ **8:55 pm** 5:55 pm

4 Sunday
2nd ♊
☽ v/c **3:12 am** 12:12 am
♀ enters ♑ **10:31 am** 7:31 am
☽ enters ♋ **7:00 pm** 4:00 pm

January 2001	February 2001	March 2001
S M T W T F S	S M T W T F S	S M T W T F S
1 2 3 4 5 6	1 2 3	1 2 3
7 8 9 10 11 12 13	4 5 6 7 8 9 10	4 5 6 7 8 9 10
14 15 16 17 18 19 20	11 12 13 14 15 16 17	11 12 13 14 15 16 17
21 22 23 24 25 26 27	18 19 20 21 22 23 24	18 19 20 21 22 23 24
28 29 30 31	25 26 27 28	25 26 27 28 29 30 31

Eastern Standard Time in bold type
Pacific Standard Time in medium type

Llewellyn's 2001 Pocket Planner and Ephemeris

5 Monday
2nd ♋

6 Tuesday
2nd ♋
☽ v/c **12:30 pm** 9:30 am
☿ enters ♒ **2:57 pm** 11:57 am
☽ enters ♌ **7:21 pm** 4:21 pm

7 Wednesday
2nd ♌
Full Moon 11:12 pm

8 Thursday
2nd ♌
Full Moon **2:12 am**
☽ v/c **4:25 pm** 1:25 pm
☽ enters ♍ **6:35 pm** 3:35 pm

Eastern Standard Time in bold type
Pacific Standard Time in medium type

February 2001

9 Friday
3rd ♍

10 Saturday
3rd ♍
☽ v/c **3:18 pm** 12:18 pm
☽ enters ♎ **6:46 pm** 3:46 pm

11 Sunday
3rd ♎

January 2001	February 2001	March 2001
S M T W T F S	S M T W T F S	S M T W T F S
1 2 3 4 5 6	1 2 3	1 2 3
7 8 9 10 11 12 13	4 5 6 7 8 9 10	4 5 6 7 8 9 10
14 15 16 17 18 19 20	11 12 13 14 15 16 17	11 12 13 14 15 16 17
21 22 23 24 25 26 27	18 19 20 21 22 23 24	18 19 20 21 22 23 24
28 29 30 31	25 26 27 28	25 26 27 28 29 30 31

Eastern Standard Time in bold type
Pacific Standard Time in medium type

Llewellyn's 2001 Pocket Planner and Ephemeris

12 Monday
3rd ♎
☽ v/c **12:31 pm** 9:31 am
☽ enters ♏ **9:51 pm** 6:51 pm

13 Tuesday
3rd ♏

14 Wednesday
3rd ♏
♂ enters ♐ **3:06 pm** 12:06 pm
4th Quarter **10:23 pm** 7:23 pm
☽ v/c **10:23 pm** 7:23 pm

Valentine's Day

15 Thursday
4th ♏
☽ enters ♐ **5:02 am** 2:02 am

Eastern Standard Time in bold type
Pacific Standard Time in medium type

February 2001

16 Friday
4th ♐

17 Saturday
4th ♐
☽ v/c **2:22 pm** 11:22 am
☽ enters ♑ **3:59 pm** 12:59 pm

18 Sunday
4th ♑
☉ enters ♓ **9:27 am** 6:27 am
⚹ enters ♈ **9:38 am** 6:38 am

Sun enters Pisces

| January 2001 |||||||
S	M	T	W	T	F	S
	1	2	3	4	5	6
7	8	9	10	11	12	13
14	15	16	17	18	19	20
21	22	23	24	25	26	27
28	29	30	31			

| February 2001 |||||||
S	M	T	W	T	F	S
				1	2	3
4	5	6	7	8	9	10
11	12	13	14	15	16	17
18	19	20	21	22	23	24
25	26	27	28			

| March 2001 |||||||
S	M	T	W	T	F	S
				1	2	3
4	5	6	7	8	9	10
11	12	13	14	15	16	17
18	19	20	21	22	23	24
25	26	27	28	29	30	31

Eastern Standard Time in bold type
Pacific Standard Time in medium type

Llewellyn's 2001 Pocket Planner and Ephemeris

19 Monday
4th ♑
☽ v/c   **6:03 pm** 3:03 pm

Presidents' Day (observed)

20 Tuesday
4th ♑
☽ enters ♒   **4:53 am** 1:53 am

21 Wednesday
4th ♒

22 Thursday
4th ♒
☽ v/c   **7:18 am** 4:18 am
☽ enters ♓   **5:45 pm** 2:45 pm

Eastern Standard Time in bold type
Pacific Standard Time in medium type

February 2001

23 Friday
4th ♓
New Moon **3:21 am** 12:21 am

24 Saturday
1st ♓
☽ v/c **7:25 pm** 4:25 pm

25 Sunday
1st ♓
☽ enters ♈ **5:20 am** 2:20 am
☿ D **10:42 am** 7:42 am

	January 2001					
S	M	T	W	T	F	S
	1	2	3	4	5	6
7	8	9	10	11	12	13
14	15	16	17	18	19	20
21	22	23	24	25	26	27
28	29	30	31			

	February 2001					
S	M	T	W	T	F	S
				1	2	3
4	5	6	7	8	9	10
11	12	13	14	15	16	17
18	19	20	21	22	23	24
25	26	27	28			

	March 2001					
S	M	T	W	T	F	S
				1	2	3
4	5	6	7	8	9	10
11	12	13	14	15	16	17
18	19	20	21	22	23	24
25	26	27	28	29	30	31

Eastern Standard Time in bold type
Pacific Standard Time in medium type

Llewellyn's 2001 Pocket Planner and Ephemeris

26 Monday
1st ♈
☽ v/c **11:34 pm** 8:34 pm

27 Tuesday
1st ♈
☽ enters ♉ **3:06 pm** 12:06 pm

28 Wednesday
1st ♉

Ash Wednesday

1 Thursday
1st ♉
☽ v/c **1:57 pm** 10:57 am
☽ enters ♊ **10:36 pm** 7:36 pm

Eastern Standard Time in bold type
Pacific Standard Time in medium type

February/March 2001

2 Friday
1st ♊
2nd Quarter **9:03 pm** 6:03 pm

3 Saturday
2nd ♊
☽ v/c **1:45 pm** 10:45 am

4 Sunday
2nd ♊
☽ enters ♋ **3:24 am** 12:24 am

February 2001						
S	M	T	W	T	F	S
				1	2	3
4	5	6	7	8	9	10
11	12	13	14	15	16	17
18	19	20	21	22	23	24
25	26	27	28			

March 2001						
S	M	T	W	T	F	S
				1	2	3
4	5	6	7	8	9	10
11	12	13	14	15	16	17
18	19	20	21	22	23	24
25	26	27	28	29	30	31

April 2001						
S	M	T	W	T	F	S
1	2	3	4	5	6	7
8	9	10	11	12	13	14
15	16	17	18	19	20	21
22	23	24	25	26	27	28
29	30					

Eastern Standard Time in bold type
Pacific Standard Time in medium type

Llewellyn's 2001 Pocket Planner and Ephemeris

5 Monday
2nd ♋
☽ v/c **10:10 pm** 7:10 pm

6 Tuesday
2nd ♋
☽ enters ♌ **5:30 am** 2:30 am

7 Wednesday
2nd ♌
☽ v/c **10:50 pm** 7:50 pm

8 Thursday
2nd ♌
☽ enters ♍ **5:44 am** 2:44 am
♀ ℞ **8:06 pm** 5:06 pm

Eastern Standard Time in bold type
Pacific Standard Time in medium type

March 2001

9 Friday
2nd ♍
Full Moon **12:23 pm** 9:23 am
☽ v/c **11:01 pm** 8:01 pm

Purim

10 Saturday
3rd ♍
☽ enters ♎ **5:47 am** 2:47 am

11 Sunday
3rd ♎
☽ v/c **9:44 pm** 6:44 pm

February 2001	March 2001	April 2001
S M T W T F S	S M T W T F S	S M T W T F S
1 2 3	1 2 3	1 2 3 4 5 6 7
4 5 6 7 8 9 10	4 5 6 7 8 9 10	8 9 10 11 12 13 14
11 12 13 14 15 16 17	11 12 13 14 15 16 17	15 16 17 18 19 20 21
18 19 20 21 22 23 24	18 19 20 21 22 23 24	22 23 24 25 26 27 28
25 26 27 28	25 26 27 28 29 30 31	29 30

Eastern Standard Time in bold type
Pacific Standard Time in medium type

Llewellyn's 2001 Pocket Planner and Ephemeris

12 Monday
3rd ♎
☽ enters ♏ **7:43 am** 4:43 am
⚷ enters ♈ 9:34 pm

13 Tuesday
3rd ♏
⚷ enters ♈ **12:34 am**

14 Wednesday
3rd ♏
☽ v/c **7:17 am** 4:17 am
☽ enters ♐ **1:17 pm** 10:17 am

15 Thursday
3rd ♐

Eastern Standard Time in bold type
Pacific Standard Time in medium type

March 2001

16 Friday
3rd ♐
4th Quarter **3:45 pm** 12:45 pm
☽ v/c **10:48 pm** 7:48 pm
☽ enters ♑ **11:02 pm** 8:02 pm
☿ enters ♓ 10:05 pm

17 Saturday
4th ♑
☿ enters ♓ **1:05 am**
♇ ℞ **9:36 pm** 6:36 pm

St. Patrick's Day

18 Sunday
4th ♑

February 2001						
S	M	T	W	T	F	S
				1	2	3
4	5	6	7	8	9	10
11	12	13	14	15	16	17
18	19	20	21	22	23	24
25	26	27	28			

March 2001						
S	M	T	W	T	F	S
				1	2	3
4	5	6	7	8	9	10
11	12	13	14	15	16	17
18	19	20	21	22	23	24
25	26	27	28	29	30	31

April 2001						
S	M	T	W	T	F	S
1	2	3	4	5	6	7
8	9	10	11	12	13	14
15	16	17	18	19	20	21
22	23	24	25	26	27	28
29	30					

Eastern Standard Time in bold type
Pacific Standard Time in medium type

Llewellyn's 2001 Pocket Planner and Ephemeris

19 Monday
4th ♑
☽ v/c **9:40 am** 6:40 am
☽ enters ♒ **11:36 am** 8:36 am

20 Tuesday
4th ♒
☉ enters ♈ **8:31 am** 5:31 am

Sun enters Aries • Spring Equinox • 8:31 am EST/5:31 am PST
Ostara • International Astrology Day

21 Wednesday
4th ♒
☽ v/c **6:03 pm** 3:03 pm
☽ enters ♓ 9:28 pm

22 Thursday
4th ♒
☽ enters ♓ **12:28 am**

Eastern Standard Time in bold type
Pacific Standard Time in medium type

March 2001

23 Friday
4th ♓

24 Saturday
4th ♓
☽ v/c **5:58 am** 2:58 am
☽ enters ♈ **11:43 am** 8:43 am
New Moon **8:21 pm** 5:21 pm

25 Sunday
1st ♈

February 2001						
S	M	T	W	T	F	S
				1	2	3
4	5	6	7	8	9	10
11	12	13	14	15	16	17
18	19	20	21	22	23	24
25	26	27	28			

March 2001						
S	M	T	W	T	F	S
				1	2	3
4	5	6	7	8	9	10
11	12	13	14	15	16	17
18	19	20	21	22	23	24
25	26	27	28	29	30	31

April 2001						
S	M	T	W	T	F	S
1	2	3	4	5	6	7
8	9	10	11	12	13	14
15	16	17	18	19	20	21
22	23	24	25	26	27	28
29	30					

Eastern Standard Time in bold type
Pacific Standard Time in medium type

Llewellyn's 2001 Pocket Planner and Ephemeris

26 Monday
1st ♈
☽ v/c   **8:10 am**   5:10 am
☽ enters ♉   **8:50 pm**   5:50 pm

27 Tuesday
1st ♉

28 Wednesday
1st ♉
☽ v/c   **11:29 pm** 8:29 pm

29 Thursday
1st ♉
☽ enters ♊   **4:01 am**   1:01 am

Eastern Standard Time in bold type
Pacific Standard Time in medium type

March/April 2001

30 Friday
1st ♊
☽ v/c **9:54 pm** 6:54 pm

31 Saturday
1st ♊
☽ enters ♋ **9:23 am** 6:23 am

1 Sunday
1st ♋
2nd Quarter **5:49 am** 2:49 am

April Fools' Day • Daylight Saving Time begins at 2:00 am

February 2001						
S	M	T	W	T	F	S
				1	2	3
4	5	6	7	8	9	10
11	12	13	14	15	16	17
18	19	20	21	22	23	24
25	26	27	28			

March 2001						
S	M	T	W	T	F	S
				1	2	3
4	5	6	7	8	9	10
11	12	13	14	15	16	17
18	19	20	21	22	23	24
25	26	27	28	29	30	31

April 2001						
S	M	T	W	T	F	S
1	2	3	4	5	6	7
8	9	10	11	12	13	14
15	16	17	18	19	20	21
22	23	24	25	26	27	28
29	30					

Eastern Standard Time in bold type
Pacific Standard Time in medium type

Llewellyn's 2001 Pocket Planner and Ephemeris

2 Monday
2nd ☊
☽ v/c **9:26 am** 6:26 am
☽ enters ♌ **12:54 pm** 9:54 am

3 Tuesday
2nd ♌

4 Wednesday
2nd ♌
☽ v/c **11:46 am** 8:46 am
☽ enters ♍ **2:46 pm** 11:46 am

5 Thursday
2nd ♍
♀ ℞ **9:05 pm** 6:05 pm
☿ enters ♈ 11:14 pm

Eastern Standard Time in bold type
Pacific Standard Time in medium type

April 2001

6 Friday
2nd ♍
☿ enters ♈ **2:14 am**
☽ v/c **1:18 pm** 10:18 am
☽ enters ♎ **3:57 pm** 12:57 pm

7 Saturday
2nd ♎
♀ Rx **1:02 pm** 10:02 am
Full Moon **10:22 pm** 7:22 pm

8 Sunday
3rd ♎
☽ v/c **7:31 am** 4:31 am
☽ enters ♏ **6:01 pm** 3:01 pm

Palm Sunday • Passover begins

March 2001						
S	M	T	W	T	F	S
				1	2	3
4	5	6	7	8	9	10
11	12	13	14	15	16	17
18	19	20	21	22	23	24
25	26	27	28	29	30	31

April 2001						
S	M	T	W	T	F	S
1	2	3	4	5	6	7
8	9	10	11	12	13	14
15	16	17	18	19	20	21
22	23	24	25	26	27	28
29	30					

May 2001						
S	M	T	W	T	F	S
		1	2	3	4	5
6	7	8	9	10	11	12
13	14	15	16	17	18	19
20	21	22	23	24	25	26
27	28	29	30	31		

Eastern Standard Time in bold type
Pacific Standard Time in medium type

Llewellyn's 2001 Pocket Planner and Ephemeris

9 Monday
3rd ♏

10 Tuesday
3rd ♏
☽ v/c **8:43 pm** 5:43 pm
☽ enters ♐ **10:47 pm** 7:47 pm

11 Wednesday
3rd ♐

12 Thursday
3rd ♐
☽ v/c **8:56 pm** 5:56 pm
⛢ enters ♉ 11:24 pm

Eastern Standard Time in bold type
Pacific Standard Time in medium type

April 2001

13 Friday
3rd ♐
⚹ enters ♉ **2:24 am**
☽ enters ♑ **7:21 am** 4:21 am

Good Friday • Orthodox Good Friday

14 Saturday
3rd ♑

Passover ends

15 Sunday
3rd ♑
4th Quarter **10:31 am** 7:31 am
☽ v/c **6:00 pm** 3:00 pm
☽ enters ♒ **7:11 pm** 4:11 pm

Easter • Orthodox Easter

March 2001	April 2001	May 2001
S M T W T F S	S M T W T F S	S M T W T F S
1 2 3	1 2 3 4 5 6 7	1 2 3 4 5
4 5 6 7 8 9 10	8 9 10 11 12 13 14	6 7 8 9 10 11 12
11 12 13 14 15 16 17	15 16 17 18 19 20 21	13 14 15 16 17 18 19
18 19 20 21 22 23 24	22 23 24 25 26 27 28	20 21 22 23 24 25 26
25 26 27 28 29 30 31	29 30	27 28 29 30 31

Eastern Standard Time in bold type
Pacific Standard Time in medium type

Llewellyn's 2001 Pocket Planner and Ephemeris

16 Monday
4th ≈

17 Tuesday
4th ≈

18 Wednesday
4th ≈
☽ v/c **7:26 am** 4:26 am
☽ enters ♓ **8:00 am** 5:00 am

19 Thursday
4th ♓
☉ enters ♉ **7:36 pm** 4:36 pm
♀ D **11:34 pm** 8:34 pm

Sun enters Taurus

Eastern Standard Time in bold type
Pacific Standard Time in medium type

April 2001

20 Friday
4th ♓︎
☽ v/c **12:40 pm** 9:40 am
♄ enters ♊︎ **4:59 pm** 1:59 pm
☽ enters ♈︎ **7:18 pm** 4:18 pm

21 Saturday
4th ♈︎
☿ enters ♉︎ **3:08 pm** 12:08 pm

22 Sunday
4th ♈︎
☽ v/c **10:34 pm** 7:34 pm

March 2001						
S	M	T	W	T	F	S
				1	2	3
4	5	6	7	8	9	10
11	12	13	14	15	16	17
18	19	20	21	22	23	24
25	26	27	28	29	30	31

April 2001						
S	M	T	W	T	F	S
1	2	3	4	5	6	7
8	9	10	11	12	13	14
15	16	17	18	19	20	21
22	23	24	25	26	27	28
29	30					

May 2001						
S	M	T	W	T	F	S
		1	2	3	4	5
6	7	8	9	10	11	12
13	14	15	16	17	18	19
20	21	22	23	24	25	26
27	28	29	30	31		

Eastern Standard Time in bold type
Pacific Standard Time in medium type

Llewellyn's 2001 Pocket Planner and Ephemeris

23 Monday
4th ♈
☽ enters ♉ **3:56 am** 12:56 am
New Moon **10:26 am** 7:26 am

24 Tuesday
1st ♉
☽ v/c   9:08 pm

25 Wednesday
1st ♉
☽ v/c **12:08 am**
☽ enters ♊ **10:11 am** 7:11 am

26 Thursday
1st ♊

Eastern Standard Time in bold type
Pacific Standard Time in medium type

April 2001

27 Friday
1st ♊
☽ v/c **11:12 am** 8:12 am
☽ enters ♋ **2:49 pm** 11:49 am

28 Saturday
1st ♋
☽ v/c **4:53 pm** 1:53 pm

29 Sunday
1st ♋
☽ enters ♌ **6:25 pm** 3:25 pm

March 2001	April 2001	May 2001
S M T W T F S	S M T W T F S	S M T W T F S
1 2 3	1 2 3 4 5 6 7	1 2 3 4 5
4 5 6 7 8 9 10	8 9 10 11 12 13 14	6 7 8 9 10 11 12
11 12 13 14 15 16 17	15 16 17 18 19 20 21	13 14 15 16 17 18 19
18 19 20 21 22 23 24	22 23 24 25 26 27 28	20 21 22 23 24 25 26
25 26 27 28 29 30 31	29 30	27 28 29 30 31

Eastern Standard Time in bold type
Pacific Standard Time in medium type

Llewellyn's 2001 Pocket Planner and Ephemeris

30 Monday
1st ♌
2nd Quarter **12:08 pm** 9:08 am

1 Tuesday
2nd ♌
☽ v/c **6:43 pm** 3:43 pm
☽ enters ♍ **9:16 pm** 6:16 pm

Beltane

2 Wednesday
2nd ♍

3 Thursday
2nd ♍
☽ v/c **9:39 pm** 6:39 pm
☽ enters ♎ **11:50 pm** 8:50 pm

Eastern Standard Time in bold type
Pacific Standard Time in medium type

April/May 2001

4 Friday
2nd ♎

5 Saturday
2nd ♎
☿ enters Ⅱ   **11:53 pm**   8:53 pm
☽ v/c   10:03 pm

Cinco de Mayo

6 Sunday
2nd ♎
☽ v/c   **1:03 am**
☽ enters ♏   **3:00 am**   12:00 am

	April 2001					
S	M	T	W	T	F	S
1	2	3	4	5	6	7
8	9	10	11	12	13	14
15	16	17	18	19	20	21
22	23	24	25	26	27	28
29	30					

	May 2001					
S	M	T	W	T	F	S
		1	2	3	4	5
6	7	8	9	10	11	12
13	14	15	16	17	18	19
20	21	22	23	24	25	26
27	28	29	30	31		

	June 2001					
S	M	T	W	T	F	S
					1	2
3	4	5	6	7	8	9
10	11	12	13	14	15	16
17	18	19	20	21	22	23
24	25	26	27	28	29	30

Eastern Standard Time in bold type
Pacific Standard Time in medium type

Llewellyn's 2001 Pocket Planner and Ephemeris

7 Monday
2nd ♏
Full Moon   **8:53 am**   5:53 am
☽ v/c   **10:25 pm**   7:25 pm

8 Tuesday
3rd ♏
☽ enters ♐   **8:05 am**   5:05 am

9 Wednesday
3rd ♐

10 Thursday
3rd ♐
☽ v/c   **2:20 pm**   11:20 am
☽ enters ♑   **4:10 pm**   1:10 pm
♆ R   **8:13 pm**   5:13 pm

Eastern Standard Time in bold type
Pacific Standard Time in medium type

May 2001

11 Friday
3rd \Vg
♂ ℞   **11:08 am** 8:08 am

12 Saturday
3rd \Vg
☽ v/c   **11:17 am** 8:17 am

13 Sunday
3rd \Vg
☽ enters ≈   **3:20 am** 12:20 am

Mother's Day

April 2001						
S	M	T	W	T	F	S
1	2	3	4	5	6	7
8	9	10	11	12	13	14
15	16	17	18	19	20	21
22	23	24	25	26	27	28
29	30					

May 2001						
S	M	T	W	T	F	S
		1	2	3	4	5
6	7	8	9	10	11	12
13	14	15	16	17	18	19
20	21	22	23	24	25	26
27	28	29	30	31		

June 2001						
S	M	T	W	T	F	S
					1	2
3	4	5	6	7	8	9
10	11	12	13	14	15	16
17	18	19	20	21	22	23
24	25	26	27	28	29	30

Eastern Standard Time in bold type
Pacific Standard Time in medium type

Llewellyn's 2001 Pocket Planner and Ephemeris

14 Monday
3rd ≈

15 Tuesday
3rd ≈
4th Quarter **5:11 am** 2:11 am
☽ v/c **1:53 pm** 10:53 am
☽ enters ♓ **4:01 pm** 1:01 pm

16 Wednesday
4th ♓
♀ ℞ **7:37 pm** 4:37 pm
⚷ enters ♉ **8:08 pm** 5:08 pm

17 Thursday
4th ♓
☽ v/c 10:18 pm

Eastern Standard Time in bold type
Pacific Standard Time in medium type

May 2001

18 Friday
4th ♓
☽ v/c **1:18 am**
☽ enters ♈ **3:41 am** 12:41 am

19 Saturday
4th ♈

20 Sunday
4th ♈
☽ v/c **9:48 am** 6:48 am
☽ enters ♉ **12:29 pm** 9:29 am
☉ enters ♊ **6:44 pm** 3:44 pm

Sun enters Gemini

April 2001						
S	M	T	W	T	F	S
1	2	3	4	5	6	7
8	9	10	11	12	13	14
15	16	17	18	19	20	21
22	23	24	25	26	27	28
29	30					

May 2001						
S	M	T	W	T	F	S
		1	2	3	4	5
6	7	8	9	10	11	12
13	14	15	16	17	18	19
20	21	22	23	24	25	26
27	28	29	30	31		

June 2001						
S	M	T	W	T	F	S
					1	2
3	4	5	6	7	8	9
10	11	12	13	14	15	16
17	18	19	20	21	22	23
24	25	26	27	28	29	30

Eastern Standard Time in bold type
Pacific Standard Time in medium type

Llewellyn's 2001 Pocket Planner and Ephemeris

21 Monday
4th ♉

22 Tuesday
4th ♉
☽ v/c **9:06 am** 6:06 am
☽ enters ♊ **6:12 pm** 3:12 pm
New Moon **9:46 pm** 6:46 pm

23 Wednesday
1st ♊

24 Thursday
1st ♊
☽ v/c **6:12 pm** 3:12 pm
☽ enters ♋ **9:42 pm** 6:42 pm

Eastern Standard Time in bold type
Pacific Standard Time in medium type

May 2001

25 Friday
1st ♋

26 Saturday
1st ♋
☽ v/c **7:44 am** 4:44 am
☽ enters ♌ 9:12 pm

27 Sunday
1st ♋
☽ enters ♌ **12:12 am**

	April 2001					
S	M	T	W	T	F	S
1	2	3	4	5	6	7
8	9	10	11	12	13	14
15	16	17	18	19	20	21
22	23	24	25	26	27	28
29	30					

	May 2001					
S	M	T	W	T	F	S
		1	2	3	4	5
6	7	8	9	10	11	12
13	14	15	16	17	18	19
20	21	22	23	24	25	26
27	28	29	30	31		

	June 2001					
S	M	T	W	T	F	S
					1	2
3	4	5	6	7	8	9
10	11	12	13	14	15	16
17	18	19	20	21	22	23
24	25	26	27	28	29	30

Eastern Standard Time in bold type
Pacific Standard Time in medium type

Llewellyn's 2001 Pocket Planner and Ephemeris

28 Monday
1st ♌
☽ v/c 9:13 pm
☽ enters ♍ 11:38 pm

Memorial Day (observed) • Shavuot

29 Tuesday
1st ♌
☽ v/c **12:13 am**
☽ enters ♍ **2:38 am**
♅ ℞ **10:11 am** 7:11 am
2nd Quarter **5:09 pm** 2:09 pm

30 Wednesday
2nd ♍

31 Thursday
2nd ♍
☽ v/c **4:40 am** 1:40 am
☽ enters ♎ **5:41 am** 2:41 am

Eastern Standard Time in bold type
Pacific Standard Time in medium type

May/June 2001

1 Friday
2nd ♎

2 Saturday
2nd ♎
☽ v/c   **9:41 am**   6:41 am
☽ enters ♏   **9:56 am**   6:56 am
⚹ enters ♊   9:01 pm

3 Sunday
2nd ♏
⚹ enters ♊   **12:01 am**
☿ R̥   9:21 pm

Pentecost

May 2001	June 2001	July 2001
S M T W T F S	S M T W T F S	S M T W T F S
1 2 3 4 5	1 2	1 2 3 4 5 6 7
6 7 8 9 10 11 12	3 4 5 6 7 8 9	8 9 10 11 12 13 14
13 14 15 16 17 18 19	10 11 12 13 14 15 16	15 16 17 18 19 20 21
20 21 22 23 24 25 26	17 18 19 20 21 22 23	22 23 24 25 26 27 28
27 28 29 30 31	24 25 26 27 28 29 30	29 30 31

Eastern Standard Time in bold type
Pacific Standard Time in medium type

Llewellyn's 2001 Pocket Planner and Ephemeris

4 Monday
2nd ♏
☿ R℞   **12:21 am**
☽ v/c   **6:29 am** 3:29 am
☽ enters ♐   **3:58 pm** 12:58 pm

5 Tuesday
2nd ♐
Full Moon   **8:39 pm** 5:39 pm

6 Wednesday
3rd ♐
♀ enters ♉   **5:25 am** 2:25 am
☽ v/c   **11:41 pm** 8:41 pm
☽ enters ♑   9:23 pm
☽ v/c   10:57 pm

7 Thursday
3rd ♐
☽ enters ♑ **12:23 am**
☽ v/c   **1:57 am**

Eastern Standard Time in bold type
Pacific Standard Time in medium type

June 2001

8 Friday
3rd ♑

---

9 Saturday
3rd ♑
☽ enters ♒ **11:20 am** 8:20 am

---

10 Sunday
3rd ♒

May 2001	June 2001	July 2001
S M T W T F S	S M T W T F S	S M T W T F S
1 2 3 4 5	1 2	1 2 3 4 5 6 7
6 7 8 9 10 11 12	3 4 5 6 7 8 9	8 9 10 11 12 13 14
13 14 15 16 17 18 19	10 11 12 13 14 15 16	15 16 17 18 19 20 21
20 21 22 23 24 25 26	17 18 19 20 21 22 23	22 23 24 25 26 27 28
27 28 29 30 31	24 25 26 27 28 29 30	29 30 31

Eastern Standard Time in bold type
Pacific Standard Time in medium type

Llewellyn's 2001 Pocket Planner and Ephemeris

11 Monday
3rd ≈
☽ v/c **7:38 pm** 4:38 pm
☽ enters ♓ **11:53 pm** 8:53 pm

12 Tuesday
3rd ♓

13 Wednesday
3rd ♓
4th Quarter **10:28 pm** 7:28 pm

14 Thursday
4th ♓
☽ v/c **5:26 am** 2:26 am
☽ enters ♈ **12:03 pm** 9:03 am

Flag Day

Eastern Standard Time in bold type
Pacific Standard Time in medium type

June 2001

15 Friday
4th ♈

16 Saturday
4th ♈
☽ v/c **1:32 pm** 10:32 am
☽ enters ♉ **9:39 pm** 6:39 pm

17 Sunday
4th ♉

Father's Day

May 2001								June 2001								July 2001					
S	M	T	W	T	F	S	S	M	T	W	T	F	S	S	M	T	W	T	F	S
		1	2	3	4	5						1	2	1	2	3	4	5	6	7
6	7	8	9	10	11	12	3	4	5	6	7	8	9	8	9	10	11	12	13	14
13	14	15	16	17	18	19	10	11	12	13	14	15	16	15	16	17	18	19	20	21
20	21	22	23	24	25	26	17	18	19	20	21	22	23	22	23	24	25	26	27	28
27	28	29	30	31			24	25	26	27	28	29	30	29	30	31				

Eastern Standard Time in bold type
Pacific Standard Time in medium type

Llewellyn's 2001 Pocket Planner and Ephemeris

18 Monday
4th ♉
☽ v/c **6:21 pm** 3:21 pm

19 Tuesday
4th ♉
☽ enters ♊ **3:42 am** 12:42 am

20 Wednesday
4th ♊
☽ v/c **10:24 pm** 7:24 pm
☉ enters ♋ 11:38 pm

Sun enters Cancer • Litha •Summer Solstice • 11:38 pm PST

21 Thursday
4th ♊
☉ enters ♋ **2:38 am**
☿ enters ♍ **3:39 am** 12:39 am
☽ enters ♋ **6:40 am** 3:40 am
New Moon **6:58 am** 3:58 am

Sun enters Cancer • Litha •Summer Solstice • 2:38 am EST
Solar Eclipse 0° ♋ 10' • 7:05 am EST/4:05 am PST

Eastern Standard Time in bold type
Pacific Standard Time in medium type

June 2001

22 Friday
1st ♋
☽ v/c   **9:11 am**   6:11 am

23 Saturday
1st ♋
☽ enters ♌   **7:55 am**   4:55 am

24 Sunday
1st ♌
☽ v/c   11:22 pm

May 2001						
S	M	T	W	T	F	S
		1	2	3	4	5
6	7	8	9	10	11	12
13	14	15	16	17	18	19
20	21	22	23	24	25	26
27	28	29	30	31		

June 2001						
S	M	T	W	T	F	S
					1	2
3	4	5	6	7	8	9
10	11	12	13	14	15	16
17	18	19	20	21	22	23
24	25	26	27	28	29	30

July 2001						
S	M	T	W	T	F	S
1	2	3	4	5	6	7
8	9	10	11	12	13	14
15	16	17	18	19	20	21
22	23	24	25	26	27	28
29	30	31				

Eastern Standard Time in bold type
Pacific Standard Time in medium type

Llewellyn's 2001 Pocket Planner and Ephemeris

25 Monday
1st ♌
☽ v/c **2:22 am**
☽ enters ♍ **8:57 am** 5:57 am

26 Tuesday
1st ♍

27 Wednesday
1st ♍
☽ v/c **5:12 am** 2:12 am
☽ enters ♎ **11:11 am** 8:11 am
2nd Quarter **10:19 pm** 7:19 pm
☿ D 9:48 pm

28 Thursday
2nd ♎
☿ D **12:48 am**

Eastern Standard Time in bold type
Pacific Standard Time in medium type

June/July 2001

29 Friday
2nd ♎
☽ v/c **10:07 am** 7:07 am
☽ enters ♏ **3:28 pm** 12:28 pm

30 Saturday
2nd ♏

1 Sunday
2nd ♏
☽ v/c **2:25 pm** 11:25 am
☽ enters ♐ **10:13 pm** 7:13 pm

May 2001

S	M	T	W	T	F	S
		1	2	3	4	5
6	7	8	9	10	11	12
13	14	15	16	17	18	19
20	21	22	23	24	25	26
27	28	29	30	31		

June 2001

S	M	T	W	T	F	S
					1	2
3	4	5	6	7	8	9
10	11	12	13	14	15	16
17	18	19	20	21	22	23
24	25	26	27	28	29	30

July 2001

S	M	T	W	T	F	S
1	2	3	4	5	6	7
8	9	10	11	12	13	14
15	16	17	18	19	20	21
22	23	24	25	26	27	28
29	30	31				

Eastern Standard Time in bold type
Pacific Standard Time in medium type

Llewellyn's 2001 Pocket Planner and Ephemeris

2 Monday
2nd ♐

3 Tuesday
2nd ♐

4 Wednesday
2nd ♐
☽ v/c   **3:36 am** 12:36 am
☽ enters ♑ **7:21 am** 4:21 am

Independence Day

5 Thursday
2nd ♑
Full Moon   **10:04 am** 7:04 am
☽ v/c   **10:04 am** 7:04 am
♀ enters ♊ **11:44 am** 8:44 am

Lunar Eclipse 13° ♑ 39' • 9:56 am EST/6:56 am PST

Eastern Standard Time in bold type
Pacific Standard Time in medium type

July 2001

6 Friday
3rd ♑
☽ enters ♒ **6:33 pm** 3:33 pm

---

7 Saturday
3rd ♒

---

8 Sunday
3rd ♒

June 2001	July 2001	August 2001
S M T W T F S	S M T W T F S	S M T W T F S
1 2	1 2 3 4 5 6 7	1 2 3 4
3 4 5 6 7 8 9	8 9 10 11 12 13 14	5 6 7 8 9 10 11
10 11 12 13 14 15 16	15 16 17 18 19 20 21	12 13 14 15 16 17 18
17 18 19 20 21 22 23	22 23 24 25 26 27 28	19 20 21 22 23 24 25
24 25 26 27 28 29 30	29 30 31	26 27 28 29 30 31

Eastern Standard Time in bold type
Pacific Standard Time in medium type

Llewellyn's 2001 Pocket Planner and Ephemeris

9 Monday
3rd ≈
☽ v/c   **5:28 am**   2:28 am
☽ enters ♓   **7:05 am**   4:05 am

10 Tuesday
3rd ♓

11 Wednesday
3rd ♓
☽ v/c   **7:09 pm**   4:09 pm
☽ enters ♈   **7:36 pm**   4:36 pm

12 Thursday
3rd ♈
☿ enters ♋   **5:47 pm**   2:47 pm
♃ enters ♋   **7:02 pm**   4:02 pm

Eastern Standard Time in bold type
Pacific Standard Time in medium type

64

July 2001

13 Friday
3rd ♈
4th Quarter **1:45 pm** 10:45 am
☽ v/c **6:52 pm** 3:52 pm

14 Saturday
4th ♈
☽ enters ♉ **6:13 am** 3:13 am

15 Sunday
4th ♉
☽ v/c 11:41 pm

June 2001						
S	M	T	W	T	F	S
					1	2
3	4	5	6	7	8	9
10	11	12	13	14	15	16
17	18	19	20	21	22	23
24	25	26	27	28	29	30

July 2001						
S	M	T	W	T	F	S
1	2	3	4	5	6	7
8	9	10	11	12	13	14
15	16	17	18	19	20	21
22	23	24	25	26	27	28
29	30	31				

August 2001						
S	M	T	W	T	F	S
			1	2	3	4
5	6	7	8	9	10	11
12	13	14	15	16	17	18
19	20	21	22	23	24	25
26	27	28	29	30	31	

Eastern Standard Time in bold type
Pacific Standard Time in medium type

Llewellyn's 2001 Pocket Planner and Ephemeris

16 Monday
4th ♉
☽ v/c **2:41 am**
☽ enters ♊ **1:26 pm** 10:26 am

17 Tuesday
4th ♊

18 Wednesday
4th ♊
☽ v/c **6:46 am** 3:46 am
♀ D **7:45 am** 4:45 am
☽ enters ♋ **4:56 pm** 1:56 pm

19 Thursday
4th ♋
♂ D **5:45 pm** 2:45 pm

Eastern Standard Time in bold type
Pacific Standard Time in medium type

July 2001

20 Friday
4th ♋
New Moon **2:44 pm** 11:44 am
☽ v/c **2:44 pm** 11:44 am
☽ enters ♌ **5:43 pm** 2:43 pm

21 Saturday
1st ♌

22 Sunday
1st ♌
☽ v/c **7:34 am** 4:34 am
☉ enters ♌ **1:26 pm** 10:26 am
☽ enters ♍ **5:29 pm** 2:29 pm

Sun enters Leo

June 2001	July 2001	August 2001
S M T W T F S	S M T W T F S	S M T W T F S
1 2	1 2 3 4 5 6 7	1 2 3 4
3 4 5 6 7 8 9	8 9 10 11 12 13 14	5 6 7 8 9 10 11
10 11 12 13 14 15 16	15 16 17 18 19 20 21	12 13 14 15 16 17 18
17 18 19 20 21 22 23	22 23 24 25 26 27 28	19 20 21 22 23 24 25
24 25 26 27 28 29 30	29 30 31	26 27 28 29 30 31

Eastern Standard Time in bold type
Pacific Standard Time in medium type

Llewellyn's 2001 Pocket Planner and Ephemeris

23 Monday
1st ♍
☽ v/c   11:48 pm

24 Tuesday
1st ♍
☽ v/c   **2:48 am**
⚹ enters ♋   **5:05 am** 2:05 am
☽ enters ♎   **6:08 pm** 3:08 pm

25 Wednesday
1st ♎

26 Thursday
1st ♎
☽ v/c   **10:10 am** 7:10 am
☽ enters ♏   **9:17 pm** 6:17 pm

Eastern Standard Time in bold type
Pacific Standard Time in medium type

July 2001

27 Friday
1st ♏
2nd Quarter **5:08 am** 2:08 am

28 Saturday
2nd ♏
☽ v/c **10:50 pm** 7:50 pm

29 Sunday
2nd ♏
☽ enters ♐ **3:44 am** 12:44 am

	June 2001					
S	M	T	W	T	F	S
					1	2
3	4	5	6	7	8	9
10	11	12	13	14	15	16
17	18	19	20	21	22	23
24	25	26	27	28	29	30

	July 2001					
S	M	T	W	T	F	S
1	2	3	4	5	6	7
8	9	10	11	12	13	14
15	16	17	18	19	20	21
22	23	24	25	26	27	28
29	30	31				

	August 2001					
S	M	T	W	T	F	S
			1	2	3	4
5	6	7	8	9	10	11
12	13	14	15	16	17	18
19	20	21	22	23	24	25
26	27	28	29	30	31	

Eastern Standard Time in bold type
Pacific Standard Time in medium type

Llewellyn's 2001 Pocket Planner and Ephemeris

30 Monday
2nd ♐
☿ enters ♌ **5:18 am** 2:18 am

31 Tuesday
2nd ♐
☽ v/c **11:24 am** 8:24 am
⚵ enters ♊ **11:31 am** 8:31 am
☽ enters ♑ **1:16 pm** 10:16 am
☽ v/c **9:21 pm** 6:21 pm

1 Wednesday
2nd ♑
♀ enters ♋ **7:18 am** 4:18 am

Lammas

2 Thursday
2nd ♑
☽ enters ♒ 9:53 pm

Eastern Standard Time in bold type
Pacific Standard Time in medium type

July/August 2001

3 Friday
2nd \\$\\vartriangle$
☽ enters ≈ **12:53 am**
Full Moon 9:56 pm

4 Saturday
2nd ≈
Full Moon **12:56 am**
☽ v/c **11:52 pm** 8:52 pm

5 Sunday
3rd ≈
☽ enters ♓ **1:30 pm** 10:30 am

July 2001						
S	M	T	W	T	F	S
1	2	3	4	5	6	7
8	9	10	11	12	13	14
15	16	17	18	19	20	21
22	23	24	25	26	27	28
29	30	31				

August 2001						
S	M	T	W	T	F	S
			1	2	3	4
5	6	7	8	9	10	11
12	13	14	15	16	17	18
19	20	21	22	23	24	25
26	27	28	29	30	31	

September 2001						
S	M	T	W	T	F	S
						1
2	3	4	5	6	7	8
9	10	11	12	13	14	15
16	17	18	19	20	21	22
23	24	25	26	27	28	29
30						

Eastern Standard Time in bold type
Pacific Standard Time in medium type

Llewellyn's 2001 Pocket Planner and Ephemeris

6 Monday
3rd ♓
☽ v/c   9:39 pm

7 Tuesday
3rd ♓
☽ v/c   **12:39 am**
☽ enters ♈   11:05 pm

8 Wednesday
3rd ♓
☽ enters ♈   **2:05 am**

9 Thursday
3rd ♈
☽ v/c   **11:53 pm**   8:53 pm

Eastern Standard Time in bold type
Pacific Standard Time in medium type

August 2001

10 Friday
3rd ♈
☽ enters ♉   **1:23 pm** 10:23 am

11 Saturday
3rd ♉
4th Quarter   11:53 pm

12 Sunday
3rd ♉
4th Quarter   **2:53 am**
☽ v/c   **5:32 pm** 2:32 pm
☽ enters ♊   **9:59 pm** 6:59 pm

July 2001	August 2001	September 2001
S M T W T F S	S M T W T F S	S M T W T F S
1 2 3 4 5 6 7	1 2 3 4	1
8 9 10 11 12 13 14	5 6 7 8 9 10 11	2 3 4 5 6 7 8
15 16 17 18 19 20 21	12 13 14 15 16 17 18	9 10 11 12 13 14 15
22 23 24 25 26 27 28	19 20 21 22 23 24 25	16 17 18 19 20 21 22
29 30 31	26 27 28 29 30 31	23 24 25 26 27 28 29
		30

Eastern Standard Time in bold type
Pacific Standard Time in medium type

Llewellyn's 2001 Pocket Planner and Ephemeris

13 Monday
4th ♊
☿ enters ♍   9:04 pm

14 Tuesday
4th ♊
☿ enters ♍ **12:04 am**
☽ v/c   **2:42 pm** 11:42 am
☽ enters ♋   11:55 pm

15 Wednesday
4th ♊
☽ enters ♋ **2:55 am**

16 Thursday
4th ♋
☽ v/c   **8:03 am** 5:03 am
♀ enters ♐ **5:39 pm** 2:39 pm

Eastern Standard Time in bold type
Pacific Standard Time in medium type

August 2001

17 Friday
4th ♋
☽ enters ♌ **4:25 am** 1:25 am

18 Saturday
4th ♌
New Moon **9:55 pm** 6:55 pm
☽ v/c **9:55 pm** 6:55 pm

19 Sunday
1st ♌
☽ enters ♍ **3:53 am** 12:53 am

July 2001						
S	M	T	W	T	F	S
1	2	3	4	5	6	7
8	9	10	11	12	13	14
15	16	17	18	19	20	21
22	23	24	25	26	27	28
29	30	31				

August 2001						
S	M	T	W	T	F	S
			1	2	3	4
5	6	7	8	9	10	11
12	13	14	15	16	17	18
19	20	21	22	23	24	25
26	27	28	29	30	31	

September 2001						
S	M	T	W	T	F	S
						1
2	3	4	5	6	7	8
9	10	11	12	13	14	15
16	17	18	19	20	21	22
23	24	25	26	27	28	29
30						

Eastern Standard Time in bold type
Pacific Standard Time in medium type

Llewellyn's 2001 Pocket Planner and Ephemeris

20 Monday
1st ♍
☽ v/c **3:21 pm** 12:21 pm

21 Tuesday
1st ♍
☽ enters ♎ **3:19 am** 12:19 am

22 Wednesday
1st ♎
☉ enters ♍ **8:27 pm** 5:27 pm
☽ v/c **8:34 pm** 5:34 pm

Sun enters Virgo

23 Thursday
1st ♎
☽ enters ♏ **4:50 am** 1:50 am
♇ D **11:06 am** 8:06 am

Eastern Standard Time in bold type
Pacific Standard Time in medium type

August 2001

24 Friday
1st ♏

25 Saturday
1st ♏
☽ v/c **6:16 am** 3:16 am
☽ enters ♐ **9:59 am** 6:59 am
2nd Quarter **2:55 pm** 11:55 am

26 Sunday
2nd ♐
⚷ D **4:19 am** 1:19 am
♀ enters ♌ **11:12 pm** 8:12 pm

July 2001						
S	M	T	W	T	F	S
1	2	3	4	5	6	7
8	9	10	11	12	13	14
15	16	17	18	19	20	21
22	23	24	25	26	27	28
29	30	31				

August 2001						
S	M	T	W	T	F	S
			1	2	3	4
5	6	7	8	9	10	11
12	13	14	15	16	17	18
19	20	21	22	23	24	25
26	27	28	29	30	31	

September 2001						
S	M	T	W	T	F	S
						1
2	3	4	5	6	7	8
9	10	11	12	13	14	15
16	17	18	19	20	21	22
23	24	25	26	27	28	29
30						

Eastern Standard Time in bold type
Pacific Standard Time in medium type

Llewellyn's 2001 Pocket Planner and Ephemeris

27 Monday
2nd ♐
☽ v/c	**7:50 am**	4:50 am
☽ enters ♑	**7:02 pm**	4:02 pm
♀ D	**7:48 pm**	4:48 pm

28 Tuesday
2nd ♑

29 Wednesday
2nd ♑
☽ v/c   10:28 pm

30 Thursday
2nd ♑
| ☽ v/c | **1:28 am** | |
| ☽ enters ♒ | **6:47 am** | 3:47 am |

Eastern Standard Time in bold type
Pacific Standard Time in medium type

August/September 2001

31 Friday
2nd ≈
☿ enters ♎ **7:37 pm** 4:37 pm

1 Saturday
2nd ≈
☽ v/c **12:36 pm** 9:36 am
☽ enters ♓ **7:32 pm** 4:32 pm

2 Sunday
2nd ♓
Full Moon **4:43 pm** 1:43 pm

July 2001	August 2001	September 2001
S M T W T F S	S M T W T F S	S M T W T F S
1 2 3 4 5 6 7	1 2 3 4	1
8 9 10 11 12 13 14	5 6 7 8 9 10 11	2 3 4 5 6 7 8
15 16 17 18 19 20 21	12 13 14 15 16 17 18	9 10 11 12 13 14 15
22 23 24 25 26 27 28	19 20 21 22 23 24 25	16 17 18 19 20 21 22
29 30 31	26 27 28 29 30 31	23 24 25 26 27 28 29
		30

Eastern Standard Time in bold type
Pacific Standard Time in medium type

Llewellyn's 2001 Pocket Planner and Ephemeris

3 Monday
3rd ♓

Labor Day

4 Tuesday
3rd ♓
☽ v/c   **3:37 am** 12:37 am
☽ enters ♈   **7:58 am** 4:58 am

5 Wednesday
3rd ♈

6 Thursday
3rd ♈
☽ v/c   **5:31 pm** 2:31 pm
☽ enters ♉   **7:18 pm** 4:18 pm

Eastern Standard Time in bold type
Pacific Standard Time in medium type

September 2001

7 Friday
3rd ♉

---

8 Saturday
3rd ♉
♂ enters ♑ **12:51 pm** 9:51 am
☽ v/c **1:30 pm** 10:30 am

---

9 Sunday
3rd ♉
☽ enters ♊ **4:41 am** 1:41 am

August 2001						
S	M	T	W	T	F	S
			1	2	3	4
5	6	7	8	9	10	11
12	13	14	15	16	17	18
19	20	21	22	23	24	25
26	27	28	29	30	31	

September 2001						
S	M	T	W	T	F	S
						1
2	3	4	5	6	7	8
9	10	11	12	13	14	15
16	17	18	19	20	21	22
23	24	25	26	27	28	29
30						

October 2001						
S	M	T	W	T	F	S
	1	2	3	4	5	6
7	8	9	10	11	12	13
14	15	16	17	18	19	20
21	22	23	24	25	26	27
28	29	30	31			

Eastern Standard Time in bold type
Pacific Standard Time in medium type

Llewellyn's 2001 Pocket Planner and Ephemeris

10 Monday
3rd ♊
4th Quarter **1:59 pm** 10:59 am
☽ v/c **8:42 pm** 5:42 pm

11 Tuesday
4th ♊
☽ enters ♋ **11:09 am** 8:09 am

12 Wednesday
4th ♋
☽ v/c **10:16 pm** 7:16 pm

13 Thursday
4th ♋
☽ enters ♌ **2:16 pm** 11:16 am

Eastern Standard Time in bold type
Pacific Standard Time in medium type

September 2001

14 Friday
4th ♌

15 Saturday
4th ♌
☽ v/c   **3:35 am** 12:35 am
☽ enters ♍   **2:39 pm** 11:39 am

16 Sunday
4th ♍

August 2001
S M T W T F S
1 2 3 4
5 6 7 8 9 10 11
12 13 14 15 16 17 18
19 20 21 22 23 24 25
26 27 28 29 30 31

September 2001
S M T W T F S
1
2 3 4 5 6 7 8
9 10 11 12 13 14 15
16 17 18 19 20 21 22
23 24 25 26 27 28 29
30

October 2001
S M T W T F S
1 2 3 4 5 6
7 8 9 10 11 12 13
14 15 16 17 18 19 20
21 22 23 24 25 26 27
28 29 30 31

Eastern Standard Time in bold type
Pacific Standard Time in medium type

Llewellyn's 2001 Pocket Planner and Ephemeris

17 Monday
4th ♍
New Moon **5:27 am** 2:27 am
☽ v/c **5:27 am** 2:27 am
☽ enters ♎ **2:00 pm** 11:00 am
⚹ enters ♌ **10:19 pm** 7:19 pm

18 Tuesday
1st ♎

Rosh Hashanah

19 Wednesday
1st ♎
☽ v/c **11:38 am** 8:38 am
☽ enters ♏ **2:27 pm** 11:27 am

20 Thursday
1st ♏
♀ enters ♍ **9:09 pm** 6:09 pm

Eastern Standard Time in bold type
Pacific Standard Time in medium type

September 2001

21 Friday
1st ♏
☽ v/c **4:09 pm** 1:09 pm
☽ enters ♐ **6:02 pm** 3:02 pm

22 Saturday
1st ♐
☉ enters ♎ **6:04 pm** 3:04 pm

Sun enters Libra • Mabon • Fall Equinox • 6:04 pm EST/3:04 pm PST

23 Sunday
1st ♐
☽ v/c **7:32 pm** 4:32 pm
☽ enters ♑ 10:48 pm

August 2001	September 2001	October 2001
S M T W T F S	S M T W T F S	S M T W T F S
1 2 3 4	1	1 2 3 4 5 6
5 6 7 8 9 10 11	2 3 4 5 6 7 8	7 8 9 10 11 12 13
12 13 14 15 16 17 18	9 10 11 12 13 14 15	14 15 16 17 18 19 20
19 20 21 22 23 24 25	16 17 18 19 20 21 22	21 22 23 24 25 26 27
26 27 28 29 30 31	23 24 25 26 27 28 29	28 29 30 31
	30	

Eastern Standard Time in bold type
Pacific Standard Time in medium type

Llewellyn's 2001 Pocket Planner and Ephemeris

24 Monday
1st ♐
☽ enters ♑ **1:48 am**
2nd Quarter **4:31 am** 1:31 am

25 Tuesday
2nd ♑

26 Wednesday
2nd ♑
☽ v/c **9:38 am** 6:38 am
☽ enters ♒ **1:05 pm** 10:05 am
♄ ℞ **7:04 pm** 4:04 pm

27 Thursday
2nd ♒

Yom Kippur

Eastern Standard Time in bold type
Pacific Standard Time in medium type

September 2001

28 Friday
2nd ≈
☽ v/c 9:27 pm
☽ enters ♓ 10:50 pm

29 Saturday
2nd ≈
☽ v/c **12:27 am**
☽ enters ♓ **1:50 am**

30 Sunday
2nd ♓
☽ v/c **8:02 am** 5:02 am

August 2001	September 2001	October 2001
S M T W T F S	S M T W T F S	S M T W T F S
1 2 3 4	1	1 2 3 4 5 6
5 6 7 8 9 10 11	2 3 4 5 6 7 8	7 8 9 10 11 12 13
12 13 14 15 16 17 18	9 10 11 12 13 14 15	14 15 16 17 18 19 20
19 20 21 22 23 24 25	16 17 18 19 20 21 22	21 22 23 24 25 26 27
26 27 28 29 30 31	23 24 25 26 27 28 29	28 29 30 31
	30	

Eastern Standard Time in bold type
Pacific Standard Time in medium type

Llewellyn's 2001 Pocket Planner and Ephemeris

1 Monday
2nd ♓
☽ enters ♈ **2:08 pm** 11:08 am
☿ ℞ **2:24 pm** 11:24 am

2 Tuesday
2nd ♈
Full Moon **8:49 am** 5:49 am

Sukkot begins

3 Wednesday
3rd ♈
☽ v/c **11:44 pm** 8:44 pm
☽ enters ♉ 10:01 pm

4 Thursday
3rd ♈
☽ enters ♉ **1:01 am**

Eastern Standard Time in bold type
Pacific Standard Time in medium type

October 2001

5 Friday
3rd ♉
☽ v/c   **5:33 pm** 2:33 pm

6 Saturday
3rd ♉
☽ enters ♊ **10:12 am** 7:12 am

7 Sunday
3rd ♊

September 2001	October 2001	November 2001
S M T W T F S	S M T W T F S	S M T W T F S
1	1 2 3 4 5 6	1 2 3
2 3 4 5 6 7 8	7 8 9 10 11 12 13	4 5 6 7 8 9 10
9 10 11 12 13 14 15	14 15 16 17 18 19 20	11 12 13 14 15 16 17
16 17 18 19 20 21 22	21 22 23 24 25 26 27	18 19 20 21 22 23 24
23 24 25 26 27 28 29	28 29 30 31	25 26 27 28 29 30
30		

Eastern Standard Time in bold type
Pacific Standard Time in medium type

Llewellyn's 2001 Pocket Planner and Ephemeris

8 Monday
3rd ♊
☽ v/c **11:23 am** 8:23 am
☽ enters ♋ **5:19 pm** 2:19 pm

Sukkot ends • Columbus Day (observed)

9 Tuesday
3rd ♋
♆ ℞ **6:20 am** 3:20 am
4th Quarter **11:20 pm** 8:20 pm

10 Wednesday
4th ♋
☽ v/c **12:47 pm** 9:47 am
☽ enters ♌ **9:54 pm** 6:54 pm

11 Thursday
4th ♌

Eastern Standard Time in bold type
Pacific Standard Time in medium type

October 2001

12 Friday
4th ♌
☽ v/c **11:34 am** 8:34 am
☽ enters ♍ **11:58 pm** 8:58 pm

13 Saturday
4th ♍

14 Sunday
4th ♍
☽ v/c **11:52 pm** 8:52 pm
☽ enters ♎ 9:26 pm

September 2001	October 2001	November 2001
S M T W T F S	S M T W T F S	S M T W T F S
1	1 2 3 4 5 6	1 2 3
2 3 4 5 6 7 8	7 8 9 10 11 12 13	4 5 6 7 8 9 10
9 10 11 12 13 14 15	14 15 16 17 18 19 20	11 12 13 14 15 16 17
16 17 18 19 20 21 22	21 22 23 24 25 26 27	18 19 20 21 22 23 24
23 24 25 26 27 28 29	28 29 30 31	25 26 27 28 29 30
30		

Eastern Standard Time in bold type
Pacific Standard Time in medium type

Llewellyn's 2001 Pocket Planner and Ephemeris

15 Monday
4th ♍
☽ enters ♎ **12:26 am**
♀ enters ♎ **6:42 am** 3:42 am

16 Tuesday
4th ♎
New Moon **2:23 pm** 11:23 am
☽ v/c **2:23 pm** 11:23 am
☽ enters ♏ 10:03 pm

17 Wednesday
1st ♎
☽ enters ♏ **1:03 am**
♆ D **8:48 pm** 5:48 pm

18 Thursday
1st ♏
☽ v/c **5:30 pm** 2:30 pm

Eastern Standard Time in bold type
Pacific Standard Time in medium type

October 2001

19 Friday
1st ♏
☽ enters ♐ **3:47 am** 12:47 am

20 Saturday
1st ♐

21 Sunday
1st ♐
☽ v/c **6:42 am** 3:42 am
☽ enters ♑ **10:11 am** 7:11 am

September 2001	October 2001	November 2001
S M T W T F S	S M T W T F S	S M T W T F S
1	1 2 3 4 5 6	1 2 3
2 3 4 5 6 7 8	7 8 9 10 11 12 13	4 5 6 7 8 9 10
9 10 11 12 13 14 15	14 15 16 17 18 19 20	11 12 13 14 15 16 17
16 17 18 19 20 21 22	21 22 23 24 25 26 27	18 19 20 21 22 23 24
23 24 25 26 27 28 29	28 29 30 31	25 26 27 28 29 30
30		

Eastern Standard Time in bold type
Pacific Standard Time in medium type

Llewellyn's 2001 Pocket Planner and Ephemeris

22 Monday
1st \VS
☿ D **7:24 pm** 4:24 pm

23 Tuesday
1st \VS
☉ enters ♏ **3:26 am** 12:26 am
☽ v/c **3:11 pm** 12:11 pm
☽ enters ♒ **8:26 pm** 5:26 pm
2nd Quarter **9:58 pm** 6:58 pm

Sun enters Scorpio

24 Wednesday
2nd ♒

25 Thursday
2nd ♒
☽ v/c **2:32 pm** 11:32 am

Eastern Standard Time in bold type
Pacific Standard Time in medium type

October 2001

26 Friday
2nd ≈
☽ enters ♓ **8:56 am** 5:56 am

27 Saturday
2nd ♓
♂ enters ≈ **12:19 pm** 9:19 am
☽ v/c **4:31 pm** 1:31 pm

28 Sunday
2nd ♓
☽ enters ♈ **9:15 pm** 6:15 pm

Daylight Saving Time ends at 2:00 am

September 2001	October 2001	November 2001
S M T W T F S	S M T W T F S	S M T W T F S
1	1 2 3 4 5 6	1 2 3
2 3 4 5 6 7 8	7 8 9 10 11 12 13	4 5 6 7 8 9 10
9 10 11 12 13 14 15	14 15 16 17 18 19 20	11 12 13 14 15 16 17
16 17 18 19 20 21 22	21 22 23 24 25 26 27	18 19 20 21 22 23 24
23 24 25 26 27 28 29	28 29 30 31	25 26 27 28 29 30
30		

Eastern Standard Time in bold type
Pacific Standard Time in medium type

Llewellyn's 2001 Pocket Planner and Ephemeris

29 Monday
2nd ♈

30 Tuesday
2nd ♈
☽ v/c   **2:17 pm** 11:17 am
♅ D   **5:55 pm** 2:55 pm

31 Wednesday
2nd ♈
☽ enters ♉ **7:48 am** 4:48 am
Full Moon   9:41 pm

Halloween/Samhain

1 Thursday
2nd ♉
Full Moon   **12:41 am**
☽ v/c   **11:20 pm** 8:20 pm

All Saints' Day

Eastern Standard Time in bold type
Pacific Standard Time in medium type

October/November 2001

2 Friday
3rd ♉
♃ ℞ **10:35 am** 7:35 am
☽ enters ♊ **4:12 pm** 1:12 pm

3 Saturday
3rd ♊

4 Sunday
3rd ♊
☽ v/c **2:45 pm** 11:45 am
☽ enters ♋ **10:44 pm** 7:44 pm

October 2001	November 2001	December 2001
S M T W T F S	S M T W T F S	S M T W T F S
1 2 3 4 5 6	1 2 3	1
7 8 9 10 11 12 13	4 5 6 7 8 9 10	2 3 4 5 6 7 8
14 15 16 17 18 19 20	11 12 13 14 15 16 17	9 10 11 12 13 14 15
21 22 23 24 25 26 27	18 19 20 21 22 23 24	16 17 18 19 20 21 22
28 29 30 31	25 26 27 28 29 30	23 24 25 26 27 28 29
		30 31

Eastern Standard Time in bold type
Pacific Standard Time in medium type

Llewellyn's 2001 Pocket Planner and Ephemeris

5 Monday
3rd ⊙

6 Tuesday
3rd ⊙
☽ v/c   11:10 pm

Election Day

7 Wednesday
3rd ⊙
☽ v/c   **2:10 am**
☽ enters ♌   **3:34 am** 12:34 am
☿ enters ♏   **2:53 pm** 11:53 am

8 Thursday
3rd ♌
4th Quarter   **7:21 am** 4:21 am
♀ enters ♏   **8:28 am** 5:28 am
☽ v/c   **3:30 pm** 12:30 pm

Eastern Standard Time in bold type
Pacific Standard Time in medium type

November 2001

9 Friday
4th ♌
☽ enters ♍ **6:49 am** 3:49 am

10 Saturday
4th ♍
☽ v/c **1:40 pm** 10:40 am

11 Sunday
4th ♍
☽ enters ♎ **8:53 am** 5:53 am

Veterans Day

October 2001	November 2001	December 2001
S M T W T F S	S M T W T F S	S M T W T F S
1 2 3 4 5 6	1 2 3	1
7 8 9 10 11 12 13	4 5 6 7 8 9 10	2 3 4 5 6 7 8
14 15 16 17 18 19 20	11 12 13 14 15 16 17	9 10 11 12 13 14 15
21 22 23 24 25 26 27	18 19 20 21 22 23 24	16 17 18 19 20 21 22
28 29 30 31	25 26 27 28 29 30	23 24 25 26 27 28 29
		30 31

Eastern Standard Time in bold type
Pacific Standard Time in medium type

Llewellyn's 2001 Pocket Planner and Ephemeris

12 Monday
4th ♎
☽ v/c   **7:42 pm** 4:42 pm

13 Tuesday
4th ♎
☽ enters ♏ **10:44 am** 7:44 am

14 Wednesday
4th ♏
New Moon   10:40 pm
☽ v/c   10:40 pm

15 Thursday
4th ♏
New Moon   **1:40 am**
☽ v/c   **1:40 am**
☽ enters ♐ **1:51 pm** 10:51 am

Eastern Standard Time in bold type
Pacific Standard Time in medium type

November 2001

16 Friday
1st ♐

17 Saturday
1st ♐
☽ v/c **3:14 am** 12:14 am
☽ enters ♑ **7:40 pm** 4:40 pm

Ramadan begins

18 Sunday
1st ♑

October 2001	November 2001	December 2001
S M T W T F S	S M T W T F S	S M T W T F S
1 2 3 4 5 6	1 2 3	1
7 8 9 10 11 12 13	4 5 6 7 8 9 10	2 3 4 5 6 7 8
14 15 16 17 18 19 20	11 12 13 14 15 16 17	9 10 11 12 13 14 15
21 22 23 24 25 26 27	18 19 20 21 22 23 24	16 17 18 19 20 21 22
28 29 30 31	25 26 27 28 29 30	23 24 25 26 27 28 29
		30 31

Eastern Standard Time in bold type
Pacific Standard Time in medium type

Llewellyn's 2001 Pocket Planner and Ephemeris

19 Monday
1st ♑
☽ v/c   9:57 pm

20 Tuesday
1st ♑
☽ v/c   **12:57 am**
☽ enters ♒   **4:55 am** 1:55 am

21 Wednesday
1st ♒
♀ enters ♑   **6:39 pm** 3:39 pm
☉ enters ♐   10:00 pm
☽ v/c   11:37 pm

Sun enters Sagittarius

22 Thursday
1st ♒
☉ enters ♐   **1:00 am**
☽ v/c   **2:37 am**
☽ enters ♓   **4:52 pm** 1:52 pm
2nd Quarter **6:21 pm** 3:21 pm

Sun enters Sagittarius • Thanksgiving Day

Eastern Standard Time in bold type
Pacific Standard Time in medium type

November 2001

23 Friday
2nd ♓

24 Saturday
2nd ♓
☽ v/c   9:29 pm

25 Sunday
2nd ♓
☽ v/c   **12:29 am**
☽ enters ♈ **5:21 am** 2:21 am

October 2001	November 2001	December 2001
S M T W T F S	S M T W T F S	S M T W T F S
1 2 3 4 5 6	1 2 3	1
7 8 9 10 11 12 13	4 5 6 7 8 9 10	2 3 4 5 6 7 8
14 15 16 17 18 19 20	11 12 13 14 15 16 17	9 10 11 12 13 14 15
21 22 23 24 25 26 27	18 19 20 21 22 23 24	16 17 18 19 20 21 22
28 29 30 31	25 26 27 28 29 30	23 24 25 26 27 28 29
		30 31

Eastern Standard Time in bold type
Pacific Standard Time in medium type

Llewellyn's 2001 Pocket Planner and Ephemeris

26 Monday
2nd ♈
☿ enters ♐ **1:23 pm** 10:23 am
☽ v/c **11:43 pm** 8:43 pm

27 Tuesday
2nd ♈
☽ enters ♉ **4:06 pm** 1:06 pm

28 Wednesday
2nd ♉

29 Thursday
2nd ♉
☽ v/c **6:21 pm** 3:21 pm
☽ enters ♊   9:04 pm

Eastern Standard Time in bold type
Pacific Standard Time in medium type

November/December 2001

30 Friday
2nd ♉
☽ enters ♊ **12:04 am**
Full Moon **3:49 pm** 12:49 pm

1 Saturday
3rd ♊
☽ v/c **8:48 pm** 5:48 pm

2 Sunday
3rd ♊
☽ enters ♋ **5:30 am** 2:30 am
♀ enters ♐ **6:11 am** 3:11 am

October 2001	November 2001	December 2001
S M T W T F S	S M T W T F S	S M T W T F S
1 2 3 4 5 6	1 2 3	1
7 8 9 10 11 12 13	4 5 6 7 8 9 10	2 3 4 5 6 7 8
14 15 16 17 18 19 20	11 12 13 14 15 16 17	9 10 11 12 13 14 15
21 22 23 24 25 26 27	18 19 20 21 22 23 24	16 17 18 19 20 21 22
28 29 30 31	25 26 27 28 29 30	23 24 25 26 27 28 29
		30 31

Eastern Standard Time in bold type
Pacific Standard Time in medium type

Llewellyn's 2001 Pocket Planner and Ephemeris

3 Monday
3rd ⊙
☽ v/c **6:04 am** 3:04 am

4 Tuesday
3rd ⊙
☽ enters ♌ **9:15 am** 6:15 am

5 Wednesday
3rd ♌
♀ enters ♒ **6:38 am** 3:38 am

6 Thursday
3rd ♌
☽ v/c **9:20 am** 6:20 am
☽ enters ♍ **12:11 pm** 9:11 am

106 **Eastern Standard Time in bold type**
Pacific Standard Time in medium type

December 2001

7 Friday
3rd ♍
4th Quarter **2:52 pm** 11:52 am
☽ v/c **5:57 pm** 2:57 pm

8 Saturday
4th ♍
☽ enters ♎ **2:57 pm** 11:57 am
♂ enters ♓ **4:52 pm** 1:52 pm

9 Sunday
4th ♎

November 2001	December 2001	January 2002
S M T W T F S	S M T W T F S	S M T W T F S
1 2 3	1	1 2 3 4 5
4 5 6 7 8 9 10	2 3 4 5 6 7 8	6 7 8 9 10 11 12
11 12 13 14 15 16 17	9 10 11 12 13 14 15	13 14 15 16 17 18 19
18 19 20 21 22 23 24	16 17 18 19 20 21 22	20 21 22 23 24 25 26
25 26 27 28 29 30	23 24 25 26 27 28 29	27 28 29 30 31
	30 31	

Eastern Standard Time in bold type
Pacific Standard Time in medium type

Llewellyn's 2001 Pocket Planner and Ephemeris

10 Monday
4th ♎
☽ v/c **3:43 am** 12:43 am
☽ enters ♏ **6:09 pm** 3:09 pm

Hanukkah begins

11 Tuesday
4th ♏
⚷ enters ♑ **6:04 pm** 3:04 pm

12 Wednesday
4th ♏
☽ v/c **7:48 am** 4:48 am
☽ enters ♐ **10:30 pm** 7:30 pm

13 Thursday
4th ♐

Eastern Standard Time in bold type
Pacific Standard Time in medium type

December 2001

14 Friday
4th ♐
New Moon **3:47 pm** 12:47 pm

Solar Eclipse 22° ♐ 56' • 3:53 pm EST/12:53 pm PST

15 Saturday
1st ♐
☽ v/c **3:24 am** 12:24 am
☽ enters ♑ **4:48 am** 1:48 am
☿ enters ♑ **2:55 pm** 11:55 am

Ramadan ends

16 Sunday
1st ♑
☽ v/c **4:35 am** 1:35 am

November 2001	December 2001	January 2002
S M T W T F S	S M T W T F S	S M T W T F S
1 2 3	1	1 2 3 4 5
4 5 6 7 8 9 10	2 3 4 5 6 7 8	6 7 8 9 10 11 12
11 12 13 14 15 16 17	9 10 11 12 13 14 15	13 14 15 16 17 18 19
18 19 20 21 22 23 24	16 17 18 19 20 21 22	20 21 22 23 24 25 26
25 26 27 28 29 30	23 24 25 26 27 28 29	27 28 29 30 31
	30 31	

Eastern Standard Time in bold type
Pacific Standard Time in medium type

Llewellyn's 2001 Pocket Planner and Ephemeris

17 Monday
1st ♑
☽ enters ♒ **1:43 pm** 10:43 am

Hanukkah ends

18 Tuesday
1st ♒

19 Wednesday
1st ♒
☽ v/c **9:41 pm** 6:41 pm
☽ enters ♓ 10:09 pm

20 Thursday
1st ♒
☽ enters ♓ **1:09 am**

Eastern Standard Time in bold type
Pacific Standard Time in medium type

December 2001

21 Friday
1st ♓
☿ enters ♐ **3:43 am** 12:43 am
☉ enters ♑ **2:21 pm** 11:21 am

Sun enters Capricorn • Winter Solstice • Yule • 2:21 pm EST/11:21 am PST

22 Saturday
1st ♓
☽ v/c **3:44 am** 12:44 am
✶ enters ♍ **9:57 am** 6:57 am
☽ enters ♈ **1:45 pm** 10:45 am
2nd Quarter **3:56 pm** 12:56 pm

23 Sunday
2nd ♈

November 2001	December 2001	January 2002
S M T W T F S	S M T W T F S	S M T W T F S
1 2 3	1	1 2 3 4 5
4 5 6 7 8 9 10	2 3 4 5 6 7 8	6 7 8 9 10 11 12
11 12 13 14 15 16 17	9 10 11 12 13 14 15	13 14 15 16 17 18 19
18 19 20 21 22 23 24	16 17 18 19 20 21 22	20 21 22 23 24 25 26
25 26 27 28 29 30	23 24 25 26 27 28 29	27 28 29 30 31
	30 31	

Eastern Standard Time in bold type
Pacific Standard Time in medium type

Llewellyn's 2001 Pocket Planner and Ephemeris

24 Monday
2nd ♈
☽ v/c **10:21 pm** 7:21 pm
☽ enters ♉ 10:12 pm

Christmas Eve

25 Tuesday
2nd ♈
☽ enters ♉ **1:12 am**
☿ ℞ **6:09 pm** 3:09 pm
♀ enters ♑ 11:25 pm

Christmas Day

26 Wednesday
2nd ♉
♀ enters ♑ **2:25 am**
☽ v/c **7:22 pm** 4:22 pm

Kwanzaa begins

27 Thursday
2nd ♉
☽ enters ♊ **9:39 am** 6:39 am

28 Friday
2nd ♊
☽ v/c 10:24 pm
☿ enters ♌ 11:11 pm

29 Saturday
2nd ♊
☽ v/c **1:24 am**
☿ enters ♌ **2:11 am**
☽ enters ♋ **2:40 pm** 11:40 am

30 Sunday
2nd ♋
Full Moon **5:40 am** 2:40 am

Lunar Eclipse 8° ♋ 48'
5:30 am EST/2:30 am PST

31 Monday
3rd ♋
☽ v/c **8:43 am** 5:43 am
☽ enters ♌ **5:09 pm** 2:09 pm

New Year's Eve

Eastern Standard Time in bold type
Pacific Standard Time in medium type

January 2002

	7 Monday	14 Monday	21 Monday	28 Monday
1 Tuesday	8 Tuesday	15 Tuesday	22 Tuesday	29 Tuesday
2 Wednesday	9 Wednesday	16 Wednesday	23 Wednesday	30 Wednesday
3 Thursday	10 Thursday	17 Thursday	24 Thursday	31 Thursday
4 Friday	11 Friday	18 Friday	25 Friday	
5 Saturday	12 Saturday	19 Saturday	26 Saturday	
6 Sunday	13 Sunday	20 Sunday	27 Sunday	

February 2002

	4 Monday	11 Monday	18 Monday	25 Monday
	5 Tuesday	12 Tuesday	19 Tuesday	26 Tuesday
	6 Wednesday	13 Wednesday	20 Wednesday	27 Wednesday
	7 Thursday	14 Thursday	21 Thursday	28 Thursday
1 Friday	8 Friday	15 Friday	22 Friday	
2 Saturday	9 Saturday	16 Saturday	23 Saturday	
3 Sunday	10 Sunday	17 Sunday	24 Sunday	

March 2002

	4 Monday	11 Monday	18 Monday	25 Monday
	5 Tuesday	12 Tuesday	19 Tuesday	26 Tuesday
	6 Wednesday	13 Wednesday	20 Wednesday	27 Wednesday
	7 Thursday	14 Thursday	21 Thursday	28 Thursday
1 Friday	8 Friday	15 Friday	22 Friday	29 Friday
2 Saturday	9 Saturday	16 Saturday	23 Saturday	30 Saturday
3 Sunday	10 Sunday	17 Sunday	24 Sunday	31 Sunday

April 2002

1 Monday	8 Monday	15 Monday	22 Monday	29 Monday
2 Tuesday	9 Tuesday	16 Tuesday	23 Tuesday	30 Tuesday
3 Wednesday	10 Wednesday	17 Wednesday	24 Wednesday	
4 Thursday	11 Thursday	18 Thursday	25 Thursday	
5 Friday	12 Friday	19 Friday	26 Friday	
6 Saturday	13 Saturday	20 Saturday	27 Saturday	
7 Sunday	14 Sunday	21 Sunday	28 Sunday	

May 2002

	6 Monday	13 Monday	20 Monday	27 Monday
	7 Tuesday	14 Tuesday	21 Tuesday	28 Tuesday
1 Wednesday	8 Wednesday	15 Wednesday	22 Wednesday	29 Wednesday
2 Thursday	9 Thursday	16 Thursday	23 Thursday	30 Thursday
3 Friday	10 Friday	17 Friday	24 Friday	31 Friday
4 Saturday	11 Saturday	18 Saturday	25 Saturday	
5 Sunday	12 Sunday	19 Sunday	26 Sunday	

June 2002

	3 Monday	10 Monday	17 Monday	24 Monday
	4 Tuesday	11 Tuesday	18 Tuesday	25 Tuesday
	5 Wednesday	12 Wednesday	19 Wednesday	26 Wednesday
	6 Thursday	13 Thursday	20 Thursday	27 Thursday
	7 Friday	14 Friday	21 Friday	28 Friday
1 Saturday	8 Saturday	15 Saturday	22 Saturday	29 Saturday
2 Sunday	9 Sunday	16 Sunday	23 Sunday	30 Sunday

July 2002

1 Monday	8 Monday	15 Monday	22 Monday	29 Monday
2 Tuesday	9 Tuesday	16 Tuesday	23 Tuesday	30 Tuesday
3 Wednesday	10 Wednesday	17 Wednesday	24 Wednesday	31 Wednesday
4 Thursday	11 Thursday	18 Thursday	25 Thursday	
5 Friday	12 Friday	19 Friday	26 Friday	
6 Saturday	13 Saturday	20 Saturday	27 Saturday	
7 Sunday	14 Sunday	21 Sunday	28 Sunday	

August 2002

	5 Monday	12 Monday	19 Monday	26 Monday
	6 Tuesday	13 Tuesday	20 Tuesday	27 Tuesday
	7 Wednesday	14 Wednesday	21 Wednesday	28 Wednesday
1 Thursday	8 Thursday	15 Thursday	22 Thursday	29 Thursday
2 Friday	9 Friday	16 Friday	23 Friday	30 Friday
3 Saturday	10 Saturday	17 Saturday	24 Saturday	31 Saturday
4 Sunday	11 Sunday	18 Sunday	25 Sunday	

September 2002

	2 Monday	9 Monday	16 Monday	23 Monday / 30 Monday
	3 Tuesday	10 Tuesday	17 Tuesday	24 Tuesday
	4 Wednesday	11 Wednesday	18 Wednesday	25 Wednesday
	5 Thursday	12 Thursday	19 Thursday	26 Thursday
	6 Friday	13 Friday	20 Friday	27 Friday
	7 Saturday	14 Saturday	21 Saturday	28 Saturday
1 Sunday	8 Sunday	15 Sunday	22 Sunday	29 Sunday

October 2002

	7 Monday	14 Monday	21 Monday	28 Monday
1 Tuesday	8 Tuesday	15 Tuesday	22 Tuesday	29 Tuesday
2 Wednesday	9 Wednesday	16 Wednesday	23 Wednesday	30 Wednesday
3 Thursday	10 Thursday	17 Thursday	24 Thursday	31 Thursday
4 Friday	11 Friday	18 Friday	25 Friday	
5 Saturday	12 Saturday	19 Saturday	26 Saturday	
6 Sunday	13 Sunday	20 Sunday	27 Sunday	

November 2002

	4 Monday	11 Monday	18 Monday	25 Monday
	5 Tuesday	12 Tuesday	19 Tuesday	26 Tuesday
	6 Wednesday	13 Wednesday	20 Wednesday	27 Wednesday
	7 Thursday	14 Thursday	21 Thursday	28 Thursday
1 Friday	8 Friday	15 Friday	22 Friday	29 Friday
2 Saturday	9 Saturday	16 Saturday	23 Saturday	30 Saturday
3 Sunday	10 Sunday	17 Sunday	24 Sunday	

December 2002

	2 Monday	9 Monday	16 Monday	23 Monday / 30 Monday
	3 Tuesday	10 Tuesday	17 Tuesday	24 Tuesday / 31 Tuesday
	4 Wednesday	11 Wednesday	18 Wednesday	25 Wednesday
	5 Thursday	12 Thursday	19 Thursday	26 Thursday
	6 Friday	13 Friday	20 Friday	27 Friday
	7 Saturday	14 Saturday	21 Saturday	28 Saturday
1 Sunday	8 Sunday	15 Sunday	22 Sunday	29 Sunday

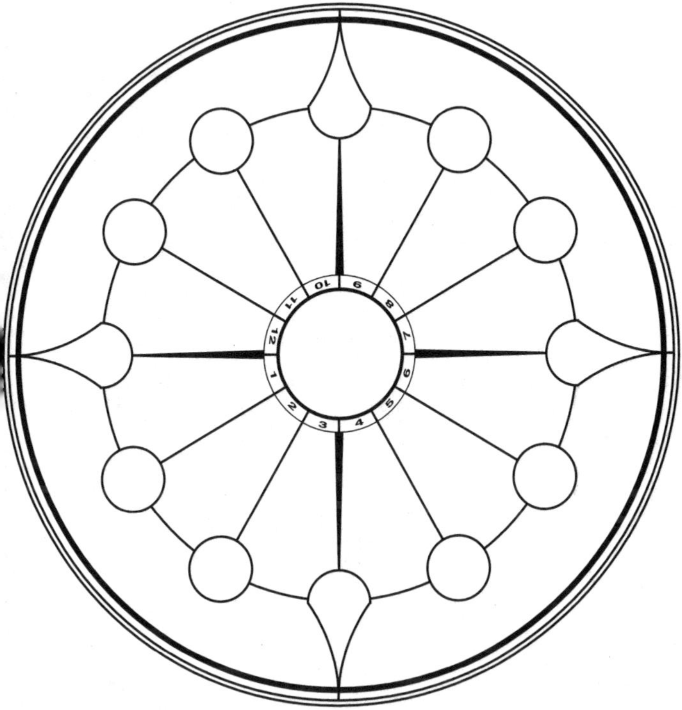
1
2
3
4
5
6
7
8
9
10
11
12

JANUARY 2001

1 MONDAY
☽□⚷ **2:39 am**
☽△♀ **3:00 am** 12:00 am
☽⚹♄ **6:36 am** 3:36 am
☽⚺⚶ **10:41 am** 7:41 am
♂□♆ **12:01 pm** 9:01 am
☽⚺♀ **12:55 pm** 9:55 am
☽⚹♃ **9:20 pm** 6:20 pm

2 TUESDAY
☽⚹♆ **3:40 am** 12:40 am
☽⚻♂ **4:23 am** 1:23 am
☽⚺⚵ **6:23 am** 3:23 am
☿⚺⚳ **2:10 pm** 11:10 am
☽□☉ **5:31 pm** 2:31 pm
☽△♇ **7:52 pm** 4:52 pm
☽△⚳ 11:36 pm

3 WEDNESDAY
☽△⚳ **2:36 am**
☽□☿ **3:58 am** 12:58 am
☽⚹♅ **5:09 am** 2:09 am
☽△⚷ **12:45 pm** 9:45 am
☿⚺♅ **1:30 pm** 10:30 am
☽⚻♀ **2:22 pm** 11:22 am
☽⚺♄ **3:47 pm** 12:47 pm
☽⚹⚶ **9:53 pm** 6:53 pm
☉⚺♇ **11:25 pm** 8:25 pm

4 THURSDAY
☽⚹♀ **3:06 am** 12:06 am
☽⚺♃ **5:28 am** 2:28 am
☽□♆ **11:51 am** 8:51 am
☽☍♂ **2:55 pm** 11:55 am
☽⚹⚵ **4:10 pm** 1:10 pm
☽⚻♇ 11:55 pm

5 FRIDAY
☽⚻♇ **2:55 am**
☽△☉ **5:04 am** 2:04 am
♀□♃ **6:14 am** 3:14 am
♄☍♀ **9:52 am** 6:52 am
☽⚻⚳ **10:42 am** 7:42 am
☽□♅ **11:37 am** 8:37 am
☽△☿ **5:38 pm** 2:38 pm
☽⚻⚷ **6:55 pm** 3:55 pm
☽☌♄ **9:09 pm** 6:09 pm
☽☍♀ **9:30 pm** 6:30 pm

6 SATURDAY
☽□⚶ **4:45 am** 1:45 am
☿⚺⚷ **5:02 am** 2:02 am
☽☌♃ **9:45 am** 6:45 am
☽□♀ **12:09 pm** 9:09 am
☽△♆ **4:04 pm** 1:04 pm
☽⚻♂ **8:59 pm** 5:59 pm
☽□⚵ **9:39 pm** 6:39 pm
♅⚹⚳ **10:21 pm** 7:21 pm
☿△♄ **10:46 pm** 7:46 pm

7 SUNDAY
☽☍♇ **6:07 am** 3:07 am
☿⚹♀ **10:51 am** 7:51 am
☽⚻☉ **11:49 am** 8:49 am
☽△♅ **2:19 pm** 11:19 am
☽☍⚳ **2:43 pm** 11:43 am
☽☍⚷ **9:22 pm** 6:22 pm
☽⚺♄ **10:59 pm** 7:59 pm
☽⚻♀ 9:45 pm
☽⚻☿ 11:05 pm

8 MONDAY
☽⚻♀ **12:45 am**
☽⚻☿ **2:05 am**
☽△⚶ **7:51 am** 4:51 am
☽⚺♃ **10:49 am** 7:49 am
☽△♀ **5:05 pm** 2:05 pm
☽⚻♆ **5:08 pm** 2:08 pm
♀⚺♆ **5:50 pm** 2:50 pm
☽△♂ **11:38 pm** 8:38 pm
☽△⚵ **11:51 pm** 8:51 pm
☉⚺♅ 10:37 pm

9 TUESDAY
☉⚺♅ **1:37 am**
☽⚻♇ **6:33 am** 3:33 am
☽⚻♅ **2:32 pm** 11:32 am
☽☍☉ **3:24 pm** 12:24 pm
☽⚻⚳ **4:03 pm** 1:03 pm
☽⚻⚷ **9:32 pm** 6:32 pm
☽⚹♄ **10:41 pm** 7:41 pm
☽△☿ 10:42 pm

10 WEDNESDAY
☽△☿ **1:42 am**
♂△⚵ **3:35 am** 12:35 am
☉⚺⚳ **6:42 am** 3:42 am
☽☍☿ **7:39 am** 4:39 am
☽⚻⚶ **8:57 am** 5:57 am
☽⚹♃ **10:11 am** 7:11 am
☽☍♆ **4:42 pm** 1:42 pm
☽⚻♀ **8:06 pm** 5:06 pm
☿⚺⚶ **11:36 pm** 8:36 pm
☽⚻⚵ 9:45 pm
☽□♂ 9:55 pm

11 THURSDAY
☽⚻⚵ **12:45 am**
☽□♂ **12:55 am**
☽△♇ **6:03 am** 3:03 am
☿△♃ **6:21 am** 3:21 am
☽☍♅ **2:07 pm** 11:07 am
☽△⚳ **4:47 pm** 1:47 pm
☽⚻☉ **6:17 pm** 3:17 pm
☽△⚷ **9:23 pm** 6:23 pm
☽□♄ **10:08 pm** 7:08 pm
♃□⚶ **10:11 pm** 7:11 pm
☽□♀ 11:30 pm

12 FRIDAY
☽□♀ **2:30 am**
☽□♃ **9:48 am** 6:48 am
☽☍⚶ **10:12 am** 7:12 am
☽⚻☿ **1:22 pm** 10:22 am
☽⚻♆ **4:45 pm** 1:45 pm
☽☍♀ **11:51 pm** 8:51 pm
☽☍⚵ 11:33 pm

13 SATURDAY
☽☍⚵ **2:33 am**
☽⚹♂ **3:06 am** 12:06 am
☽□♇ **6:34 am** 3:34 am
☽⚻♅ **3:04 pm** 12:04 pm
☽□⚳ **7:04 pm** 4:04 pm
☿☌♆ **8:10 pm** 5:10 pm
☉⚺⚷ **8:53 pm** 5:53 pm
☽□⚷ **10:52 pm** 7:52 pm
☽△☉ **11:00 pm** 8:00 pm
☽△♄ **11:12 pm** 8:12 pm
☉△♄ 10:49 pm

14 SUNDAY
☉△♄ **1:49 am**
☽⚹♀ **5:13 am** 2:13 am
☽△♃ **11:27 am** 8:27 am
☽⚻⚶ **1:44 pm** 10:44 am
☽△♆ **7:06 pm** 4:06 pm
☽△☿ **10:09 pm** 7:09 pm

15 MONDAY
☽⚻♀ **6:39 am** 3:39 am
☽⚻⚵ **7:13 am** 4:13 am
☽⚺♂ **8:12 am** 5:12 am
☽⚹♇ **9:47 am** 6:47 am
♄⚻⚷ **2:25 pm** 11:25 am
☽△♅ **6:57 pm** 3:57 pm
♀☌⚵ **7:48 pm** 4:48 pm
☽⚹⚳ 9:36 pm

16 TUESDAY
☽⚹⚳ **12:36 am**
☽⚻♄ **3:23 am** 12:23 am
☽⚹⚷ **3:30 am** 12:30 am
☽□☉ **7:35 am** 4:35 am
☽⚺♀ **11:23 am** 8:23 am
☽⚻♃ **4:26 pm** 1:26 pm
☽△⚶ **9:00 pm** 6:00 pm
♂⚺♇ 9:26 pm
☽□♆ 9:56 pm
♀□♇ 10:35 pm
♀△♂ 11:58 pm

17 WEDNESDAY
♂⚺♇ **12:26 am**
☽□♆ **12:56 am**
♀□♇ **1:35 am**
♀△♂ **2:58 am**
☽□☿ **11:55 am** 8:55 am
☽△⚵ **3:51 pm** 12:51 pm
☽⚺♇ **4:37 pm** 1:37 pm
☽☌♂ **5:20 pm** 2:20 pm
☽△♀ **5:53 pm** 2:53 pm
☽□♅ 11:31 pm

18 THURSDAY
☽□♅ **2:31 am**
☽⚺⚳ **10:06 am** 7:06 am
☽☍♄ **11:12 am** 8:12 am
☽⚺⚷ **11:51 am** 8:51 am
♇□⚵ **1:45 pm** 10:45 am
☽⚹☉ **8:44 pm** 5:44 pm
☽☌♀ **9:28 pm** 6:28 pm
☽☍♃ 10:01 pm
☿⚹♇ 10:53 pm

19 FRIDAY
☽☍♃ **1:01 am**
☿⚹♇ **1:53 am**
☿⚺⚵ **6:49 am** 3:49 am
☽□⚶ **8:14 am** 5:14 am
☉⚹♀ **9:56 am** 6:56 am
☽⚹♆ **10:18 am** 7:18 am
♄⚻⚳ **8:23 pm** 5:23 pm
☽☌♇ 11:48 pm

20 SATURDAY
☽☌♇ **2:48 am**
☿□♂ **4:05 am** 1:05 am
☽□⚵ **4:15 am** 1:15 am
☽⚺♂ **6:16 am** 3:16 am
☽⚹☿ **6:28 am** 3:28 am
☽□♀ **9:15 am** 6:15 am
☽⚹♅ **1:18 pm** 10:18 am
☽⚻♄ **10:04 pm** 7:04 pm
☽☌⚳ **10:56 pm** 7:56 pm
☽☌⚷ **11:17 pm** 8:17 pm
☉△♃ **11:58 pm** 8:58 pm

21 SUNDAY
☽⚺♀ **10:35 am** 7:35 am
☽⚻♃ **12:23 pm** 9:23 am
⚷☌⚳ **1:18 pm** 10:18 am
☽⚺☉ **1:33 pm** 10:33 am
♆⚺⚶ **6:54 pm** 3:54 pm
☽⚺♆ **10:15 pm** 7:15 pm
☽⚹⚶ **10:22 pm** 7:22 pm

22 MONDAY
♀⚺♅ **1:36 pm** 10:36 am
☿☌♅ **2:35 pm** 11:35 am
☽⚺♇ **3:10 pm** 12:10 pm
☿⚺♀ **4:26 pm** 1:26 pm
☽⚹⚵ **7:05 pm** 4:05 pm
☽⚹♂ **9:35 pm** 6:35 pm
☽⚺♅ 11:02 pm

23 TUESDAY
☽⚺♅ **2:02 am**
☽⚹♀ **3:06 am** 12:06 am
☽⚺☿ **3:35 am** 12:35 am
☽△♄ **10:38 am** 7:38 am
☽⚺⚷ **12:26 pm** 9:26 am
☽⚺⚳ **1:37 pm** 10:37 am
♃☍♀ **10:12 pm** 7:12 pm
☽△♃ 10:09 pm
☽⚹♀ 10:14 pm

24 WEDNESDAY
☽△♃ **1:09 am**
☽⚹♀ **1:14 am**
☽☌☉ **8:07 am** 5:07 am
☽☌♆ **11:21 am** 8:21 am
☽⚺⚶ **1:49 pm** 10:49 am

25 THURSDAY
☽⚹♇ **4:18 am** 1:18 am
☽⚺⚵ **10:44 am** 7:44 am
☽□♂ **1:37 pm** 10:37 am
☽☌♅ **3:20 pm** 12:20 pm
☿□♄ **4:35 pm** 1:35 pm
☽⚺♀ **9:29 pm** 6:29 pm
☉☌♆ **10:55 pm** 7:55 pm
☽□♄ **11:37 pm** 8:37 pm
☽☌☿ 9:28 pm
☽⚹⚷ 10:54 pm

26 FRIDAY
☽☌☿ **12:28 am**
☽⚹⚷ **1:54 am**
☽⚹⚳ **4:38 am** 1:38 am
☽□♃ **2:03 pm** 11:03 am
☿⚹⚷ **3:34 pm** 12:34 pm
☽□♀ **3:57 pm** 12:57 pm
☽⚺♆ 9:21 pm
♀⚹♄ 9:25 pm
☽⚺☉ 11:38 pm

27 SATURDAY
☽⚺♆ **12:21 am**
♀⚹♄ **12:25 am**
☽⚺☉ **2:38 am**
☽☌⚶ **5:06 am** 2:06 am
♂□♅ **6:09 am** 3:09 am
☽□♇ **5:01 pm** 2:01 pm
☽☌⚵ 10:49 pm

28 SUNDAY
☽☌⚵ **1:49 am**
☽⚺♅ **4:01 am** 1:01 am
☽△♂ **4:58 am** 1:58 am
♀□⚷ **11:15 am** 8:15 am
☽⚹♄ **11:52 am** 8:52 am
☽□⚷ **2:33 pm** 11:33 am
☽☌♀ **2:48 pm** 11:48 am
☿⚹⚳ **5:13 pm** 2:13 pm
☽□⚳ **6:41 pm** 3:41 pm
☽⚺☿ **6:45 pm** 3:45 pm
☽⚹♃ 10:58 pm

29 MONDAY
☽⚹♃ **1:58 am**
☽△♀ **5:27 am** 2:27 am
☉⚺⚶ **6:39 am** 3:39 am
☽⚹♆ **12:07 pm** 9:07 am
☽⚺⚶ **6:54 pm** 3:54 pm
☽⚹☉ **7:29 pm** 4:29 pm

30 TUESDAY
☽△♇ **4:11 am** 1:11 am
♅⚺⚵ **1:26 pm** 10:26 am
☽⚹♅ **2:54 pm** 11:54 am
☽⚺⚵ **2:57 pm** 11:57 am
☽⚻♂ **6:14 pm** 3:14 pm
☽⚺♄ **10:12 pm** 7:12 pm
☽△⚷ 10:10 pm

31 WEDNESDAY
☽△⚷ **1:10 am**
☽⚺♀ **5:26 am** 2:26 am
☽△⚳ **6:26 am** 3:26 am
☽⚹☿ **8:36 am** 5:36 am
☽⚺♃ **11:43 am** 8:43 am
☽⚻♀ **4:28 pm** 1:28 pm
☽□♆ **9:27 pm** 6:27 pm

Eastern Standard Time in bold type
Pacific Standard Time in medium type

JANUARY 2001

☽ Last Aspect day	EST / hr:mn / PST	asp	☽ Ingress sign day	EST / hr:mn / PST
1	**6:36 am** 3:36 am	⚹ ♄	♈ 1	**5:14 pm** 2:14 pm
3	**5:09 am** 2:09 am	⚹ ♅	♉ 3	10:57 pm
3	**5:09 am** 2:09 am	⚹ ♅	♉ 4	**1:57 am**
5	**9:09 pm** 6:09 pm	☌ ♄	♊ 6	**6:44 am** 3:44 am
7	**2:19 pm** 11:19 am	△ ♅	♋ 8	**8:09 am** 5:09 am
10	**7:39 am** 4:39 am	☍ ☿	♌ 10	**7:44 am** 4:44 am
11	**10:08 pm** 7:08 pm	□ ♄	♍ 12	**7:26 am** 4:26 am
13	**11:12 pm** 8:12 pm	△ ♄	♎ 14	**9:05 am** 6:05 am
16	**7:35 am** 4:35 am	□ ☉	♏ 16	**2:02 pm** 11:02 am
18	**8:44 pm** 5:44 pm	⚹ ☉	♐ 18	**10:35 pm** 7:35 pm
20	**1:18 pm** 10:18 am	⚹ ♅	♑ 21	**9:57 am** 6:57 am
23	**10:38 am** 7:38 am	△ ♄	♒ 23	**10:43 pm** 7:43 pm
25	9:28 pm	☌ ☿	♓ 26	**11:39 am** 8:39 am
26	**12:28 am**	☌ ☿	♓ 26	**11:39 am** 8:39 am
28	**2:48 pm** 11:48 am	☌ ♀	♈ 28	**11:35 pm** 8:35 pm
31	**8:36 am** 5:36 am	⚹ ☿	♉ 31	**9:21 am** 6:21 am

☽ Phases & Eclipses phase	day	EST / hr:mn / PST
2nd Quarter	2	**5:31 pm** 2:31 pm
Full Moon	9	**3:24 pm** 12:24 pm
●	9	19° ♋ 39'
4th Quarter	16	**7:35 am** 4:35 am
New Moon	24	**8:07 am** 5:07 am

Planet Ingress		day	EST / hr:mn / PST
♀	♓	3	**1:14 pm** 10:14 am
⚶	♓	8	**5:10 pm** 2:10 pm
☿	♒	10	**8:26 am** 5:26 am
☉	♒	19	**7:16 pm** 4:16 pm
⚴	♐	20	**12:40 pm** 9:40 am
☿	♓	31	11:13 pm
☿	♓	2/1	**2:13 am**

Planetary Motion		day	EST / hr:mn / PST
♄	D	24	**7:24 pm** 4:24 pm
♃	D	25	**3:38 am** 12:38 am

DATE		SID.TIME	SUN	MOON	NODE	MERCURY	VENUS	MARS	JUPITER	SATURN	URANUS	NEPTUNE	PLUTO	CERES	PALLAS	JUNO	VESTA	CHIRON
1	M	6:42:50	10 ♑ 38 00	18 ♓ 42	15 ♋ 31	14 ♑ 16	26 ♒ 58	4 ♏ 56	2 ♊ ℞ 11	24 ♉ ℞ 35	18 ♒ 39	5 ♒ 20	13 ♐ 46	16 ♐ 28	22 ♏ 37	6 ♓ 08	26 ♒ 21	22 ♐ 32
2	T	6:46:47	11 39 7	0 ♈ 54	15 ℞ 31	15 54	28 04	5 31	2 07	24 33	18 42	5 22	13 48	16 52	23 01	6 34	26 49	22 39
3	W	6:50:44	12 40 19	13 23	15 31	17 32	29 10	6 06	2 02	24 30	18 45	5 24	13 50	17 17	23 24	7 01	27 16	22 46
4	Th	6:54:40	13 41 29	26 13	15 31	19 10	0 ♓ 16	6 41	1 58	24 28	18 48	5 26	13 52	17 41	23 47	7 28	27 44	22 52
5	F	6:58:37	14 42 37	9 ♉ 27	15 D 31	20 48	1 21	7 16	1 54	24 26	18 51	5 28	13 54	18 06	24 10	7 55	28 11	22 59
6	Sa	7:02:33	15 43 46	23 09	15 31	22 27	2 26	7 51	1 50	24 24	18 54	5 30	13 56	18 30	24 33	8 22	28 39	23 05
7	Su	7:06:30	16 44 54	7 ♊ 17	15 31	24 06	3 31	8 26	1 46	24 22	18 57	5 33	13 59	18 54	24 56	8 50	29 07	23 12
8	M	7:10:26	17 46 02	21 52	15 31	25 45	4 36	9 01	1 42	24 20	19 00	5 35	14 01	19 18	25 19	9 17	29 34	23 19
9	T	7:14:23	18 47 10	6 ♋ 47	15 ℞ 31	27 25	5 40	9 35	1 39	24 18	19 03	5 37	14 03	19 42	25 42	9 45	0 ♓ 02	23 25
10	W	7:18:19	19 48 17	21 56	15 31	29 04	6 44	10 10	1 36	24 16	19 06	5 39	14 05	20 06	26 04	10 12	0 30	23 31
11	Th	7:22:16	20 49 24	7 ♌ 08	15 31	0 ♒ 44	7 47	10 44	1 32	24 15	19 09	5 41	14 06	20 30	26 27	10 40	0 58	23 38
12	F	7:26:13	21 50 31	22 16	15 31	2 24	8 51	11 19	1 30	24 13	19 13	5 44	14 08	20 54	26 49	11 08	1 26	23 44
13	Sa	7:30:09	22 51 38	7 ♍ 08	15 30	4 04	9 54	11 53	1 27	24 12	19 16	5 46	14 10	21 18	27 12	11 36	1 54	23 51
14	Su	7:34:06	23 52 44	21 40	15 29	5 43	10 56	12 28	1 25	24 10	19 19	5 48	14 12	21 42	27 34	12 04	2 21	23 57
15	M	7:38:02	24 53 50	5 ♎ 47	15 28	7 23	11 58	13 02	1 22	24 09	19 22	5 50	14 14	22 06	27 56	12 33	2 49	24 03
16	T	7:41:59	25 54 56	19 27	15 D 28	9 02	13 00	13 36	1 20	24 08	19 25	5 53	14 16	22 29	28 18	13 01	3 17	24 10
17	W	7:45:55	26 56 02	2 ♏ 43	15 28	10 40	14 02	14 11	1 18	24 07	19 29	5 55	14 18	22 53	28 40	13 30	3 45	24 16
18	Th	7:49:52	27 57 08	15 35	15 28	12 18	15 03	14 45	1 17	24 06	19 32	5 57	14 20	23 17	29 01	13 59	4 14	24 22
19	F	7:53:48	28 58 14	28 09	15 29	13 55	16 03	15 19	1 15	24 06	19 35	5 59	14 22	23 40	29 23	14 27	4 42	24 28
20	Sa	7:57:45	29 59 19	10 ♐ 27	15 31	15 30	17 03	15 53	1 14	24 05	19 39	6 02	14 23	24 04	29 44	14 56	5 10	24 34
21	Su	8:01:42	1 ♒ 00 23	22 33	15 32	17 04	18 03	16 27	1 13	24 04	19 42	6 04	14 25	24 27	0 ♐ 06	15 25	5 38	24 40
22	M	8:05:38	2 01 28	4 ♑ 30	15 ℞ 33	18 35	19 02	17 00	1 12	24 04	19 45	6 06	14 27	24 50	0 27	15 55	6 06	24 46
23	T	8:09:35	3 02 31	16 22	15 33	20 04	20 01	17 34	1 12	24 04	19 49	6 08	14 28	25 13	0 48	16 24	6 34	24 52
24	W	8:13:31	4 03 34	28 10	15 33	21 30	20 59	18 08	1 11	24 04	19 52	6 11	14 30	25 37	1 09	16 53	7 03	24 58
25	Th	8:17:28	5 04 37	9 ♒ 58	15 31	22 53	21 57	18 41	1 D 11	24 D 04	19 55	6 13	14 32	26 00	1 29	17 23	7 31	25 04
26	F	8:21:24	6 05 38	21 47	15 28	24 11	22 54	19 15	1 11	24 04	19 59	6 15	14 33	26 23	1 50	17 53	7 59	25 10
27	Sa	8:25:21	7 06 38	3 ♓ 39	15 25	25 25	23 51	19 48	1 12	24 04	20 02	6 17	14 35	26 46	2 10	18 22	8 28	25 15
28	Su	8:29:18	8 07 38	15 36	15 21	26 32	24 47	20 22	1 12	24 04	20 06	6 20	14 37	27 08	2 31	18 52	8 56	25 21
29	M	8:33:14	9 08 36	27 41	15 17	27 34	25 43	20 55	1 13	24 04	20 09	6 22	14 38	27 31	2 51	19 22	9 24	25 27
30	T	8:37:11	10 09 33	9 ♈ 56	15 13	28 28	26 38	21 28	1 13	24 05	20 13	6 24	14 40	27 54	3 11	19 52	9 53	25 32
31	W	8:41:07	11 10 29	22 24	15 11	29 14	27 32	22 01	1 15	24 06	20 16	6 27	14 41	28 16	3 30	20 22	10 21	25 38

EPHEMERIS CALCULATED FOR 12 MIDNIGHT GREENWICH MEAN TIME. ALL OTHER DATA AND FACING ASPECTARIAN PAGE IN **EASTERN STANDARD TIME (BOLD)** AND PACIFIC STANDARD TIME (REGULAR).

FEBRUARY 2001

1 THURSDAY

♀ □ ⚳	**5:33 am**	2:33 am
☽ ⚹ ⚶	**5:51 am**	2:51 am
☽ □ ☉	**9:02 am**	6:02 am
☽ ⊼ ♇	**12:35 pm**	9:35 am
☽ □ ♅	**10:50 pm**	7:50 pm
☽ ⚹ ⚵		9:50 pm

2 FRIDAY

☽ ⚹ ⚵	**12:50 am**	
☽ ☍ ♂	**4:05 am**	1:05 am
☽ ☌ ♄	**5:31 am**	2:31 am
☽ ⊼ ⚷	**8:36 am**	5:36 am
☽ ⊼ ⚳	**2:44 pm**	11:44 am
☽ ⚹ ♀	**4:02 pm**	1:02 pm
☽ □ ☿	**4:56 pm**	1:56 pm
☽ ☌ ♃	**6:14 pm**	3:14 pm
☽ ☍ ♀	**11:53 pm**	8:53 pm

3 SATURDAY

☽ △ ♆	**3:24 am**	12:24 am
☉ ⚹ ♇	**8:05 am**	5:05 am
☿ ⊻ ♀	**8:59 am**	5:59 am
☽ □ ⚶	**12:59 pm**	9:59 am
♂ ☍ ♄	**4:33 pm**	2:30 pm
☽ ☍ ♇	**5:30 pm**	2:30 pm
☽ △ ☉	**6:13 pm**	3:13 pm

4 SUNDAY

☽ △ ♅	**3:12 am**	12:12 am
♀ ⚹ ♃	**4:26 am**	1:26 am
☽ □ ⚵	**6:47 am**	3:47 am
☽ ⊻ ♄	**9:19 am**	6:19 am
☽ ⊼ ♂	**9:57 am**	6:57 am
☽ ☍ ⚷	**12:28 pm**	9:28 am
☽ ☍ ⚳	**7:13 pm**	4:13 pm
☽ △ ☿	**8:00 pm**	5:00 pm
☽ ⊻ ♃	**9:17 pm**	6:17 pm
☽ □ ♀	**10:16 pm**	7:16 pm

5 MONDAY

☽ ⊼ ♀	**3:35 am**	12:35 am
☽ ⊼ ♆	**5:54 am**	2:54 am
☿ ⚹ ⚳	**2:08 pm**	11:08 am
☽ △ ⚶	**4:27 pm**	1:27 pm
☽ ⊼ ♇	**7:09 pm**	4:09 pm
☽ ⊼ ☉	**11:21 pm**	8:21 pm

Eastern Standard Time in bold type
Pacific Standard Time in medium type

6 TUESDAY

☽ ⊼ ♅	**4:28 am**	1:28 am
☽ △ ⚵	**9:23 am**	6:23 am
☽ ⚹ ♄	**10:10 am**	7:10 am
☽ △ ♂	**12:30 pm**	9:30 am
☽ ⊼ ⚷	**1:22 pm**	10:22 am
☽ ⊼ ☿	**7:12 pm**	4:12 pm
☽ ⊼ ⚳	**8:45 pm**	5:45 pm
☽ ⚹ ♃	**9:40 pm**	6:40 pm
☽ △ ♀		10:14 pm

7 WEDNESDAY

☽ △ ♀	**1:14 am**	
☽ △ ♀	**4:36 am**	1:36 am
☽ ☍ ♆	**5:58 am**	2:58 am
♄ ⚹ ⚵	**9:02 am**	6:02 am
♂ ⊻ ⚷	**4:52 pm**	1:52 pm
☽ ⊼ ⚶	**5:36 pm**	2:36 pm
☽ △ ♇	**6:47 pm**	3:47 pm
☽ ☍ ☉		11:12 pm

8 THURSDAY

☽ ☍ ☉	**2:12 am**	
☽ ☍ ♅	**4:01 am**	1:01 am
☽ □ ♄	**9:32 am**	6:32 am
☽ ⊼ ⚵	**10:21 am**	7:21 am
☽ △ ⚷	**12:54 pm**	9:54 am
☽ □ ♂	**1:31 pm**	10:31 am
♃ ⊼ ⚳	**4:13 pm**	1:13 pm
☽ ☍ ☿	**4:25 pm**	1:25 pm
☽ □ ♃	**9:03 pm**	6:03 pm
☽ △ ⚳	**9:09 pm**	6:09 pm

9 FRIDAY

☽ ⊼ ♀	**3:04 am**	12:04 am
☽ □ ♀	**4:49 am**	1:49 am
☽ ⊼ ♆	**5:21 am**	2:21 am
☉ ☌ ♅	**7:19 am**	4:19 am
♇ □ ⚶	**8:50 am**	5:50 am
☽ □ ♇	**6:17 pm**	3:17 pm
☽ ☍ ⚶	**6:35 pm**	3:35 pm
☿ □ ♂	**9:58 pm**	6:58 pm

10 SATURDAY

☽ ⊼ ♅	**3:52 am**	12:52 am
☽ ⊼ ☉	**5:17 am**	2:17 am
☽ △ ♄	**9:28 am**	6:28 am
♆ ⚹ ♀	**11:04 am**	8:04 am
☽ ☍ ⚵	**11:58 am**	8:58 am

☽ □ ⚷	**1:07 pm**	10:07 am
☽ ⊼ ☿	**1:36 pm**	10:36 am
☽ ⚹ ♂	**3:18 pm**	12:18 pm
☿ ⚹ ⚷	**7:47 pm**	4:47 pm
☽ △ ♃	**9:30 pm**	6:30 pm
☽ □ ⚳	**10:39 pm**	7:39 pm

11 SUNDAY

♀ ⚹ ♆	**3:08 am**	12:08 am
☿ ⊻ ⚵	**4:11 am**	1:11 am
☽ △ ♆	**6:09 am**	3:09 am
☽ ☍ ♀	**6:18 am**	3:18 am
☽ ⚹ ♀	**6:30 am**	3:30 am
♀ △ ♀	**12:32 pm**	9:32 am
☽ ⚹ ♇	**7:45 pm**	4:45 pm
☽ ⊼ ⚶	**9:44 pm**	6:44 pm
⚷ □ ⚵		11:09 pm

12 MONDAY

⚷ □ ⚵	**2:09 am**	
☽ △ ♅	**6:06 am**	3:06 am
☽ △ ☉	**11:22 am**	8:22 am
☽ ⊼ ♄	**12:00 pm**	9:00 am
☽ △ ☿	**12:31 pm**	9:31 am
☽ ⚹ ⚷	**4:05 pm**	1:05 pm
☽ ⊼ ⚵	**4:33 pm**	1:33 pm
☿ □ ♄	**6:25 pm**	3:25 pm
☉ ☌ ☿	**7:17 pm**	4:17 pm
☽ ⊻ ♂	**8:11 pm**	5:11 pm
☉ □ ♄	**8:21 pm**	5:21 pm
☽ ⊼ ♃		10:01 pm

13 TUESDAY

☽ ⊼ ♃	**1:01 am**	
☽ ⚹ ⚳	**3:26 am**	12:26 am
☽ □ ♆	**10:16 am**	7:16 am
☽ ⊻ ♀	**11:39 am**	8:39 am
☽ ⊼ ♀	**1:14 pm**	10:14 am
☽ ⊻ ♇		9:54 pm

14 WEDNESDAY

☽ ⊻ ♇	**12:54 am**	
☽ △ ⚶	**4:59 am**	1:59 am
☽ □ ♅	**12:15 pm**	9:15 am
☽ □ ☿	**2:24 pm**	11:24 am
☽ ☍ ♄	**6:33 pm**	3:33 pm
☽ □ ☉	**10:23 pm**	7:23 pm
☽ ⊻ ⚷	**11:08 pm**	8:08 pm
☽ △ ⚵		10:41 pm

15 THURSDAY

☽ △ ⚵	**1:41 am**	
☽ ☌ ♂	**5:38 am**	2:38 am
☉ ⚹ ⚷	**8:24 am**	5:24 am
☽ ☍ ♃	**8:45 am**	5:45 am
☽ ⊻ ⚳	**12:40 pm**	9:40 am
☿ ☌ ♅	**1:38 pm**	10:38 am
☽ ⚹ ♆	**6:34 pm**	3:34 pm
☽ ☌ ♀	**9:13 pm**	6:13 pm
☽ △ ♀		9:51 pm

16 FRIDAY

☽ △ ♀	**12:51 am**	
☽ ☌ ♇	**10:11 am**	7:11 am
☽ □ ⚶	**4:50 pm**	1:50 pm
☽ ⚹ ☿	**7:43 pm**	4:43 pm
☽ ⚹ ♅	**10:30 pm**	7:30 pm

17 SATURDAY

☽ ⊼ ♄	**5:06 am**	2:06 am
☽ ☌ ⚷	**10:07 am**	7:07 am
☽ ⚹ ☉	**2:22 pm**	11:22 am
☽ □ ⚵	**3:09 pm**	12:09 pm
☿ ⊻ ⚶	**7:08 pm**	4:08 pm
☽ ⊻ ♂	**7:18 pm**	4:18 pm
☽ ⊼ ♃	**8:15 pm**	5:15 pm
☽ ☌ ⚳		10:47 pm

18 SUNDAY

☽ ☌ ⚳	**1:47 am**	
☽ ⊻ ♆	**6:21 am**	3:21 am
☉ ⊻ ⚵	**9:15 am**	6:15 am
☽ ⊻ ♀	**10:20 am**	7:20 am
☽ □ ♀	**4:00 pm**	1:00 pm
♂ ☍ ♃	**8:57 pm**	5:57 pm
☽ ⊻ ♇	**10:28 pm**	7:28 pm

19 MONDAY

☽ ⊻ ☿	**3:58 am**	12:58 am
☽ ⚹ ⚶	**7:47 am**	4:47 am
☽ ⊻ ♅	**11:22 am**	8:22 am
☽ △ ♄	**6:03 pm**	3:03 pm
☽ ⊻ ⚷	**11:18 pm**	8:18 pm

20 TUESDAY

☽ ⚹ ⚵	**6:56 am**	3:56 am
☽ ⊻ ☉	**8:58 am**	5:58 am
☽ △ ♃	**9:39 am**	6:39 am
☽ ⚹ ♂	**11:03 am**	8:03 am
☽ ⊻ ⚳	**4:38 pm**	1:38 pm

☉ □ ♃	**5:39 pm**	2:39 pm
☽ ☌ ♆	**7:36 pm**	4:36 pm
☽ ⚹ ♀		9:48 pm

21 WEDNESDAY

☽ ⚹ ♀	**12:48 am**	
☽ ⚹ ♀	**8:06 am**	5:06 am
☽ ⚹ ♇	**11:39 am**	8:39 am
☽ ☌ ☿	**2:02 pm**	11:02 am
☽ ⊻ ⚶	**11:25 pm**	8:25 pm
☽ ☌ ♅		9:42 pm

22 THURSDAY

☽ ☌ ♅	**12:42 am**	
☽ □ ♄	**7:18 am**	4:18 am
☉ □ ♂	**8:11 am**	5:11 am
☽ ⚹ ⚷	**12:35 pm**	9:35 am
☽ ⊻ ⚵	**10:37 pm**	7:37 pm
☽ □ ♃	**10:53 pm**	7:53 pm
☽ □ ♂		11:31 pm

23 FRIDAY

☽ □ ♂	**2:31 am**	
☽ ☌ ☉	**3:21 am**	12:21 am
♃ ⚹ ⚵	**5:51 am**	2:51 am
☽ ⚹ ⚳	**7:04 am**	4:04 am
☽ ⊻ ♆	**8:24 am**	5:24 am
♅ ⊻ ⚶	**11:31 am**	8:31 am
☽ □ ♀	**2:38 pm**	11:38 am
☽ ⊻ ♀	**11:02 pm**	8:02 pm
☽ □ ♇		9:01 pm
☽ ⊻ ☿		9:47 pm

24 SATURDAY

☽ □ ♇	**12:01 am**	
☽ ⊻ ☿	**12:47 am**	
☽ ⊻ ♅	**1:00 pm**	10:00 am
☽ ☌ ⚶	**1:55 pm**	10:55 am
☽ ⚹ ♄	**7:25 pm**	4:25 pm
☽ □ ⚷		9:36 pm

25 SUNDAY

☽ □ ⚷	**12:36 am**	
♀ △ ♇	**3:30 am**	12:30 am
☽ ⚹ ♃	**10:48 am**	7:48 am
☽ ☌ ⚵	**12:47 pm**	9:47 am
♆ ⊻ ⚳	**12:51 pm**	9:51 am
☽ △ ♂	**4:22 pm**	1:22 pm
☉ ⊻ ♆	**5:28 pm**	2:28 pm
☿ ⚹ ♀	**6:50 pm**	3:50 pm
☉ ⚹ ⚳	**7:28 pm**	4:28 pm

☽ ⚹ ♆	**7:44 pm**	4:44 pm
☽ □ ⚳	**7:55 pm**	4:55 pm
☽ ⊻ ☉	**7:56 pm**	4:56 pm
☽ △ ♀		11:47 pm

26 MONDAY

☽ △ ♀	**2:47 am**	
☽ △ ♇	**10:47 am**	7:47 am
☽ ⚹ ☿	**11:22 am**	8:22 am
☽ ☌ ♀	**11:47 am**	8:47 am
☽ ⚹ ♅	**11:34 pm**	8:34 pm
☽ ⊻ ⚶		11:30 pm

27 TUESDAY

☽ ⊻ ⚶	**2:30 am**	
☽ ⊻ ♄	**5:47 am**	2:47 am
☽ △ ⚷	**10:49 am**	7:49 am
☽ ⊻ ♃	**8:50 pm**	5:50 pm
☽ ⊻ ⚵		9:50 pm

28 WEDNESDAY

☽ ⊻ ⚵	**12:50 am**	
☽ ⊼ ♂	**4:03 am**	1:03 am
☽ □ ♆	**5:09 am**	2:09 am
☽ △ ⚳	**6:39 am**	3:39 am
☽ ⚹ ☉	**10:02 am**	7:02 am
☽ ⊼ ♀	**12:49 pm**	9:49 am
☽ ⊼ ♇	**7:31 pm**	4:31 pm
☽ □ ☿	**9:04 pm**	6:04 pm
☽ ⊻ ♀	**9:57 pm**	6:57 pm

FEBRUARY 2001

☽ Last Aspect day	EST / hr:mn / PST	asp	☽ Ingress sign	day	EST / hr:mn / PST
2	**5:31 am** 2:31 am	☌ ♄	♊	2	**3:56 pm** 12:56 pm
4	**3:12 am** 12:12 am	△ ♅	♋	4	**7:00 pm** 4:00 pm
6	**12:30 pm** 9:30 am	△ ♂	♌	6	**7:21 pm** 4:21 pm
8	**4:25 pm** 1:25 pm	☍ ☿	♍	8	**6:35 pm** 3:35 pm
10	**3:18 pm** 12:18 pm	⚹ ♂	♎	10	**6:46 pm** 3:46 pm
12	**12:31 pm** 9:31 am	△ ☿	♏	12	**9:51 pm** 6:51 pm
14	**10:23 pm** 7:23 pm	□ ☉	♐	15	**5:02 am** 2:02 am
17	**2:22 pm** 11:22 am	⚹ ☉	♑	17	**3:59 pm** 12:59 pm
19	**6:03 pm** 3:03 pm	△ ♄	♒	20	**4:53 am** 1:53 am
22	**7:18 am** 4:18 am	□ ♄	♓	22	**5:45 pm** 2:45 pm
24	**7:25 pm** 4:25 pm	⚹ ♄	♈	25	**5:20 am** 2:20 am
26	**11:34 pm** 8:34 pm	⚹ ♅	♉	27	**3:06 pm** 12:06 pm

☽ Phases & Eclipses phase	day	EST / hr:mn / PST
2nd Quarter	1	**9:02 am** 6:02 am
Full Moon	7	11:12 pm
Full Moon	8	**2:12 am**
4th Quarter	14	**10:23 pm** 7:23 pm
New Moon	23	**3:21 am** 12:21 am

Planet Ingress		day	EST / hr:mn / PST
☿	♓	1/31	11:13 pm
☿	♓	1	**2:13 am**
♀	♈	2	**2:14 pm** 11:14 am
⚳	♑	4	**10:31 am** 7:31 am
☿	♒	6	**2:57 pm** 11:57 am
♂	♐	14	**3:06 pm** 12:06 pm
☉	♓	18	**9:27 am** 6:27 am
⚵	♈	18	**9:38 am** 6:38 am

Planetary Motion		day	EST / hr:mn / PST
☿	℞	3	**8:59 pm** 5:59 pm
☿	D	25	**10:42 am** 7:42 am

DATE		SID.TIME	SUN	MOON	NODE	MERCURY	VENUS	MARS	JUPITER	SATURN	URANUS	NEPTUNE	PLUTO	CERES	PALLAS	JUNO	VESTA	CHIRON
1	Th	8:45:04	12 ♒ 11 24	5 ♉ 10	15 ♋ D 09	29 ♒ 51	28 ♓ 25	22 ♏ 34	1 ♊ 16	24 ♉ 06	20 ♒ 19	6 ♒ 29	14 ♐ 43	28 ♐ 39	3 ♐ 50	20 ♓ 52	10 ♓ 50	25 ♐ 43
2	F	8:49:00	13 12 17	18 16	15 09	0 ♓ 18	29 18	23 07	1 17	24 07	20 23	6 31	14 44	29 01	4 10	21 23	11 18	25 49
3	Sa	8:52:57	14 13 09	1 ♊ 45	15 10	0 35	0 ♈ 10	23 40	1 19	24 08	20 26	6 33	14 46	29 23	4 29	21 53	11 47	25 54
4	Su	8:56:53	15 14 00	15 40	15 12	0 ℞ 42	1 02	24 12	1 21	24 09	20 30	6 36	14 47	29 46	4 48	22 24	12 15	25 59
5	M	9:00:50	16 14 49	0 ♋ 00	15 13	0 37	1 52	24 45	1 23	24 10	20 33	6 38	14 48	0 ♑ 08	5 07	22 54	12 44	26 04
6	T	9:04:47	17 15 37	14 44	15 ℞ 14	0 21	2 42	25 18	1 25	24 12	20 37	6 40	14 50	0 30	5 26	23 25	13 12	26 10
7	W	9:08:43	18 16 23	29 47	15 13	29 ♒ 55	3 31	25 50	1 28	24 13	20 40	6 42	14 51	0 52	5 44	23 56	13 41	26 15
8	Th	9:12:40	19 17 08	15 ♌ 01	15 11	29 18	4 19	26 22	1 30	24 15	20 44	6 45	14 52	1 14	6 03	24 27	14 09	26 20
9	F	9:16:36	20 17 52	0 ♍ 16	15 07	28 32	5 06	26 54	1 33	24 16	20 47	6 47	14 53	1 35	6 21	24 58	14 38	26 25
10	Sa	9:20:33	21 18 35	15 22	15 01	27 38	5 52	27 26	1 36	24 18	20 51	6 49	14 55	1 57	6 39	25 29	15 06	26 30
11	Su	9:24:29	22 19 16	0 ♎ 09	14 56	26 37	6 37	27 58	1 39	24 20	20 54	6 51	14 56	2 18	6 56	26 00	15 35	26 34
12	M	9:28:26	23 19 56	14 30	14 50	25 31	7 21	28 30	1 43	24 22	20 58	6 54	14 57	2 40	7 14	26 31	16 03	26 39
13	T	9:32:22	24 20 35	28 23	14 46	24 22	8 04	29 02	1 46	24 24	21 01	6 56	14 58	3 01	7 31	27 03	16 32	26 44
14	W	9:36:19	25 21 13	11 ♏ 46	14 43	23 12	8 46	29 34	1 50	24 26	21 05	6 58	14 59	3 22	7 49	27 34	17 01	26 49
15	Th	9:40:15	26 21 49	24 43	14 D 42	22 03	9 27	0 ♐ 05	1 54	24 28	21 08	7 00	15 00	3 44	8 06	28 06	17 29	26 53
16	F	9:44:12	27 22 25	7 ♐ 16	14 42	20 56	10 06	0 36	1 58	24 31	21 12	7 02	15 01	4 04	8 22	28 37	17 58	26 58
17	Sa	9:48:09	28 22 59	19 30	14 44	19 53	10 45	1 08	2 03	24 33	21 15	7 04	15 02	4 25	8 39	29 09	18 26	27 02
18	Su	9:52:05	29 23 33	1 ♑ 30	14 45	18 56	11 22	1 39	2 07	24 36	21 19	7 07	15 03	4 46	8 55	29 41	18 55	27 06
19	M	9:56:02	0 ♓ 24 04	13 22	14 ℞ 46	18 04	11 57	2 10	2 12	24 38	21 22	7 09	15 04	5 07	9 11	0 ♈ 12	19 24	27 11
20	T	9:59:58	1 24 35	25 09	14 46	17 19	12 32	2 41	2 17	24 41	21 25	7 11	15 05	5 27	9 27	0 44	19 52	27 15
21	W	10:03:55	2 25 04	6 ♒ 55	14 43	16 42	13 05	3 11	2 22	24 44	21 29	7 13	15 06	5 48	9 43	1 16	20 21	27 19
22	Th	10:07:51	3 25 32	18 44	14 38	16 12	13 36	3 42	2 27	24 47	21 32	7 15	15 07	6 08	9 58	1 48	20 50	27 23
23	F	10:11:48	4 25 58	0 ♓ 37	14 30	15 49	14 06	4 12	2 33	24 50	21 36	7 17	15 08	6 28	10 13	2 21	21 18	27 27
24	Sa	10:15:44	5 26 22	12 37	14 21	15 34	14 34	4 43	2 38	24 53	21 39	7 19	15 08	6 48	10 28	2 53	21 47	27 31
25	Su	10:19:41	6 26 44	24 44	14 11	15 D 26	15 00	5 13	2 44	24 57	21 43	7 21	15 09	7 08	10 43	3 25	22 16	27 35
26	M	10:23:38	7 27 05	7 ♈ 01	14 00	15 25	15 25	5 43	2 50	25 00	21 46	7 23	15 10	7 28	10 57	3 57	22 44	27 38
27	T	10:27:34	8 27 24	19 27	13 51	15 31	15 48	6 13	2 56	25 04	21 49	7 25	15 10	7 48	11 11	4 30	23 13	27 42
28	W	10:31:31	9 27 41	2 ♉ 04	13 43	15 42	16 09	6 42	3 02	25 07	21 53	7 27	15 11	8 07	11 25	5 02	23 42	27 46

EPHEMERIS CALCULATED FOR 12 MIDNIGHT GREENWICH MEAN TIME. ALL OTHER DATA AND FACING ASPECTARIAN PAGE IN **EASTERN STANDARD TIME (BOLD)** AND PACIFIC STANDARD TIME (REGULAR).

MARCH 2001

1 THURSDAY

☽ □ ♅	**7:59 am**	4:59 am
♂ ⚹ ♆	**10:32 am**	7:32 am
☽ ⚹ ⚶	**12:39 pm**	9:39 am
☽ ☌ ♄	**1:57 pm**	10:57 am
☽ ⚻ ⚷	**6:45 pm**	3:45 pm

2 FRIDAY

☽ ☌ ♃	**4:33 am**	1:33 am
☉ □ ⚴	**6:57 am**	3:57 am
☽ ⚹ ⚵	**10:14 am**	7:14 am
☽ △ ♆	**12:09 pm**	9:09 am
☽ ☍ ♂	**1:03 pm**	10:03 am
☽ ⚻ ⚳	**2:47 pm**	11:47 am
☽ ☍ ⚴	**8:13 pm**	5:13 pm
☽ □ ☉	**9:03 pm**	6:03 pm
☽ ☍ ♇		10:44 pm

3 SATURDAY

☽ ☍ ♇	**1:44 am**	
☽ △ ☿	**4:59 am**	1:59 am
☽ ⚹ ♀	**5:03 am**	2:03 am
♄ ⚹ ⚶	**5:50 am**	2:50 am
☿ ⚹ ♀	**7:36 am**	4:36 am
☽ △ ♅	**1:45 pm**	10:45 am
☽ ⚺ ♄	**7:27 pm**	4:27 pm
☽ □ ⚶	**7:52 pm**	4:52 pm
☽ ☍ ⚷	**11:58 pm**	8:58 pm

4 SUNDAY

☽ ⚺ ♃	**9:28 am**	6:28 am
♆ ⚹ ⚵	**12:12 pm**	9:12 am
☽ ⚻ ♆	**4:22 pm**	1:22 pm
☽ □ ⚵	**4:31 pm**	1:31 pm
☽ ⚻ ♂	**6:55 pm**	3:55 pm
☽ ☍ ⚳	**7:54 pm**	4:54 pm
☽ ⚻ ⚴		9:39 pm

5 MONDAY

☽ ⚻ ⚴	**12:39 am**	
☽ △ ☉	**4:33 am**	1:33 am
☽ ⚻ ♇	**5:09 am**	2:09 am
☽ □ ♀	**8:54 am**	5:54 am
☽ ⚻ ☿	**10:30 am**	7:30 am
☉ □ ♇	**1:11 pm**	10:11 am
☽ ⚻ ♅	**4:42 pm**	1:42 pm
☽ ⚹ ♄	**10:10 pm**	7:10 pm
☽ △ ⚶		9:02 pm
☽ ⚻ ⚷		11:24 pm

6 TUESDAY

☽ △ ⚶	**12:02 am**	
☽ ⚻ ⚷	**2:24 am**	
☽ ⚹ ♃	**11:41 am**	8:41 am
☽ ☍ ♆	**5:58 pm**	2:58 pm
☽ △ ⚵	**7:55 pm**	4:55 pm
☽ △ ♂	**9:56 pm**	6:56 pm
☽ ⚻ ⚳	**10:18 pm**	7:18 pm
☽ △ ⚴		11:28 pm

7 WEDNESDAY

☽ △ ⚴	**2:28 am**	
☽ △ ♇	**6:09 am**	3:09 am
☽ ⚻ ☉	**9:04 am**	6:04 am
☽ △ ♀	**10:04 am**	7:04 am
☽ ☍ ☿	**1:55 pm**	10:55 am
☽ ☍ ♅	**5:28 pm**	2:28 pm
☽ □ ♄	**10:50 pm**	7:50 pm
☉ ⚺ ♀		9:42 pm
☽ ⚻ ⚶		10:59 pm
☽ △ ⚷		11:52 pm

8 THURSDAY

☉ ⚺ ♀	**12:42 am**	
☽ ⚻ ⚶	**1:59 am**	
☽ △ ⚷	**2:52 am**	
♂ ⚺ ⚳	**6:40 am**	3:40 am
☽ □ ♃	**12:12 pm**	9:12 am
☽ ⚻ ♆	**6:04 pm**	6:43 pm
☽ △ ⚳	**11:15 pm**	8:15 pm
☽ □ ♂	**11:26 pm**	8:26 pm
☽ □ ⚴		11:59 pm

9 FRIDAY

☽ □ ⚴	**2:59 am**	
☽ □ ♇	**6:04 am**	3:04 am
⚷ □ ⚶	**8:43 am**	5:43 am
☽ ⚻ ♀	**10:01 am**	7:01 am
☽ ☍ ☉	**12:23 pm**	9:23 am
☽ ⚻ ☿	**4:50 pm**	1:50 pm
☽ ⚻ ♅	**5:33 pm**	2:33 pm
☽ △ ♄	**11:01 pm**	8:01 pm

10 SATURDAY

☽ □ ⚷	**3:01 am**	12:01 am
☽ ☍ ⚶	**3:34 am**	12:34 am
☿ ☌ ♅	**4:50 am**	1:50 am
☽ △ ♃	**12:49 pm**	9:49 am
☽ △ ♆	**6:31 pm**	3:31 pm
☽ ☍ ⚵		9:05 pm
☽ □ ⚳		9:46 pm
☽ ⚹ ♂		10:32 pm

11 SUNDAY

☽ ☍ ⚵	**12:05 am**	
☽ □ ⚳	**12:46 am**	
☽ ⚹ ♂	**1:32 am**	
☽ ⚹ ⚴	**4:13 am**	1:13 am
☽ ⚹ ♇	**6:50 am**	3:50 am
☽ ☍ ♀	**10:42 am**	7:42 am
☽ ⚻ ☉	**5:05 pm**	2:05 pm
☽ △ ♅	**6:59 pm**	3:59 pm
☽ △ ☿	**9:44 pm**	6:44 pm
☽ ⚻ ♄		9:50 pm

12 MONDAY

☽ ⚻ ♄	**12:50 am**	
☽ ⚹ ⚷	**4:56 am**	1:56 am
☽ ⚻ ⚶	**7:07 am**	4:07 am
⚳ □ ⚵	**1:21 pm**	10:21 am
☽ ⚻ ♃	**3:40 pm**	12:40 pm
☽ □ ♆	**9:21 pm**	6:21 pm
☉ ⚺ ♅	**9:48 pm**	6:48 pm

13 TUESDAY

☽ ⚹ ⚳	**5:03 am**	2:03 am
☽ ⚻ ⚵	**5:23 am**	2:23 am
☽ ⚺ ♂	**6:32 am**	3:32 am
☽ ⚺ ⚴	**8:16 am**	5:16 am
☽ ⚺ ♇	**10:27 am**	7:27 am
☽ ⚻ ♀	**2:01 pm**	11:01 am
☿ □ ♄	**5:30 pm**	2:30 pm
☽ □ ♅	**11:45 pm**	8:45 pm
☽ △ ☉		10:46 pm

14 WEDNESDAY

☽ △ ☉	**1:46 am**	
☽ ☍ ♄	**6:10 am**	3:10 am
☽ □ ☿	**7:17 am**	4:17 am
☽ ⚺ ⚷	**10:26 am**	7:26 am
☽ △ ⚶	**2:41 pm**	11:41 am
☽ ☍ ♃	**10:29 pm**	7:29 pm

15 THURSDAY

☽ ⚹ ♆	**4:10 am**	1:10 am
☽ ⚺ ⚳	**1:40 pm**	10:40 am
☽ △ ⚵	**3:18 pm**	12:18 pm
☽ ☌ ♂	**4:01 pm**	1:01 pm
☽ ☌ ⚴	**4:31 pm**	1:31 pm
☽ ☌ ♇	**6:12 pm**	3:12 pm
☿ ⚹ ⚷	**7:39 pm**	4:39 pm
☽ △ ♀	**8:58 pm**	5:58 pm

16 FRIDAY

☽ ⚹ ♅	**8:46 am**	5:46 am
♂ ☌ ⚴	**1:21 pm**	10:21 am
☽ □ ☉	**3:45 pm**	12:45 pm
☽ ⚻ ♄	**3:49 pm**	12:49 pm
☉ ⚹ ♄	**4:42 pm**	1:42 pm
☽ ☌ ⚷	**8:10 pm**	5:10 pm
☽ ⚹ ☿	**10:48 pm**	7:48 pm
☽ □ ⚶		11:54 pm

17 SATURDAY

☽ □ ⚶	**2:54 am**	
⚴ △ ⚵	**3:25 am**	12:25 am
☽ ⚻ ♃	**9:33 am**	6:33 am
☽ ⚺ ♆	**3:00 pm**	12:00 pm
☽ ☌ ⚳		11:20 pm

18 SUNDAY

☽ ☌ ⚳	**2:20 am**	
☽ ⚺ ⚴	**4:37 am**	1:37 am
☽ □ ⚵	**5:34 am**	2:34 am
☽ ⚺ ♂	**5:38 am**	2:38 am
☽ ⚺ ♇	**5:41 am**	2:41 am
♂ ☌ ♇	**6:45 am**	3:45 am
☽ □ ♀	**6:55 am**	3:55 am
♇ △ ⚵	**8:01 am**	5:01 am
♂ △ ⚵	**12:11 pm**	9:11 am
☽ ⚺ ♅	**9:08 pm**	6:08 pm
♀ ☌ ⚵	**10:49 pm**	7:49 pm
☉ □ ⚷	**11:16 pm**	8:16 pm
♀ △ ♂		9:30 pm

19 MONDAY

♀ △ ♂	**12:30 am**	
☽ △ ♄	**4:38 am**	1:38 am
☽ ⚺ ⚷	**8:49 am**	5:49 am
☽ ⚹ ☉	**9:40 am**	6:40 am
☿ ⚺ ⚶	**11:05 am**	8:05 am
☽ ⚹ ⚶	**6:07 pm**	3:07 pm
♀ △ ♇	**6:31 pm**	3:31 pm
☽ ⚺ ☿	**6:41 pm**	3:41 pm
☽ △ ♃	**11:09 pm**	8:09 pm

20 TUESDAY

☽ ☌ ♆	**4:03 am**	1:03 am
♀ △ ⚴	**8:31 am**	5:31 am
☽ ⚺ ⚳	**4:47 pm**	1:47 pm
☽ ⚹ ♀	**5:49 pm**	2:49 pm
☽ ⚹ ⚴	**6:17 pm**	3:17 pm
☽ ⚹ ♇	**6:43 pm**	3:43 pm
☽ ⚹ ♂	**8:57 pm**	5:57 pm
☽ ⚹ ⚵	**9:39 pm**	6:39 pm

21 WEDNESDAY

⚴ □ ⚳	**9:43 am**	6:43 am
☽ ☌ ♅	**10:24 am**	7:24 am
☿ □ ♃	**2:41 pm**	11:41 am
☽ □ ♄	**6:03 pm**	3:03 pm
☽ ⚹ ⚷	**9:52 pm**	6:52 pm

22 THURSDAY

☽ ⚺ ☉	**4:05 am**	1:05 am
☽ ⚺ ⚶	**9:23 am**	6:23 am
☽ □ ♃	**12:37 pm**	9:37 am
☽ ☌ ☿	**3:08 pm**	12:08 pm
☽ ⚺ ♆	**4:44 pm**	1:44 pm
♇ ☌ ⚴	**4:47 pm**	1:47 pm

23 FRIDAY

☽ ⚺ ♀	**3:37 am**	12:37 am
☿ ⚺ ♆	**5:14 am**	2:14 am
☽ ⚹ ⚳	**6:22 am**	3:22 am
☽ □ ♇	**6:53 am**	3:53 am
☽ □ ⚴	**7:01 am**	4:01 am
☽ □ ♂	**11:12 am**	8:12 am
☽ ⚺ ⚵	**12:41 pm**	9:41 am
☽ ⚺ ♅	**10:21 pm**	7:21 pm

24 SATURDAY

☽ ⚹ ♄	**5:58 am**	2:58 am
♇ ⚺ ⚳	**6:35 am**	3:35 am
☽ □ ⚷	**9:20 am**	6:20 am
☽ ☌ ☉	**8:21 pm**	5:21 pm
☽ ☌ ⚶	**10:39 pm**	7:39 pm
☽ ⚹ ♃		9:13 pm

25 SUNDAY

☽ ⚹ ♃	**12:13 am**	
☽ ⚹ ♆	**3:32 am**	12:32 am
⚳ ⚺ ⚴	**5:04 am**	2:04 am
☽ ⚺ ☿	**9:25 am**	6:25 am
☽ ☌ ♀	**11:24 am**	8:24 am
☽ △ ♇	**5:02 pm**	2:02 pm
☽ △ ⚴	**5:35 pm**	2:35 pm
☽ □ ⚳	**5:45 pm**	2:45 pm
☿ ⚺ ♀	**10:04 pm**	7:04 pm
☽ △ ♂	**11:06 pm**	8:06 pm
☽ ☌ ⚵		10:21 pm

26 MONDAY

☽ ☌ ⚵	**1:21 am**	
☽ ⚹ ♅	**8:10 am**	5:10 am
☽ ⚺ ♄	**3:44 pm**	12:44 pm
☽ △ ⚷	**6:37 pm**	3:37 pm
☉ ☌ ⚶		10:40 pm

27 TUESDAY

☉ ☌ ⚶	**1:40 am**	
☉ ⚹ ♃	**5:57 am**	2:57 am
☽ ⚺ ⚶	**9:32 am**	6:32 am
☽ ⚺ ♃	**9:37 am**	6:53 am
☽ ⚺ ☉	**9:53 am**	6:53 am
☽ □ ♆	**12:12 pm**	9:12 am
♃ ⚹ ⚶	**1:14 pm**	10:14 am
☽ ⚺ ♀	**5:11 pm**	2:11 pm
☽ ⚹ ☿		10:04 pm
☽ ⚻ ♇		10:07 pm
☿ □ ♇		10:28 pm
☽ ⚻ ⚴		10:59 pm
☽ △ ⚳		11:54 pm

28 WEDNESDAY

☽ ⚹ ☿	**1:04 am**	
☽ ⚻ ♇	**1:07 am**	
☿ □ ♇	**1:28 am**	
☽ ⚻ ⚴	**1:59 am**	
☽ △ ⚳	**2:54 am**	
☽ ⚻ ♂	**8:42 am**	5:42 am
☿ □ ⚴	**9:08 am**	6:08 am
☽ ⚺ ⚵	**11:41 am**	8:41 am
☽ □ ♅	**3:57 pm**	12:57 pm
☉ ⚹ ♆	**4:55 pm**	1:55 pm
☿ ⚹ ⚳	**7:19 pm**	4:19 pm
☽ ☌ ♄	**11:29 pm**	8:29 pm
☽ ⚻ ⚷		10:56 pm

29 THURSDAY

☽ ⚻ ⚷	**1:56 am**	
☽ ☌ ♃	**5:05 pm**	2:05 pm
☽ ⚹ ⚶	**6:18 pm**	3:18 pm
☽ △ ♆	**6:58 pm**	3:58 pm
☽ ⚹ ☉	**9:00 pm**	6:00 pm
☽ ⚹ ♀	**9:15 pm**	6:15 pm
☉ ☌ ♀	**11:16 pm**	8:16 pm

30 FRIDAY

☽ ☍ ♇	**7:21 am**	4:21 am
☽ ☍ ⚴	**8:26 am**	5:26 am
☽ ⚻ ⚳	**10:05 am**	7:05 am
♆ ⚹ ⚶	**2:07 pm**	11:07 am
☽ □ ☿	**2:23 pm**	11:23 am
☽ ☍ ♂	**4:16 pm**	1:16 pm
☽ ⚹ ⚵	**7:58 pm**	4:58 pm
☽ △ ♅	**9:54 pm**	6:54 pm

31 SATURDAY

☽ ⚺ ♄	**5:24 am**	2:24 am
☽ ☍ ⚷	**7:26 am**	4:26 am
♀ ☌ ⚶	**8:01 am**	5:01 am
☿ □ ♂	**10:36 am**	7:36 am
♀ ⚹ ♆	**8:30 pm**	5:30 pm
☽ ⚺ ♃	**10:41 pm**	7:41 pm
☽ □ ♀	**11:45 pm**	8:45 pm
☽ ⚻ ♆	**11:54 pm**	8:54 pm
☽ □ ⚶		10:02 pm

Eastern Standard Time in bold type
Pacific Standard Time in medium type

MARCH 2001

☽ Last Aspect				☽ Ingress			
day	**EST** / hr:mn / PST		asp	sign	day	**EST** / hr:mn / PST	
1	**1:57 pm**	10:57 am	☌ ♄	♊	1	**10:36 pm**	7:36 pm
3	**1:45 pm**	10:45 am	△ ♅	♋	4	**3:24 am**	12:24 am
5	**10:10 pm**	7:10 pm	✱ ♄	♌	6	**5:30 am**	2:30 am
7	**10:50 pm**	7:50 pm	□ ♄	♍	8	**5:44 am**	2:44 am
9	**11:01 pm**	8:01 pm	△ ♄	♎	10	**5:47 am**	2:47 am
11	**9:44 pm**	6:44 pm	△ ☿	♏	12	**7:43 am**	4:43 am
14	**7:17 am**	4:17 am	□ ☿	♐	14	**1:17 pm**	10:17 am
16	**10:48 pm**	7:48 pm	✱ ☿	♑	16	**11:02 pm**	8:02 pm
19	**9:40 am**	6:40 am	✱ ☉	♒	19	**11:36 am**	8:36 am
21	**6:03 pm**	3:03 pm	□ ♄	♓	21		9:28 pm
21	**6:03 pm**	3:03 pm	□ ♄	♓	22	**12:28 am**	
24	**5:58 am**	2:58 am	✱ ♄	♈	24	**11:43 am**	8:43 am
26	**8:10 am**	5:10 am	✱ ♅	♉	26	**8:50 pm**	5:50 pm
28	**11:29 pm**	8:29 pm	☌ ♄	♊	29	**4:01 am**	1:01 am
30	**9:54 pm**	6:54 pm	△ ♅	♋	31	**9:23 am**	6:23 am

☽ Phases & Eclipses			
phase	day	**EST** / hr:mn / PST	
2nd Quarter	2	**9:03 pm**	6:03 pm
Full Moon	9	**12:23 pm**	9:23 am
4th Quarter	16	**3:45 pm**	12:45 pm
New Moon	24	**8:21 pm**	5:21 pm

Planet Ingress			
	day	**EST** / hr:mn / PST	
⚵ ♈	12		9:34 pm
⚵ ♈	13	**12:34 am**	
☿ ♓	16		10:05 pm
☿ ♓	17	**1:05 am**	
☉ ♈	20	**8:31 am**	5:31 am

Planetary Motion			
	day	**EST** / hr:mn / PST	
♀ ℞	8	**8:06 pm**	5:06 pm
♇ ℞	17	**9:36 pm**	6:36 pm

DATE		SID.TIME	SUN	MOON	NODE	MERCURY	VENUS	MARS	JUPITER	SATURN	URANUS	NEPTUNE	PLUTO	CERES	PALLAS	JUNO	VESTA	CHIRON
1	Th	10:35:27	0 ♓ 27 56	14 ♉ 55	13 ♋ ℞ 38	16 ♒ 00	16 ♈ 28	7 ♐ 12	3 ♊ 09	25 ♉ 11	21 ♒ 56	7 ♒ 29	15 ♐ 12	8 ♑ 26	11 ♐ 38	5 ♈ 35	24 ♓ 10	27 ♐ 49
2	F	10:39:24	11 28 09	28 01	13 34	16 23	16 45	7 41	3 15	25 15	21 59	7 31	15 12	8 46	11 52	6 08	24 39	27 52
3	Sa	10:43:20	12 28 20	11 ♊ 24	13 D 34	16 51	17 00	8 10	3 22	25 19	22 03	7 33	15 13	9 05	12 05	6 40	25 07	27 56
4	Su	10:47:17	13 28 29	25 07	13 34	17 24	17 13	8 39	3 29	25 23	22 06	7 35	15 13	9 24	12 17	7 13	25 36	27 59
5	M	10:51:13	14 28 36	9 ♋ 11	13 ℞ 35	18 01	17 24	9 08	3 36	25 27	22 09	7 37	15 14	9 42	12 30	7 46	26 05	28 02
6	T	10:55:10	15 28 41	23 36	13 34	18 42	17 33	9 36	3 43	25 31	22 13	7 39	15 14	10 01	12 42	8 19	26 33	28 05
7	W	10:59:07	16 28 43	8 ♌ 19	13 32	19 27	17 39	10 05	3 50	25 35	22 16	7 41	15 15	10 20	12 54	8 52	27 02	28 08
8	Th	11:03:03	17 28 44	23 16	13 27	20 16	17 42	10 33	3 58	25 39	22 19	7 43	15 15	10 38	13 05	9 25	27 31	28 11
9	F	11:07:00	18 28 42	8 ♍ 19	13 20	21 08	17 ℞ 44	11 01	4 06	25 44	22 22	7 45	15 15	10 56	13 16	9 58	27 59	28 14
10	Sa	11:10:56	19 28 39	23 19	13 10	22 03	17 43	11 29	4 13	25 48	22 25	7 47	15 16	11 14	13 27	10 31	28 28	28 17
11	Su	11:14:53	20 28 33	8 ♎ 06	13 00	23 01	17 39	11 57	4 21	25 53	22 29	7 48	15 16	11 32	13 38	11 04	28 56	28 19
12	M	11:18:49	21 28 26	22 32	12 49	24 02	17 33	12 24	4 29	25 58	22 32	7 50	15 16	11 50	13 48	11 38	29 25	28 22
13	T	11:22:46	22 28 17	6 ♏ 31	12 40	25 05	17 24	12 51	4 38	26 02	22 35	7 52	15 16	12 07	13 58	12 11	29 53	28 24
14	W	11:26:42	23 28 06	20 02	12 33	26 11	17 13	13 18	4 46	26 07	22 38	7 54	15 16	12 25	14 07	12 44	0 ♈ 22	28 27
15	Th	11:30:39	24 27 54	3 ♐ 04	12 29	27 19	17 00	13 45	4 54	26 12	22 41	7 55	15 17	12 42	14 16	13 18	0 50	28 29
16	F	11:34:36	25 27 39	15 41	12 D 27	28 29	16 44	14 12	5 03	26 17	22 44	7 57	15 17	12 59	14 25	13 51	1 19	28 31
17	Sa	11:38:32	26 27 24	27 58	12 27	29 41	16 25	14 38	5 12	26 22	22 47	7 59	15 17	13 16	14 34	14 25	1 47	28 33
18	Su	11:42:29	27 27 06	9 ♑ 59	12 ℞ 27	0 ♓ 56	16 04	15 04	5 20	26 27	22 50	8 00	15 ℞ 17	13 32	14 42	14 58	2 16	28 35
19	M	11:46:25	28 26 47	21 51	12 27	2 12	15 41	15 30	5 29	26 33	22 53	8 02	15 17	13 49	14 50	15 32	2 44	28 37
20	T	11:50:22	29 26 26	3 ♒ 38	12 25	3 29	15 16	15 55	5 39	26 38	22 56	8 04	15 17	14 05	14 57	16 06	3 13	28 39
21	W	11:54:18	0 ♈ 26 03	15 25	12 21	4 49	14 49	16 21	5 48	26 43	22 59	8 05	15 17	14 21	15 04	16 40	3 41	28 41
22	Th	11:58:15	1 25 38	27 17	12 13	6 10	14 20	16 46	5 57	26 49	23 02	8 07	15 16	14 37	15 11	17 13	4 10	28 42
23	F	12:02:11	2 25 12	9 ♓ 16	12 03	7 33	13 49	17 11	6 07	26 54	23 05	8 08	15 16	14 53	15 17	17 47	4 38	28 44
24	Sa	12:06:08	3 24 43	21 25	11 51	8 57	13 16	17 35	6 16	27 00	23 08	8 10	15 16	15 09	15 23	18 21	5 07	28 45
25	Su	12:10:05	4 24 13	3 ♈ 46	11 38	10 23	12 42	17 59	6 26	27 05	23 11	8 11	15 16	15 24	15 28	18 55	5 35	28 47
26	M	12:14:01	5 23 40	16 17	11 24	11 51	12 07	18 23	6 36	27 11	23 13	8 13	15 16	15 39	15 33	19 29	6 03	28 48
27	T	12:17:58	6 23 06	29 01	11 11	13 20	11 31	18 47	6 46	27 17	23 16	8 14	15 15	15 54	15 38	20 03	6 32	28 49
28	W	12:21:54	7 22 29	11 ♉ 56	11 00	14 50	10 54	19 10	6 56	27 23	23 19	8 15	15 15	16 09	15 42	20 38	7 00	28 50
29	Th	12:25:51	8 21 50	25 02	10 52	16 22	10 16	19 33	7 06	27 29	23 22	8 17	15 15	16 23	15 46	21 12	7 28	28 51
30	F	12:29:47	9 21 09	8 ♊ 19	10 47	17 56	9 38	19 56	7 16	27 35	23 24	8 18	15 14	16 38	15 49	21 46	7 57	28 52
31	Sa	12:33:44	10 20 26	21 49	10 44	19 30	9 01	20 18	7 26	27 41	23 27	8 19	15 14	16 52	15 52	22 20	8 25	28 53

EPHEMERIS CALCULATED FOR 12 MIDNIGHT GREENWICH MEAN TIME. ALL OTHER DATA AND FACING ASPECTARIAN PAGE IN **EASTERN STANDARD TIME (BOLD)** AND PACIFIC STANDARD TIME (REGULAR).

APRIL 2001

1 SUNDAY

☽ □ ⚶	**1:02 am**	
☽ □ ☉	**5:49 am**	2:49 am
☽ ⚻ ♇	**11:45 am**	8:45 am
☽ ⚻ ♀	**12:59 pm**	9:59 am
☽ ☍ ⚳	**3:17 pm**	12:17 pm
♀ ⚹ ♃	**6:18 pm**	3:18 pm
♅ ⚹ ⚵	**9:30 pm**	6:30 pm
☽ ⚻ ♂	**9:46 pm**	6:46 pm
☽ △ ☿		10:19 pm
☽ ⚻ ♅		10:58 pm
☽ □ ⚵		11:09 pm

2 MONDAY

☽ △ ☿	**1:19 am**	
☽ ⚻ ♅	**1:58 am**	
☽ □ ⚵	**2:09 am**	
☿ ⚺ ♅	**7:01 am**	4:01 am
☽ ⚹ ♄	**9:26 am**	6:26 am
☽ ⚻ ⚷	**11:03 am**	8:03 am
☿ ⚺ ⚵	**11:42 am**	8:42 am
☽ △ ♀		9:42 pm
☽ ⚹ ♃		11:22 pm
☽ ☍ ♆		11:59 pm

3 TUESDAY

☽ △ ♀	**12:42 am**	
☽ ⚹ ♃	**2:22 am**	
☽ ☍ ♆	**2:59 am**	
☽ △ ⚶	**5:44 am**	2:44 am
☽ △ ☉	**12:22 pm**	9:22 am
☽ △ ♇	**2:20 pm**	11:20 am
☽ △ ♀	**3:38 pm**	12:38 pm
☽ ⚻ ⚳	**6:35 pm**	3:35 pm
☽ △ ♂		10:19 pm

4 WEDNESDAY

☽ △ ♂	**1:19 am**	
☽ ☍ ♅	**4:18 am**	1:18 am
☽ △ ⚵	**6:23 am**	3:23 am
☽ ⚻ ☿	**10:02 am**	7:02 am
☽ □ ♄	**11:46 am**	8:46 am
☽ △ ⚷	**1:00 pm**	10:00 am
☉ △ ♇	**5:02 pm**	2:02 pm
☽ ⚻ ♀		9:25 pm
☿ ⚹ ♄		10:40 pm

5 THURSDAY

☽ ⚻ ♀	**12:25 am**	
☿ ⚹ ♄	**1:40 am**	
☽ □ ♃	**4:33 am**	1:33 am
☽ ⚻ ♆	**4:36 am**	1:36 am
☽ ⚻ ⚶	**8:52 am**	5:52 am
♃ △ ♆	**9:26 am**	6:26 am
☿ □ ⚷	**11:17 am**	8:17 am
☉ △ ♀	**12:56 pm**	9:56 am
☽ □ ♇	**3:39 pm**	12:39 pm
☽ □ ♀	**5:00 pm**	2:00 pm
☽ ⚻ ☉	**5:18 pm**	2:18 pm
☽ △ ⚳	**8:36 pm**	5:36 pm

6 FRIDAY

☽ □ ♂	**3:42 am**	12:42 am
☽ ⚻ ♅	**5:38 am**	2:38 am
☽ ⚻ ⚵	**9:35 am**	6:35 am
☽ △ ♄	**1:18 pm**	10:18 am
☽ □ ⚷	**2:11 pm**	11:11 am
☽ ☍ ☿	**5:49 pm**	2:49 pm
☽ ☍ ♀	**11:54 pm**	8:54 pm

7 SATURDAY

☽ △ ♆	**5:55 am**	2:55 am
☽ △ ♃	**6:26 am**	3:26 am
☽ ☍ ⚶	**11:49 am**	8:49 am
☽ ⚹ ♇	**5:01 pm**	2:01 pm
☽ ⚹ ♀	**6:25 pm**	3:25 pm
☽ ☍ ☉	**10:22 pm**	7:22 pm
☽ □ ⚳	**10:50 pm**	7:50 pm

8 SUNDAY

☽ ⚹ ♂	**6:33 am**	3:33 am
☉ □ ⚳	**6:48 am**	3:48 am
☽ △ ♅	**7:31 am**	4:31 am
☿ ☌ ♀	**10:25 am**	7:25 am
☽ ☍ ⚵	**1:33 pm**	10:33 am
☽ ⚻ ♄	**3:40 pm**	12:40 pm
☽ ⚹ ⚷	**4:11 pm**	1:11 pm
☽ ⚻ ♀		9:39 pm

9 MONDAY

☽ ⚻ ♀	**12:39 am**	
☽ ⚻ ☿	**3:18 am**	12:18 am
☽ □ ♆	**8:39 am**	5:39 am
☽ ⚻ ♃	**9:49 am**	6:49 am
☽ ⚻ ⚶	**4:34 pm**	1:34 pm
☽ ⚺ ♇	**8:12 pm**	5:12 pm
☽ ⚺ ♀	**9:38 pm**	6:38 pm

10 TUESDAY

☽ ⚹ ⚳	**3:09 am**	12:09 am
☽ ⚻ ☉	**5:56 am**	2:56 am
♂ ⚹ ♅	**8:27 am**	5:27 am
☽ □ ♅	**11:44 am**	8:44 am
☽ ⚺ ♂	**11:48 am**	8:48 am
☿ ⚹ ♆	**8:02 pm**	5:02 pm
☽ ⚻ ⚵	**8:25 pm**	5:25 pm
☽ ☍ ♄	**8:43 pm**	5:43 pm
☽ ⚺ ⚷	**8:49 pm**	5:49 pm

11 WEDNESDAY

☽ △ ♀	**4:19 am**	1:19 am
♄ ⚺ ⚵	**4:56 am**	1:56 am
⚷ △ ⚵	**5:25 am**	2:25 am
♄ ⚻ ⚷	**7:20 am**	4:20 am
☿ ⚹ ♃	**9:13 am**	6:13 am
☽ ⚹ ♆	**2:29 pm**	11:29 am
☽ ☍ ♃	**4:29 pm**	1:29 pm
☽ △ ☿	**5:36 pm**	2:36 pm
☽ △ ⚶		9:59 pm
☽ ☌ ♇		11:46 pm

12 THURSDAY

☽ △ ⚶	**12:59 am**	
☽ ☌ ♇	**2:46 am**	
☽ ☌ ♀	**4:11 am**	1:11 am
☽ ⚺ ⚳	**11:07 am**	8:07 am
☽ △ ☉	**5:58 pm**	2:58 pm
☽ ⚹ ♅	**7:40 pm**	4:40 pm
☽ ☌ ♂	**8:56 pm**	5:56 pm

13 FRIDAY

☽ ☌ ⚷	**5:12 am**	2:12 am
☽ ⚻ ♄	**5:39 am**	2:39 am
☽ △ ⚵	**7:35 am**	4:35 am
☽ □ ♀	**11:51 am**	8:51 am
☉ ⚹ ♅	**4:24 pm**	1:24 pm
☽ ⚺ ♆		9:12 pm
♇ △ ⚶		9:47 pm

14 SATURDAY

☽ ⚺ ♆	**12:12 am**	
♇ △ ⚶	**12:47 am**	
☽ ⚻ ♃	**3:11 am**	12:11 am
☿ △ ♇	**6:37 am**	3:37 am
☿ ☌ ⚶	**8:31 am**	5:31 am
☽ ⚺ ♇	**1:07 pm**	10:07 am
☽ □ ⚶	**1:37 pm**	10:37 am
☽ □ ☿	**2:22 pm**	11:22 am
☽ ⚺ ♀	**2:23 pm**	11:23 am

☿ △ ♀	**2:27 pm**	11:27 am
☉ △ ♂	**9:31 pm**	6:31 pm
☽ ☌ ⚳	**10:53 pm**	7:53 pm

15 SUNDAY

♀ △ ⚶	**6:56 am**	3:56 am
☽ ⚺ ♅	**7:10 am**	4:10 am
☽ ⚺ ♂	**9:43 am**	6:43 am
☽ □ ☉	**10:31 am**	7:31 am
☽ ⚺ ⚷	**4:54 pm**	1:54 pm
☽ △ ♄	**6:00 pm**	3:00 pm
☽ □ ⚵	**10:31 pm**	7:31 pm
☽ ⚹ ♀	**10:48 pm**	7:48 pm
♀ ⚺ ⚵		11:57 pm

16 MONDAY

♀ ⚺ ⚵	**2:57 am**	
☽ ☌ ♆	**12:40 pm**	9:40 am
☽ △ ♃	**4:41 pm**	1:41 pm
☿ □ ⚳	**9:44 pm**	6:44 pm
☽ ⚹ ♇		10:43 pm
☽ ⚹ ♀		11:41 pm

17 TUESDAY

☽ ⚹ ♇	**1:43 am**	
☽ ⚹ ♀	**2:41 am**	
☽ ⚹ ⚶	**4:47 am**	1:47 am
☽ ⚺ ⚳	**12:33 pm**	9:33 am
☽ ⚹ ☿	**3:20 pm**	12:20 pm
☽ ☌ ♅	**8:11 pm**	5:11 pm
☽ ⚹ ♂	**11:55 pm**	8:55 pm

18 WEDNESDAY

☽ ⚹ ☉	**4:49 am**	1:49 am
☽ ⚹ ⚷	**5:40 am**	2:40 am
☽ □ ♄	**7:26 am**	4:26 am
☽ ⚺ ♀	**11:02 am**	8:02 am
☽ ⚹ ⚵	**2:26 pm**	11:26 am
☉ △ ⚷	**2:52 pm**	11:52 am
☿ ⚹ ♅	**7:53 pm**	4:53 pm
☽ ⚺ ♆		10:20 pm

19 THURSDAY

☽ ⚺ ♆	**1:20 am**	
☽ □ ♃	**6:13 am**	3:13 am
☽ □ ♇	**1:56 pm**	10:56 am
☽ □ ♀	**2:29 pm**	11:29 am
☉ ⚺ ♄	**4:39 pm**	1:39 pm
☽ ⚺ ⚶	**7:23 pm**	4:23 pm
☿ △ ♂	**10:21 pm**	7:21 pm
☽ ⚹ ⚳		10:18 pm

20 FRIDAY

☽ ⚹ ⚳	**1:18 am**	
☽ ⚺ ♅	**8:04 am**	5:04 am
☽ □ ♂	**12:40 pm**	9:40 am
☽ ⚺ ☿	**3:15 pm**	12:15 pm
☽ □ ⚷	**4:57 pm**	1:57 pm
☽ ⚹ ♄	**7:19 pm**	4:19 pm
☽ ⚺ ☉	**9:19 pm**	6:19 pm
☽ ☌ ♀	**10:09 pm**	7:09 pm
☿ △ ⚷		10:14 pm

21 SATURDAY

☿ △ ⚷	**1:14 am**	
☽ ⚺ ⚵	**4:22 am**	1:22 am
☉ ⚺ ♀	**8:18 am**	5:18 am
☽ ⚹ ♆	**11:57 am**	8:57 am
☿ ⚺ ♄	**4:28 pm**	1:28 pm
☽ ⚹ ♃	**5:31 pm**	2:31 pm
☽ △ ♇	**11:52 pm**	8:52 pm
☽ △ ♀	**11:55 pm**	8:55 pm

22 SUNDAY

♇ ☌ ♀	**7:09 am**	4:09 am
☽ ☌ ⚶	**7:18 am**	4:18 am
☿ ⚺ ♀	**8:58 am**	5:58 am
☽ □ ⚳	**11:25 am**	8:25 am
☽ ⚹ ♅	**5:22 pm**	2:22 pm
☽ △ ♂	**10:34 pm**	7:34 pm
☽ △ ⚷		10:36 pm

23 MONDAY

☽ △ ⚷	**1:36 am**	
☉ ☌ ☿	**4:24 am**	1:24 am
☽ ⚺ ♄	**4:29 am**	1:29 am
☽ ⚺ ♀	**7:00 am**	4:00 am
☽ ☌ ☉	**10:26 am**	7:26 am
☽ ☌ ☿	**11:04 am**	8:04 am
☽ ☌ ⚵	**3:12 pm**	12:12 pm
☽ □ ♆	**7:53 pm**	4:53 pm
☽ ⚺ ♃		11:02 pm

24 TUESDAY

☽ ⚺ ♃	**2:02 am**	
☽ ⚻ ♀	**6:43 am**	3:43 am
☽ ⚻ ♇	**7:09 am**	4:09 am
☽ ⚺ ⚶	**4:19 pm**	1:19 pm
☽ △ ⚳	**6:50 pm**	3:50 pm
☿ ☌ ⚵	**8:34 pm**	5:34 pm
☽ □ ♅		9:08 pm

25 WEDNESDAY

☽ □ ♅	**12:08 am**	
☽ ⚻ ♂	**5:48 am**	2:48 am
☽ ⚻ ⚷	**7:51 am**	4:51 am
☽ ☌ ♄	**11:12 am**	8:12 am
☽ ⚹ ♀	**1:50 pm**	10:50 am
☿ □ ♆	**5:23 pm**	2:23 pm
☽ ⚺ ☉	**8:38 pm**	5:38 pm
☽ ⚺ ⚵	**11:30 pm**	8:30 pm
☽ △ ♆		10:37 pm

26 THURSDAY

☽ △ ♆	**1:37 am**	
☽ ⚺ ☿	**3:09 am**	12:09 am
☽ ☌ ♃	**8:22 am**	5:22 am
☽ ☍ ♀	**11:29 am**	8:29 am
☽ ☍ ♇	**12:26 pm**	9:26 am
☽ ⚹ ⚶	**11:14 pm**	8:14 pm
☽ ⚻ ⚳		9:20 pm

27 FRIDAY

☽ ⚻ ⚳	**12:20 am**	
☽ △ ♅	**5:07 am**	2:07 am
☽ ☍ ♂	**11:12 am**	8:12 am
☽ ☍ ⚷	**12:26 pm**	9:26 am
☿ ⚺ ♃	**3:23 pm**	12:23 pm
☽ ⚺ ♄	**4:17 pm**	1:17 pm
☽ □ ♀	**7:20 pm**	4:20 pm
♆ □ ⚵		10:19 pm

28 SATURDAY

♆ □ ⚵	**1:19 am**	
☽ ⚹ ☉	**4:58 am**	1:58 am
☿ ⚻ ♀	**5:00 am**	2:00 am
☽ ⚻ ♆	**5:56 am**	2:56 am
☽ ⚹ ⚵	**6:08 am**	3:08 am
☽ ⚺ ♃	**1:19 pm**	10:19 am
☿ ⚻ ♇	**1:51 pm**	10:51 am
☽ ⚻ ♀	**2:57 pm**	11:57 am
☽ ⚻ ♇	**4:25 pm**	1:25 pm
☽ ⚹ ☿	**4:53 pm**	1:53 pm
⚳ □ ⚶	**5:44 pm**	2:44 pm
☉ □ ♆	**6:49 pm**	3:49 pm

29 SUNDAY

☽ ☍ ⚳	**4:34 am**	1:34 am
☽ □ ⚶	**4:51 am**	1:51 am
☽ ⚻ ♅	**8:58 am**	5:58 am
☽ ⚻ ♂	**3:23 pm**	12:23 pm
☽ ⚻ ⚷	**3:57 pm**	12:57 pm
☽ ⚹ ♄	**8:18 pm**	5:18 pm
☉ ☌ ⚵	**9:18 pm**	6:18 pm
☽ △ ♀		9:02 pm

30 MONDAY

☽ △ ♀	**12:02 am**	
☽ ☍ ♆	**9:18 am**	6:18 am
☽ □ ⚵	**11:42 am**	8:42 am
☽ □ ☉	**12:08 pm**	9:08 am
☽ ⚹ ♃	**5:20 pm**	2:20 pm
☽ △ ♀	**5:30 pm**	2:30 pm
☽ △ ♇	**7:32 pm**	4:32 pm
♃ ☍ ♀	**11:05 pm**	8:05 pm

Eastern Standard Time in bold type
Pacific Standard Time in medium type

APRIL 2001

☽ Last Aspect			☽ Ingress		
day	EST / hr:mn / PST	asp	sign day	EST / hr:mn / PST	
2	**9:26 am** 6:26 am	⚹ ♄	♌ 2	**12:54 pm** 9:54 am	
4	**11:46 am** 8:46 am	□ ♄	♍ 4	**2:46 pm** 11:46 am	
6	**1:18 pm** 10:18 am	△ ♄	♎ 6	**3:57 pm** 12:57 pm	
8	**7:31 am** 4:31 am	△ ♅	♏ 8	**6:01 pm** 3:01 pm	
10	**8:43 pm** 5:43 pm	☍ ♄	♐ 10	**10:47 pm** 7:47 pm	
12	**8:56 pm** 5:56 pm	☌ ♂	♑ 13	**7:21 am** 4:21 am	
15	**6:00 pm** 3:00 pm	△ ♄	♒ 15	**7:11 pm** 4:11 pm	
18	**7:26 am** 4:26 am	□ ♄	♓ 18	**8:00 am** 5:00 am	
20	**12:40 pm** 9:40 am	□ ♂	♈ 20	**7:18 pm** 4:18 pm	
22	**10:34 pm** 7:34 pm	△ ♂	♉ 23	**3:56 am** 12:56 am	
24	9:08 pm	□ ♅	♊ 25	**10:11 am** 7:11 am	
25	**12:08 am**	□ ♅	♊ 25	**10:11 am** 7:11 am	
27	**11:12 am** 8:12 am	☍ ♂	♋ 27	**2:49 pm** 11:49 am	
28	**4:53 pm** 1:53 pm	⚹ ☿	♌ 29	**6:25 pm** 3:25 pm	

☽ Phases & Eclipses		
phase	day	EST / hr:mn / PST
2nd Quarter	1	**5:49 am** 2:49 am
Full Moon	7	**10:22 pm** 7:22 pm
4th Quarter	15	**10:31 am** 7:31 am
New Moon	23	**10:26 am** 7:26 am
2nd Quarter	30	**12:08 pm** 9:08 am

Planet Ingress		
	day	EST / hr:mn / PST
☿ ♈	5	11:14 pm
☿ ♈	6	**2:14 am**
⚵ ♉	12	11:24 pm
⚵ ♉	13	**2:24 am**
☉ ♉	19	**7:36 pm** 4:36 pm
♄ ♊	20	**4:59 pm** 1:59 pm
☿ ♉	21	**3:08 pm** 12:08 pm

Planetary Motion		
	day	EST / hr:mn / PST
♀ ℞	5	**9:05 pm** 6:05 pm
⚷ ℞	7	**1:02 pm** 10:02 am
♀ D	19	**11:34 pm** 8:34 pm

DATE		SID.TIME	SUN	MOON	NODE	MERCURY	VENUS	MARS	JUPITER	SATURN	URANUS	NEPTUNE	PLUTO	CERES	PALLAS	JUNO	VESTA	CHIRON
1	Su	12:37:40	11 ♈ 19 40	5 ♋ 31	10 ♋ ℞ 44	21 ♓ 06	8 ♈ ℞ 23	20 ♐ 40	7 ♊ 37	27 ♉ 47	23 ♒ 30	8 ♒ 21	15 ♐ ℞ 13	17 ♑ 06	15 ♐ 55	22 ♈ 54	8 ♈ 53	28 ♐ 53
2	M	12:41:37	12 18 52	19 27	10 44	22 44	7 46	21 02	7 47	27 53	23 32	8 22	15 13	17 19	15 57	23 29	9 21	28 54
3	T	12:45:33	13 18 02	3 ♌ 38	10 43	24 23	7 10	21 23	7 58	27 59	23 35	8 23	15 12	17 33	15 58	24 03	9 50	28 54
4	W	12:49:30	14 17 09	18 01	10 40	26 03	6 34	21 44	8 09	28 06	23 37	8 24	15 12	17 46	15 59	24 38	10 18	28 55
5	Th	12:53:27	15 16 14	2 ♍ 34	10 34	27 45	6 00	22 05	8 20	28 12	23 40	8 26	15 11	17 59	16 00	25 12	10 46	28 55
6	F	12:57:23	16 15 16	17 13	10 26	29 29	5 27	22 25	8 31	28 19	23 42	8 27	15 11	18 12	16 ℞ 00	25 47	11 14	28 55
7	Sa	13:01:20	17 14 17	1 ♎ 51	10 16	1 ♈ 13	4 56	22 45	8 42	28 25	23 45	8 28	15 10	18 24	16 00	26 21	11 42	28 ℞ 55
8	Su	13:05:16	18 13 15	16 21	10 04	3 00	4 27	23 05	8 53	28 31	23 47	8 29	15 09	18 36	16 00	26 56	12 10	28 55
9	M	13:09:13	19 12 11	0 ♏ 34	9 52	4 47	3 59	23 24	9 04	28 38	23 49	8 30	15 09	18 48	15 58	27 30	12 38	28 55
10	T	13:13:09	20 11 06	14 27	9 42	6 36	3 33	23 42	9 15	28 45	23 52	8 31	15 08	19 00	15 57	28 05	13 06	28 55
11	W	13:17:06	21 09 58	27 55	9 34	8 27	3 10	24 01	9 27	28 51	23 54	8 32	15 07	19 12	15 55	28 40	13 34	28 55
12	Th	13:21:02	22 08 49	10 ♐ 58	9 29	10 19	2 49	24 19	9 38	28 58	23 56	8 33	15 07	19 23	15 52	29 14	14 02	28 55
13	F	13:24:59	23 07 38	23 37	9 26	12 13	2 30	24 36	9 50	29 05	23 58	8 34	15 06	19 34	15 49	29 49	14 30	28 54
14	Sa	13:28:56	24 06 25	5 ♑ 57	9 D 25	14 08	2 14	24 53	10 01	29 12	24 00	8 35	15 05	19 45	15 46	0 ♉ 24	14 58	28 54
15	Su	13:32:52	25 05 11	18 01	9 ℞ 25	16 05	2 00	25 10	10 13	29 19	24 02	8 36	15 04	19 55	15 42	0 59	15 26	28 53
16	M	13:36:49	26 03 55	29 55	9 25	18 03	1 49	25 26	10 25	29 25	24 04	8 36	15 03	20 05	15 37	1 34	15 54	28 52
17	T	13:40:45	27 02 37	11 ♒ 44	9 24	20 03	1 40	25 41	10 37	29 32	24 06	8 37	15 02	20 15	15 32	2 09	16 22	28 52
18	W	13:44:42	28 01 17	23 33	9 21	22 04	1 33	25 56	10 48	29 39	24 08	8 38	15 01	20 25	15 27	2 44	16 49	28 51
19	Th	13:48:38	28 59 56	5 ♓ 29	9 15	24 06	1 29	26 11	11 00	29 46	24 10	8 39	15 00	20 34	15 21	3 19	17 17	28 50
20	F	13:52:35	29 58 33	17 33	9 07	26 10	1 D 27	26 25	11 13	29 53	24 12	8 39	14 59	20 43	15 15	3 54	17 45	28 49
21	Sa	13:56:31	0 ♉ 57 08	29 51	8 57	28 14	1 28	26 39	11 25	0 ♊ 01	24 14	8 40	14 58	20 52	15 08	4 29	18 12	28 47
22	Su	14:00:28	1 55 41	12 ♈ 23	8 46	0 ♉ 20	1 31	26 52	11 37	0 08	24 16	8 41	14 57	21 01	15 01	5 04	18 40	28 46
23	M	14:04:25	2 54 13	25 10	8 34	2 27	1 37	27 04	11 49	0 15	24 18	8 41	14 56	21 09	14 53	5 39	19 08	28 45
24	T	14:08:21	3 52 42	8 ♉ 13	8 23	4 35	1 44	27 16	12 01	0 22	24 19	8 42	14 55	21 17	14 45	6 14	19 35	28 43
25	W	14:12:18	4 51 10	21 30	8 14	6 43	1 54	27 27	12 14	0 29	24 21	8 42	14 54	21 24	14 36	6 49	20 03	28 42
26	Th	14:16:14	5 49 36	4 ♊ 58	8 07	8 52	2 06	27 38	12 26	0 37	24 23	8 43	14 53	21 32	14 27	7 24	20 30	28 40
27	F	14:20:11	6 48 00	18 37	8 03	11 00	2 20	27 48	12 39	0 44	24 24	8 43	14 52	21 39	14 17	7 59	20 58	28 39
28	Sa	14:24:07	7 46 23	2 ♋ 25	8 D 02	13 09	2 36	27 58	12 51	0 51	24 26	8 44	14 51	21 45	14 07	8 35	21 25	28 37
29	Su	14:28:04	8 44 43	16 19	8 02	15 17	2 54	28 07	13 04	0 59	24 27	8 44	14 49	21 52	13 56	9 10	21 53	28 35
30	M	14:32:00	9 43 01	0 ♌ 21	8 ℞ 02	17 24	3 13	28 15	13 17	1 06	24 29	8 45	14 48	21 58	13 45	9 45	22 20	28 33

EPHEMERIS CALCULATED FOR 12 MIDNIGHT GREENWICH MEAN TIME. ALL OTHER DATA AND FACING ASPECTARIAN PAGE IN **EASTERN STANDARD TIME (BOLD)** AND PACIFIC STANDARD TIME (REGULAR).

MAY 2001

1 TUESDAY

☽ □ ☿	**5:02 am**	2:02 am
☽ ⚻ ⚳	**7:56 am**	4:56 am
☽ △ ⚴	**9:34 am**	6:34 am
☽ ☍ ♅	**12:01 pm**	9:01 am
♂ ☌ ⚷	**4:56 pm**	1:56 pm
☽ △ ⚷	**6:42 pm**	3:42 pm
☽ △ ♂	**6:43 pm**	3:43 pm
☽ □ ♄	**11:35 pm**	8:35 pm
☿ △ ⚳		10:41 pm

2 WEDNESDAY

☿ △ ⚳	**1:41 am**	
☽ ⚻ ♀	**4:13 am**	1:13 am
☽ ⚻ ♆	**12:02 pm**	9:02 am
☽ △ ⚵	**4:35 pm**	1:35 pm
☽ △ ☉	**6:31 pm**	3:31 pm
☽ □ ♀	**7:26 pm**	4:26 pm
☿ ⚺ ⚴	**7:44 pm**	4:44 pm
☽ □ ♃	**8:45 pm**	5:45 pm
☽ □ ♇	**10:06 pm**	7:06 pm

3 THURSDAY

☿ □ ♅	**5:42 am**	2:42 am
☉ ⚻ ♀	**5:46 am**	2:46 am
☽ △ ⚳	**10:49 am**	7:49 am
☽ ⚻ ⚴	**1:48 pm**	10:48 am
☽ ⚻ ♅	**2:39 pm**	11:39 am
☽ △ ☿	**4:07 pm**	1:07 pm
☽ □ ⚷	**9:08 pm**	6:08 pm
☽ □ ♂	**9:39 pm**	6:39 pm
☽ △ ♄		11:36 pm

4 FRIDAY

☽ △ ♄	**2:36 am**	
☽ ☍ ♀	**8:26 am**	5:26 am
☉ ⚺ ♃	**12:04 pm**	9:04 am
☽ △ ♆	**2:40 pm**	11:40 am
♅ ⚹ ⚴	**6:09 pm**	3:09 pm
♀ ⚻ ⚵	**7:53 pm**	4:53 pm
☽ ⚹ ♀	**9:22 pm**	6:22 pm
☽ ⚻ ⚵	**9:27 pm**	6:27 pm
☉ ⚻ ♇	**10:06 pm**	7:06 pm
☽ △ ♃		9:14 pm
☽ ⚹ ♇		9:44 pm
☽ ⚻ ☉		9:56 pm

5 SATURDAY

☽ △ ♃	**12:14 am**	
☽ ⚹ ♇	**12:44 am**	
☽ ⚻ ☉	**12:56 am**	
☿ ⚻ ⚷	**3:29 am**	12:29 am
☿ ⚻ ♂	**9:17 am**	6:17 am
☽ □ ⚳	**1:59 pm**	10:59 am
☽ △ ♅	**5:43 pm**	2:43 pm
☽ ☍ ⚴	**6:28 pm**	3:28 pm
☽ ⚹ ⚷		9:06 pm
☽ ⚹ ♂		10:03 pm

6 SUNDAY

☽ ⚹ ⚷	**12:06 am**	
☽ ⚹ ♂	**1:03 am**	
☽ ⚻ ☿	**3:30 am**	12:30 am
♃ ☍ ♇	**5:40 am**	2:40 am
☽ ⚻ ♄	**6:19 am**	3:19 am
☽ ⚻ ♀	**1:46 pm**	10:46 am
☽ □ ♆	**6:16 pm**	3:16 pm
☽ ⚺ ♀		9:19 pm
☿ ☌ ♄		10:26 pm

7 MONDAY

☽ ⚺ ♀	**12:19 am**	
☿ ☌ ♄	**1:26 am**	
☽ ☍ ⚵	**3:37 am**	12:37 am
☽ ⚺ ♇	**4:35 am**	1:35 am
☽ ⚻ ♃	**5:00 am**	2:00 am
☽ ☍ ☉	**8:53 am**	5:53 am
☽ ⚹ ⚳	**6:41 pm**	3:41 pm
☽ □ ♅	**10:25 pm**	7:25 pm
☽ ⚻ ⚴		9:59 pm
♇ ⚻ ⚵		10:13 pm

8 TUESDAY

☽ ⚻ ⚴	**12:59 am**	
♇ ⚻ ⚵	**1:13 am**	
☽ ⚺ ⚷	**4:52 am**	1:52 am
☽ ⚺ ♂	**6:15 am**	3:15 am
☽ ☍ ♄	**12:05 pm**	9:05 am
☽ ☍ ☿	**5:17 pm**	2:17 pm
☽ △ ♀	**9:46 pm**	6:46 pm
☽ ⚹ ♆		9:09 pm

9 WEDNESDAY

☽ ⚹ ♆	**12:09 am**	
♃ ⚺ ⚵	**5:25 am**	2:25 am
☽ ☌ ♀	**5:32 am**	2:32 am
☽ ☌ ♇	**10:56 am**	7:56 am
☽ ☍ ♃	**12:25 pm**	9:25 am
☽ ⚻ ⚵	**12:38 pm**	9:38 am
☽ ⚻ ☉	**8:03 pm**	5:03 pm
☽ ⚺ ⚳		11:10 pm

10 THURSDAY

☽ ⚺ ⚳	**2:10 am**	
☽ ⚹ ♅	**5:59 am**	2:59 am
☽ △ ⚴	**10:42 am**	7:42 am
☽ ☌ ⚷	**12:34 pm**	9:34 am
☽ ☌ ♂	**2:20 pm**	11:20 am
☿ ⚹ ♀	**6:47 pm**	3:47 pm
☽ ⚻ ♄	**8:59 pm**	5:59 pm
☿ △ ♆	**9:15 pm**	6:15 pm
♀ ⚹ ♆		10:25 pm

11 FRIDAY

♀ ⚹ ♆	**1:25 am**	
☽ ⚺ ♆	**9:12 am**	6:12 am
☽ □ ♀	**9:37 am**	6:37 am
☽ ⚻ ☿	**11:03 am**	8:03 am
☽ ⚺ ♀	**1:43 pm**	10:43 am
☽ ⚺ ♇	**8:29 pm**	5:29 pm
☽ ⚻ ♃	**11:14 pm**	8:14 pm
☽ △ ⚵		10:21 pm

12 SATURDAY

☽ △ ⚵	**1:21 am**	
☿ ☍ ♀	**4:55 am**	1:55 am
⚷ △ ⚴	**10:12 am**	7:12 am
☽ △ ☉	**11:17 am**	8:17 am
☽ ☌ ⚳	**12:49 pm**	9:49 am
☽ ⚺ ♅	**4:45 pm**	1:45 pm
☽ ⚺ ⚷	**11:20 pm**	8:20 pm
☽ □ ⚴	**11:54 pm**	8:54 pm
☽ ⚺ ♂		10:23 pm

13 SUNDAY

☽ ⚺ ♂	**1:23 am**	
☉ △ ⚳	**6:49 am**	3:49 am
☽ △ ♄	**9:00 am**	6:00 am
♀ △ ♀	**5:40 pm**	2:40 pm
☽ ☌ ♆	**9:02 pm**	6:02 pm
☽ ⚹ ♀		9:24 pm
☽ ⚹ ♀		9:58 pm

14 MONDAY

☽ ⚹ ♀	**12:24 am**	
☽ ⚹ ♀	**12:58 am**	
☽ △ ☿	**7:57 am**	4:57 am
☽ ⚹ ♇	**8:34 am**	5:34 am
☽ △ ♃	**12:39 pm**	9:39 am
☿ ☍ ♇	**12:52 pm**	9:52 am
♂ △ ⚴	**1:30 pm**	10:30 am
☽ □ ⚵	**4:51 pm**	1:51 pm
☽ ⚺ ⚳		10:28 pm

15 TUESDAY

☽ ⚺ ⚳	**1:28 am**	
☽ □ ☉	**5:11 am**	2:11 am
☽ ☌ ♅	**5:25 am**	2:25 am
☉ □ ♅	**8:06 am**	5:06 am
☽ ⚹ ⚷	**11:45 am**	8:45 am
☽ ⚹ ♂	**1:53 pm**	10:53 am
☽ ⚹ ⚴	**2:56 pm**	11:56 am
☽ □ ♄	**10:22 pm**	7:22 pm

16 WEDNESDAY

☿ ☌ ♃	**6:15 am**	3:15 am
☽ ⚺ ♆	**9:41 am**	6:41 am
☽ □ ♀	**11:39 am**	8:39 am
☽ ⚺ ♀	**5:21 pm**	2:21 pm
☽ □ ♇	**8:57 pm**	5:57 pm
☽ □ ♃		11:14 pm

17 THURSDAY

☽ □ ♃	**2:14 am**	
☽ □ ☿	**4:15 am**	1:15 am
☽ ⚹ ⚵	**8:18 am**	5:18 am
☽ ⚹ ⚳	**1:36 pm**	10:36 am
☽ ⚺ ♅	**5:29 pm**	2:29 pm
☽ ⚹ ☉	**10:20 pm**	7:20 pm
☽ □ ⚷	**11:18 pm**	8:18 pm
☽ □ ♂		10:18 pm

18 FRIDAY

☽ □ ♂	**1:18 am**	
☽ ⚺ ⚴	**4:52 am**	1:52 am
☉ ⚻ ⚷	**10:08 am**	7:08 am
☽ ⚹ ♄	**10:25 am**	7:25 am
☽ ⚹ ♆	**8:37 pm**	5:37 pm
☽ △ ♀	**9:12 pm**	6:12 pm
♀ △ ♇		10:56 pm

19 SATURDAY

♀ △ ♇	**1:56 am**	
☽ △ ♇	**7:15 am**	4:15 am
☽ ☌ ♀	**7:36 am**	4:36 am
☉ ⚻ ♂	**9:10 am**	6:10 am
☽ ⚹ ♃	**1:26 pm**	10:26 am
☽ ⚹ ☿	**8:19 pm**	5:19 pm
☽ ⚺ ⚵	**8:57 pm**	5:57 pm
☽ □ ⚳	**11:07 pm**	8:07 pm
♆ ⚹ ♀	**11:22 pm**	8:22 pm
☽ ⚹ ♅		11:53 pm

20 SUNDAY

☽ ⚹ ♅	**2:53 am**	
☽ △ ⚷	**8:06 am**	5:06 am
☽ △ ♂	**9:48 am**	6:48 am
☿ ⚺ ⚵	**11:51 am**	8:51 am
☽ ⚺ ☉	**11:59 am**	8:59 am
☽ ☌ ⚴	**3:35 pm**	12:35 pm
☽ ⚺ ♄	**7:25 pm**	4:25 pm

21 MONDAY

☽ ⚻ ♀	**3:50 am**	12:50 am
☽ □ ♆	**4:27 am**	1:27 am
☿ ⚻ ⚳	**5:29 am**	2:29 am
☽ ⚻ ♇	**2:25 pm**	11:25 am
☽ ⚺ ♀	**6:15 pm**	3:15 pm
⚳ △ ⚵	**6:20 pm**	3:20 pm
☽ ⚺ ♃	**9:17 pm**	6:17 pm

22 TUESDAY

☽ △ ⚳	**5:25 am**	2:25 am
☽ ☌ ⚵	**5:57 am**	2:57 am
☽ ⚺ ☿	**7:21 am**	4:21 am
☽ □ ♅	**9:06 am**	6:06 am
☽ ⚻ ⚷	**1:49 pm**	10:49 am
☽ ⚻ ♂	**3:09 pm**	12:09 pm
☽ ☌ ☉	**9:46 pm**	6:46 pm
☽ ⚺ ⚴	**10:54 pm**	7:54 pm
☽ ☌ ♄		10:17 pm

23 WEDNESDAY

☽ ☌ ♄	**1:17 am**	
☽ ☍ ♀	**7:42 am**	4:42 am
☽ △ ♆	**9:22 am**	6:22 am
☿ △ ♅	**9:56 am**	6:56 am
☽ ☍ ♇	**6:50 pm**	3:50 pm
☽ ⚹ ♀		10:49 pm
☽ ☌ ♃		11:23 pm
☉ ⚺ ⚴		11:31 pm

24 THURSDAY

☽ ⚹ ♀	**1:49 am**	
☽ ☌ ♃	**2:23 am**	
☉ ⚺ ⚴	**2:31 am**	
☽ ⚻ ⚳	**9:12 am**	6:12 am
☽ ⚺ ⚵	**12:09 pm**	9:09 am
☽ △ ♅	**12:56 pm**	9:56 am
☽ ☌ ☿	**2:36 pm**	11:36 am
♀ ⚹ ♃	**2:53 pm**	11:53 am
☽ ☍ ⚷	**5:15 pm**	2:15 pm
☽ ☍ ♂	**6:12 pm**	3:12 pm

25 FRIDAY

☽ ⚹ ⚴	**3:54 am**	12:54 am
☽ ⚺ ☉	**4:54 am**	1:54 am
☽ ⚺ ♄	**5:04 am**	2:04 am
♅ □ ⚵	**6:56 am**	3:56 am
☉ ☌ ♄	**7:33 am**	4:33 am
☽ ⚻ ♀	**9:47 am**	6:47 am
☽ ⚻ ♆	**12:26 pm**	9:26 am
☽ ⚻ ♇	**9:37 pm**	6:37 pm

26 SATURDAY

☽ ⚺ ♃	**5:57 am**	2:57 am
☽ □ ♀	**7:44 am**	4:44 am
☽ ☍ ⚳	**11:39 am**	8:39 am
☿ ☍ ⚷	**3:00 pm**	12:00 pm
☽ ⚻ ♅	**3:32 pm**	12:32 pm
☽ ⚹ ⚵	**4:56 pm**	1:56 pm
☽ ⚻ ⚷	**7:34 pm**	4:34 pm
☽ ⚺ ☿	**7:48 pm**	4:48 pm
☽ ⚻ ♂	**8:06 pm**	5:06 pm
☿ ☍ ♂		10:03 pm

27 SUNDAY

☿ ☍ ♂	**1:03 am**	
☽ □ ⚴	**7:55 am**	4:55 am
☽ ⚹ ♄	**7:57 am**	4:57 am
♄ ⚺ ⚴	**9:30 am**	6:30 am
☽ ⚹ ☉	**10:58 am**	7:58 am
☽ △ ♀	**11:09 am**	8:09 am
☉ ☍ ♀	**1:05 pm**	10:05 am
☽ ☍ ♆	**2:48 pm**	11:48 am
☽ △ ♇	**11:53 pm**	8:53 pm

28 MONDAY

☽ ⚹ ♃	**9:08 am**	6:08 am
☽ △ ♀	**1:20 pm**	10:20 am
☽ ⚻ ⚳	**1:48 pm**	10:48 am
☽ ☍ ♅	**5:55 pm**	2:55 pm
♀ □ ⚳	**8:29 pm**	5:29 pm
☽ □ ⚵	**9:31 pm**	6:31 pm
☽ △ ⚷	**9:46 pm**	6:46 pm
☽ △ ♂	**9:48 pm**	6:48 pm
☽ ⚹ ☿		9:13 pm
♂ ☌ ⚷		10:10 pm
♂ ⚻ ⚵		11:30 pm
⚷ ⚻ ⚵		11:49 pm

29 TUESDAY

☽ ⚹ ☿	**12:13 am**	
♂ ☌ ⚷	**1:10 am**	
♂ ⚻ ⚵	**2:30 am**	
⚷ ⚻ ⚵	**2:49 am**	
☽ □ ♄	**10:54 am**	7:54 am
☽ △ ⚴	**12:00 pm**	9:00 am
☽ □ ♀	**12:37 pm**	9:37 am
☽ □ ☉	**5:09 pm**	2:09 pm
☽ ⚻ ♆	**5:19 pm**	2:19 pm
☉ △ ♆	**7:34 pm**	4:34 pm
♀ ⚻ ⚴		9:24 pm
☽ □ ♇		11:27 pm

30 WEDNESDAY

♀ ⚻ ⚴	**12:24 am**	
☽ □ ♇	**2:27 am**	
☽ □ ♃	**12:45 pm**	9:45 am
☽ △ ⚳	**4:22 pm**	1:22 pm
☽ ⚻ ♀	**7:35 pm**	4:35 pm
☽ ⚻ ♅	**8:50 pm**	5:50 pm
☽ □ ♂	**11:58 pm**	8:58 pm
☽ □ ⚷		9:31 pm
☽ △ ⚵		11:45 pm

31 THURSDAY

☽ □ ⚷	**12:31 am**	
☽ △ ⚵	**2:45 am**	
☽ □ ☿	**4:40 am**	1:40 am
☽ △ ♄	**2:36 pm**	11:36 am
☽ ⚹ ♀	**2:48 pm**	11:48 am
♀ ⚹ ♅	**3:12 pm**	12:12 pm
☽ ⚻ ⚴	**4:52 pm**	1:52 pm
☽ △ ♆	**8:37 pm**	5:37 pm
♄ ☍ ♀	**9:08 pm**	6:08 pm
☽ △ ☉		9:18 pm

Eastern Standard Time in bold type
Pacific Standard Time in medium type

MAY 2001

☽ Last Aspect day	EST / hr:mn / PST	asp	☽ Ingress sign day	EST / hr:mn / PST
1	**6:43 pm** 3:43 pm	△♂	♍ 1	**9:16 pm** 6:16 pm
3	**9:39 pm** 6:39 pm	□♂	♎ 3	**11:50 pm** 8:50 pm
5	10:03 pm	⚹♂	♏ 6	**3:00 am** 12:00 am
6	**1:03 am**	⚹♂	♏ 6	**3:00 am** 12:00 am
7	**10:25 pm** 7:25 pm	□♅	♐ 8	**8:05 am** 5:05 am
10	**2:20 pm** 11:20 am	☌♂	♑ 10	**4:10 pm** 1:10 pm
12	**11:17 am** 8:17 am	△☉	♒ 13	**3:20 am** 12:20 am
15	**1:53 pm** 10:53 am	⚹♂	♓ 15	**4:01 pm** 1:01 pm
17	10:18 pm	□♂	♈ 18	**3:41 am** 12:41 am
18	**1:18 am**	□♂	♈ 18	**3:41 am** 12:41 am

☽ Last Aspect day	EST / hr:mn / PST	asp	☽ Ingress sign day	EST / hr:mn / PST
20	**9:48 am** 6:48 am	△♂	♉ 20	**12:29 pm** 9:29 am
22	**9:06 am** 6:06 am	□♅	♊ 22	**6:12 pm** 3:12 pm
24	**6:12 pm** 3:12 pm	☍♂	♋ 24	**9:42 pm** 6:42 pm
26	**7:44 am** 4:44 am	□♀	♌ 26	9:12 pm
26	**7:44 am** 4:44 am	□♀	♌ 27	**12:12 am**
28	9:13 pm	⚹☿	♍ 28	11:38 pm
29	**12:13 am**	⚹☿	♍ 29	**2:38 am**
31	**4:40 am** 1:40 am	□☿	♎ 31	**5:41 am** 2:41 am

☽ Phases & Eclipses phase	day	EST / hr:mn / PST
Full Moon	7	**8:53 am** 5:53 am
4th Quarter	15	**5:11 am** 2:11 am
New Moon	22	**9:46 pm** 6:46 pm
2nd Quarter	29	**5:09 pm** 2:09 pm

Planet Ingress	day	EST / hr:mn / PST
☿ ♊	5	**11:53 pm** 8:53 pm
⚵ ♉	16	**8:08 pm** 5:08 pm
☉ ♊	20	**6:44 pm** 3:44 pm

Planetary Motion	day	EST / hr:mn / PST
♆ ℞	10	**8:13 pm** 5:13 pm
♂ ℞	11	**11:08 am** 8:08 am
⚳ ℞	16	**7:37 pm** 4:37 pm
♅ ℞	29	**10:11 am** 7:11 am

DATE		SID.TIME	SUN	MOON	NODE	MERCURY	VENUS	MARS	JUPITER	SATURN	URANUS	NEPTUNE	PLUTO	CERES	PALLAS	JUNO	VESTA	CHIRON
1	T	14:35:57	10 ♉ 41 16	14 ♌ 28	8 ♋ ℞ 03	19 ♉ 31	3 ♈ 35	28 ♐ 23	13 ♊ 29	1 ♊ 14	24 ♒ 30	8 ♒ 45	14 ♐ ℞ 47	22 ♑ 03	13 ♐ ℞ 34	10 ♉ 21	22 ♈ 47	28 ♐ ℞ 31
2	W	14:39:54	11 39 30	28 39	8 01	21 36	3 58	28 30	13 42	1 21	24 32	8 45	14 46	22 09	13 22	10 56	23 15	28 29
3	Th	14:43:50	12 37 42	12 ♍ 54	7 58	23 39	4 23	28 36	13 55	1 29	24 33	8 46	14 44	22 14	13 09	11 31	23 42	28 27
4	F	14:47:47	13 35 51	27 08	7 52	25 41	4 50	28 42	14 08	1 36	24 34	8 46	14 43	22 19	12 57	12 06	24 09	28 25
5	Sa	14:51:43	14 33 59	11 ♎ 19	7 45	27 40	5 18	28 47	14 21	1 44	24 35	8 46	14 42	22 23	12 44	12 42	24 36	28 22
6	Su	14:55:40	15 32 05	25 22	7 37	29 37	5 47	28 51	14 34	1 51	24 37	8 46	14 40	22 27	12 30	13 17	25 03	28 20
7	M	14:59:36	16 30 09	9 ♏ 11	7 28	1 ♊ 31	6 19	28 55	14 47	1 59	24 38	8 46	14 39	22 31	12 16	13 53	25 30	28 17
8	T	15:03:33	17 28 11	22 45	7 21	3 22	6 51	28 58	15 00	2 06	24 39	8 46	14 38	22 34	12 02	14 28	25 58	28 15
9	W	15:07:29	18 26 12	5 ♐ 59	7 15	5 10	7 25	29 00	15 13	2 14	24 40	8 47	14 36	22 37	11 48	15 03	26 24	28 12
10	Th	15:11:26	19 24 11	18 53	7 11	6 55	8 00	29 02	15 26	2 22	24 41	8 47	14 35	22 40	11 33	15 39	26 51	28 10
11	F	15:15:23	20 22 09	1 ♑ 28	7 D 09	8 37	8 37	29 ℞ 03	15 40	2 29	24 42	8 ℞ 47	14 33	22 42	11 17	16 14	27 18	28 07
12	Sa	15:19:19	21 20 06	13 46	7 10	10 16	9 14	29 03	15 53	2 37	24 43	8 47	14 32	22 44	11 02	16 50	27 45	28 04
13	Su	15:23:16	22 18 01	25 51	7 11	11 51	9 53	29 02	16 06	2 45	24 43	8 47	14 30	22 46	10 46	17 25	28 12	28 01
14	M	15:27:12	23 15 55	7 ♒ 46	7 12	13 22	10 33	29 01	16 19	2 52	24 44	8 46	14 29	22 47	10 30	18 01	28 39	27 58
15	T	15:31:09	24 13 48	19 37	7 ℞ 13	14 50	11 14	28 59	16 33	3 00	24 45	8 46	14 28	22 48	10 14	18 36	29 05	27 55
16	W	15:35:05	25 11 39	1 ♓ 29	7 13	16 14	11 56	28 56	16 46	3 08	24 46	8 46	14 26	22 49	9 57	19 12	29 32	27 52
17	Th	15:39:02	26 09 29	13 26	7 11	17 35	12 39	28 52	16 59	3 15	24 46	8 46	14 25	22 ℞ 49	9 40	19 47	29 59	27 49
18	F	15:42:58	27 07 18	25 33	7 08	18 51	13 23	28 48	17 13	3 23	24 47	8 46	14 23	22 49	9 23	20 23	0 ♉ 25	27 46
19	Sa	15:46:55	28 05 06	7 ♈ 55	7 03	20 04	14 08	28 43	17 26	3 31	24 47	8 46	14 21	22 48	9 06	20 59	0 52	27 43
20	Su	15:50:52	29 02 53	20 35	6 57	21 13	14 54	28 37	17 40	3 39	24 48	8 45	14 20	22 47	8 48	21 34	1 18	27 39
21	M	15:54:48	0 ♊ 00 38	3 ♉ 33	6 51	22 18	15 40	28 30	17 53	3 46	24 48	8 45	14 18	22 46	8 31	22 10	1 45	27 36
22	T	15:58:45	0 58 22	16 51	6 45	23 19	16 28	28 22	18 07	3 54	24 49	8 45	14 17	22 44	8 13	22 45	2 11	27 32
23	W	16:02:41	1 56 06	0 ♊ 28	6 40	24 16	17 16	28 14	18 21	4 02	24 49	8 44	14 15	22 42	7 55	23 21	2 37	27 29
24	Th	16:06:38	2 53 47	14 20	6 37	25 09	18 05	28 05	18 34	4 10	24 49	8 44	14 14	22 40	7 38	23 57	3 04	27 26
25	F	16:10:34	3 51 28	28 24	6 D 35	25 57	18 54	27 56	18 48	4 18	24 50	8 43	14 12	22 37	7 20	24 32	3 30	27 22
26	Sa	16:14:31	4 49 07	12 ♋ 37	6 35	26 42	19 44	27 45	19 02	4 25	24 50	8 43	14 11	22 34	7 02	25 08	3 56	27 18
27	Su	16:18:27	5 46 45	26 54	6 36	27 22	20 35	27 34	19 15	4 33	24 50	8 43	14 09	22 30	6 44	25 43	4 22	27 15
28	M	16:22:24	6 44 21	11 ♌ 12	6 38	27 57	21 27	27 22	19 29	4 41	24 50	8 42	14 07	22 27	6 26	26 19	4 48	27 11
29	T	16:26:21	7 41 56	25 29	6 ℞ 39	28 28	22 19	27 10	19 43	4 49	24 ℞ 50	8 41	14 06	22 22	6 08	26 55	5 14	27 07
30	W	16:30:17	8 39 30	9 ♍ 40	6 39	28 55	23 12	26 57	19 56	4 56	24 50	8 41	14 04	22 18	5 50	27 30	5 40	27 04
31	Th	16:34:14	9 37 02	23 46	6 39	29 17	24 05	26 43	20 10	5 04	24 50	8 40	14 03	22 13	5 32	28 06	6 06	27 00

EPHEMERIS CALCULATED FOR 12 MIDNIGHT GREENWICH MEAN TIME. ALL OTHER DATA AND FACING ASPECTARIAN PAGE IN **EASTERN STANDARD TIME (BOLD)** AND PACIFIC STANDARD TIME (REGULAR).

JUNE 2001

1 FRIDAY

☽△☉	12:18 am	
☽⚹♇	5:53 am	2:53 am
☽△♃	5:25 pm	2:25 pm
☽□⚳	7:54 pm	4:54 pm
☽△♅		9:49 pm
♀△♂		11:03 pm

2 SATURDAY

☽△♅	12:49 am	
♀△♂	2:03 am	
☽⚹♂	3:07 am	12:07 am
☽☍♀	3:13 am	12:13 am
☽⚹⚷	4:22 am	1:22 am
☽⚻⚵	9:17 am	6:17 am
☽△☿	9:41 am	6:41 am
☽⚺⚴	6:11 pm	3:11 pm
♀△⚷	7:10 pm	4:10 pm
☽⚻♄	7:37 pm	4:37 pm
☿⚺⚵	8:28 pm	5:28 pm
☽☍⚶	11:10 pm	8:10 pm
☽□♆		10:16 pm

3 SUNDAY

☽□♆	1:16 am	
☽⚻☉	9:11 am	6:11 am
☽⚺♇	10:47 am	7:47 am
☽⚻♃	11:46 pm	8:46 pm
☽⚹⚳		9:59 pm

4 MONDAY

☽⚹⚳	12:59 am	
☽□♅	6:29 am	3:29 am
☉☍♇	6:50 am	3:50 am
☽⚺♂	7:49 am	4:49 am
☽⚺⚷	9:55 am	6:55 am
☽⚻♀	1:04 pm	10:04 am
☽⚻☿	3:52 pm	12:52 pm
☽☍⚵	5:52 pm	2:52 pm
☽☌♀	11:23 pm	8:23 pm
☽☍♄		11:35 pm

5 TUESDAY

☽☍♄	2:35 am	
☽⚻⚶	7:37 am	4:37 am
☽⚹♆	7:53 am	4:53 am
♆□⚶	3:43 pm	12:43 pm
☽☌♇	5:45 pm	2:45 pm
☽☍☉	8:39 pm	5:39 pm
♃⚻⚳	10:31 pm	7:31 pm
☿⚹♀		9:40 pm

6 WEDNESDAY

☿⚹♀	12:40 am	
☽⚺⚳	8:12 am	5:12 am
☽☍♃	8:28 am	5:28 am
☽⚹♅	2:26 pm	11:26 am
☽☌♂	2:37 pm	11:37 am
☽☌⚷	5:45 pm	2:45 pm
♂⚹♅	10:54 pm	7:54 pm
☽☍☿	11:41 pm	8:41 pm
☽△♀		10:57 pm

7 THURSDAY

☽△♀	1:57 am	
☽⚻⚵	5:12 am	2:12 am
☽⚺⚴	6:53 am	3:53 am
☽⚻♄	12:06 pm	9:06 am
☽⚺♆	4:59 pm	1:59 pm
☽△⚶	6:48 pm	3:48 pm

8 FRIDAY

☽⚺♇	3:14 am	12:14 am
♀☍⚵	5:46 am	2:46 am
☽⚻☉	11:20 am	8:20 am
☽☌⚳	5:51 pm	2:51 pm
☽⚻♃	7:53 pm	4:53 pm
☽⚺♂	11:45 pm	8:45 pm
☽⚺♅		9:56 pm

9 SATURDAY

☽⚺♅	12:56 am	
☽⚺⚷	4:06 am	1:06 am
♀⚻⚴	4:52 am	1:52 am
☽⚻☿	9:12 am	6:12 am
☽⚹⚴	4:46 pm	1:46 pm
☽□♀	6:06 pm	3:06 pm
☽△⚵	7:25 pm	4:25 pm
☽△♄		9:08 pm

10 SUNDAY

☽△♄	12:08 am	
☽☌♆	4:28 am	1:28 am
☽□⚶	8:36 am	5:36 am
☽⚹♇	2:59 pm	11:59 am

11 MONDAY

☽△☉	4:42 am	1:42 am
☽⚺⚳	5:23 am	2:23 am
♀⚺⚵	9:18 am	6:18 am
☽△♃	9:23 am	6:23 am
☽⚹♂	10:35 am	7:35 am
☉⚻⚳	12:08 pm	9:08 am
☽☌♅	1:17 pm	10:17 am
☽⚹⚷	4:13 pm	1:13 pm
☽△☿	7:38 pm	4:38 pm

12 TUESDAY

☽□⚴	4:05 am	1:05 am
☽□⚵	11:15 am	8:15 am
♂☍♃	12:01 pm	9:01 am
☽⚹♀	12:11 pm	9:11 am
☽□♄	1:28 pm	10:28 am
☽⚺♆	5:04 pm	2:04 pm
☽⚹⚶	11:29 pm	8:29 pm

13 WEDNESDAY

☽□♇	3:31 am	12:31 am
♀⚺♄	5:34 am	2:34 am
☉☍♂	12:46 pm	9:46 am
☽⚹⚳	5:09 pm	2:09 pm
☽□♂	9:28 pm	6:28 pm
☽□☉	10:28 pm	7:28 pm
☽□♃	11:02 pm	8:02 pm
☽⚺♅		10:38 pm

14 THURSDAY

☽⚺♅	1:38 am	
☽□⚷	4:14 am	1:14 am
☽□☿	5:26 am	2:26 am
☉☌♃	7:38 am	4:38 am
☽△⚴	2:55 pm	11:55 am
♄☌⚵	6:59 pm	3:59 pm
♀□♆	9:46 pm	6:46 pm
☽⚹♄		10:50 pm
☽⚹⚵		11:06 pm

15 FRIDAY

☽⚹♄	1:50 am	
☽⚹⚵	2:06 am	
☽⚹♆	4:37 am	1:37 am
☽⚺♀	5:14 am	2:14 am
☿☍⚷	11:07 am	8:07 am
☽⚺⚶	12:55 pm	9:55 am
☉△♅	1:57 pm	10:57 am
☽△♇	2:36 pm	11:36 am
☽□⚳		11:59 pm

16 SATURDAY

☽□⚳	2:59 am	
☽△♂	6:23 am	3:23 am
☉☌☿	8:26 am	5:26 am
☽⚹♃	10:24 am	7:24 am
☽⚹♅	11:44 am	8:44 am
☽⚹☿	12:57 pm	9:57 am
☽⚹☉	1:32 pm	10:32 am
☽△⚷	1:57 pm	10:57 am
☉☍⚷	6:50 pm	3:50 pm
☽⚻⚴	11:19 pm	8:19 pm

17 SUNDAY

♆△⚵	5:02 am	2:02 am
☽⚺♄	11:10 am	8:10 am
☽□♆	1:10 pm	10:10 am
♇⚻⚶	1:20 pm	10:20 am
☽⚺⚵	1:34 pm	10:34 am
☿△♅	5:08 pm	2:08 pm
☽☌♀	6:31 pm	3:31 pm
☽⚻♇	10:31 pm	7:31 pm
☽☌⚶	10:50 pm	7:50 pm

18 MONDAY

☿☌♃	5:12 am	2:12 am
☽△⚳	9:30 am	6:30 am
☽⚻♂	12:07 pm	9:07 am
☽⚺☿	5:25 pm	2:25 pm
☽⚺♃	6:07 pm	3:07 pm
☽□♅	6:21 pm	3:21 pm
☽⚻⚷	8:13 pm	5:13 pm
☽⚺☉		9:12 pm

19 TUESDAY

☽⚺☉	12:12 am	
☽☍⚴	4:25 am	1:25 am
♃△♅	7:25 am	4:25 am
☽☌♄	4:52 pm	1:52 pm
☽△♆	6:11 pm	3:11 pm
☽☌⚵	8:58 pm	5:58 pm
♀⚻♇	9:14 pm	6:14 pm
☽☍♇		11:57 pm

20 WEDNESDAY

☽☍♇	2:57 am	
☽⚺♀	3:25 am	12:25 am
☽⚺⚶	4:54 am	1:54 am
☽⚻⚳	12:45 pm	9:45 am
☽☍♂	2:44 pm	11:44 am
☽☌☿	7:09 pm	4:09 pm
☽△♅	9:44 pm	6:44 pm
☽☌♃	10:24 pm	7:24 pm
☽☍⚷	11:19 pm	8:19 pm
☉⚻⚴		11:48 pm

21 THURSDAY

☉⚻⚴	2:48 am	
☽⚻⚴	6:38 am	3:38 am
☽☌☉	6:58 am	3:58 am
♀☌⚶	12:10 pm	9:10 am
☽⚺♄	7:41 pm	4:41 pm
☽⚻♆	8:27 pm	5:27 pm
☽⚺⚵		10:18 pm

22 FRIDAY

☽⚺⚵	1:18 am	
☽⚻♇	4:52 am	1:52 am
☽⚹⚶	8:15 am	5:15 am
☽⚹♀	9:11 am	6:11 am
☽☍⚳	1:47 pm	10:47 am
☽⚻♂	3:19 pm	12:19 pm
♃☍⚷	6:46 pm	3:46 pm
☽⚺☿	7:18 pm	4:18 pm
☽⚻♅	11:06 pm	8:06 pm
☽⚻⚷		9:29 pm
☽⚺♃		9:36 pm

23 SATURDAY

☽⚻⚷	12:29 am	
☽⚺♃	12:36 am	
☽△⚴	7:14 am	4:14 am
☽⚺☉	11:36 am	8:36 am
☽⚹♄	9:08 pm	6:08 pm
☽☍♆	9:25 pm	6:25 pm

24 SUNDAY

☽⚹⚵	4:20 am	1:20 am
☽△♇	5:45 am	2:45 am
☽□⚶	10:35 am	7:35 am
☽□♀	1:52 pm	10:52 am
☽⚻⚳	2:04 pm	11:04 am
☽△♂	3:16 pm	12:16 pm
♀△⚳	4:10 pm	1:10 pm
☽⚹☿	7:15 pm	4:15 pm
☽☍♅		9:01 pm
☽△⚷		10:15 pm
♄△♆		11:17 pm
☽⚹♃		11:22 pm

25 MONDAY

☽☍♅	12:01 am	
☽△⚷	1:15 am	
♄△♆	2:17 am	
☽⚹♃	2:22 am	
♀⚻♂	5:26 am	2:26 am
☽□⚴	7:40 am	4:40 am
♇☍⚵	2:05 pm	11:05 am
☽⚹☉	4:09 pm	1:09 pm
☽⚻♆	10:36 pm	7:36 pm
☽□♄	10:48 pm	7:48 pm

26 TUESDAY

☽□♇	7:05 am	4:05 am
☽□⚵	7:51 am	4:51 am
☽△⚶	1:33 pm	10:33 am
☽△⚳	3:00 pm	12:00 pm
☽□♂	3:57 pm	12:57 pm
☽△♀	7:27 pm	4:27 pm
☽□☿	8:28 pm	5:28 pm
☽⚻♅		10:52 pm
☽□⚷		11:59 pm

27 WEDNESDAY

☽⚻♅	1:52 am	
☽□⚷	2:59 am	
☽□♃	5:12 am	2:12 am
☿⚺♀	8:22 am	5:22 am
☽⚹⚴	9:16 am	6:16 am
☽□☉	10:19 pm	7:19 pm
⚳△⚶		9:16 pm
☽△♆		10:14 pm
☽△♄		10:58 pm

28 THURSDAY

⚳△⚶	12:16 am	
☽△♆	1:14 am	
☽△♄	1:58 am	
☽⚹♇	10:04 am	7:04 am
☽△⚵	1:13 pm	10:13 am
☽□⚳	5:37 pm	2:37 pm
♂⚻⚶	5:43 pm	2:43 pm
☽⚹♂	6:22 pm	3:22 pm
☽⚻⚶	6:24 pm	3:24 pm
☽△☿		9:04 pm

29 FRIDAY

☽△☿	12:04 am	
☽⚻♀	3:23 am	12:23 am
☽△♅	5:39 am	2:39 am
☽⚹⚷	6:39 am	3:39 am
☽△♃	10:07 am	7:07 am
☽⚺⚴	12:54 pm	9:54 am
☉⚻♆	4:00 pm	1:00 pm

30 SATURDAY

☽□♆	6:06 am	3:06 am
☽△☉	7:13 am	4:13 am
☽⚻♄	7:26 am	4:26 am
♀□♅	7:46 am	4:46 am
☉⚺♄	10:38 am	7:38 am
☽⚺♇	3:20 pm	12:20 pm
♀⚻⚷	6:53 pm	3:53 pm
☽⚻⚵	9:14 pm	6:14 pm
☽⚹⚳	10:28 pm	7:28 pm
☽⚺♂	11:06 pm	8:06 pm
☽☍⚶		10:50 pm

Eastern Standard Time in bold type
Pacific Standard Time in medium type

JUNE 2001

☽ Last Aspect day	EST / hr:mn / PST	asp	☽ Ingress sign	day	EST / hr:mn / PST
2	**9:41 am** 6:41 am	△ ☿	♏	2	**9:56 am** 6:56 am
4	**6:29 am** 3:29 am	□ ♅	♐	4	**3:58 pm** 12:58 pm
6	**11:41 pm** 8:41 pm	☍ ☿	♑	6	9:23 pm
6	**11:41 pm** 8:41 pm	☍ ☿	♑	7	**12:23 am**
6	10:57 pm	△ ♀	♒	9	**11:20 am** 8:20 am
7	**1:57 am**	△ ♀	♒	9	**11:20 am** 8:20 am
11	**7:38 pm** 4:38 pm	△ ☿	♓	11	**11:53 pm** 8:53 pm
14	**5:26 am** 2:26 am	□ ☿	♈	14	**12:03 pm** 9:03 am
16	**1:32 pm** 10:32 am	✶ ☉	♉	16	**9:39 pm** 6:39 pm
18	**6:21 pm** 3:21 pm	□ ♅	♊	19	**3:42 am** 12:42 am
20	**10:24 pm** 7:24 pm	☌ ♃	♋	21	**6:40 am** 3:40 am
22	**9:11 am** 6:11 am	✶ ♀	♌	23	**7:55 am** 4:55 am
24	11:22 pm	✶ ♃	♍	25	**8:57 am** 5:57 am
25	**2:22 am**	✶ ♃	♍	25	**8:57 am** 5:57 am
27	**5:12 am** 2:12 am	□ ♃	♎	27	**11:11 am** 8:11 am
29	**10:07 am** 7:07 am	△ ♃	♏	29	**3:28 pm** 12:28 pm

☽ Phases & Eclipses phase	day	EST / hr:mn / PST
Full Moon	5	**8:39 pm** 5:39 pm
4th Quarter	13	**10:28 pm** 7:28 pm
New Moon	21	**6:58 am** 3:58 am
●	21	0° ♋ 10'
2nd Quarter	27	**10:19 pm** 7:19 pm

Planet Ingress	day	EST / hr:mn / PST
⚵ ♊	2	9:01 pm
⚵ ♊	3	**12:01 am**
♀ ♉	6	**5:25 am** 2:25 am
☉ ♋	20	11:38 pm
☉ ♋	21	**2:38 am**
♀ ♏	21	**3:39 am** 12:39 am

Planetary Motion	day	EST / hr:mn / PST
☿ ℞	3	9:21 pm
☿ ℞	4	**12:21 am**
☿ D	27	9:48 pm
☿ D	28	**12:48 am**

DATE		SID.TIME	SUN	MOON	NODE	MERCURY	VENUS	MARS	JUPITER	SATURN	URANUS	NEPTUNE	PLUTO	CERES	PALLAS	JUNO	VESTA	CHIRON
1	F	16:38:10	10 ♊ 34 32	7 ♎ 43	6 ♋ ℞ 37	29 ♊ 34	24 ♈ 59	26 ♐ ℞ 29	20 ♊ 24	5 ♊ 12	24 ♒ ℞ 50	8 ♒ ℞ 40	14 ♐ ℞ 01	22 ♑ ℞ 08	5 ♐ ℞ 14	28 ♉ 41	6 ♉ 32	26 ♐ ℞ 56
2	Sa	16:42:07	11 32 01	21 31	6 34	29 46	25 53	26 14	20 38	5 20	24 50	8 39	13 59	22 02	4 57	29 17	6 57	26 52
3	Su	16:46:03	12 29 29	5 ♏ 07	6 30	29 54	26 48	25 58	20 51	5 27	24 50	8 38	13 58	21 56	4 39	29 53	7 23	26 48
4	M	16:50:00	13 26 56	18 30	6 27	29 ℞ 58	27 43	25 42	21 05	5 35	24 50	8 38	13 56	21 50	4 22	0 ♊ 28	7 49	26 44
5	T	16:53:56	14 24 22	1 ♐ 39	6 24	29 56	28 39	25 26	21 19	5 43	24 49	8 37	13 54	21 43	4 04	1 04	8 14	26 40
6	W	16:57:53	15 21 47	14 33	6 22	29 51	29 35	25 09	21 33	5 51	24 49	8 36	13 53	21 36	3 47	1 39	8 40	26 37
7	Th	17:01:50	16 19 11	27 12	6 D 21	29 41	0 ♉ 32	24 51	21 47	5 58	24 49	8 35	13 51	21 29	3 30	2 15	9 05	26 33
8	F	17:05:46	17 16 34	9 ♑ 36	6 20	29 27	1 29	24 34	22 01	6 06	24 48	8 34	13 50	21 21	3 14	2 51	9 30	26 29
9	Sa	17:09:43	18 13 57	21 48	6 21	29 09	2 27	24 15	22 14	6 14	24 48	8 33	13 48	21 13	2 57	3 26	9 56	26 25
10	Su	17:13:39	19 11 19	3 ♒ 50	6 22	28 47	3 25	23 57	22 28	6 21	24 47	8 33	13 46	21 05	2 41	4 02	10 21	26 21
11	M	17:17:36	20 08 40	15 44	6 24	28 22	4 23	23 38	22 42	6 29	24 47	8 32	13 45	20 56	2 25	4 37	10 46	26 17
12	T	17:21:32	21 06 00	27 35	6 25	27 55	5 22	23 19	22 56	6 37	24 46	8 31	13 43	20 47	2 10	5 13	11 11	26 12
13	W	17:25:29	22 03 21	9 ♓ 27	6 26	27 25	6 21	23 00	23 10	6 44	24 45	8 30	13 42	20 38	1 55	5 48	11 36	26 08
14	Th	17:29:25	23 00 40	21 24	6 ℞ 26	26 53	7 21	22 41	23 24	6 52	24 45	8 29	13 40	20 28	1 40	6 24	12 01	26 04
15	F	17:33:22	23 57 59	3 ♈ 32	6 26	26 20	8 21	22 21	23 37	6 59	24 44	8 28	13 38	20 18	1 25	6 59	12 26	26 00
16	Sa	17:37:19	24 55 18	15 54	6 25	25 46	9 21	22 02	23 51	7 07	24 43	8 27	13 37	20 08	1 11	7 35	12 50	25 56
17	Su	17:41:15	25 52 37	28 35	6 24	25 12	10 21	21 42	24 05	7 14	24 42	8 26	13 35	19 58	0 57	8 10	13 15	25 52
18	M	17:45:12	26 49 55	11 ♉ 37	6 23	24 39	11 22	21 23	24 19	7 22	24 41	8 24	13 34	19 47	0 43	8 46	13 40	25 48
19	T	17:49:08	27 47 13	25 02	6 22	24 06	12 23	21 03	24 33	7 29	24 40	8 23	13 32	19 37	0 30	9 21	14 04	25 44
20	W	17:53:05	28 44 30	8 ♊ 51	6 21	23 35	13 25	20 44	24 47	7 37	24 39	8 22	13 31	19 25	0 17	9 57	14 29	25 40
21	Th	17:57:01	29 41 48	23 00	6 D 21	23 06	14 26	20 25	25 00	7 44	24 38	8 21	13 29	19 14	0 04	10 32	14 53	25 36
22	F	18:00:58	0 ♋ 39 05	7 ♋ 27	6 20	22 40	15 28	20 06	25 14	7 52	24 37	8 20	13 27	19 03	29 ♏ 52	11 08	15 18	25 32
23	Sa	18:04:54	1 36 21	22 05	6 21	22 16	16 30	19 47	25 28	7 59	24 36	8 19	13 26	18 51	29 41	11 43	15 42	25 28
24	Su	18:08:51	2 33 37	6 ♌ 48	6 21	21 56	17 33	19 29	25 42	8 06	24 35	8 17	13 24	18 39	29 29	12 18	16 06	25 24
25	M	18:12:48	3 30 52	21 30	6 21	21 40	18 36	19 11	25 56	8 14	24 34	8 16	13 23	18 27	29 19	12 54	16 30	25 20
26	T	18:16:44	4 28 07	6 ♍ 05	6 21	21 27	19 39	18 53	26 09	8 21	24 33	8 15	13 21	18 15	29 08	13 29	16 54	25 16
27	W	18:20:41	5 25 21	20 27	6 21	21 19	20 42	18 36	26 23	8 28	24 31	8 14	13 20	18 02	28 58	14 04	17 18	25 12
28	Th	18:24:37	6 22 35	4 ♎ 34	6 21	21 D 16	21 45	18 19	26 37	8 35	24 30	8 12	13 19	17 50	28 49	14 40	17 42	25 08
29	F	18:28:34	7 19 48	18 25	6 21	21 17	22 49	18 03	26 51	8 43	24 29	8 11	13 17	17 37	28 40	15 15	18 05	25 04
30	Sa	18:32:30	8 17 00	1 ♏ 58	6 22	21 23	23 53	17 48	27 04	8 50	24 27	8 10	13 16	17 24	28 31	15 50	18 29	25 00

EPHEMERIS CALCULATED FOR 12 MIDNIGHT GREENWICH MEAN TIME. ALL OTHER DATA AND FACING ASPECTARIAN PAGE IN **EASTERN STANDARD TIME (BOLD)** AND PACIFIC STANDARD TIME (REGULAR).

JULY 2001

1 SUNDAY
☽ ☍ ⚶ **1:50 am**
☽ ⚻ ☿ **6:48 am** 3:48 am
☽ □ ♅ **11:50 am** 8:50 am
☽ ⚺ ⚷ **12:43 pm** 9:43 am
☽ ☍ ♀ **2:25 pm** 11:25 am
☽ ⚻ ♃ **5:35 pm** 2:35 pm
⚳ ⚻ ⚵ **5:52 pm** 2:52 pm
☽ ☌ ♀ **6:59 pm** 3:59 pm

2 MONDAY
♂ ☍ ⚵ **3:41 am** 12:41 am
☽ ✶ ♆ **1:25 pm** 10:25 am
☽ ☍ ♄ **3:26 pm** 12:26 pm
☽ ⚻ ☉ **7:11 pm** 4:11 pm
☽ ☌ ♇ **11:03 pm** 8:03 pm

3 TUESDAY
☽ ⚺ ⚳ **5:39 am** 2:39 am
☽ ☌ ♂ **6:16 am** 3:16 am
☽ ☍ ⚵ **8:04 am** 5:04 am
☽ ⚻ ⚶ **11:55 am** 8:55 am
♀ ⚺ ♃ **1:47 pm** 10:47 am
♀ ☍ ☿ **4:15 pm** 1:15 pm
☽ ☍ ☿ **4:59 pm** 1:59 pm
☽ ✶ ♅ **8:26 pm** 5:26 pm
☽ ☌ ⚷ **9:11 pm** 6:11 pm
♃ ⚻ ♀ **10:33 pm** 7:33 pm

4 WEDNESDAY
☽ ⚺ ♀ **3:28 am** 12:28 am
☽ ☍ ♃ **3:36 am** 12:36 am
☽ ⚻ ♀ **4:38 am** 1:38 am
☉ ⚻ ♇ **9:22 pm** 6:22 pm
☽ ⚺ ♆ **11:03 pm** 8:03 pm
☽ ⚻ ♄ 10:48 pm

5 THURSDAY
☽ ⚻ ♄ **1:48 am**
☽ ⚺ ♇ **9:03 am** 6:03 am
☽ ☍ ☉ **10:04 am** 7:04 am
☽ ☌ ⚳ **2:58 pm** 11:58 am
☽ ⚺ ♂ **3:39 pm** 12:39 pm
☽ ⚻ ⚵ **9:27 pm** 6:27 pm
☽ △ ⚶ 9:24 pm

6 FRIDAY
☽ △ ⚶ **12:24 am**
☽ ⚻ ☿ **6:37 am** 3:37 am
☽ ⚺ ♅ **7:09 am** 4:09 am
☽ ⚺ ⚷ **7:45 am** 4:45 am
☽ ✶ ♀ **2:04 pm** 11:04 am
☿ △ ♅ **3:42 pm** 12:42 pm
☽ ⚻ ♃ **3:48 pm** 12:48 pm
☽ △ ♀ **9:37 pm** 6:37 pm
☿ ☍ ⚷ 9:42 pm

7 SATURDAY
☿ ☍ ⚷ **12:42 am**
☽ ☌ ♆ **10:34 am** 7:34 am
☉ ☍ ⚳ **1:44 pm** 10:44 am
☽ △ ♄ **2:05 pm** 11:05 am
☽ ✶ ♇ **8:50 pm** 5:50 pm
☉ ⚻ ♂ **11:10 pm** 8:10 pm
☽ ⚺ ⚳ 10:54 pm
☽ ✶ ♂ 11:50 pm

8 SUNDAY
☽ ⚺ ⚳ **1:54 am**
☽ ✶ ♂ **2:50 am**
☽ ⚻ ☉ **3:13 am** 12:13 am
☽ △ ⚵ **12:44 pm** 9:44 am
☽ □ ⚶ **2:38 pm** 11:38 am
☽ ☌ ♅ **7:22 pm** 4:22 pm
☽ ✶ ⚷ **7:49 pm** 4:49 pm
☽ △ ☿ **11:12 pm** 8:12 pm
☽ □ ♀ 11:08 pm

9 MONDAY
☽ □ ♀ **2:08 am**
☽ △ ♃ **5:28 am** 2:28 am
☽ □ ♀ **4:21 pm** 1:21 pm
☽ ⚺ ♆ **11:08 pm** 8:08 pm

10 TUESDAY
☽ □ ♄ **3:23 am** 12:23 am
☽ □ ♇ **9:28 am** 6:28 am
☿ ⚻ ♀ **9:59 am** 6:59 am
☽ ✶ ⚳ **1:32 pm** 10:32 am
☽ □ ♂ **2:51 pm** 11:51 am
☽ △ ☉ **9:14 pm** 6:14 pm

11 WEDNESDAY
☽ □ ⚵ **4:33 am** 1:33 am
☽ ✶ ⚶ **5:17 am** 2:17 am
☽ ⚺ ♅ **7:52 am** 4:52 am
☽ □ ⚷ **8:10 am** 5:10 am
☽ △ ♀ **2:25 pm** 11:25 am
☽ □ ☿ **5:17 pm** 2:17 pm
☽ □ ♃ **7:09 pm** 4:09 pm

12 THURSDAY
☽ ✶ ♀ **10:44 am** 7:44 am
☽ ✶ ♆ **11:12 am** 8:12 am
♀ △ ♆ **3:49 pm** 12:49 pm
☽ ✶ ♄ **4:02 pm** 1:02 pm
☿ ☌ ♃ **5:29 pm** 2:29 pm
☽ △ ♇ **9:17 pm** 6:17 pm
⚵ ⚺ ⚶ **9:40 pm** 6:40 pm
☽ □ ⚳ 9:18 pm
☽ △ ♂ 11:05 pm

13 FRIDAY
☽ □ ⚳ **12:18 am**
☽ △ ♂ **2:05 am**
☽ □ ☉ **1:45 pm** 10:45 am
☽ ⚺ ⚶ **6:21 pm** 3:21 pm
☽ ✶ ⚵ **6:43 pm** 3:43 pm
☽ ✶ ♅ **6:52 pm** 3:52 pm
☽ △ ⚷ **7:02 pm** 4:02 pm
♅ △ ⚵ **9:40** pm 6:40 pm
⚷ ☍ ⚵ 9:53 pm
☽ ⚻ ♀ 10:06 pm

14 SATURDAY
⚷ ☍ ⚵ **12:53 am**
☽ ⚻ ♀ **1:06 am**
☽ ✶ ♃ **6:51 am** 3:51 am
☽ ✶ ☿ **10:10 am** 7:10 am
♅ □ ⚶ **10:18 am** 7:18 am
⚷ ⚻ ⚶ **2:27 pm** 11:27 am
☽ □ ♆ **8:55 pm** 5:55 pm
☽ ⚺ ♀ 11:03 pm
☽ ⚺ ♄ 11:05 pm
♀ ☌ ♄ 11:32 pm

15 SUNDAY
☽ ⚺ ♀ **2:03 am**
☽ ⚺ ♄ **2:05 am**
♀ ☌ ♄ **2:32 am**
☽ ⚻ ♇ **6:29 am** 3:29 am
☽ △ ⚳ **8:28 am** 5:28 am
☽ ⚻ ♂ **10:44 am** 7:44 am
☽ ✶ ☉ 11:23 pm
☽ □ ♅ 11:41 pm
☽ ⚻ ⚷ 11:45 pm

16 MONDAY
☽ ✶ ☉ **2:23 am**
☽ □ ♅ **2:41 am**
☽ ⚻ ⚷ **2:45 am**
☽ ☌ ⚶ **3:55 am** 12:55 am
☽ ⚺ ⚵ **5:13 am** 2:13 am
☉ ⚻ ♅ **6:20 am** 3:20 am
☉ ⚻ ⚷ **7:08 am** 4:08 am
☽ ☍ ♀ **8:33 am** 5:33 am
☽ ⚺ ♃ **2:56 pm** 11:56 am
☽ ⚺ ☿ **11:20 pm** 8:20 pm

17 TUESDAY
☽ △ ♆ **3:02 am** 12:02 am
♀ ☍ ♇ **4:46 am** 1:46 am
☽ ☌ ♄ **8:22 am** 5:22 am
☉ ✶ ⚶ **11:56 am** 8:56 am
☽ ☍ ♇ **11:58 am** 8:58 am
☽ ☌ ♀ **12:37 pm** 9:37 am
☽ ⚻ ⚳ **1:06 pm** 10:06 am
☽ ☍ ♂ **3:51 pm** 12:51 pm
♀ ⚻ ⚳ **5:52 pm** 2:52 pm
♅ ✶ ⚷ **11:58 pm** 8:58 pm

18 WEDNESDAY
☽ ☍ ⚷ **6:45 am** 3:45 am
☽ △ ♅ **6:46 am** 3:46 am
☿ ⚻ ♆ **8:17 am** 5:17 am
☽ ⚺ ⚶ **9:24 am** 6:24 am
☽ ⚺ ☉ **10:21 am** 7:21 am
☽ ☌ ⚵ **11:26 am** 8:26 am
☽ ⚻ ♀ **12:21 pm** 9:21 am
☽ ☌ ♃ **7:08 pm** 4:08 pm

19 THURSDAY
♀ ☍ ♂ **4:19 am** 1:19 am
☽ ⚻ ♆ **5:37 am** 2:37 am
☽ ☌ ☿ **8:17 am** 5:17 am
♀ ⚻ ⚵ **10:10 am** 7:10 am
☽ ⚺ ♄ **11:05 am** 8:05 am
☽ ⚻ ♇ **2:04 pm** 11:04 am
☽ ☍ ⚳ **2:31 pm** 11:31 am
☉ △ ♀ **4:28 pm** 1:28 pm
☽ ⚻ ♂ **5:45 pm** 2:45 pm
☽ ⚺ ♀ **6:51 pm** 3:51 pm
☉ ⚺ ⚵ 10:52 pm

20 FRIDAY
☉ ⚺ ⚵ **1:52 am**
☽ ⚻ ⚷ **7:48 am** 4:48 am
☽ ⚻ ♅ **7:52 am** 4:52 am
☿ ⚺ ♄ **10:26 am** 7:26 am
☽ ✶ ⚶ **11:41 am** 8:41 am
☽ △ ♀ **1:20 pm** 10:20 am
☽ ⚺ ⚵ **2:24 pm** 11:24 am
☽ ☌ ☉ **2:44 pm** 11:44 am
☽ ⚺ ♃ **8:33 pm** 5:33 pm
♇ ⚺ ⚳ 10:48 pm

21 SATURDAY
♇ ⚺ ⚳ **1:48 am**
☽ ☍ ♆ **5:52 am** 2:52 am
☿ ☍ ⚳ **9:16 am** 6:16 am
☿ ⚻ ♇ **10:02 am** 7:02 am
☽ ✶ ♄ **11:36 am** 8:36 am
☽ ⚻ ⚳ **1:59 pm** 10:59 am
☽ △ ♇ **2:08 pm** 11:08 am
☽ ⚺ ☿ **2:41 pm** 11:41 am
☽ △ ♂ **5:49 pm** 2:49 pm
☽ ✶ ♀ **10:43 pm** 7:43 pm

22 SUNDAY
☽ △ ⚷ **7:28 am** 4:28 am
☽ ☍ ♅ **7:34 am** 4:34 am
☽ □ ⚶ **12:37 pm** 9:37 am
☽ □ ♀ **1:11 pm** 10:11 am
☽ ✶ ⚵ **4:04 pm** 1:04 pm
☿ ⚻ ♂ **5:28 pm** 2:28 pm
☽ ⚺ ☉ **5:45 pm** 2:45 pm
☽ ✶ ♃ **9:00 pm** 6:00 pm

23 MONDAY
☽ ⚻ ♆ **5:36 am** 2:36 am
☽ □ ♄ **11:48 am** 8:48 am
☽ △ ⚳ **1:17 pm** 10:17 am
☽ □ ♇ **2:00 pm** 11:00 am
♀ ☍ ⚶ **3:39 pm** 12:39 pm
☽ □ ♂ **5:56 pm** 2:56 pm
☽ ✶ ☿ **9:22 pm** 6:22 pm
☽ □ ♀ 11:48 pm

24 TUESDAY
☽ □ ♀ **2:48 am**
☽ □ ⚷ **7:38 am** 4:38 am
☽ ⚻ ♅ **7:46 am** 4:46 am
☽ ✶ ♀ **1:49 pm** 10:49 am
☽ △ ⚶ **2:17 pm** 11:17 am
☽ □ ⚵ **6:40 pm** 3:40 pm
☽ ✶ ☉ **9:51 pm** 6:51 pm
☽ □ ♃ **10:32 pm** 7:32 pm

25 WEDNESDAY
☽ △ ♆ **6:40 am** 3:40 am
☉ ⚺ ♃ **10:47 am** 7:47 am
☽ △ ♄ **1:36 pm** 10:36 am
☽ □ ⚳ **2:10 pm** 11:10 am
☽ ✶ ♇ **3:30 pm** 12:30 pm
☽ ✶ ♂ **7:57 pm** 4:57 pm

26 THURSDAY
☽ □ ☿ **7:22 am** 4:22 am
☽ △ ♀ **9:30 am** 6:30 am
☽ ✶ ⚷ **9:59 am** 6:59 am
☽ △ ♅ **10:10 am** 7:10 am
♀ ☍ ⚷ **3:15 pm** 12:15 pm
☽ ⚺ ♀ **4:53 pm** 1:53 pm
♀ △ ♅ **5:18 pm** 2:18 pm
☽ ⚻ ⚶ **6:31 pm** 3:31 pm
♄ ⚻ ⚳ **7:00 pm** 4:00 pm
☽ △ ⚵ 9:05 pm
☿ ⚻ ⚷ 10:17 pm
☿ ⚻ ♅ 11:29 pm
☽ △ ♃ 11:46 pm

27 FRIDAY
☽ △ ⚵ **12:05 am**
☿ ⚻ ⚷ **1:17 am**
☿ ⚻ ♅ **2:29 am**
☽ △ ♃ **2:46 am**
☽ □ ☉ **5:08 am** 2:08 am
☽ □ ♆ **10:30 am** 7:30 am
☿ ⚺ ♀ **2:42 pm** 11:42 am
☽ ✶ ⚳ **5:54 pm** 2:54 pm
☽ ⚻ ♄ **6:22 pm** 3:22 pm
☽ ⚺ ♇ **7:58 pm** 4:58 pm
☽ ⚺ ♂ 10:10 pm

28 SATURDAY
☽ ⚺ ♂ **1:10 am**
☽ ⚺ ⚷ **3:33 pm** 12:33 pm
☽ □ ♅ **3:45 pm** 12:45 pm
☽ ⚻ ♀ **8:22 pm** 5:22 pm
☽ △ ☿ **10:50 pm** 7:50 pm
☽ ☌ ♀ **11:20 pm** 8:20 pm
☿ △ ♀ 11:02 pm
☽ ☍ ⚶ 11:15 pm

29 SUNDAY
☿ △ ♀ **2:02 am**
☽ ☍ ⚶ **2:15 am**
☽ ⚻ ⚵ **9:16 am** 6:16 am
☽ ⚻ ♃ **10:30 am** 7:30 am
☽ △ ☉ **4:34 pm** 1:34 pm
☽ ✶ ♆ **5:40 pm** 2:40 pm
☿ ✶ ⚶ **11:34 pm** 8:34 pm
☽ ⚺ ⚳ 9:54 pm
☽ ☍ ♄ 11:32 pm

30 MONDAY
☽ ⚺ ⚳ **12:54 am**
☽ ☍ ♄ **2:32 am**
☽ ☌ ♇ **3:45 am** 12:45 am
☉ ☍ ♆ **6:48 am** 3:48 am
♀ ⚻ ♀ **8:03 am** 5:03 am
☽ ☌ ♂ **9:54 am** 6:54 am
☽ ☌ ⚷ 9:18 pm
☽ ✶ ♅ 9:31 pm

31 TUESDAY
☽ ☌ ⚷ **12:18 am**
☽ ✶ ♅ **12:31 am**
♃ ☌ ⚵ **4:45 am** 1:45 am
☽ ⚺ ♀ **9:01 am** 6:01 am
☽ ☍ ♀ **11:24 am** 8:24 am
☽ ⚻ ⚶ **1:19 pm** 10:19 am
☽ ⚻ ☿ **7:51 pm** 4:51 pm
☽ ☍ ♃ **9:21 pm** 6:21 pm
☽ ☍ ⚵ **9:51 pm** 6:51 pm

Eastern Standard Time in bold type
Pacific Standard Time in medium type

JULY 2001

☽ Last Aspect / ☽ Ingress

day	EST / hr:mn / PST	asp	sign day	EST / hr:mn / PST
2	2:25 pm 11:25 am	♂ ♂	♐ 1 10:13 pm 7:13 pm
3	3:36 am 12:36 am	△ ♀	♑ 4 7:21 am 4:21 am
5	10:04 am 7:04 am	△ ♂	♒ 6 3:33 pm 3:33 pm
8	7:04 am 4:04 am	☍ ♀	♓ 8 7:05 am 4:05 am
11	7:09 pm 4:09 pm	△ ♂	♈ 11 7:36 am 4:36 am
13	3:52 pm 12:52 pm	⚹ ♀	♉ 13 6:13 am 3:13 am
15	6:52 pm	△ ♂	♊ 16 1:26 am 10:26 am
16	11:41 pm		♋ 18 1:26 am 10:26 am
18	2:41 am	△ ♀	♌ 18 4:56 am 1:56 am
20	2:44 pm 11:44 am	♂ ♂	♍ 20 5:43 am 2:43 am

(additional ingress rows continue)

☽ Last Aspect / ☽ Ingress

day	EST / hr:mn / PST	asp	sign day	EST / hr:mn / PST
22	7:34 am 4:34 am	☍ ♂	♍ 22 5:29 pm 2:29 pm
23	11:48 pm		♎ 24 6:08 am 3:08 am
24	2:48 am	☐ ♀	♏ 24 6:08 am 3:08 am
26	10:10 am	△ ♀	♐ 26 9:17 pm 6:17 pm
28	10:50 pm 7:50 pm	△ ♂	♑ 29 3:44 am 12:44 am
31	11:24 am 8:24 am	△ ♂	♒ 31 1:16 pm 10:16 am
31	9:21 pm 6:21 pm	☐ ♂	♓ 8/2
31	9:21 pm 6:21 pm	♂ ♂	8/3 12:53 am 9:53 pm

☽ Phases & Eclipses

phase	day	EST / hr:mn / PST
Full Moon	5	10:04 am 7:04 am
4th Quarter	13	1:45 pm 10:45 am
New Moon	20	2:44 pm 11:44 am
2nd Quarter	27	5:08 am 2:08 am

Planet Ingress

	day	EST / hr:mn / PST
♀ → ♋	5	11:44 am 8:44 am
♂ R ♐	12	7:02 pm 4:02 pm
☉ → ♌	22	5:05 am 2:05 am
♀ → ♌	24	2:16 am
☿ → ♌	31	11:31 am 8:31 am

Planetary Motion

	day	EST / hr:mn / PST
♀ D	18	7:45 am 4:45 am
♂ D	19	5:45 pm 2:45 pm

DATE	SID.TIME	SUN	MOON	NODE	MERCURY	VENUS	MARS	JUPITER	SATURN	URANUS	NEPTUNE	PLUTO	CERES	PALLAS	JUNO	VESTA	CHIRON
1 Su	18:36:27	9 ♋ 14	15 ♐ 15	22 ♋ 34	21 ♊ 57	26 ♊ 26	27 ♐ 33	27 ♊ 18	8 ♊ 57	24 ♒ 16 R	8 ♒ 07	13 ♐ 14	17 ♐ 58	28 ♉ R 23	16 ♊ 25	18 ♋ 06	24 ♐ R 56
2 M	18:40:24	10 11	28 16	22 34	23 50	27 36	27 32	27 32	9 04	24 16	8 06	13 13	16 58	28 26	16 00	18 16	24 52
3 T	18:44:20	11 08	11 ♑ 36	22 27	25 41	28 45	27 37	27 45	9 12	24 15	8 05	13 12	16 18	28 30	17 36	18 29	24 49
4 W	18:48:17	12 05	24 42	22 23	27 29	29 55	27 44	27 59	9 18	24 14	8 03	13 11	16 32	28 29	18 11	18 39	24 45
5 Th	18:52:14	13 02	7 ♒ 33	22 22	29 14	1 ♋ 04	27 51	28 14	9 24	24 13	8 02	13 10	16 21	28 32	18 46	18 46	24 41
6 F	18:56:10	14 00	20 18	22 22	0 ♋ 57	2 14	28 04	28 28	9 30	24 12	8 01	13 09	16 19	28 35	19 21	18 57	24 37
7 Sa	19:00:06	14 57	2 ♓ 46	22 21	2 36	3 24	28 15	28 44	9 36	24 11	8 00	13 08	16 15	28 44	19 56	19 05	24 34
8 Su	19:04:03	15 54	15 00	22 33	4 12	4 34	28 28	28 58	9 45	24 09	7 58	13 07	16 15	28 52	20 31	19 14	24 30
9 M	19:07:59	16 51	27 02	22 41	5 45	5 44	28 39	29 13	9 52	24 08	7 57	13 06	16 12	28 59	21 07	19 22	24 26
10 T	19:11:56	17 48	8 ♈ 56	22 45	7 15	6 54	28 53	29 27	9 58	24 07	7 56	13 05	16 13	29 06	21 42	19 31	24 22
11 W	19:15:53	18 46	20 46	22 42	8 42	8 05	29 08	29 42	10 05	24 05	7 54	13 04	16 18	29 13	22 17	19 42	24 18
12 Th	19:19:49	19 43	2 ♉ 33	22 36	10 06	9 15	29 20	29 58	10 12	24 04	7 53	13 03	16 19	29 21	22 53	19 53	24 14
13 F	19:23:46	20 40	14 21	22 27	11 27	10 26	29 33	0 ♋ 12	10 19	24 02	7 51	13 02	16 20	29 26	23 28	20 04	24 10
14 Sa	19:27:42	21 37	26 08	22 19	12 44	11 36	29 48	0 27	10 27	24 01	7 49	13 01	16 25	29 33	24 04	20 14	24 09
15 Su	19:31:39	22 35	7 ♊ 56	22 12	13 59	12 47	0 ♐ 00	0 43	10 32	23 59	7 48	12 59	16 34	29 38	24 35	20 27	24 06
16 M	19:35:35	23 32	19 46	22 08	15 10	13 58	0 16	0 58	10 40	23 58	7 46	12 58	16 38	29 42	25 09	20 39	24 03
17 T	19:39:32	24 29	1 ♋ 40	22 06	16 19	15 09	0 33	1 14	10 46	23 56	7 44	12 57	16 45	29 46	25 44	20 48	24 00
18 W	19:43:28	25 26	13 42	22 05 R	17 24	16 20	0 53	1 30	10 53	23 55	7 43	12 56	16 53	29 50	26 09	20 59	23 57
19 Th	19:47:25	26 24	25 56	22 05	18 26	17 31	1 10	1 46	10 59	23 53	7 41	12 55	17 03	29 53 D	26 44	21 13	23 55
20 F	19:51:22	27 21	8 ♌ 24	22 05	19 24	18 43	1 30	2 01	11 05	23 51	7 40	12 54	17 16	29 55	27 19	21 24	23 53
21 Sa	19:55:18	28 18	21 08	22 04	20 19	19 54	1 49	2 16	11 11	23 50	7 38	12 53	17 26	29 58	27 57	21 34	23 49
22 Su	19:59:15	29 15	4 ♍ 12	22 01	21 10	21 05	2 08	2 32	11 17	23 48	7 36	12 52	17 38	0 ♊ 01	28 34	21 45	23 45
23 M	20:03:11	0 ♌ 13	17 36	21 56	21 58	22 17	2 28	2 48	11 23	23 46	7 34	12 51	17 51	0 02	29 09	21 54	23 42
24 T	20:07:08	1 10	1 ♎ 21	21 49	22 42	23 29	2 49	3 04	11 29	23 44	7 33	12 50	18 04	0 07	29 45	22 04	23 39
25 W	20:11:04	2 07	15 26	21 42	23 23	24 41	3 10	3 20	11 35	23 42	7 31	12 49	18 20	0 11	0 ♋ 20	22 15	23 36
26 Th	20:15:01	3 06	29 48	21 35	24 01	25 53	3 34	3 37	11 41	23 41	7 29	12 48	18 37	0 15	0 54	22 26	23 33
27 F	20:18:57	4 02	14 ♏ 20	21 29	24 34	27 05	3 56	3 53	11 46	23 39	7 28	12 47	18 55	0 21	1 28	22 38	23 30
28 Sa	20:22:54	4 59	28 58	21 26	25 04	28 17	4 20	4 09	11 52	23 37	7 26	12 46	19 14	0 30	2 02	22 46	23 29
29 Su	20:26:51	5 57	13 ♐ 37	21 24	25 29	29 29	4 43	4 26	11 58	23 35	7 24	12 45	19 37	0 37	2 37	23 04	23 24
30 M	20:30:47	6 54	28 14	21 23	25 49	0 ♌ 41	5 09	4 42	12 03	23 33	7 22	12 44	19 59	0 42	3 11	23 22	23 24
31 T	20:34:44	7 52	12 ♑ 37	21 23	26 07	1 54	5 33	4 58	12 08	23 31	7 22	12 43	20 21	0 47	3 45	23 46	23 22

EPHEMERIS CALCULATED FOR 12 MIDNIGHT GREENWICH MEAN TIME. ALL OTHER DATA AND FACING ASPECTARIAN PAGE IN **EASTERN STANDARD TIME (BOLD)** AND PACIFIC STANDARD TIME (REGULAR).

AUGUST 2001

1 WEDNESDAY
☽ ⚺ ♆ **3:41 am** 12:41 am
☿ ⚺ ♃ **5:24 am** 2:24 am
☽ ⚻ ☉ **7:38 am** 4:38 am
☽ ☌ ⚳ **10:35 am** 7:35 am
☿ ⚺ ⚵ **11:09 am** 8:09 am
☽ ⚻ ♄ **1:29 pm** 10:29 am
☽ ⚺ ♇ **2:15 pm** 11:15 am
♀ ⚺ ⚶ **3:12 pm** 12:12 pm
☽ ⚺ ♂ **9:29 pm** 6:29 pm

2 THURSDAY
☽ ⚺ ⚷ **11:23 am** 8:23 am
☽ ⚺ ♅ **11:35 am** 8:35 am
☉ ⚻ ⚳ **4:25 pm** 1:25 pm
☿ ☍ ♆ **4:58 pm** 1:58 pm
☽ ⚹ ♀ **9:00 pm** 6:00 pm
☽ △ ⚶ 11:36 pm

3 FRIDAY
☽ △ ⚶ **2:36 am**
☽ ⚻ ♀ **5:19 am** 2:19 am
☽ ⚻ ♃ **10:13 am** 7:13 am
☽ ⚻ ⚵ **12:39 pm** 9:39 am
☽ ☌ ♆ **3:30 pm** 12:30 pm
☽ ☍ ☿ **8:23 pm** 5:23 pm
☽ ⚺ ⚳ **9:57 pm** 6:57 pm
☽ ☍ ☉ 9:56 pm
☽ △ ♄ 11:05 pm
☽ ⚹ ♇ 11:22 pm

4 SATURDAY
☽ ☍ ☉ **12:56 am**
☽ △ ♄ **2:05 am**
☽ ⚹ ♇ **2:22 am**
☿ ⚻ ⚳ **4:56 am** 1:56 am
☽ ⚹ ♂ **10:45 am** 7:45 am
☉ ⚹ ♄ **4:37 pm** 1:37 pm
☉ △ ♇ **6:31 pm** 3:31 pm
☽ ⚹ ⚷ **11:42 pm** 8:42 pm
☽ ☌ ♅ **11:52 pm** 8:52 pm

5 SUNDAY
☿ ⚹ ♄ **6:11 am** 3:11 am
☿ △ ♇ **6:27 am** 3:27 am
☽ □ ♀ **10:09 am** 7:09 am
♄ ☍ ♇ **12:03 pm** 9:03 am
☉ ☌ ☿ **4:51 pm** 1:51 pm
☽ □ ⚶ **4:55 pm** 1:55 pm
♀ ☌ ♃ **5:50 pm** 2:50 pm
♆ ⚻ ⚵ **10:30 pm** 7:30 pm
☽ △ ♃ **11:58 pm** 8:58 pm
☽ △ ♀ 9:30 pm

6 MONDAY
☽ △ ♀ **12:30 am**
☽ ⚺ ♆ **4:04 am** 1:04 am
☽ △ ⚵ **4:22 am** 1:22 am
☽ ⚹ ⚳ **10:01 am** 7:01 am
☽ □ ♇ **3:02 pm** 12:02 pm
☽ □ ♄ **3:15 pm** 12:15 pm
☽ ⚻ ☉ **6:59 pm** 3:59 pm
☽ ⚻ ☿ **9:54 pm** 6:54 pm
☽ □ ♂ 9:39 pm

7 TUESDAY
☽ □ ♂ **12:39 am**
☽ □ ⚷ **12:14 pm** 9:14 am
♀ ⚻ ♆ **12:19 pm** 9:19 am
☽ ⚺ ♅ **12:21 pm** 9:21 am
☿ △ ♂ **3:38 pm** 12:38 pm
☽ △ ♀ **11:24 pm** 8:24 pm

8 WEDNESDAY
☽ ⚹ ⚶ **7:04 am** 4:04 am
☽ □ ♃ **1:27 pm** 10:27 am
☽ ⚹ ♆ **4:20 pm** 1:20 pm
☽ □ ♀ **7:24 pm** 4:24 pm
☽ □ ⚵ **7:42 pm** 4:42 pm
☽ □ ⚳ **9:43 pm** 6:43 pm
♀ ☌ ⚵ 10:03 pm

9 THURSDAY
♀ ☌ ⚵ **1:03 am**
☽ △ ♇ **3:13 am** 12:13 am
☽ ⚹ ♄ **3:52 am** 12:52 am
☽ △ ☉ **12:17 pm** 9:17 am
☽ △ ♂ **1:56 pm** 10:56 am
♀ ☍ ⚳ **5:41 pm** 2:41 pm
☽ △ ☿ **9:54 pm** 6:54 pm
☽ △ ⚷ **11:50 pm** 8:50 pm
☽ ⚹ ♅ **11:53 pm** 8:53 pm

10 FRIDAY
⚳ ☍ ⚵ **8:55 am** 5:55 am
☿ △ ⚷ **9:46 am** 6:46 am
☿ ☍ ♅ **9:57 am** 6:57 am
☽ ⚻ ♀ **11:27 am** 8:27 am
☉ △ ♂ **4:47 pm** 1:47 pm
☽ ⚺ ⚶ **7:41 pm** 4:41 pm
☽ ⚹ ♃ 10:17 pm

11 SATURDAY
☽ ⚹ ♃ **1:17 am**
☽ □ ♆ **3:00 am** 12:00 am
☽ △ ⚳ **7:48 am** 4:48 am
♅ ⚹ ⚷ **8:22 am** 5:22 am
☽ ⚹ ⚵ **9:03 am** 6:03 am
☽ ⚹ ♀ **12:02 pm** 9:02 am
☽ ⚻ ♇ **1:31 pm** 10:31 am
☽ ⚺ ♄ **2:32 pm** 11:32 am
☽ ⚻ ♂ 10:03 pm
☽ □ ☉ 11:53 pm

12 SUNDAY
☽ ⚻ ♂ **1:03 am**
☽ □ ☉ **2:53 am**
♀ ⚻ ♇ **4:05 am** 1:05 am
☽ □ ♅ **9:03 am** 6:03 am
☽ ⚻ ⚷ **9:05 am** 6:05 am
♀ ⚺ ♄ **4:58 pm** 1:58 pm
☽ □ ☿ **5:32 pm** 2:32 pm
☽ ☍ ♀ **8:48 pm** 5:48 pm

13 MONDAY
☽ ☌ ⚶ **5:12 am** 2:12 am
☽ ⚺ ♃ **10:00 am** 7:00 am
☽ △ ♆ **10:40 am** 7:40 am
☽ ⚻ ⚳ **2:54 pm** 11:54 am
☿ □ ♀ **5:43 pm** 2:43 pm
☽ ⚺ ⚵ **6:49 pm** 3:49 pm
☽ ☍ ♇ **8:36 pm** 5:36 pm
☽ ☌ ♄ **9:53 pm** 6:53 pm
☽ ⚺ ♀ 9:27 pm

14 TUESDAY
☽ ⚺ ♀ **12:27 am**
☽ ☍ ♂ **8:38 am** 5:38 am
☽ ⚹ ☉ **1:11 pm** 10:11 am
☽ △ ♅ **2:42 pm** 11:42 am
☽ ☍ ⚷ **2:49 pm** 11:49 am
☽ ⚻ ♀ 11:26 pm
♃ ⚻ ♆ 11:43 pm

15 WEDNESDAY
☽ ⚻ ♀ **2:26 am**
♃ ⚻ ♆ **2:43 am**
☽ ⚹ ☿ **7:01 am** 4:01 am
☉ ☍ ♅ **10:25 am** 7:25 am
☽ ⚺ ⚶ **10:44 am** 7:44 am
☉ △ ⚷ **12:32 pm** 9:32 am
♇ ⚻ ⚵ **2:18 pm** 11:18 am
☽ ⚻ ♆ **2:39 pm** 11:39 am
☽ ☌ ♃ **2:50 pm** 11:50 am
☽ ☍ ⚳ **6:24 pm** 3:24 pm
☽ ⚻ ♇ **11:59 pm** 8:59 pm
☽ ☌ ⚵ 9:22 pm
☽ ⚺ ♄ 10:27 pm

16 THURSDAY
☽ ☌ ⚵ **12:22 am**
☽ ⚺ ♄ **1:27 am**
☽ ☌ ♀ **8:03 am** 5:03 am
☽ ⚻ ♂ **12:23 pm** 9:23 am
☿ □ ⚶ **4:06 pm** 1:06 pm
☽ ⚻ ♅ **4:48 pm** 1:48 pm
☽ ⚻ ⚷ **5:00 pm** 2:00 pm
☽ ⚺ ☉ **7:00 pm** 4:00 pm

17 FRIDAY
☽ △ ♀ **4:33 am** 1:33 am
♄ ⚺ ⚵ **9:13 am** 6:13 am
☽ ⚹ ⚶ **12:45 pm** 9:45 am
☽ ⚺ ☿ **3:09 pm** 12:09 pm
☽ ☍ ♆ **3:26 pm** 12:26 pm
☽ ⚺ ♃ **4:19 pm** 1:19 pm
☿ ⚻ ♆ **5:33 pm** 2:33 pm
☽ ⚻ ⚳ **6:53 pm** 3:53 pm
☽ △ ♇ 9:24 pm
☿ ⚹ ♃ 10:57 pm
☽ ⚹ ♄ 11:03 pm
☽ ⚺ ⚵ 11:36 pm

18 SATURDAY
☽ △ ♇ **12:24 am**
☿ ⚹ ♃ **1:57 am**
☽ ⚹ ♄ **2:03 am**
☽ ⚺ ⚵ **2:36 am**
☽ ⚺ ♀ **12:10 pm** 9:10 am
☽ △ ♂ **1:26 pm** 10:26 am
☽ ☍ ♅ **4:28 pm** 1:28 pm
☽ △ ⚷ **4:44 pm** 1:44 pm
☿ △ ⚳ **9:48 pm** 6:48 pm
☽ ☌ ☉ **9:55 pm** 6:55 pm

19 SUNDAY
☽ □ ♀ **4:34 am** 1:34 am
♀ ⚻ ♂ **11:15 am** 8:15 am
☽ □ ⚶ **12:55 pm** 9:55 am
☽ ⚻ ♆ **2:37 pm** 11:37 am
☽ ⚹ ♃ **4:09 pm** 1:09 pm
☽ △ ⚳ **5:56 pm** 2:56 pm
☽ ☌ ☿ **8:39 pm** 5:39 pm
☽ □ ♇ **11:35 pm** 8:35 pm
☽ □ ♄ 10:26 pm

20 MONDAY
☽ □ ♄ **1:26 am**
☽ ⚹ ⚵ **3:31 am** 12:31 am
☽ □ ♂ **1:48 pm** 10:48 am
☽ ⚹ ♀ **3:21 pm** 12:21 pm
☽ ⚻ ♅ **3:34 pm** 12:34 pm
☽ □ ⚷ **3:56 pm** 12:56 pm
♀ ⚻ ♅ **6:08 pm** 3:08 pm
☿ □ ♇ **10:23 pm** 7:23 pm
♀ ⚻ ⚷ **10:52 pm** 7:52 pm
☽ ⚺ ☉ 9:29 pm

21 TUESDAY
☽ ⚺ ☉ **12:29 am**
☽ ⚹ ♀ **4:38 am** 1:38 am
☽ △ ⚶ **1:28 pm** 10:28 am
☽ △ ♆ **2:16 pm** 11:16 am
☿ □ ♄ **4:10 pm** 1:10 pm
☽ □ ♃ **4:32 pm** 1:32 pm
☽ □ ⚳ **5:39 pm** 2:39 pm
☽ ⚹ ♇ **11:39 pm** 8:39 pm
☽ △ ♄ 10:47 pm

22 WEDNESDAY
☽ △ ♄ **1:47 am**
☽ ⚺ ☿ **3:00 am** 12:00 am
☽ □ ⚵ **5:37 am** 2:37 am
☽ ⚹ ♂ **3:53 pm** 12:53 pm
☽ △ ♅ **4:16 pm** 1:16 pm
☽ ⚹ ⚷ **4:46 pm** 1:46 pm
☽ □ ♀ **8:34 pm** 5:34 pm

23 THURSDAY
♂ ⚹ ♅ **4:59 am** 1:59 am
☽ ⚹ ☉ **5:27 am** 2:27 am
♆ △ ⚶ **6:51 am** 3:51 am
☽ ⚺ ♀ **6:57 am** 3:57 am
☿ ⚹ ⚵ **10:59 am** 7:59 am
☽ □ ♆ **4:26 pm** 1:26 pm
☽ ⚻ ⚶ **4:38 pm** 1:38 pm
☽ △ ♃ **7:36 pm** 4:36 pm
☽ ⚹ ⚳ **8:01 pm** 5:01 pm
♂ ☌ ⚷ **11:47 pm** 8:47 pm
☽ ⚺ ♇ 11:33 pm

24 FRIDAY
☽ ⚺ ♇ **2:33 am**
☽ ⚻ ♄ **5:04 am** 2:04 am
☉ □ ♀ **8:53 am** 5:53 am
☽ △ ⚵ **11:07 am** 8:07 am
☽ ⚹ ☿ **1:24 pm** 10:24 am
☽ □ ♅ **8:17 pm** 5:17 pm
☽ ⚺ ⚷ **8:58 pm** 5:58 pm
☽ ⚺ ♂ **9:38 pm** 6:38 pm
♃ ☍ ⚳ **11:54 pm** 8:54 pm

25 SATURDAY
☽ △ ♀ **6:16 am** 3:16 am
☽ ☌ ☿ **1:08 pm** 10:08 am
☽ □ ☉ **2:55 pm** 11:55 am
☽ ⚹ ♆ **10:23 pm** 7:23 pm
☽ ☍ ⚶ **11:47 pm** 8:47 pm
☽ ⚺ ⚳ 11:17 pm
☽ ⚻ ♃ 11:41 pm

26 SUNDAY
☽ ⚺ ⚳ **2:17 am**
☽ ⚻ ♃ **2:41 am**
☽ ☌ ♇ **9:24 am** 6:24 am
☽ ☍ ♄ **12:21 pm** 9:21 am
☽ ⚻ ⚵ **9:03 pm** 6:03 pm
☿ ⚻ ♅ **9:05 pm** 6:05 pm

27 MONDAY
☿ □ ⚷ **3:56 am** 12:56 am
☽ ⚹ ♅ **4:15 am** 1:15 am
☽ ☌ ⚷ **5:08 am** 2:08 am
☽ □ ☿ **5:19 am** 2:19 am
☽ ☌ ♂ **7:50 am** 4:50 am
☽ ⚻ ♀ **9:09 pm** 6:09 pm
☽ ⚺ ♀ **11:25 pm** 8:25 pm

28 TUESDAY
☽ △ ☉ **5:12 am** 2:12 am
☿ □ ♂ **7:42 am** 4:42 am
☽ ⚺ ♆ **8:04 am** 5:04 am
☽ ⚻ ⚶ **10:50 am** 7:50 am
☽ ☌ ⚳ **12:16 pm** 9:16 am
☽ ☍ ♃ **1:33 pm** 10:33 am
☽ ⚺ ♇ **7:48 pm** 4:48 pm
☽ ⚻ ♄ **11:08 pm** 8:08 pm
♀ △ ☿ 10:17 pm

29 WEDNESDAY
♀ △ ☿ **1:17 am**
☽ ☍ ⚵ **10:44 am** 7:44 am
☽ ⚺ ♅ **3:17 pm** 12:17 pm
☽ ⚺ ⚷ **4:26 pm** 1:26 pm
☉ ⚻ ♆ **4:36 pm** 1:36 pm
☽ ⚺ ♂ **9:28 pm** 6:28 pm
☽ △ ☿ 10:28 pm

30 THURSDAY
☽ △ ☿ **1:28 am**
☽ ⚹ ♀ **12:29 pm** 9:29 am
☽ ☍ ♀ **3:39 pm** 12:39 pm
☽ ☌ ♆ **8:05 pm** 5:05 pm
☽ ⚻ ☉ **10:34 pm** 7:34 pm
☽ △ ⚶ 9:14 pm
☽ ⚺ ⚳ 9:33 pm
☽ ⚻ ♃ 11:40 pm

31 FRIDAY
☽ △ ⚶ **12:14 am**
☽ ⚺ ⚳ **12:33 am**
☽ ⚻ ♃ **2:40 am**
☽ ⚹ ♇ **8:11 am** 5:11 am
☽ △ ♄ **11:49 am** 8:49 am
⚳ ⚻ ⚶ **6:42 pm** 3:42 pm
☉ △ ⚳ **11:21 pm** 8:21 pm
☉ □ ⚶ 9:36 pm
☽ ⚻ ⚵ 11:08 pm

Eastern Standard Time in bold type
Pacific Standard Time in medium type

AUGUST 2001

☽ Last Aspect day	EST / hr:mn / PST		asp	☽ Ingress sign day	EST / hr:mn / PST	
7/31	**9:21 pm**	6:21 pm	☍ ♃	♒ 2		9:53 pm
7/31	**9:21 pm**	6:21 pm	☍ ♃	♒ 3	**12:53 am**	
4	**11:52 pm**	8:52 pm	☌ ♅	♓ 5	**1:30 pm**	10:30 am
6		9:39 pm	□ ♂	♈ 7		11:05 pm
7	**12:39 am**		□ ♂	♈ 8	**2:05 am**	
9	**11:53 pm**	8:53 pm	⚹ ♅	♉ 10	**1:23 pm**	10:23 am
12	**5:32 pm**	2:32 pm	□ ☿	♊ 12	**9:59 pm**	6:59 pm
14	**2:42 pm**	11:42 am	△ ♅	♋ 14		11:55 pm
14	**2:42 pm**	11:42 am	△ ♅	♋ 15	**2:55 am**	
16	**8:03 am**	5:03 am	☌ ♀	♌ 17	**4:25 am**	1:25 am

☽ Last Aspect day	EST / hr:mn / PST		asp	☽ Ingress sign day	EST / hr:mn / PST	
18	**9:55 pm**	6:55 pm	☌ ☉	♍ 19	**3:53 am**	12:53 am
20	**3:21 pm**	12:21 pm	⚹ ♀	♎ 21	**3:19 am**	12:19 am
22	**8:34 pm**	5:34 pm	□ ♀	♏ 23	**4:50 am**	1:50 am
25	**6:16 am**	3:16 am	△ ♀	♐ 25	**9:59 am**	6:59 am
27	**7:50 am**	4:50 am	☌ ♂	♑ 27	**7:02 pm**	4:02 pm
29		10:28 pm	△ ☿	♒ 30	**6:47 am**	3:47 am
30	**1:28 am**		△ ☿	♒ 30	**6:47 am**	3:47 am

☽ Phases & Eclipses phase	day	EST / hr:mn / PST	
Full Moon	3		9:56 pm
Full Moon	4	**12:56 am**	
4th Quarter	11		11:53 pm
4th Quarter	12	**2:53 am**	
New Moon	18	**9:55 pm**	6:55 pm
2nd Quarter	25	**2:55 pm**	11:55 am

Planet Ingress		day	EST / hr:mn / PST	
♀	♋	1	**7:18 am**	4:18 am
☿	♍	13		9:04 pm
☿	♍	14	**12:04 am**	
⚴	♐	16	**5:39 pm**	2:39 pm
☉	♍	22	**8:27 pm**	5:27 pm
♀	♌	26	**11:12 pm**	8:12 pm
☿	♎	31	**7:37 pm**	4:37 pm

Planetary Motion		day	EST / hr:mn / PST	
♇	D	23	**11:06 am**	8:06 am
⚷	D	26	**4:19 am**	1:19 am
⚳	D	27	**7:48 pm**	4:48 pm

DATE		SID.TIME	SUN	MOON	NODE	MERCURY	VENUS	MARS	JUPITER	SATURN	URANUS	NEPTUNE	PLUTO	CERES	PALLAS	JUNO	VESTA	CHIRON
1	W	20:38:40	8 ♌ 49 24	2 ♑ 55	6 ♋ ℞ 08	3 ♌ 17	29 ♊ 25	16 ♐ 07	4 ♋ 06	12 ♊ 13	23 ♒ ℞ 26	7 ♒ ℞ 20	12 ♐ ℞ 40	10 ♑ ℞ 55	27 ♏ 52	4 ♋ 18	0 ♊ 06	23 ♐ ℞ 20
2	Th	20:42:37	9 46 48	15 03	6 08	5 22	0 ♋ 34	16 17	4 18	12 18	23 24	7 19	12 40	10 46	27 58	4 52	0 26	23 17
3	F	20:46:33	10 44 12	27 04	6 06	7 28	1 43	16 28	4 31	12 23	23 21	7 17	12 39	10 37	28 04	5 26	0 45	23 15
4	Sa	20:50:30	11 41 37	9 ♒ 00	6 02	9 33	2 52	16 40	4 43	12 29	23 19	7 16	12 38	10 29	28 10	6 00	1 05	23 13
5	Su	20:54:26	12 39 03	20 52	5 57	11 38	4 01	16 52	4 55	12 34	23 17	7 14	12 38	10 20	28 16	6 34	1 24	23 12
6	M	20:58:23	13 36 30	2 ♓ 43	5 51	13 42	5 10	17 05	5 07	12 39	23 14	7 12	12 37	10 12	28 23	7 07	1 43	23 10
7	T	21:02:20	14 33 58	14 34	5 44	15 46	6 19	17 19	5 19	12 44	23 12	7 11	12 37	10 05	28 31	7 41	2 01	23 08
8	W	21:06:16	15 31 27	26 28	5 37	17 48	7 29	17 33	5 31	12 49	23 10	7 09	12 36	9 58	28 38	8 14	2 20	23 06
9	Th	21:10:13	16 28 57	8 ♈ 28	5 31	19 49	8 38	17 48	5 43	12 54	23 07	7 07	12 36	9 51	28 46	8 48	2 39	23 05
10	F	21:14:09	17 26 29	20 35	5 26	21 49	9 48	18 04	5 55	12 58	23 05	7 06	12 35	9 44	28 54	9 21	2 57	23 03
11	Sa	21:18:06	18 24 02	2 ♉ 54	5 23	23 48	10 58	18 20	6 07	13 03	23 03	7 04	12 35	9 38	29 03	9 54	3 15	23 02
12	Su	21:22:02	19 21 36	15 29	5 D 21	25 45	12 08	18 37	6 19	13 08	23 00	7 03	12 35	9 32	29 12	10 28	3 33	23 01
13	M	21:25:59	20 19 12	28 22	5 22	27 41	13 18	18 55	6 31	13 12	22 58	7 01	12 34	9 26	29 21	11 01	3 51	22 59
14	T	21:29:55	21 16 49	11 ♊ 40	5 23	29 36	14 28	19 13	6 42	13 17	22 55	7 00	12 34	9 21	29 30	11 34	4 08	22 58
15	W	21:33:52	22 14 28	25 23	5 ℞ 24	1 ♍ 29	15 38	19 32	6 54	13 21	22 53	6 58	12 34	9 16	29 40	12 07	4 26	22 57
16	Th	21:37:49	23 12 09	9 ♋ 33	5 24	3 21	16 48	19 51	7 05	13 25	22 51	6 56	12 33	9 12	29 50	12 40	4 43	22 56
17	F	21:41:45	24 09 51	24 10	5 23	5 11	17 59	20 11	7 17	13 30	22 48	6 55	12 33	9 07	0 ♐ 01	13 13	5 00	22 55
18	Sa	21:45:42	25 07 34	9 ♌ 08	5 19	7 00	19 09	20 32	7 28	13 34	22 46	6 53	12 33	9 04	0 11	13 45	5 17	22 55
19	Su	21:49:38	26 05 19	24 21	5 14	8 47	20 20	20 53	7 39	13 38	22 43	6 52	12 33	9 00	0 22	14 18	5 33	22 54
20	M	21:53:35	27 03 05	9 ♍ 38	5 06	10 33	21 31	21 15	7 50	13 42	22 41	6 50	12 33	8 57	0 33	14 51	5 50	22 53
21	T	21:57:31	28 00 52	24 48	4 59	12 18	22 41	21 37	8 01	13 46	22 39	6 49	12 32	8 54	0 45	15 23	6 06	22 53
22	W	22:01:28	28 58 40	9 ♎ 42	4 51	14 01	23 52	22 00	8 12	13 49	22 36	6 47	12 32	8 52	0 56	15 56	6 22	22 52
23	Th	22:05:24	29 56 30	24 12	4 45	15 43	25 03	22 23	8 23	13 53	22 34	6 46	12 D 32	8 50	1 08	16 28	6 37	22 52
24	F	22:09:21	0 ♍ 54 21	8 ♏ 13	4 40	17 23	26 14	22 47	8 34	13 56	22 32	6 44	12 32	8 48	1 21	17 00	6 53	22 52
25	Sa	22:13:18	1 52 13	21 46	4 D 38	19 02	27 25	23 11	8 45	14 00	22 29	6 43	12 32	8 47	1 33	17 33	7 08	22 52
26	Su	22:17:14	2 50 06	4 ♐ 52	4 38	20 40	28 36	23 36	8 55	14 03	22 27	6 42	12 32	8 46	1 46	18 05	7 23	22 D 52
27	M	22:21:11	3 48 01	17 35	4 38	22 16	29 48	24 01	9 06	14 07	22 25	6 40	12 32	8 46	1 59	18 37	7 38	22 52
28	T	22:25:07	4 45 57	29 59	4 ℞ 39	23 51	0 ♌ 59	24 27	9 16	14 10	22 22	6 39	12 33	8 D 45	2 12	19 09	7 53	22 52
29	W	22:29:04	5 43 54	12 ♑ 09	4 39	25 25	2 10	24 53	9 26	14 13	22 20	6 37	12 33	8 46	2 25	19 41	8 07	22 52
30	Th	22:33:00	6 41 53	24 09	4 37	26 57	3 22	25 20	9 37	14 16	22 18	6 36	12 33	8 46	2 39	20 12	8 21	22 52
31	F	22:36:57	7 39 52	6 ♒ 03	4 32	28 28	4 33	25 47	9 47	14 19	22 15	6 35	12 33	8 47	2 53	20 44	8 35	22 52

EPHEMERIS CALCULATED FOR 12 MIDNIGHT GREENWICH MEAN TIME. ALL OTHER DATA AND FACING ASPECTARIAN PAGE IN **EASTERN STANDARD TIME (BOLD)** AND PACIFIC STANDARD TIME (REGULAR).

SEPTEMBER 2001

1 SATURDAY
☉ □ ⚶ **12:36 am**
☽ ⚻ ⚵ **2:08 am**
☽ ☌ ♅ **3:44 am** 12:44 am
☽ ⚹ ⚷ **5:07 am** 2:07 am
♀ ☍ ♆ **10:55 am** 7:55 am
☽ ⚹ ♂ **12:36 pm** 9:36 am
☽ ⚻ ☿ **10:55 pm** 7:55 pm
☽ □ ☿ 11:28 pm

2 SUNDAY
☽ □ ☿ **2:28 am**
☽ ⚺ ♆ **8:44 am** 5:44 am
☉ ⚹ ♃ **10:16 am** 7:16 am
☽ ⚻ ♀ **11:13 am** 8:13 am
♅ ⚻ ⚵ **11:59 am** 8:59 am
☽ ⚹ ⚳ **1:26 pm** 10:26 am
☽ □ ⚶ **2:09 pm** 11:09 am
☽ △ ♃ **4:16 pm** 1:16 pm
☽ ☍ ☉ **4:43 pm** 1:43 pm
☽ □ ♇ **8:56 pm** 5:56 pm
☽ □ ♄ 9:45 pm

3 MONDAY
☽ □ ♄ **12:45 am**
☿ ⚹ ♀ **9:23 am** 6:23 am
♀ ⚻ ⚳ **9:54 am** 6:54 am
☽ ⚺ ♅ **4:09 pm** 1:09 pm
☽ △ ⚵ **5:32 pm** 2:32 pm
☽ □ ⚷ **5:46 pm** 2:46 pm
♀ ⚹ ⚶ **9:54 pm** 6:54 pm
⚷ ⚻ ⚵ **11:05 pm** 8:05 pm

4 TUESDAY
☽ □ ♂ **3:37 am** 12:37 am
☽ △ ☿ **4:04 pm** 1:04 pm
☽ ☍ ☿ **7:26 pm** 4:26 pm
♀ ⚺ ♃ **8:20 pm** 5:20 pm
☽ ⚹ ♆ **8:53 pm** 5:53 pm
☉ □ ♇ **8:54 pm** 5:54 pm
☽ □ ⚳ 10:50 pm

5 WEDNESDAY
☽ □ ⚳ **1:50 am**
☽ ⚹ ⚶ **3:23 am** 12:23 am
☽ □ ♃ **5:13 am** 2:13 am
☽ △ ♀ **6:04 am** 3:04 am
☿ △ ♆ **7:51 am** 4:51 am
☽ △ ♇ **9:02 am** 6:02 am
☽ ⚻ ☉ **10:05 am** 7:05 am
☽ ⚹ ♄ **12:57 pm** 9:57 am

6 THURSDAY
☽ ⚹ ♅ **3:40 am** 12:40 am
☽ △ ⚷ **5:29 am** 2:29 am
☽ □ ⚵ **7:50 am** 4:50 am
♀ △ ♇ **12:05 pm** 9:05 am
☽ △ ♂ **5:31 pm** 2:31 pm
☉ □ ♄ **11:11 pm** 8:11 pm

7 FRIDAY
☽ ⚻ ♀ **4:26 am** 1:26 am
☿ □ ⚳ **6:04 am** 3:04 am
☽ □ ♆ **7:46 am** 4:46 am
☽ △ ⚳ **12:56 pm** 9:56 am
☽ ⚻ ☿ **1:43 pm** 10:43 am
☽ ⚺ ⚶ **3:08 pm** 12:08 pm
☽ ⚹ ♃ **4:42 pm** 1:42 pm
☽ ⚻ ♇ **7:42 pm** 4:42 pm
☽ □ ♀ **11:02 pm** 8:02 pm
☽ ⚺ ♄ **11:37 pm** 8:37 pm
☽ △ ☉ 10:36 pm

8 SATURDAY
☽ △ ☉ **1:36 am**
☿ △ ⚶ **5:10 am** 2:10 am
♀ ⚹ ♄ **5:14 am** 2:14 am
☽ □ ♅ **1:30 pm** 10:30 am
☽ ⚻ ⚷ **3:30 pm** 12:30 pm
☽ ⚹ ⚵ **8:06 pm** 5:06 pm
☿ □ ♃ **9:30 pm** 6:30 pm

9 SUNDAY
☽ ⚻ ♂ **5:20 am** 2:20 am
☽ ☍ ☿ **2:36 pm** 11:36 am
☽ △ ♆ **4:32 pm** 1:32 pm
☽ ⚻ ⚳ **9:50 pm** 6:50 pm
☿ ⚹ ♇ **11:40 pm** 8:40 pm
☽ ☌ ⚶ 9:27 pm
☽ ⚺ ♃ 10:47 pm

10 MONDAY
☽ ☌ ⚶ **12:27 am**
☽ ⚺ ♃ **1:47 am**
☽ ☍ ♇ **4:00 am** 1:00 am
☽ △ ☿ **4:28 am** 1:28 am
☽ ☌ ♄ **7:50 am** 4:50 am
☽ ⚹ ♀ **12:46 pm** 9:46 am
☽ □ ☉ **1:59 pm** 10:59 am
☽ △ ♅ **8:42 pm** 5:42 pm
☽ ☍ ⚷ **10:49 pm** 7:49 pm

11 TUESDAY
☽ ⚺ ⚵ **5:13 am** 2:13 am
☽ ☍ ♂ **1:56 pm** 10:56 am
☿ △ ♄ **5:06 pm** 2:06 pm
☽ ⚻ ☿ **9:33 pm** 6:33 pm
☽ ⚻ ♆ **10:13 pm** 7:13 pm

12 WEDNESDAY
☽ ☍ ⚳ **3:35 am** 12:35 am
☽ ⚺ ⚶ **6:24 am** 3:24 am
☽ ☌ ♃ **7:32 am** 4:32 am
☽ ⚻ ♇ **9:06 am** 6:06 am
☽ ⚺ ♄ **12:45 pm** 9:45 am
☽ □ ☿ **2:32 pm** 11:32 am
☽ ⚺ ♀ **10:09 pm** 7:09 pm
☽ ⚹ ☉ **10:16 pm** 7:16 pm
☽ ⚻ ♅ 9:35 pm
☽ ⚻ ⚷ 11:47 pm

13 THURSDAY
☽ ⚻ ♅ **12:35 am**
☽ ⚻ ⚷ **2:47 am**
☉ ⚺ ♀ **4:57 am** 1:57 am
♆ ⚹ ☿ **5:23 am** 2:23 am
☽ ☌ ⚵ **10:34 am** 7:34 am
☽ ⚻ ♂ **6:48 pm** 3:48 pm
☽ ☍ ♆ 9:36 pm
☽ △ ☿ 9:59 pm
♀ ☍ ♅ 11:06 pm

14 FRIDAY
☽ ☍ ♆ **12:36 am**
☽ △ ☿ **12:59 am**
♀ ☍ ♅ **2:06 am**
☽ ⚻ ⚳ **6:01 am** 3:01 am
☉ ⚻ ♅ **7:05 am** 4:05 am
☽ ⚹ ⚶ **8:56 am** 5:56 am
☽ ⚺ ♃ **9:55 am** 6:55 am
☽ △ ♇ **10:57 am** 7:57 am
☽ ⚹ ♄ **2:27 pm** 11:27 am
☽ ⚹ ☿ **8:12 pm** 5:12 pm
☽ ☍ ♅ 10:29 pm
☽ ⚺ ☉ 11:48 pm

15 SATURDAY
☽ ☍ ♅ **1:29 am**
☽ ⚺ ☉ **2:48 am**
☽ ☌ ♀ **3:35 am** 12:35 am
☽ △ ⚷ **3:47 am** 12:47 am
♀ △ ⚷ **6:04 am** 3:04 am
☽ ⚺ ⚵ **12:46 pm** 9:46 am
☉ □ ⚷ **6:24 pm** 3:24 pm
☽ △ ♂ **8:48 pm** 5:48 pm
☽ ⚻ ♆ 9:33 pm
☽ □ ☿ 10:53 pm

16 SUNDAY
☽ ⚻ ♆ **12:33 am**
☽ □ ☿ **1:53 am**
☽ △ ⚳ **6:11 am** 3:11 am
☽ □ ⚶ **9:10 am** 6:10 am
☽ ⚹ ♃ **10:05 am** 7:05 am
☽ □ ♇ **10:42 am** 7:42 am
☽ □ ♄ **2:08 pm** 11:08 am
☽ ⚺ ☿ **11:19 pm** 8:19 pm
☽ ⚻ ♅ 9:48 pm

17 MONDAY
☽ ⚻ ♅ **12:48 am**
☽ □ ⚷ **3:16 am** 12:16 am
☽ ☌ ☉ **5:27 am** 2:27 am
☽ ⚺ ♀ **7:06 am** 4:06 am
☽ ⚹ ⚵ **1:43 pm** 10:43 am
☿ △ ♅ **8:51 pm** 5:51 pm
☽ □ ♂ **9:58 pm** 6:58 pm
☽ △ ♆ **11:54 pm** 8:54 pm
☽ ⚹ ☿ 11:13 pm

18 TUESDAY
☽ ⚹ ☿ **2:13 am**
☽ □ ⚳ **6:00 am** 3:00 am
☽ △ ⚶ **9:08 am** 6:08 am
☽ □ ♃ **10:02 am** 7:02 am
☽ ⚹ ♇ **10:17 am** 7:17 am
☽ △ ♄ **1:48 pm** 10:48 am
☽ △ ♅ 9:38 pm
☽ ☌ ☿ 11:40 pm

19 WEDNESDAY
☽ △ ♅ **12:38 am**
☽ ☌ ☿ **2:40 am**
☽ ⚹ ⚷ **3:24 am** 12:24 am
☽ ⚺ ☉ **9:00 am** 6:00 am
☽ ⚹ ♀ **11:38 am** 8:38 am
☿ ⚹ ⚷ **2:34 pm** 11:34 am
☽ □ ⚵ **3:52 pm** 12:52 pm
♃ ⚻ ♇ **6:09 pm** 3:09 pm
♂ ⚺ ♆ 9:12 pm
☽ □ ♆ 9:48 pm
☽ ⚹ ♂ 9:50 pm

20 THURSDAY
♂ ⚺ ♆ **12:12 am**
☽ □ ♆ **12:48 am**
☽ ⚹ ♂ **12:50 am**
☽ ⚺ ☿ **4:20 am** 1:20 am
☽ ⚹ ⚳ **7:44 am** 4:44 am
☽ ⚻ ⚶ **11:06 am** 8:06 am
☽ ⚺ ♇ **11:54 am** 8:54 am
☽ △ ♃ **12:03 pm** 9:03 am
☽ ⚻ ♄ **3:39 pm** 12:39 pm

21 FRIDAY
☽ □ ♅ **3:04 am** 12:04 am
☽ ⚺ ⚷ **6:17 am** 3:17 am
☽ ⚺ ☿ **8:55 am** 5:55 am
☽ ⚹ ☉ **4:09 pm** 1:09 pm
☽ □ ♀ **8:08 pm** 5:08 pm
☽ △ ⚵ **9:31 pm** 6:31 pm

22 SATURDAY
☽ ⚹ ♆ **5:10 am** 2:10 am
☽ ⚺ ♂ **7:38 am** 4:38 am
☽ ☌ ☿ **10:15 am** 7:15 am
☽ ⚺ ⚳ **1:16 pm** 10:16 am
☽ ☍ ⚶ **4:50 pm** 1:50 pm
☽ ☌ ♇ **5:18 pm** 2:18 pm
☽ ⚻ ♃ **5:54 pm** 2:54 pm
♀ ⚺ ⚵ **8:23 pm** 5:23 pm
☽ ☍ ♄ **9:19 pm** 6:19 pm

23 SUNDAY
☽ ⚹ ♅ **9:31 am** 6:31 am
☽ ☌ ⚷ **1:17 pm** 10:17 am
☽ ⚹ ☿ **7:32 pm** 4:32 pm

24 MONDAY
☽ □ ☉ **4:31 am** 1:31 am
☽ ⚻ ⚵ **7:49 am** 4:49 am
☽ △ ♀ **10:10 am** 7:10 am
☽ ⚺ ♆ **1:42 pm** 10:42 am
☽ ☌ ♂ **7:15 pm** 4:15 pm
☽ ⚺ ☿ **8:40 pm** 5:40 pm
☽ ☌ ⚳ **11:08 pm** 8:08 pm
☽ ⚻ ⚶ 11:45 pm
☽ ⚺ ♇ 11:49 pm

25 TUESDAY
☽ ⚻ ⚶ **2:45 am**
☽ ⚺ ♇ **2:49 am**
☽ ☍ ♃ **3:56 am** 12:56 am
☽ ⚻ ♄ **7:03 am** 4:03 am
♇ ☍ ⚶ **3:31 pm** 12:31 pm
☽ ⚺ ♅ **7:49 pm** 4:49 pm
♀ ⚻ ♆ **9:32 pm** 6:32 pm
☽ ⚺ ⚷ 9:09 pm

26 WEDNESDAY
☽ ⚺ ⚷ **12:09 am**
☽ □ ☿ **9:38 am** 6:38 am
☽ △ ☉ **9:14 pm** 6:14 pm
☽ ☍ ⚵ **9:50 pm** 6:50 pm
☽ ☌ ♆ 10:24 pm

27 THURSDAY
☽ ☌ ♆ **1:24 am**
☽ ⚻ ♀ **4:39 am** 1:39 am
♂ ⚺ ☿ **5:45 am** 2:45 am
☽ ⚹ ☿ **10:16 am** 7:16 am
☉ ⚹ ⚵ **10:21 am** 7:21 am
☽ ⚺ ♂ **10:23 am** 7:23 am
☽ ⚺ ⚳ **12:00 pm** 9:00 am
☽ ⚹ ♇ **3:06 pm** 12:06 pm
☽ △ ⚶ **3:23 pm** 12:23 pm
☽ ⚻ ♃ **4:44 pm** 1:44 pm
☽ △ ♄ **7:21 pm** 4:21 pm

28 FRIDAY
☽ ☌ ♅ **8:15 am** 5:15 am
☽ ⚹ ⚷ **1:01 pm** 10:01 am
☉ △ ♆ **11:11 pm** 8:11 pm
☽ △ ☿ 9:27 pm

29 SATURDAY
☽ △ ☿ **12:27 am**
♂ ☌ ⚳ **5:31 am** 2:31 am
☽ ⚻ ⚵ **1:07 pm** 10:07 am
☽ ⚺ ♆ **2:09 pm** 11:09 am
☽ ⚻ ☉ **3:30 pm** 12:30 pm
☽ ☍ ♀ 9:25 pm
☽ □ ☿ 9:41 pm
☽ ⚹ ⚳ 10:38 pm
☽ ⚹ ♂ 11:24 pm

30 SUNDAY
☽ ☍ ♀ **12:25 am**
☽ □ ☿ **12:41 am**
☽ ⚹ ⚳ **1:38 am**
☽ ⚹ ♂ **2:24 am**
♀ □ ☿ **3:50 am** 12:50 am
☽ □ ♇ **3:57 am** 12:57 am
☽ □ ⚶ **4:29 am** 1:29 am
☽ △ ♃ **6:00 am** 3:00 am
☽ □ ♄ **8:02 am** 5:02 am
♀ △ ⚳ **1:56 pm** 10:56 am
♆ ☍ ⚵ **2:53 pm** 11:53 am
☽ ⚺ ♅ **8:42 pm** 5:42 pm
☽ □ ⚷ 10:46 pm

Eastern Standard Time in bold type
Pacific Standard Time in medium type

SEPTEMBER 2001

☽ Last Aspect day	EST / hr:mn / PST	asp	☽ Ingress sign	day	EST / hr:mn / PST
1	**12:36 pm** 9:36 am	⚹♂	♓	1	**7:32 pm** 4:32 pm
4	**3:37 am** 12:37 am	□♂	♈	4	**7:58 am** 4:58 am
6	**5:31 pm** 2:31 pm	△♂	♉	6	**7:18 pm** 4:18 pm
8	**1:30 pm** 10:30 am	□♅	♊	9	**4:41 am** 1:41 am
10	**8:42 pm** 5:42 pm	△♅	♋	11	**11:09 am** 8:09 am
12	**10:16 pm** 7:16 pm	⚹☉	♌	13	**2:16 pm** 11:16 am
15	**3:35 am** 12:35 am	☌♀	♍	15	**2:39 pm** 11:39 am
17	**5:27 am** 2:27 am	☌☉	♎	17	**2:00 pm** 11:00 am
19	**11:38 am** 8:38 am	⚹♀	♏	19	**2:27 pm** 11:27 am
21	**4:09 pm** 1:09 pm	⚹☉	♐	21	**6:02 pm** 3:02 pm
23	**7:32 pm** 4:32 pm	⚹☿	♑	23	10:48 pm
23	**7:32 pm** 4:32 pm	⚹☿	♑	24	**1:48 am**
26	**9:38 am** 6:38 am	□☿	♒	26	**1:05 pm** 10:05 am
28	9:27 pm	△☿	♓	28	10:50 pm
29	**12:27 am**	△☿	♓	29	**1:50 am**
30	**8:02 am** 5:02 am	□♄	♈	10/1	**2:08 pm** 11:08 am

☽ Phases & Eclipses phase	day	EST / hr:mn / PST
Full Moon	2	**4:43 pm** 1:43 pm
4th Quarter	10	**1:59 pm** 10:59 am
New Moon	17	**5:27 am** 2:27 am
2nd Quarter	24	**4:31 am** 1:31 am

Planet Ingress	day	EST / hr:mn / PST
♂ ♑	8	**12:51 pm** 9:51 am
⚵ ♌	17	**10:19 pm** 7:19 pm
♀ ♍	20	**9:09 pm** 6:09 pm
☉ ♎	22	**6:04 pm** 3:04 pm

Planetary Motion	day	EST / hr:mn / PST
♄ ℞	26	**7:04 pm** 4:04 pm

DATE		SID.TIME	SUN	MOON	NODE	MERCURY	VENUS	MARS	JUPITER	SATURN	URANUS	NEPTUNE	PLUTO	CERES	PALLAS	JUNO	VESTA	CHIRON
1	Sa	22:40:53	8 ♍ 37 54	17 ♒ 54	4 ♋ ℞ 25	29 ♍ 58	5 ♌ 45	26 ♐ 14	9 ♋ 57	14 ♊ 22	22 ♒ ℞ 13	6 ♒ ℞ 33	12 ♐ 33	8 ♑ 48	3 ♐ 07	21 ♋ 16	8 ♊ 48	22 ♐ 53
2	Su	22:44:50	9 35 57	29 44	4 16	1 ♎ 26	6 57	26 42	10 07	14 24	22 11	6 32	12 34	8 50	3 21	21 47	9 02	22 53
3	M	22:48:47	10 34 01	11 ♓ 36	4 05	2 53	8 08	27 10	10 16	14 27	22 09	6 31	12 34	8 52	3 36	22 18	9 15	22 54
4	T	22:52:43	11 32 07	23 32	3 52	4 19	9 20	27 39	10 26	14 29	22 06	6 29	12 34	8 54	3 50	22 50	9 27	22 55
5	W	22:56:40	12 30 15	5 ♈ 32	3 40	5 43	10 32	28 08	10 36	14 32	22 04	6 28	12 35	8 57	4 05	23 21	9 40	22 56
6	Th	23:00:36	13 28 25	17 37	3 28	7 06	11 44	28 37	10 45	14 34	22 02	6 27	12 35	8 59	4 20	23 52	9 52	22 57
7	F	23:04:33	14 26 36	29 51	3 19	8 27	12 56	29 07	10 54	14 36	22 00	6 26	12 36	9 03	4 36	24 23	10 04	22 58
8	Sa	23:08:29	15 24 50	12 ♉ 14	3 12	9 47	14 09	29 37	11 04	14 38	21 58	6 25	12 36	9 06	4 51	24 54	10 16	22 59
9	Su	23:12:26	16 23 05	24 51	3 08	11 06	15 21	0 ♑ 08	11 13	14 40	21 56	6 23	12 37	9 10	5 07	25 24	10 27	23 00
10	M	23:16:22	17 21 23	7 ♊ 43	3 D 06	12 23	16 33	0 39	11 22	14 42	21 53	6 22	12 37	9 14	5 23	25 55	10 38	23 01
11	T	23:20:19	18 19 42	20 55	3 ℞ 06	13 38	17 46	1 10	11 31	14 44	21 51	6 21	12 38	9 19	5 39	26 26	10 49	23 02
12	W	23:24:15	19 18 04	4 ♋ 29	3 06	14 52	18 58	1 41	11 39	14 46	21 49	6 20	12 38	9 24	5 55	26 56	11 00	23 04
13	Th	23:28:12	20 16 28	18 28	3 05	16 03	20 11	2 13	11 48	14 47	21 47	6 19	12 39	9 29	6 11	27 26	11 10	23 05
14	F	23:32:09	21 14 54	2 ♌ 53	3 02	17 13	21 23	2 45	11 57	14 49	21 45	6 18	12 40	9 35	6 28	27 56	11 20	23 07
15	Sa	23:36:05	22 13 22	17 40	2 57	18 21	22 36	3 18	12 05	14 50	21 43	6 17	12 41	9 41	6 45	28 26	11 29	23 09
16	Su	23:40:02	23 11 53	2 ♍ 45	2 49	19 27	23 49	3 51	12 13	14 52	21 41	6 16	12 41	9 47	7 02	28 56	11 38	23 10
17	M	23:43:58	24 10 25	17 58	2 39	20 31	25 02	4 24	12 21	14 53	21 40	6 15	12 42	9 53	7 19	29 26	11 47	23 12
18	T	23:47:55	25 08 59	3 ♎ 09	2 28	21 33	26 14	4 57	12 29	14 54	21 38	6 14	12 43	10 00	7 36	29 56	11 56	23 14
19	W	23:51:51	26 07 35	18 08	2 17	22 32	27 27	5 31	12 37	14 55	21 36	6 13	12 44	10 07	7 53	0 ♌ 25	12 04	23 16
20	Th	23:55:48	27 06 12	2 ♏ 44	2 08	23 28	28 40	6 05	12 45	14 55	21 34	6 12	12 45	10 14	8 11	0 55	12 12	23 18
21	F	23:59:44	28 04 52	16 53	2 01	24 22	29 53	6 39	12 52	14 56	21 32	6 11	12 45	10 22	8 28	1 24	12 19	23 21
22	Sa	0:03:41	29 03 33	0 ♐ 32	1 56	25 12	1 ♍ 07	7 13	13 00	14 57	21 30	6 11	12 46	10 30	8 46	1 53	12 26	23 23
23	Su	0:07:38	0 ♎ 02 16	13 43	1 54	25 59	2 20	7 48	13 07	14 57	21 29	6 10	12 47	10 38	9 04	2 22	12 33	23 25
24	M	0:11:34	1 01 01	26 27	1 54	26 43	3 33	8 23	13 14	14 58	21 27	6 09	12 48	10 47	9 22	2 51	12 39	23 28
25	T	0:15:31	1 59 47	8 ♑ 51	1 54	27 23	4 46	8 58	13 21	14 58	21 25	6 08	12 49	10 56	9 41	3 20	12 45	23 30
26	W	0:19:27	2 58 35	20 59	1 53	27 58	6 00	9 34	13 28	14 58	21 24	6 07	12 51	11 05	9 59	3 48	12 51	23 33
27	Th	0:23:24	3 57 25	2 ♒ 56	1 50	28 29	7 13	10 10	13 35	14 ℞ 58	21 22	6 07	12 52	11 14	10 18	4 17	12 56	23 36
28	F	0:27:20	4 56 16	14 48	1 45	28 55	8 27	10 46	13 41	14 58	21 21	6 06	12 53	11 24	10 36	4 45	13 01	23 39
29	Sa	0:31:17	5 55 10	26 38	1 38	29 15	9 40	11 22	13 48	14 58	21 19	6 06	12 54	11 33	10 55	5 13	13 06	23 41
30	Su	0:35:13	6 54 05	8 ♓ 29	1 27	29 30	10 54	11 58	13 54	14 58	21 18	6 05	12 55	11 44	11 14	5 41	13 10	23 44

EPHEMERIS CALCULATED FOR 12 MIDNIGHT GREENWICH MEAN TIME. ALL OTHER DATA AND FACING ASPECTARIAN PAGE IN **EASTERN STANDARD TIME (BOLD)** AND PACIFIC STANDARD TIME (REGULAR).

OCTOBER 2001

1 MONDAY
☽☐⚷ **1:46 am**
♂⚺♇ **9:18 am** 6:18 am
♀☐♇ **11:12 am** 8:12 am
♀△♂ **1:03 pm** 10:03 am
☽⚻☿ **1:30 pm** 10:30 am
♀☐⚶ **5:38 pm** 2:38 pm
♂⚻⚶ **10:37 pm** 7:37 pm
☽⚹♆ 11:09 pm

2 TUESDAY
☽⚹♆ **2:09 am**
☽△⚵ **3:34 am** 12:34 am
☽☍☉ **8:49 am** 5:49 am
♀⚹♃ **10:49 am** 7:49 am
☽△♀ **2:07 pm** 11:07 am
☽☐⚳ **2:19 pm** 11:19 am
☽△♇ **3:48 pm** 12:48 pm
☽⚹⚶ **4:29 pm** 1:29 pm
☽☐♂ **5:22 pm** 2:22 pm
☽☐♃ **6:11 pm** 3:11 pm
☽⚻♀ **6:56 pm** 3:56 pm
☽⚹♄ **7:39 pm** 4:39 pm
♀☐♄ 10:54 pm

3 WEDNESDAY
♀☐♄ **1:54 am**
⚳⚺♀ **7:27 am** 4:27 am
☽⚹♅ **7:56 am** 4:56 am
♂☍♃ **12:09 pm** 9:09 am
☽△⚷ **1:15 pm** 10:15 am
☽☍☿ **11:44 pm** 8:44 pm

4 THURSDAY
☽☐♆ **12:41 pm** 9:41 am
♂⚻♄ **1:21 pm** 10:21 am
☽☐⚵ **4:19 pm** 1:19 pm
☽⚻☉ 9:10 pm
☽△⚳ 10:25 pm
☽⚻♀ 10:53 pm
☽⚻♇ 11:05 pm
☽⚺⚶ 11:49 pm

5 FRIDAY
☽⚻☉ **12:10 am**
☽△⚳ **1:25 am**
☽⚻♀ **1:53 am**
☽⚻♇ **2:05 am**
☽⚺⚶ **2:49 am**
☽⚹♃ **4:43 am** 1:43 am
☽⚺♄ **5:39 am** 2:39 am
☽△♂ **6:32 am** 3:32 am
♇☌♀ **9:55 am** 6:55 am
☽△♀ **11:19 am** 8:19 am
☽☐♅ **5:33 pm** 2:33 pm
☉☐⚳ **7:40 pm** 4:40 pm
☽⚻⚷ **11:03 pm** 8:03 pm
☉⚹♇ 10:00 pm

6 SATURDAY
☉⚹♇ **1:00 am**
☽⚻☿ **7:03 am** 4:03 am
☉⚹♀ **7:59 am** 4:59 am
☉△⚶ **10:47 am** 7:47 am
♀☍⚶ **4:43 pm** 1:43 pm
☽△♆ **9:27 pm** 6:27 pm
♇⚺⚳ 10:07 pm

7 SUNDAY
♇⚺⚳ **1:07 am**
☽⚹⚵ **3:02 am** 12:02 am
☽☍♇ **10:31 am** 7:31 am
☽⚻⚳ **10:39 am** 7:39 am
☽☌⚶ **11:14 am** 8:14 am
☽☍♀ **11:42 am** 8:42 am
☽△☉ **1:12 pm** 10:12 am
☽⚺♃ **1:20 pm** 10:20 am
☽☌♄ **1:48 pm** 10:48 am
☉☐♃ **3:08 pm** 12:08 pm
☽⚻♂ **5:34 pm** 2:34 pm
☉△♄ **8:58 pm** 5:58 pm
☽☐♀ 10:08 pm
☽△♅ 10:15 pm
♀⚻♅ 11:25 pm

8 MONDAY
☽☐♀ **1:08 am**
☽△♅ **1:15 am**
♀⚻♅ **2:25 am**
☽☍⚷ **6:52 am** 3:52 am
☽△☿ **11:23 am** 8:23 am
⚳⚻⚶ 9:57 pm

9 TUESDAY
⚳⚻⚶ **12:57 am**
☽⚻♆ **4:04 am** 1:04 am
☽⚺⚵ **11:16 am** 8:16 am
☽⚻♇ **4:41 pm** 1:41 pm
☽⚺⚶ **5:17 pm** 2:17 pm
☽☍⚳ **5:32 pm** 2:32 pm
☽⚻♀ **7:03 pm** 4:03 pm
☽☌♃ **7:35 pm** 4:35 pm
☽⚺♄ **7:37 pm** 4:37 pm
☽☐☉ **11:20 pm** 8:20 pm
☽☍♂ 10:55 pm
♃⚺♄ 11:03 pm

10 WEDNESDAY
☽☍♂ **1:55 am**
♃⚺♄ **2:03 am**
☽⚻♅ **6:33 am** 3:33 am
☽⚹♀ **11:43 am** 8:43 am
☽⚻⚷ **12:12 pm** 9:12 am
☽☐☿ **12:47 pm** 9:47 am
♄☍♀ **5:10 pm** 2:10 pm
♀☐⚷ **5:23 pm** 2:23 pm
☿⚺♀ **6:34 pm** 3:34 pm
☿⚹⚷ **7:45 pm** 4:45 pm
♃⚻♀ **10:45 pm** 7:45 pm

11 THURSDAY
☽☍♆ **8:07 am** 5:07 am
☽☌⚵ **4:35 pm** 1:35 pm
☽△♇ **8:12 pm** 5:12 pm
☽⚹⚶ **8:38 pm** 5:38 pm
☽⚻⚳ **9:42 pm** 6:42 pm
☽⚹♄ **10:49 pm** 7:49 pm
☽⚺♃ **11:07 pm** 8:07 pm
☽△♀ **11:35 pm** 8:35 pm

12 FRIDAY
☽⚹☉ **6:11 am** 3:11 am
☽⚻♂ **7:16 am** 4:16 am
☽☍♅ **9:15 am** 6:15 am
☽⚹☿ **11:34 am** 8:34 am
☽△⚷ **2:55 pm** 11:55 am
☽⚺♀ **6:55 pm** 3:55 pm

13 SATURDAY
☽⚻♆ **9:44 am** 6:44 am
☿△♅ **3:45 pm** 12:45 pm
☽⚺⚵ **7:22 pm** 4:22 pm
☿☐♂ **7:38 pm** 4:38 pm
☉☌☿ **8:43 pm** 5:43 pm
☽☐♇ **9:28 pm** 6:28 pm
☽☐⚶ **9:44 pm** 6:44 pm
☽△⚳ **11:35 pm** 8:35 pm
☽☐♄ **11:49 pm** 8:49 pm
☽⚹♃ 9:26 pm
☽☐♀ 10:48 pm
♂⚺♅ 11:35 pm
☉△♅ 11:36 pm
☉☐♂ 11:37 pm

14 SUNDAY
☽⚹♃ **12:26 am**
☽☐♀ **1:48 am**
♂⚺♅ **2:35 am**
☉△♅ **2:36 am**
☉☐♂ **2:37 am**
☽⚺☿ **8:39 am** 5:39 am
☽⚻♅ **10:00 am** 7:00 am
☽△♂ **10:21 am** 7:21 am
☽⚺☉ **10:32 am** 7:32 am
♄⚻⚳ **1:32 pm** 10:32 am
☽☐⚷ **3:47 pm** 12:47 pm
☽☌♀ **11:52 pm** 8:52 pm

15 MONDAY
☽△♆ **10:04 am** 7:04 am
☽⚹⚵ **9:04 pm** 6:04 pm
☽⚹♇ **9:51 pm** 6:51 pm
☽△⚶ **9:53 pm** 6:53 pm
☽△♄ 9:00 pm
☽☐⚳ 9:38 pm
☽☐♃ 9:55 pm

16 TUESDAY
☽△♄ **12:00 am**
☽☐⚳ **12:38 am**
☽☐♃ **12:55 am**
☽⚹♀ **3:15 am** 12:15 am
♇☍⚶ **3:59 am** 12:59 am
☽☌☿ **5:32 am** 2:32 am
☽△♅ **10:19 am** 7:19 am
☽☐♂ **12:58 pm** 9:58 am
☽☌☉ **2:23 pm** 11:23 am
☽⚹⚷ **4:27 pm** 1:27 pm
⚵⚹⚶ **10:49 pm** 7:49 pm
♃☍⚳ 9:13 pm
♇△⚵ 11:47 pm

17 WEDNESDAY
♃☍⚳ **12:13 am**
♇△⚵ **2:47 am**
☽⚺♀ **4:59 am** 1:59 am
☿⚹♀ **5:48 am** 2:48 am
☽☐♆ **10:57 am** 7:57 am
☽⚻⚶ **11:00 pm** 8:00 pm
☉⚹⚷ **11:13 pm** 8:13 pm
☽⚺♇ **11:15 pm** 8:15 pm
☽☐⚵ **11:49 pm** 8:49 pm
☽⚻♄ 10:17 pm
☽△♃ 11:33 pm
☽⚹⚳ 11:54 pm

18 THURSDAY
☽⚻♄ **1:17 am**
☽△♃ **2:33 am**
☽⚹⚳ **2:54 am**
☽⚺☿ **4:02 am** 1:02 am
☽⚺♀ **6:02 am** 3:02 am
☽☐♅ **12:11 pm** 9:11 am
☽⚹♂ **5:30 pm** 2:30 pm
☽⚺⚷ **6:57 pm** 3:57 pm
☿☐⚳ **7:40 pm** 4:40 pm
☽⚺☉ **8:21 pm** 5:21 pm

19 FRIDAY
☿☐♃ **6:48 am** 3:48 am
☽⚹♀ **1:05 pm** 10:05 am
☽⚹♆ **2:20 pm** 11:20 am
♄⚹⚵ **10:30 pm** 7:30 pm
♀△♆ 11:36 pm
☽☍⚶ 11:56 pm

20 SATURDAY
♀△♆ **2:36 am**
☽☍⚶ **2:56 am**
♂⚺⚷ **3:20 am** 12:20 am
☽☌♇ **3:37 am** 12:37 am
☽☍♄ **5:31 am** 2:31 am
☽△⚵ **5:46 am** 2:46 am
☽⚹☿ **6:08 am** 3:08 am
☽⚻♃ **7:13 am** 4:13 am
☽⚺⚳ **8:23 am** 5:23 am
☿⚹⚵ **11:39 am** 8:39 am
☽☌♀ **12:13 pm** 9:13 am
☽⚹♅ **5:21 pm** 2:21 pm
☽☌⚷ 9:59 pm
☽⚺♂ 11:02 pm

21 SUNDAY
☽☌⚷ **12:59 am**
☽⚺♂ **2:02 am**
☿△♄ **5:46 am** 2:46 am
☽⚹☉ **6:42 am** 3:42 am
☽⚺♆ **9:33 pm** 6:33 pm
☽☐♀ 11:16 pm

22 MONDAY
☽☐♀ **2:16 am**
☽⚻⚶ **10:42 am** 7:42 am
♃⚺⚵ **10:48 am** 7:48 am
☽⚺♇ **11:57 am** 8:57 am
☽☐☿ **1:21 pm** 10:21 am
☽⚻♄ **1:41 pm** 10:41 am
☽☍♃ **3:52 pm** 12:52 pm
☽⚻⚵ **4:01 pm** 1:01 pm
☽☌⚳ **6:07 pm** 3:07 pm
☽⚺♀ **10:44 pm** 7:44 pm
☽⚺♅ 11:30 pm

23 TUESDAY
☽⚺♅ **2:30 am**
☽⚺⚷ **11:02 am** 8:02 am
☽☌♂ **3:11 pm** 12:11 pm
☿△♄ **9:42 pm** 6:42 pm
☽☐☉ **9:58 pm** 6:58 pm

24 WEDNESDAY
☽☌♆ **8:26 am** 5:26 am
☽△♀ **8:16 pm** 5:16 pm
☽△⚶ **9:40 pm** 6:40 pm
☽⚹♇ **11:39 pm** 8:39 pm
☽△♄ 10:03 pm
☽△☿ 10:53 pm

25 THURSDAY
☽△♄ **1:03 am**
☽△☿ **1:53 am**
☽⚻♃ **3:43 am** 12:43 am
☽☍⚵ **5:45 am** 2:45 am
☽⚺⚳ **7:14 am** 4:14 am
♀△⚶ **8:34 am** 5:34 am
☽⚹♀ **12:31 pm** 9:31 am
☽☌♅ **2:32 pm** 11:32 am
☽⚹⚷ **11:44 pm** 8:44 pm

26 FRIDAY
♀⚹♇ **5:19 am** 2:19 am
☽⚺♂ **7:15 am** 4:15 am
☽△☉ **4:03 pm** 1:03 pm
♀△♄ **4:24 pm** 1:24 pm
☿☐♃ **7:55 pm** 4:55 pm
☽⚺♆ **9:06 pm** 6:06 pm

27 SATURDAY
☽☐⚶ **9:44 am** 6:44 am
☽☐♇ **12:30 pm** 9:30 am
☽☐♄ **1:29 pm** 10:29 am
☽⚻♀ **4:03 pm** 1:03 pm
☽△♃ **4:31 pm** 1:31 pm
☽⚻☿ **5:51 pm** 2:51 pm
☽⚻⚵ **8:25 pm** 5:25 pm
♀☐♃ **8:36 pm** 5:36 pm
☽⚹⚳ **9:17 pm** 6:17 pm

28 SUNDAY
☽☐♀ **3:01 am** 12:01 am
☽⚺♅ **3:07 am** 12:07 am
♅⚹♀ **6:20 am** 3:20 am
☽☐⚷ **12:38 pm** 9:38 am
☽⚹♂ **11:14 pm** 8:14 pm

29 MONDAY
☉☐♆ **4:31 am** 1:31 am
☽⚹♆ **9:11 am** 6:11 am
☽⚻☉ **9:36 am** 6:36 am
☽⚹⚶ **8:45 pm** 5:45 pm
☿⚹⚵ **10:47 pm** 7:47 pm
☽△♇ 9:17 pm
☽⚹♄ 9:50 pm
♀⚹⚵ 10:36 pm

30 TUESDAY
☽△♇ **12:17 am**
☽⚹♄ **12:50 am**
♀⚹⚵ **1:36 am**
☽☐♃ **4:06 am** 1:06 am
☿☐⚳ **5:11 am** 2:11 am
♀☐⚳ **6:32 am** 3:32 am
☽△⚵ **9:38 am** 6:38 am
☽☐⚳ **9:59 am** 6:59 am
☽☍♀ **10:17 am** 7:17 am
☽☍☿ **10:19 am** 7:19 am
☿☌♀ **1:54 pm** 10:54 am
☽⚹♅ **2:17 pm** 11:17 am
☽△♀ **3:58 pm** 12:58 pm
☽△⚷ **11:53 pm** 8:53 pm

31 WEDNESDAY
☽☐♂ **1:06 pm** 10:06 am
☽☐♆ **7:20 pm** 4:20 pm
☽☍☉ 9:41 pm
♀△♅ 10:59 pm

Eastern Standard Time in bold type
Pacific Standard Time in medium type

OCTOBER 2001

☽ Last Aspect			☽ Ingress		
day	**EST** / hr:mn / PST	asp	sign day	**EST** / hr:mn / PST	
9/30	**8:02 am** 5:02 am	□ ♄	♈ 1	**2:08 pm** 11:08 am	
3	**11:44 pm** 8:44 pm	☍ ☿	♉ 3	10:01 pm	
3	**11:44 pm** 8:44 pm	☍ ☿	♉ 4	**1:01 am**	
5	**5:33 pm** 2:33 pm	□ ♅	♊ 6	**10:12 am** 7:12 am	
8	**11:23 am** 8:23 am	△ ☿	♋ 8	**5:19 pm** 2:19 pm	
10	**12:47 pm** 9:47 am	□ ☿	♌ 10	**9:54 pm** 6:54 pm	
12	**11:34 am** 8:34 am	⚹ ☿	♍ 12	**11:58 pm** 8:58 pm	
14	**11:52 pm** 8:52 pm	☌ ♀	♎ 14	9:26 pm	
14	**11:52 pm** 8:52 pm	☌ ♀	♎ 15	**12:26 am**	
16	**2:23 pm** 11:23 am	☌ ☉	♏ 16	10:03 pm	

☽ Last Aspect			☽ Ingress	
day	**EST** / hr:mn / PST	asp	sign day	**EST** / hr:mn / PST
16	**2:23 pm** 11:23 am	☌ ☉	♏ 17	**1:03 am**
18	**5:30 pm** 2:30 pm	⚹ ♂	♐ 19	**3:47 am** 12:47 am
21	**6:42 am** 3:42 am	⚹ ☉	♑ 21	**10:11 am** 7:11 am
23	**3:11 pm** 12:11 pm	☌ ♂	♒ 23	**8:26 pm** 5:26 pm
25	**2:32 pm** 11:32 am	☌ ♅	♓ 26	**8:56 am** 5:56 am
27	**4:31 pm** 1:31 pm	△ ♃	♈ 28	**9:15 pm** 6:15 pm
30	**2:17 pm** 11:17 am	⚹ ♅	♉ 31	**7:48 am** 4:48 am

☽ Phases & Eclipses		
phase	day	**EST** / hr:mn / PST
Full Moon	2	**8:49 am** 5:49 am
4th Quarter	9	**11:20 pm** 8:20 pm
New Moon	16	**2:23 pm** 11:23 am
2nd Quarter	23	**9:58 pm** 6:58 pm
Full Moon	31	9:41 pm
Full Moon	11/1	**12:41 am**

Planet Ingress		
	day	**EST** / hr:mn / PST
♀ ♎	15	**6:42 am** 3:42 am
☉ ♏	23	**3:26 am** 12:26 am
♂ ♒	27	**12:19 pm** 9:19 am

Planetary Motion		
	day	**EST** / hr:mn / PST
☿ ℞	1	**2:24 pm** 11:24 am
⯓ ℞	9	**6:20 am** 3:20 am
♆ D	17	**8:48 pm** 5:48 pm
☿ D	22	**7:24 pm** 4:24 pm
♅ D	30	**5:55 pm** 2:55 pm

DATE		SID.TIME	SUN	MOON	NODE	MERCURY	VENUS	MARS	JUPITER	SATURN	URANUS	NEPTUNE	PLUTO	CERES	PALLAS	JUNO	VESTA	CHIRON
1	M	0:39:10	7 ♎ 53 02	20 ♓ 25	1 ♋ ℞ 04	29 ♎ ℞ 39	12 ♍ 07	12 ♑ 35	14 ♋ 00	14 ♊ ℞ 57	21 ♒ ℞ 16	6 ♒ ℞ 04	12 ♐ 56	11 ♑ 54	11 ♐ 33	6 ♌ 09	13 ♊ 14	23 ♐ 47
2	T	0:43:07	8 52 01	2 ♈ 27	1 00	29 41	13 21	13 12	14 06	14 57	21 15	6 04	12 57	12 05	11 52	6 37	13 17	23 51
3	W	0:47:03	9 51 01	14 36	0 46	29 36	14 35	13 49	14 12	14 56	21 14	6 03	12 59	12 16	12 11	7 04	13 20	23 54
4	Th	0:51:00	10 50 04	26 54	0 34	29 24	15 49	14 26	14 17	14 55	21 12	6 03	13 00	12 27	12 31	7 32	13 22	23 57
5	F	0:54:56	11 49 09	9 ♉ 20	0 23	29 04	17 02	15 04	14 23	14 55	21 11	6 02	13 01	12 38	12 50	7 59	13 25	24 00
6	Sa	0:58:53	12 48 17	21 56	0 15	28 36	18 16	15 41	14 28	14 54	21 10	6 02	13 03	12 50	13 10	8 26	13 26	24 04
7	Su	1:02:49	13 47 26	4 ♊ 42	0 10	28 00	19 30	16 19	14 33	14 53	21 09	6 02	13 04	13 01	13 29	8 53	13 28	24 07
8	M	1:06:46	14 46 38	17 42	0 D 08	27 17	20 44	16 57	14 38	14 52	21 08	6 01	13 06	13 13	13 49	9 20	13 28	24 11
9	T	1:10:42	15 45 52	0 ♋ 56	0 07	26 26	21 58	17 35	14 43	14 50	21 06	6 01	13 07	13 26	14 09	9 46	13 ℞ 29	24 14
10	W	1:14:39	16 45 09	14 28	0 ℞ 07	25 28	23 12	18 14	14 47	14 49	21 05	6 01	13 08	13 38	14 29	10 13	13 29	24 18
11	Th	1:18:36	17 44 28	28 18	0 07	24 24	24 27	18 52	14 52	14 48	21 04	6 00	13 10	13 51	14 49	10 39	13 28	24 22
12	F	1:22:32	18 43 49	12 ♌ 29	0 05	23 16	25 41	19 31	14 56	14 46	21 03	6 00	13 11	14 04	15 09	11 05	13 27	24 26
13	Sa	1:26:29	19 43 12	26 58	0 00	22 05	26 55	20 10	15 00	14 44	21 03	6 00	13 13	14 17	15 30	11 31	13 26	24 30
14	Su	1:30:25	20 42 38	11 ♍ 43	29 ♊ 53	20 52	28 09	20 49	15 04	14 42	21 02	6 00	13 15	14 31	15 50	11 56	13 24	24 34
15	M	1:34:22	21 42 06	26 37	29 44	19 40	29 24	21 28	15 07	14 41	21 01	6 00	13 16	14 44	16 11	12 22	13 22	24 38
16	T	1:38:18	22 41 36	11 ♎ 32	29 34	18 32	0 ♎ 38	22 08	15 11	14 39	21 00	6 00	13 18	14 58	16 31	12 47	13 19	24 42
17	W	1:42:15	23 41 08	26 19	29 24	17 28	1 53	22 47	15 14	14 37	20 59	6 00	13 19	15 12	16 52	13 12	13 16	24 46
18	Th	1:46:11	24 40 42	10 ♏ 49	29 15	16 31	3 07	23 27	15 17	14 34	20 59	6 D 00	13 21	15 26	17 13	13 37	13 13	24 50
19	F	1:50:08	25 40 18	24 57	29 08	15 42	4 21	24 07	15 20	14 32	20 58	6 00	13 23	15 41	17 33	14 01	13 09	24 55
20	Sa	1:54:04	26 39 57	8 ♐ 37	29 03	15 03	5 36	24 47	15 23	14 30	20 58	6 00	13 24	15 55	17 54	14 26	13 04	24 59
21	Su	1:58:01	27 39 36	21 51	29 D 02	14 35	6 51	25 27	15 26	14 27	20 57	6 00	13 26	16 10	18 15	14 50	12 59	25 04
22	M	2:01:58	28 39 18	4 ♑ 39	29 01	14 18	8 05	26 07	15 28	14 25	20 57	6 00	13 28	16 25	18 36	15 14	12 54	25 08
23	T	2:05:54	29 39 02	17 06	29 02	14 D 12	9 20	26 48	15 30	14 22	20 56	6 00	13 30	16 40	18 58	15 38	12 48	25 13
24	W	2:09:51	0 ♏ 38 47	29 17	29 ℞ 03	14 17	10 34	27 28	15 32	14 19	20 56	6 00	13 32	16 55	19 19	16 01	12 42	25 17
25	Th	2:13:47	1 38 33	11 ♒ 15	29 02	14 34	11 49	28 09	15 34	14 16	20 55	6 00	13 33	17 11	19 40	16 25	12 35	25 22
26	F	2:17:44	2 38 22	23 08	29 00	15 00	13 04	28 50	15 36	14 13	20 55	6 01	13 35	17 27	20 02	16 48	12 28	25 27
27	Sa	2:21:40	3 38 12	4 ♓ 58	28 55	15 36	14 19	29 30	15 37	14 10	20 55	6 01	13 37	17 43	20 23	17 10	12 21	25 32
28	Su	2:25:37	4 38 04	16 52	28 48	16 20	15 33	0 ♒ 11	15 38	14 07	20 55	6 01	13 39	17 59	20 45	17 33	12 13	25 37
29	M	2:29:33	5 37 57	28 52	28 39	17 12	16 48	0 53	15 39	14 04	20 55	6 02	13 41	18 15	21 06	17 55	12 04	25 42
30	T	2:33:30	6 37 53	11 ♈ 01	28 30	18 11	18 03	1 34	15 40	14 01	20 D 55	6 02	13 43	18 31	21 28	18 18	11 56	25 47
31	W	2:37:27	7 37 50	23 21	28 20	19 16	19 18	2 15	15 41	13 57	20 55	6 02	13 45	18 48	21 49	18 39	11 46	25 52

EPHEMERIS CALCULATED FOR 12 MIDNIGHT GREENWICH MEAN TIME. ALL OTHER DATA AND FACING ASPECTARIAN PAGE IN **EASTERN STANDARD TIME (BOLD)** AND PACIFIC STANDARD TIME (REGULAR).

NOVEMBER 2001

1 THURSDAY

☽ ☍ ☉	**12:41 am**	
♀ △ ♅	**1:59 am**	
☿ △ ♅	**4:04 am**	1:04 am
☽ ⚺ ⚶	**5:44 am**	2:44 am
☽ ⚻ ♇	**10:00 am**	7:00 am
☽ ⚺ ♄	**10:06 am**	7:06 am
⚳ ⚻ ⚵	**11:40 am**	8:40 am
☽ ✶ ♃	**1:33 pm**	10:33 am
☽ △ ⚳	**8:27 pm**	5:27 pm
☽ □ ⚵	**8:30 pm**	5:30 pm
☽ □ ♅	**11:20 pm**	8:20 pm
♄ ☍ ♇		10:08 pm
☽ ⚻ ☿		10:27 pm
☽ ⚻ ♀		10:37 pm
☽ ⚻ ⚴		11:36 pm

2 FRIDAY

♄ ☍ ♇	**1:08 am**	
☽ ⚻ ☿	**1:27 am**	
☽ ⚻ ♀	**1:37 am**	
☽ ⚻ ⚴	**2:36 am**	
☽ ⚻ ⚷	**8:57 am**	5:57 am
♀ ✶ ⚴	**3:30 pm**	12:30 pm
☿ ✶ ⚴	**4:38 pm**	1:38 pm
☽ △ ♂		9:28 pm
☿ ☌ ♀		11:28 pm

3 SATURDAY

☽ △ ♂	**12:28 am**	
☿ ☌ ♀	**2:28 am**	
☽ △ ♆	**3:23 am**	12:23 am
☉ ⚻ ⚶	**8:05 am**	5:05 am
☽ ☌ ⚶	**12:40 pm**	9:40 am
☽ ⚻ ☉	**1:07 pm**	10:07 am
☽ ☌ ♄	**5:21 pm**	2:21 pm
☽ ☍ ♇	**5:39 pm**	2:39 pm
☽ ⚺ ♃	**8:56 pm**	5:56 pm

4 SUNDAY

☽ ⚻ ⚳	**4:49 am**	1:49 am
☽ ✶ ⚵	**5:09 am**	2:09 am
☽ △ ♅	**6:25 am**	3:25 am
☽ ☍ ⚴	**11:07 am**	8:07 am
☽ △ ♀	**2:18 pm**	11:18 am
☽ △ ☿	**2:45 pm**	11:45 am
☽ ☍ ⚷	**4:04 pm**	1:04 pm

Eastern Standard Time in bold type
Pacific Standard Time in medium type

5 MONDAY

☿ ✶ ⚷	**3:43 am**	12:43 am
♂ ☌ ♆	**7:44 am**	4:44 am
☽ ⚻ ♆	**9:35 am**	6:35 am
☽ ⚻ ♂	**9:41 am**	6:41 am
♀ ✶ ⚷	**10:30 am**	7:30 am
☽ ⚺ ⚶	**5:49 pm**	2:49 pm
☉ ⚻ ♄	**5:50 pm**	2:50 pm
☽ ⚺ ♄	**10:51 pm**	7:51 pm
☽ △ ☉	**11:16 pm**	8:16 pm
☽ ⚻ ♇	**11:30 pm**	8:30 pm
☽ ☌ ♃		11:32 pm
☉ ⚺ ♇		11:40 pm

6 TUESDAY

☽ ☌ ♃	**2:32 am**	
☉ ⚺ ♇	**2:40 am**	
♅ ☍ ⚵	**7:09 am**	4:09 am
☽ ☍ ⚳	**11:22 am**	8:22 am
☽ ⚻ ♅	**11:46 am**	8:46 am
☽ ⚺ ⚵	**11:53 am**	8:53 am
☽ ⚻ ⚴	**5:46 pm**	2:46 pm
☽ ⚻ ⚷	**9:27 pm**	6:27 pm
☽ □ ♀		9:41 pm
☽ □ ☿		11:10 pm

7 WEDNESDAY

☽ □ ♀	**12:41 am**	
☽ □ ☿	**2:10 am**	
♅ ⚺ ⚳	**6:22 am**	3:22 am
☽ ☍ ♆	**2:08 pm**	11:08 am
☽ ☍ ♂	**4:58 pm**	1:58 pm
☉ △ ♃	**7:01 pm**	4:01 pm
☽ ✶ ⚶	**9:19 pm**	6:19 pm
☽ ✶ ♄		11:41 pm

8 THURSDAY

☽ ✶ ♄	**2:41 am**	
☽ △ ♇	**3:43 am**	12:43 am
☽ ⚺ ♃	**6:27 am**	3:27 am
☽ □ ☉	**7:21 am**	4:21 am
☽ ☍ ♅	**3:30 pm**	12:30 pm
☽ ⚻ ⚳	**4:11 pm**	1:11 pm
☽ ☌ ⚵	**4:48 pm**	1:48 pm
☽ △ ⚴	**10:41 pm**	7:41 pm
☽ △ ⚷		10:13 pm

9 FRIDAY

☽ △ ⚷	**1:13 am**	
☽ ✶ ♀	**8:58 am**	5:58 am
☽ ✶ ☿	**11:39 am**	8:39 am
☽ ⚻ ♆	**5:08 pm**	2:08 pm
☽ ⚻ ♂	**10:28 pm**	7:28 pm
☽ □ ⚶	**11:21 pm**	8:21 pm

10 SATURDAY

☽ □ ♄	**5:05 am**	2:05 am
☽ □ ♇	**6:27 am**	3:27 am
☽ ✶ ♃	**8:55 am**	5:55 am
♂ △ ⚶	**12:26 pm**	9:26 am
☽ ✶ ☉	**1:40 pm**	10:40 am
☽ ⚻ ♅	**5:52 pm**	2:52 pm
☽ △ ⚳	**7:36 pm**	4:36 pm
☽ ⚺ ⚵	**8:16 pm**	5:16 pm
☽ □ ⚴		11:12 pm

11 SUNDAY

☽ □ ⚴	**2:12 am**	
☽ □ ⚷	**3:42 am**	12:42 am
☿ □ ♆	**1:59 pm**	10:59 am
☽ ⚺ ♀	**3:44 pm**	12:44 pm
☽ △ ♆	**7:06 pm**	4:06 pm
☽ ⚺ ☿	**7:44 pm**	4:44 pm
☽ △ ⚶		9:28 pm
☽ △ ♂		11:54 pm

12 MONDAY

☽ △ ⚶	**12:28 am**	
☽ △ ♂	**2:54 am**	
☽ △ ♄	**6:40 am**	3:40 am
☽ ✶ ♇	**8:23 am**	5:23 am
☽ □ ♃	**10:37 am**	7:37 am
☽ ⚺ ☉	**7:11 pm**	4:11 pm
☽ △ ♅	**7:42 pm**	4:42 pm
☽ □ ⚳	**10:28 pm**	7:28 pm
☽ ✶ ⚵	**11:08 pm**	8:08 pm
☉ □ ♅		11:32 pm

13 TUESDAY

☉ □ ♅	**2:32 am**	
☽ ✶ ⚴	**5:21 am**	2:21 am
☽ ✶ ⚷	**5:51 am**	2:51 am
♀ □ ♆	**7:02 am**	4:02 am
☿ ⚻ ⚶	**10:02 am**	7:02 am
☽ □ ♆	**9:09 pm**	6:09 pm
☽ ☌ ⚴	**10:29 pm**	7:29 pm
☽ ⚻ ⚶		10:44 pm

14 WEDNESDAY

☽ ⚻ ⚶	**1:44 am**	
☽ ☌ ☿	**4:01 am**	1:01 am
⚷ ☌ ⚴	**6:57 am**	3:57 am
☽ □ ♂	**7:40 am**	4:40 am
☽ ⚻ ♄	**8:37 am**	5:37 am
☽ ⚺ ♇	**10:46 am**	7:46 am
☽ △ ♃	**12:48 pm**	9:48 am
☽ □ ♅	**10:18 pm**	7:18 pm
♂ △ ♄		10:00 pm
☽ ☌ ☉		10:40 pm
☽ ✶ ⚳		11:16 pm
☽ □ ⚵		11:55 pm

15 THURSDAY

♂ △ ♄	**1:00 am**	
☽ ☌ ☉	**1:40 am**	
☽ ✶ ⚳	**2:16 am**	
☽ □ ⚵	**2:55 am**	
♀ ⚻ ⚶	**5:59 am**	2:59 am
☽ ⚺ ⚷	**9:07 am**	6:07 am
☽ ⚺ ⚴	**9:40 am**	6:40 am
☉ ✶ ⚳	**1:33 pm**	10:33 am
☿ ⚻ ♄	**7:18 pm**	4:18 pm
☽ ✶ ♆		9:46 pm
☉ □ ⚵		10:15 pm

16 FRIDAY

☽ ✶ ♆	**12:46 am**	
☉ □ ⚵	**1:15 am**	
☽ ☍ ⚶	**4:37 am**	1:37 am
☽ ⚺ ♀	**7:22 am**	4:22 am
☿ □ ♂	**11:33 am**	8:33 am
☽ ☍ ♄	**12:27 pm**	9:27 am
☽ ✶ ♂	**2:39 pm**	11:39 am
☽ ⚺ ☿	**2:53 pm**	11:53 am
☽ ☌ ♇	**3:09 pm**	12:09 pm
☽ ⚻ ♃	**4:58 pm**	1:58 pm
☿ ⚺ ♇	**5:08 pm**	2:08 pm
♂ ✶ ♇		9:26 pm

17 SATURDAY

♂ ✶ ♇	**12:26 am**	
☽ ✶ ♅	**3:14 am**	12:14 am
☿ △ ♃	**7:57 am**	4:57 am
☽ ⚺ ⚳	**8:41 am**	5:41 am
☽ △ ⚵	**9:14 am**	6:14 am
☽ ⚺ ☉	**11:09 am**	8:09 am
☽ ☌ ⚷	**3:03 pm**	12:03 pm
☽ ☌ ⚴	**4:49 pm**	1:49 pm

18 SUNDAY

☽ ⚺ ♆	**7:20 am**	4:20 am
♂ ⚻ ♃	**7:32 am**	4:32 am
☽ ⚻ ⚶	**10:19 am**	7:19 am
♀ ⚻ ♄	**11:13 am**	8:13 am
☽ ⚻ ♄	**7:23 pm**	4:23 pm
☽ ✶ ♀	**8:21 pm**	5:21 pm
☽ ⚺ ♇	**10:45 pm**	7:45 pm
☽ ☍ ♃		9:18 pm
☽ ⚺ ♂		10:24 pm

19 MONDAY

☽ ☍ ♃	**12:18 am**	
☽ ⚺ ♂	**1:24 am**	
☽ ✶ ☿	**6:24 am**	3:24 am
☽ ⚺ ♅	**11:32 am**	8:32 am
☉ ⚺ ⚷	**6:37 pm**	3:37 pm
☽ ☌ ⚳	**6:46 pm**	3:46 pm
☽ ⚻ ⚵	**7:06 pm**	4:06 pm
♀ ⚺ ♇	**9:07 pm**	6:07 pm
☽ ⚺ ⚷		9:29 pm
☽ ✶ ☉		9:57 pm

20 TUESDAY

☽ ⚺ ⚷	**12:29 am**	
☽ ✶ ☉	**12:57 am**	
☽ ⚺ ⚴	**3:42 am**	12:42 am
♀ △ ♃	**10:31 am**	7:31 am
☽ ☌ ♆	**5:22 pm**	2:22 pm
☽ △ ⚶	**7:14 pm**	4:14 pm
☿ □ ♅	**10:51 pm**	7:51 pm

21 WEDNESDAY

☽ △ ♄	**5:36 am**	2:36 am
☽ ✶ ♇	**9:41 am**	6:41 am
☽ ⚻ ♃	**10:51 am**	7:51 am
☽ □ ♀	**1:50 pm**	10:50 am
☽ ☌ ♂	**4:01 pm**	1:01 pm
☽ ☌ ♅	**10:57 pm**	7:57 pm
☽ □ ☿		11:37 pm

22 THURSDAY

☽ □ ☿	**2:37 am**	
☉ ⚺ ⚴	**4:50 am**	1:50 am
☽ ⚺ ⚳	**8:03 am**	5:03 am
☽ ☍ ⚵	**8:03 am**	5:03 am
⚳ ⚻ ⚵	**8:14 am**	5:14 am
☽ ✶ ⚷	**12:48 pm**	9:48 am
☽ ✶ ⚴	**5:36 pm**	2:36 pm
☽ □ ☉	**6:21 pm**	3:21 pm

23 FRIDAY

☽ ⚺ ♆	**5:44 am**	2:44 am
☽ □ ⚶	**6:15 am**	3:15 am
♀ □ ♂	**11:43 am**	8:43 am
☽ □ ♄	**5:41 pm**	2:41 pm
☽ □ ♇	**10:24 pm**	7:24 pm
☽ △ ♃	**11:03 pm**	8:03 pm
☿ □ ⚵		10:37 pm

24 SATURDAY

☿ □ ⚵	**1:37 am**	
♆ △ ⚶	**4:08 am**	1:08 am
☿ ✶ ⚳	**4:24 am**	1:24 am
☽ ⚺ ♂	**8:30 am**	5:30 am
☽ △ ♀	**9:32 am**	6:32 am
☽ ⚺ ♅	**11:39 am**	8:39 am
☽ ⚻ ⚵	**9:51 pm**	6:51 pm
☽ ✶ ⚳	**10:19 pm**	7:19 pm
☽ △ ☿		9:29 pm
☽ □ ⚷		10:51 pm

25 SUNDAY

☽ △ ☿	**12:29 am**	
☽ □ ⚷	**1:51 am**	
♀ □ ♅	**5:50 am**	2:50 am
☽ □ ⚴	**8:03 am**	5:03 am
☿ ⚺ ⚷	**11:24 am**	8:24 am
☽ △ ☉	**12:21 pm**	9:21 am
☽ ✶ ⚶	**5:15 pm**	2:15 pm
☽ ✶ ♆	**6:07 pm**	3:07 pm

26 MONDAY

☽ ✶ ♄	**5:17 am**	2:17 am
☽ △ ♇	**10:27 am**	7:27 am
☽ □ ♃	**10:32 am**	7:32 am
♂ ☌ ♅	**2:07 pm**	11:07 am
♃ ⚻ ♇	**7:16 pm**	4:16 pm
☽ ✶ ♅	**11:11 pm**	8:11 pm
☽ ✶ ♂	**11:43 pm**	8:43 pm

27 TUESDAY

☽ ⚻ ♀	**3:46 am**	12:46 am
☽ △ ⚵	**9:59 am**	6:59 am
☽ □ ⚳	**10:58 am**	7:58 am
☉ ☍ ⚶	**11:46 am**	8:46 am
☽ △ ⚷	**1:13 pm**	10:13 am
☽ ⚻ ☿	**7:56 pm**	4:56 pm
☽ △ ⚴	**8:31 pm**	5:31 pm
☿ ⚺ ⚴		10:51 pm
☽ ⚺ ⚶		11:17 pm

28 WEDNESDAY

☿ ⚺ ⚴	**1:51 am**	
☽ ⚺ ⚶	**2:17 am**	
☽ ⚻ ☉	**3:52 am**	12:52 am
☽ □ ♆	**4:24 am**	1:24 am
☉ ✶ ♆	**10:35 am**	7:35 am
☽ ⚺ ♄	**2:35 pm**	11:35 am
☽ ✶ ♃	**7:35 pm**	4:35 pm
☽ ⚻ ♇	**8:02 pm**	5:02 pm

29 THURSDAY

☽ □ ♅	**8:05 am**	5:05 am
☽ □ ♂	**11:50 am**	8:50 am
☿ ☍ ⚶	**4:25 pm**	1:25 pm
☽ ☍ ♀	**6:21 pm**	3:21 pm
☽ □ ⚵	**7:10 pm**	4:10 pm
☽ △ ⚳	**8:40 pm**	5:40 pm
☽ ⚻ ⚷	**9:46 pm**	6:46 pm

30 FRIDAY

♀ □ ⚵	**4:27 am**	1:27 am
☽ ⚻ ⚴	**5:55 am**	2:55 am
☽ ☌ ⚶	**8:41 am**	5:41 am
☽ ☍ ☿	**11:14 am**	8:14 am
☽ △ ♆	**11:52 am**	8:52 am
☽ ☍ ☉	**3:49 pm**	12:49 pm
☿ ✶ ♆	**4:40 pm**	1:40 pm
☽ ☌ ♄	**9:08 pm**	6:08 pm
☽ ⚺ ♃		10:53 pm
☽ ☍ ♇		11:50 pm
♀ ✶ ⚳		11:51 pm

NOVEMBER 2001

☽ Last Aspect day	EST / hr:mn / PST	asp	☽ Ingress sign day	EST / hr:mn / PST
1	**11:20 pm** 8:20 pm	□ ♅	♊ 2	**4:12 pm** 1:12 pm
4	**2:45 pm** 11:45 am	△ ☿	♋ 4	**10:44 pm** 7:44 pm
6	11:10 pm	□ ☿	♌ 7	**3:34 am** 12:34 am
7	**2:10 am**	□ ☿	♌ 7	**3:34 am** 12:34 am
8	**3:30 pm** 12:30 pm	☍ ♅	♍ 9	**6:49 am** 3:49 am
10	**1:40 pm** 10:40 am	⚹ ☉	♎ 11	**8:53 am** 5:53 am
12	**7:42 pm** 4:42 pm	△ ♅	♏ 13	**10:44 am** 7:44 am
14	10:40 pm	☌ ☉	♐ 15	**1:51 pm** 10:51 am
15	**1:40 am**	☌ ☉	♐ 15	**1:51 pm** 10:51 am
17	**3:14 am** 12:14 am	⚹ ♅	♑ 17	**7:40 pm** 4:40 pm

☽ Last Aspect day	EST / hr:mn / PST	asp	☽ Ingress sign day	EST / hr:mn / PST
19	9:57 pm	⚹ ☉	♒ 20	**4:55 am** 1:55 am
20	**12:57 am**	⚹ ☉	♒ 20	**4:55 am** 1:55 am
21	11:37 pm	□ ☿	♓ 22	**4:52 pm** 1:52 pm
22	**2:37 am**	□ ☿	♓ 22	**4:52 pm** 1:52 pm
24	9:29 pm	△ ☿	♈ 25	**5:21 am** 2:21 am
25	**12:29 am**	△ ☿	♈ 25	**5:21 am** 2:21 am
26	**11:43 pm** 8:43 pm	⚹ ♂	♉ 27	**4:06 pm** 1:06 pm
29	**6:21 pm** 3:21 pm	☍ ♀	♊ 29	9:04 pm
29	**6:21 pm** 3:21 pm	☍ ♀	♊ 30	**12:04 am**

☽ Phases & Eclipses phase	day	EST / hr:mn / PST
Full Moon	10/31	9:41 pm
Full Moon	1	**12:41 am**
4th Quarter	8	**7:21 am** 4:21 am
New Moon	14	10:40 pm
New Moon	15	**1:40 am**
2nd Quarter	22	**6:21 pm** 3:21 pm
Full Moon	30	**3:49 pm** 12:49 pm

Planet Ingress	day	EST / hr:mn / PST
☿ ♏	7	**2:53 pm** 11:53 am
♀ ♏	8	**8:28 am** 5:28 am
⚳ ♑	21	**6:39 pm** 3:39 pm
☉ ♐	21	10:00 pm
☉ ♐	22	**1:00 am**
☿ ♐	26	**1:23 pm** 10:23 am

Planetary Motion	day	EST / hr:mn / PST
♃ ℞	2	**10:35 am** 7:35 am

DATE		SID.TIME	SUN	MOON	NODE	MERCURY	VENUS	MARS	JUPITER	SATURN	URANUS	NEPTUNE	PLUTO	CERES	PALLAS	JUNO	VESTA	CHIRON
1	Th	2:41:23	8 ♏ 37 49	5 ♉ 52	28 ♊ ℞ 10	20 ♎ 27	20 ♎ 33	2 ♒ 56	15 ♋ 41	13 ♊ ℞ 54	20 ♒ 55	6 ♒ 03	13 ♐ 47	19 ♑ 04	22 ♐ 11	19 ♌ 01	11 ♊ ℞ 37	25 ♐ 57
2	F	2:45:20	9 37 49	18 36	28 03	21 42	21 48	3 38	15 ℞ 41	13 50	20 55	6 03	13 49	19 21	22 33	19 23	11 27	26 02
3	Sa	2:49:16	10 37 52	1 ♊ 31	27 57	23 01	23 03	4 20	15 41	13 46	20 55	6 04	13 51	19 38	22 55	19 44	11 16	26 07
4	Su	2:53:13	11 37 57	14 37	27 54	24 23	24 18	5 01	15 41	13 43	20 55	6 04	13 53	19 55	23 17	20 05	11 06	26 12
5	M	2:57:09	12 38 04	27 55	27 D 54	25 48	25 33	5 43	15 41	13 39	20 55	6 05	13 55	20 13	23 39	20 25	10 55	26 18
6	T	3:01:06	13 38 13	11 ♋ 24	27 54	27 15	26 48	6 25	15 40	13 35	20 56	6 06	13 57	20 30	24 01	20 45	10 43	26 23
7	W	3:05:02	14 38 24	25 04	27 56	28 45	28 03	7 07	15 40	13 31	20 56	6 06	13 59	20 48	24 23	21 06	10 31	26 28
8	Th	3:08:59	15 38 36	8 ♌ 57	27 ℞ 57	0 ♏ 16	29 18	7 49	15 39	13 27	20 56	6 07	14 01	21 05	24 45	21 25	10 19	26 34
9	F	3:12:56	16 38 51	23 01	27 57	1 48	0 ♏ 33	8 31	15 37	13 23	20 57	6 08	14 03	21 23	25 07	21 45	10 06	26 39
10	Sa	3:16:52	17 39 8	7 ♍ 15	27 55	3 21	1 48	9 13	15 36	13 19	20 57	6 08	14 05	21 41	25 30	22 04	9 54	26 45
11	Su	3:20:49	18 39 27	21 38	27 52	4 55	3 03	9 56	15 35	13 15	20 58	6 09	14 07	21 59	25 52	22 23	9 40	26 51
12	M	3:24:45	19 39 48	6 ♎ 06	27 47	6 30	4 18	10 38	15 33	13 11	20 58	6 10	14 09	22 18	26 14	22 42	9 27	26 56
13	T	3:28:42	20 40 11	20 34	27 41	8 05	5 34	11 21	15 31	13 06	20 59	6 11	14 12	22 36	26 37	23 00	9 13	27 02
14	W	3:32:38	21 40 36	4 ♏ 55	27 35	9 40	6 49	12 03	15 29	13 02	21 00	6 12	14 14	22 55	26 59	23 18	8 59	27 08
15	Th	3:36:35	22 41 02	19 05	27 30	11 16	8 04	12 46	15 26	12 57	21 00	6 13	14 16	23 13	27 22	23 35	8 45	27 13
16	F	3:40:31	23 41 31	2 ♐ 57	27 26	12 52	9 19	13 28	15 24	12 53	21 01	6 14	14 18	23 32	27 44	23 53	8 31	27 19
17	Sa	3:44:28	24 42 00	16 29	27 D 24	14 28	10 35	14 11	15 21	12 48	21 02	6 15	14 20	23 51	28 07	24 10	8 16	27 25
18	Su	3:48:25	25 42 32	29 39	27 23	16 03	11 50	14 54	15 18	12 44	21 03	6 16	14 22	24 10	28 30	24 27	8 01	27 31
19	M	3:52:21	26 43 04	12 ♑ 27	27 24	17 39	13 05	15 37	15 15	12 39	21 04	6 17	14 25	24 29	28 52	24 43	7 46	27 37
20	T	3:56:18	27 43 38	24 56	27 26	19 15	14 20	16 20	15 11	12 35	21 05	6 18	14 27	24 48	29 15	24 59	7 31	27 43
21	W	4:00:14	28 44 13	7 ♒ 08	27 28	20 51	15 36	17 03	15 08	12 30	21 06	6 19	14 29	25 08	29 38	25 15	7 15	27 49
22	Th	4:04:11	29 44 50	19 09	27 ℞ 29	22 26	16 51	17 46	15 04	12 25	21 07	6 20	14 31	25 27	0 ♑ 00	25 30	7 00	27 55
23	F	4:08:07	0 ♐ 45 27	1 ♓ 03	27 29	24 02	18 06	18 29	15 00	12 20	21 08	6 21	14 34	25 47	0 23	25 45	6 44	28 01
24	Sa	4:12:04	1 46 06	12 55	27 29	25 37	19 22	19 12	14 56	12 16	21 09	6 22	14 36	26 07	0 46	25 59	6 29	28 07
25	Su	4:16:00	2 46 46	24 50	27 27	27 12	20 37	19 55	14 52	12 11	21 11	6 24	14 38	26 26	1 09	26 14	6 13	28 13
26	M	4:19:57	3 47 26	6 ♈ 52	27 24	28 47	21 52	20 38	14 47	12 06	21 12	6 25	14 40	26 46	1 32	26 27	5 57	28 19
27	T	4:23:54	4 48 08	19 04	27 21	0 ♐ 22	23 08	21 22	14 43	12 01	21 13	6 26	14 43	27 06	1 55	26 41	5 42	28 25
28	W	4:27:50	5 48 52	1 ♉ 31	27 17	1 57	24 23	22 05	14 38	11 56	21 15	6 27	14 45	27 26	2 17	26 54	5 26	28 31
29	Th	4:31:47	6 49 36	14 14	27 14	3 32	25 39	22 48	14 33	11 51	21 16	6 29	14 47	27 47	2 40	27 07	5 10	28 38
30	F	4:35:43	7 50 21	27 14	27 11	5 06	26 54	23 32	14 28	11 46	21 18	6 30	14 50	28 07	3 03	27 19	4 54	28 44

EPHEMERIS CALCULATED FOR 12 MIDNIGHT GREENWICH MEAN TIME. ALL OTHER DATA AND FACING ASPECTARIAN PAGE IN **EASTERN STANDARD TIME (BOLD)** AND PACIFIC STANDARD TIME (REGULAR).

DECEMBER 2001

1 SATURDAY

☽ ⚺ ♃	**1:53 am**	
☽ ☍ ♇	**2:50 am**	
♀ ⚹ ⚳	**2:51 am**	
♀ ⚺ ⚷	**9:09 am**	6:09 am
☽ △ ♅	**2:17 pm**	11:17 am
☽ △ ♂	**8:48 pm**	5:48 pm
☽ ⚹ ⚵		10:35 pm

2 SUNDAY

☽ ⚹ ⚵	**1:35 am**	
☽ ⚻ ⚳	**3:37 am**	12:37 am
☽ ☍ ⚷	**3:43 am**	12:43 am
☽ ⚻ ⚴	**5:26 am**	2:26 am
⚷ ⚺ ⚳	**9:24 am**	6:24 am
☽ ☍ ⚴	**12:40 pm**	9:40 am
☽ ⚺ ⚶	**12:49 pm**	9:49 am
⚴ ⚻ ⚶	**4:00 pm**	1:00 pm
☽ ⚻ ♆	**4:57 pm**	1:57 pm
☽ ⚻ ☿	**11:03 pm**	8:03 pm
☽ ⚻ ☉		9:51 pm
☽ ⚺ ♄		10:30 pm

3 MONDAY

☽ ⚻ ☉	**12:51 am**	
☽ ⚺ ♄	**1:30 am**	
☽ ☌ ♃	**6:04 am**	3:04 am
☽ ⚻ ♇	**7:28 am**	4:28 am
☉ ☍ ♄	**9:13 am**	6:13 am
☽ ⚻ ♅	**6:32 pm**	3:32 pm
☿ ☍ ♄	**7:47 pm**	4:47 pm

4 TUESDAY

☽ ⚻ ♂	**3:36 am**	12:36 am
☽ ⚺ ⚵	**6:06 am**	3:06 am
☽ ⚻ ⚷	**7:54 am**	4:54 am
☽ ☍ ⚳	**8:43 am**	5:43 am
☽ △ ♀	**2:16 pm**	11:16 am
☽ ⚹ ⚶	**3:29 pm**	12:29 pm
☉ ☌ ☿	**4:36 pm**	1:36 pm
☽ ⚻ ⚴	**5:42 pm**	2:42 pm
☽ ☍ ♆	**8:33 pm**	5:33 pm
♀ ☍ ⚶		10:49 pm

5 WEDNESDAY

♀ ☍ ⚶	**1:49 am**	
☽ ⚹ ♄	**4:33 am**	1:33 am
☽ △ ☉	**8:10 am**	5:10 am
☽ △ ☿	**8:52 am**	5:52 am
☽ ⚺ ♃	**8:59 am**	5:59 am
☿ ⚻ ♃	**9:51 am**	6:51 am
☽ △ ♇	**10:51 am**	7:51 am
☉ ⚻ ♃	**6:26 pm**	3:26 pm
☽ ☍ ♅	**9:44 pm**	6:44 pm

6 THURSDAY

☿ ☌ ♇	**3:12 am**	12:12 am
☽ ☍ ♂	**9:20 am**	6:20 am
☽ ☌ ⚵	**9:39 am**	6:39 am
☽ △ ⚷	**11:13 am**	8:13 am
☽ ⚻ ⚳	**12:55 pm**	9:55 am
♂ ☍ ⚵	**4:58 pm**	1:58 pm
☽ □ ⚶	**5:28 pm**	2:28 pm
♀ ⚺ ⚴	**8:11 pm**	5:11 pm
☽ △ ⚴	**9:58 pm**	6:58 pm
☽ □ ♀	**10:06 pm**	7:06 pm
☉ ☌ ♇	**10:53 pm**	7:53 pm
☽ ⚻ ♆	**11:29 pm**	8:29 pm

7 FRIDAY

☽ □ ♄	**7:03 am**	4:03 am
☽ ⚹ ♃	**11:23 am**	8:23 am
☽ □ ♇	**1:45 pm**	10:45 am
♀ ⚹ ♆	**1:59 pm**	10:59 am
☽ □ ☉	**2:52 pm**	11:52 am
☽ □ ☿	**5:57 pm**	2:57 pm
☽ ⚻ ♅		9:35 pm

8 SATURDAY

☽ ⚻ ♅	**12:35 am**	
♂ ⚹ ⚷	**4:14 am**	1:14 am
☽ ⚺ ⚵	**12:56 pm**	9:56 am
☽ □ ⚷	**2:22 pm**	11:22 am
☽ ⚻ ♂	**2:50 pm**	11:50 am
☽ △ ⚳	**4:59 pm**	1:59 pm
☽ △ ⚶	**7:23 pm**	4:23 pm
☽ □ ⚴		11:12 pm
☽ △ ♆		11:23 pm

9 SUNDAY

☽ □ ⚴	**2:12 am**	
☽ △ ♆	**2:23 am**	
☽ ⚹ ⚴	**5:52 am**	2:52 am
♆ ⚺ ⚴	**9:19 am**	6:19 am
☽ △ ♄	**9:37 am**	6:37 am
☽ □ ♃	**1:53 pm**	10:53 am
☽ ⚹ ♇	**4:48 pm**	1:48 pm
☽ ⚹ ☉	**9:45 pm**	6:45 pm

Eastern Standard Time in bold type
Pacific Standard Time in medium type

10 MONDAY

☽ ⚹ ☿	**3:19 am**	12:19 am
☽ △ ♅	**3:43 am**	12:43 am
☿ ⚹ ♅	**6:56 am**	3:56 am
☽ ⚹ ⚵	**4:36 pm**	1:36 pm
☽ ⚹ ⚷	**5:58 pm**	2:58 pm
☽ △ ♂	**8:52 pm**	5:52 pm
♀ ☍ ♄	**9:32 pm**	6:32 pm
☽ □ ⚳	**9:33 pm**	6:33 pm
☽ ⚻ ⚶	**9:48 pm**	6:48 pm

11 TUESDAY

⚳ △ ⚶	**3:39 am**	12:39 am
☽ □ ♆	**5:53 am**	2:53 am
☽ ⚹ ⚴	**7:04 am**	4:04 am
♂ □ ⚶	**10:40 am**	7:40 am
☽ ⚻ ♄	**12:51 pm**	9:51 am
☽ ⚺ ♀	**2:29 pm**	11:29 am
☽ △ ♃	**5:05 pm**	2:05 pm
☽ ⚺ ♇	**8:38 pm**	5:38 pm
♂ ⚺ ⚳	**9:42 pm**	6:42 pm

12 WEDNESDAY

☽ ⚺ ☉	**5:42 am**	2:42 am
☽ □ ♅	**7:48 am**	4:48 am
☽ ⚺ ☿	**2:02 pm**	11:02 am
♀ ⚻ ♃	**4:49 pm**	1:49 pm
☽ □ ⚵	**9:21 pm**	6:21 pm
☽ ⚺ ⚷	**10:43 pm**	7:43 pm
☽ ☍ ⚶		10:24 pm

13 THURSDAY

☽ ☍ ⚶	**1:24 am**	
☽ ⚹ ⚳	**3:26 am**	12:26 am
☽ □ ♂	**4:18 am**	1:18 am
☽ ⚹ ♆	**10:42 am**	7:42 am
☉ ⚹ ♅	**10:49 am**	7:49 am
☽ ⚺ ⚴	**1:23 pm**	10:23 am
☽ ☍ ♄	**5:29 pm**	2:29 pm
☽ ⚻ ♃	**9:44 pm**	6:44 pm
☽ ☌ ♀		10:02 pm
☽ ☌ ♇		11:02 pm

14 FRIDAY

☽ ☌ ♀	**1:02 am**	
☽ ☌ ♇	**2:02 am**	
♀ ☌ ♇	**11:51 am**	8:51 am
☽ ⚹ ♅	**1:37 pm**	10:37 am
☽ ☌ ☉	**3:47 pm**	12:47 pm

15 SATURDAY

☽ ☌ ☿	**3:24 am**	12:24 am
☽ △ ⚵	**4:01 am**	1:01 am
☽ ☌ ⚷	**5:29 am**	2:29 am
☽ ⚻ ⚶	**6:55 am**	3:55 am
☿ △ ⚵	**8:44 am**	5:44 am
☽ ⚺ ⚳	**11:31 am**	8:31 am
☽ ⚹ ♂	**2:08 pm**	11:08 am
☽ ⚺ ♆	**5:41 pm**	2:41 pm
☿ ☌ ⚷	**9:43 pm**	6:43 pm
☽ ☌ ⚴	**10:05 pm**	7:05 pm
☽ ⚻ ♄		9:19 pm

16 SUNDAY

☽ ⚻ ♄	**12:19 am**	
☽ ☍ ♃	**4:35 am**	1:35 am
☿ ⚻ ⚶	**5:20 am**	2:20 am
☽ ⚺ ♇	**9:47 am**	6:47 am
☽ ⚺ ♀	**2:44 pm**	11:44 am
☽ ⚺ ♅	**9:56 pm**	6:56 pm

17 MONDAY

☽ ⚺ ☉	**5:04 am**	2:04 am
☽ ⚻ ⚵	**1:15 pm**	10:15 am
☽ ⚺ ⚷	**2:57 pm**	11:57 am
☽ △ ⚶	**3:00 pm**	12:00 pm
⚷ ⚻ ⚶	**5:27 pm**	2:27 pm
☽ ⚺ ☿	**8:37 pm**	5:37 pm
☽ ☌ ⚳	**10:30 pm**	7:30 pm

18 TUESDAY

☽ ⚺ ♂	**3:09 am**	12:09 am
☽ ☌ ♆	**3:23 am**	12:23 am
♂ ⚺ ♆	**7:07 am**	4:07 am
☽ ⚺ ⚴	**9:44 am**	6:44 am
☽ △ ♄	**9:49 am**	6:49 am
♄ ⚻ ⚴	**12:03 pm**	9:03 am
☽ ⚻ ♃	**2:03 pm**	11:03 am
☿ ⚺ ⚳	**3:02 pm**	12:02 pm
☽ ⚹ ♇	**8:17 pm**	5:17 pm

19 WEDNESDAY

☽ ⚹ ♀	**8:05 am**	5:05 am
☽ ☌ ♅	**8:58 am**	5:58 am
♀ ⚹ ♅	**4:41 pm**	1:41 pm
☽ ⚹ ☉	**9:41 pm**	6:41 pm
☽ ☍ ⚵		9:58 pm
☽ □ ⚶		10:33 pm
☿ ⚺ ♆		10:51 pm
☽ ⚹ ⚷		11:59 pm

20 THURSDAY

☽ ☍ ⚵	**12:58 am**	
☽ □ ⚶	**1:33 am**	
☿ ⚺ ♆	**1:51 am**	
☽ ⚹ ⚷	**2:59 am**	
☽ ⚺ ⚳	**12:07 pm**	9:07 am
☽ ⚺ ♆	**3:25 pm**	12:25 pm
☽ ⚹ ☿	**5:28 pm**	2:28 pm
☽ ☌ ♂	**6:58 pm**	3:58 pm
☽ □ ♄	**9:30 pm**	6:30 pm
☽ ⚹ ⚴	**11:49 pm**	8:49 pm
☽ △ ♃		10:35 pm

21 FRIDAY

☽ △ ♃	**1:35 am**	
⚵ □ ⚶	**8:27 am**	5:27 am
☽ □ ♇	**8:46 am**	5:46 am
☉ ⚻ ⚶	**12:47 pm**	9:47 am
☿ ⚹ ♂	**12:47 pm**	9:47 am
☉ △ ⚵	**1:43 pm**	10:43 am
☽ ⚺ ♅	**9:40 pm**	6:40 pm
☿ ⚻ ♄	**10:23 pm**	7:23 pm

22 SATURDAY

☽ □ ♀	**3:44 am**	12:44 am
♂ □ ♄	**8:35 am**	5:35 am
☽ ⚹ ⚶	**1:16 pm**	10:16 am
☽ ⚻ ⚵	**1:46 pm**	10:46 am
☽ □ ☉	**3:56 pm**	12:56 pm
☽ □ ⚷	**4:08 pm**	1:08 pm
♃ ☍ ⚴	**4:41 pm**	1:41 pm
☉ ☌ ⚷	**6:25 pm**	3:25 pm
☿ ☍ ♃		10:59 pm
☽ ⚹ ⚳		11:37 pm

23 SUNDAY

☿ ☍ ♃	**1:59 am**	
☽ ⚹ ⚳	**2:37 am**	
☽ ⚹ ♆	**4:08 am**	1:08 am
☿ ☌ ⚴	**5:59 am**	2:59 am
☽ ⚹ ♄	**9:37 am**	6:37 am
☽ ⚺ ♂	**11:24 am**	8:24 am
☽ □ ♃	**1:21 pm**	10:21 am
☽ □ ⚴	**2:16 pm**	11:16 am
☽ □ ☿	**3:13 pm**	12:13 pm
☽ △ ♇	**9:15 pm**	6:15 pm

24 MONDAY

☽ ⚹ ♅	**9:51 am**	6:51 am
♂ △ ♃	**2:54 pm**	11:54 am
☽ △ ♀	**10:21 pm**	7:21 pm
☽ ⚺ ⚶	**11:59 pm**	8:59 pm
☽ △ ⚵		10:18 pm

25 TUESDAY

☽ △ ⚵	**1:18 am**	
☽ △ ⚷	**4:01 am**	1:01 am
♆ ☌ ⚳	**8:19 am**	5:19 am
☽ △ ☉	**8:36 am**	5:36 am
♀ ⚻ ⚶	**12:48 pm**	9:48 am
☿ ⚺ ♇	**1:58 pm**	10:58 am
☽ □ ♆	**3:08 pm**	12:08 pm
☽ □ ⚳	**3:20 pm**	12:20 pm
☽ ⚺ ♄	**7:53 pm**	4:53 pm
☽ ⚹ ♃	**11:10 pm**	8:10 pm
☽ ⚹ ♂		10:30 pm
☽ △ ⚴		11:29 pm

26 WEDNESDAY

☽ ⚹ ♂	**1:30 am**	
☽ △ ⚴	**2:29 am**	
♀ △ ⚵	**3:18 am**	12:18 am
☽ ⚻ ♇	**7:26 am**	4:26 am
☽ △ ☿	**9:51 am**	6:51 am
☽ □ ♅	**7:22 pm**	4:22 pm

27 THURSDAY

☽ ☌ ⚶	**7:53 am**	4:53 am
☽ □ ⚵	**9:43 am**	6:43 am
♀ ☌ ⚷	**10:46 am**	7:46 am
♂ ⚹ ⚴	**12:07 pm**	9:07 am
☽ ⚻ ⚷	**12:45 pm**	9:45 am
☽ ⚻ ♀	**12:56 pm**	9:56 am
☽ ⚻ ☉	**9:14 pm**	6:14 pm
☽ △ ♆	**10:52 pm**	7:52 pm
☽ △ ⚳		9:30 pm
☽ ☌ ♄		11:54 pm

28 FRIDAY

☽ △ ⚳	**12:30 am**	
☽ ☌ ♄	**2:54 am**	
☽ ⚺ ♃	**5:43 am**	2:43 am
☽ ⚻ ⚴	**10:59 am**	7:59 am
☽ □ ♂	**11:36 am**	8:36 am
☽ ☍ ♇	**2:10 pm**	11:10 am
☉ ⚺ ♆	**7:21 pm**	4:21 pm
☽ ⚻ ☿	**11:24 pm**	8:24 pm
☽ △ ♅		10:24 pm

29 SATURDAY

☽ △ ♅	**1:24 am**	
☽ ⚺ ⚶	**12:31 pm**	9:31 am
☽ ⚹ ⚵	**2:38 pm**	11:38 am
☿ ⚺ ♅	**5:25 pm**	2:25 pm
☽ ☍ ⚷	**6:00 pm**	3:00 pm
☽ ☍ ♀	**10:58 pm**	7:58 pm

30 SUNDAY

☽ ⚻ ♆	**3:17 am**	12:17 am
☽ ☍ ☉	**5:40 am**	2:40 am
☽ ⚻ ⚳	**6:07 am**	3:07 am
☽ ⚺ ♄	**6:44 am**	3:44 am
☽ ☌ ♃	**9:09 am**	6:09 am
♂ □ ♇	**1:50 pm**	10:50 am
☉ ⚺ ⚳	**3:05 pm**	12:05 pm
☽ ☍ ⚴	**4:05 pm**	1:05 pm
☽ ⚻ ♇	**5:49 pm**	2:49 pm
☽ △ ♂	**6:01 pm**	3:01 pm
☉ ⚻ ♄	**7:31 pm**	4:31 pm
♄ △ ⚳		11:00 pm

31 MONDAY

♄ △ ⚳	**2:00 am**	
☽ ⚻ ♅	**4:34 am**	1:34 am
☽ ☍ ☿	**8:43 am**	5:43 am
☽ ⚹ ⚶	**2:42 pm**	11:42 am
☽ ⚺ ⚵	**4:59 pm**	1:59 pm
☽ ⚻ ⚷	**8:45 pm**	5:45 pm
♀ ⚺ ♆		9:33 pm
☉ ☍ ♃		9:53 pm

DECEMBER 2001

☽ Last Aspect day	EST / hr:mn / PST	asp	☽ Ingress sign day	EST / hr:mn / PST
1	**8:48 pm** 5:48 pm	△♂	♋ 2	**5:30 am** 2:30 am
3	**6:04 am** 3:04 am	☌♃	♌ 4	**9:15 am** 6:15 am
6	**9:20 am** 6:20 am	☍♂	♍ 6	**12:11 pm** 9:11 am
7	**5:57 pm** 2:57 pm	□☿	♎ 8	**2:57 pm** 11:57 am
10	**3:43 am** 12:43 am	△♅	♏ 10	**6:09 pm** 3:09 pm
12	**7:48 am** 4:48 am	□♅	♐ 12	**10:30 pm** 7:30 pm
15	**3:24 am** 12:24 am	☌⚷	♑ 15	**4:48 am** 1:48 am
16	**4:35 am** 1:35 am	☍♃	♒ 17	**1:43 pm** 10:43 am
19	**9:41 pm** 6:41 pm	⚹☉	♓ 19	10:09 pm
19	**9:41 pm** 6:41 pm	⚹☉	♓ 20	**1:09 am**
22	**3:44 am** 12:44 am	□♀	♈ 22	**1:45 pm** 10:45 am
24	**10:21 pm** 7:21 pm	△♀	♉ 24	10:12 pm
24	**10:21 pm** 7:21 pm	△♀	♉ 25	**1:12 am**
26	**7:22 pm** 4:22 pm	□♅	♊ 27	**9:39 am** 6:39 am
28	10:24 pm	△♅	♋ 29	**2:40 pm** 11:40 am
29	**1:24 am**	△♅	♋ 29	**2:40 pm** 11:40 am
31	**8:43 am** 5:43 am	☍☿	♌ 31	**5:09 pm** 2:09 pm

☽ Phases & Eclipses phase	day	EST / hr:mn / PST
4th Quarter	7	**2:52 pm** 11:52 am
New Moon	14	**3:47 pm** 12:47 pm
●	14	22° ♐ 56'
2nd Quarter	22	**3:56 pm** 12:56 pm
Full Moon	30	**5:40 am** 2:40 am
●	30	8° ♋ 48'

Planet Ingress	day	EST / hr:mn / PST
♀ ♐	2	**6:11 am** 3:11 am
⚳ ♒	5	**6:38 am** 3:38 am
♂ ♓	8	**4:52 pm** 1:52 pm
⚷ ♑	11	**6:04 pm** 3:04 pm
☿ ♑	15	**2:55 pm** 11:55 am
⚶ ♉	21	**3:43 am** 12:43 am
☉ ♑	21	**2:21 pm** 11:21 am
⚵ ♍	22	**9:57 am** 6:57 am
♀ ♑	25	11:25 pm
♀ ♑	26	**2:25 am**
⚵ ♌	28	11:11 pm
⚵ ♌	29	**2:11 am**

Planetary Motion	day	EST / hr:mn / PST
⚵ ℞	25	**6:09 pm** 3:09 pm

DATE		SID.TIME	SUN	MOON	NODE	MERCURY	VENUS	MARS	JUPITER	SATURN	URANUS	NEPTUNE	PLUTO	CERES	PALLAS	JUNO	VESTA	CHIRON
1	Sa	4:39:40	8 ♐ 51 08	10 ♊ 30	27 ♊ ℞ 09	6 ♐ 41	28 ♏ 09	24 ♒ 15	14 ♋ ℞ 23	11 ♊ ℞ 42	21 ♒ 19	6 ♒ 32	14 ♐ 52	28 ♑ 27	3 ♑ 26	27 ♌ 31	4 ♊ ℞ 39	28 ♐ 50
2	Su	4:43:36	9 51 56	24 01	27 D 08	8 15	29 25	24 59	14 17	11 37	21 21	6 33	14 54	28 48	3 49	27 42	4 23	28 56
3	M	4:47:33	10 52 45	7 ♋ 45	27 09	9 49	0 ♐ 40	25 42	14 12	11 32	21 22	6 34	14 56	29 08	4 12	27 53	4 08	29 03
4	T	4:51:30	11 53 36	21 40	27 10	11 24	1 56	26 26	14 06	11 27	21 24	6 36	14 59	29 29	4 35	28 04	3 52	29 09
5	W	4:55:26	12 54 27	5 ♌ 43	27 11	12 58	3 11	27 09	14 00	11 22	21 26	6 37	15 01	29 50	4 58	28 14	3 37	29 15
6	Th	4:59:23	13 55 20	19 51	27 12	14 32	4 27	27 53	13 54	11 17	21 27	6 39	15 03	0 ♒ 11	5 22	28 24	3 22	29 22
7	F	5:03:19	14 56 15	4 ♍ 02	27 ℞ 13	16 06	5 42	28 37	13 48	11 12	21 29	6 41	15 06	0 32	5 45	28 34	3 07	29 28
8	Sa	5:07:16	15 57 0	18 13	27 13	17 40	6 58	29 20	13 41	11 07	21 31	6 42	15 08	0 53	6 08	28 43	2 52	29 35
9	Su	5:11:12	16 58 07	2 ♎ 23	27 12	19 15	8 13	0 ♓ 04	13 35	11 02	21 33	6 44	15 10	1 14	6 31	28 51	2 37	29 41
10	M	5:15:09	17 59 05	16 30	27 12	20 49	9 28	0 48	13 28	10 57	21 35	6 45	15 13	1 35	6 54	28 59	2 23	29 47
11	T	5:19:05	19 00 04	0 ♏ 30	27 11	22 23	10 44	1 31	13 21	10 52	21 37	6 47	15 15	1 56	7 17	29 07	2 09	29 54
12	W	5:23:02	20 01 05	14 21	27 10	23 58	11 59	2 15	13 14	10 48	21 39	6 49	15 17	2 18	7 40	29 14	1 55	0 ♑ 00
13	Th	5:26:59	21 02 06	28 02	27 09	25 32	13 15	2 59	13 07	10 43	21 41	6 50	15 20	2 39	8 03	29 21	1 41	0 07
14	F	5:30:55	22 03 08	11 ♐ 29	27 08	27 07	14 30	3 43	13 00	10 38	21 43	6 52	15 22	3 00	8 27	29 27	1 28	0 13
15	Sa	5:34:52	23 04 12	24 41	27 D 08	28 41	15 46	4 26	12 53	10 33	21 45	6 54	15 24	3 22	8 50	29 33	1 15	0 20
16	Su	5:38:48	24 05 16	7 ♑ 37	27 08	0 ♑ 16	17 02	5 10	12 46	10 29	21 47	6 56	15 26	3 44	9 13	29 38	1 02	0 26
17	M	5:42:45	25 06 20	20 18	27 08	1 51	18 17	5 54	12 38	10 24	21 50	6 57	15 29	4 05	9 36	29 43	0 50	0 33
18	T	5:46:41	26 07 25	2 ♒ 43	27 09	3 26	19 33	6 38	12 31	10 19	21 52	6 59	15 31	4 27	9 59	29 47	0 38	0 39
19	W	5:50:38	27 08 31	14 55	27 ℞ 09	5 01	20 48	7 22	12 23	10 15	21 54	7 01	15 33	4 49	10 23	29 51	0 26	0 46
20	Th	5:54:34	28 09 37	26 56	27 09	6 36	22 04	8 06	12 16	10 10	21 57	7 03	15 36	5 11	10 46	29 54	0 15	0 52
21	F	5:58:31	29 10 43	8 ♓ 51	27 08	8 12	23 19	8 50	12 08	10 05	21 59	7 05	15 38	5 33	11 09	29 57	0 04	0 59
22	Sa	6:02:28	0 ♑ 11 49	20 43	27 D 08	9 47	24 35	9 34	12 00	10 01	22 01	7 07	15 40	5 55	11 32	29 59	29 ♉ 53	1 05
23	Su	6:06:24	1 12 56	2 ♈ 36	27 08	11 22	25 50	10 18	11 52	9 57	22 04	7 09	15 42	6 17	11 55	0 ♍ 01	29 43	1 12
24	M	6:10:21	2 14 03	14 37	27 08	12 58	27 06	11 01	11 44	9 52	22 06	7 11	15 45	6 39	12 19	0 02	29 33	1 18
25	T	6:14:17	3 15 09	26 48	27 09	14 33	28 21	11 45	11 37	9 48	22 09	7 13	15 47	7 01	12 42	0 ℞ 03	29 24	1 25
26	W	6:18:14	4 16 16	9 ♉ 16	27 09	16 09	29 37	12 29	11 29	9 44	22 11	7 14	15 49	7 24	13 05	0 03	29 15	1 31
27	Th	6:22:00	5 17 24	22 02	27 10	17 44	0 ♑ 52	13 13	11 21	9 39	22 14	7 16	15 51	7 46	13 28	0 03	29 06	1 38
28	F	6:26:07	6 18 31	5 ♊ 10	27 11	19 19	2 08	13 57	11 12	9 35	22 17	7 18	15 53	8 08	13 51	0 02	28 58	1 44
29	Sa	6:30:03	7 19 38	18 40	27 ℞ 12	20 54	3 23	14 41	11 04	9 31	22 19	7 21	15 56	8 31	14 14	0 00	28 50	1 50
30	Su	6:34:00	8 20 46	2 ♋ 32	27 12	22 28	4 39	15 25	10 56	9 27	22 22	7 23	15 58	8 53	14 38	29 ♌ 59	28 43	1 57
31	M	6:37:57	9 21 54	16 42	27 11	24 02	5 54	16 09	10 48	9 23	22 25	7 25	16 00	9 16	15 01	29 56	28 36	2 03

EPHEMERIS CALCULATED FOR 12 MIDNIGHT GREENWICH MEAN TIME. ALL OTHER DATA AND FACING ASPECTARIAN PAGE IN **EASTERN STANDARD TIME (BOLD)** AND PACIFIC STANDARD TIME (REGULAR).

JANUARY 2002

1 TUESDAY
♀ ⊻ ♆ **12:33 am**
☉ ☍ ♃ **12:53 am**
☽ ☍ ♆ **5:29 am** 2:29 am
☽ ⊼ ♀ **5:56 am** 2:56 am
☽ 2 ♄ **8:29 am** 5:29 am
☽ ☍ ς **9:26 am** 6:26 am
☽ ⊻ ♃ **10:37 am** 7:37 am
☽ ⊼ ☉ **11:27 am** 8:27 am
☽ ⊼ ⚴ **7:11 pm** 4:11 pm
☽ △ ♇ **7:40 pm** 4:40 pm
☽ ⊼ ♂ **10:22 pm** 7:22 pm

2 WEDNESDAY
☽ ☍ ♅ **6:16 am** 3:16 am
♀ ⊼ ♄ **10:17 am** 7:17 am
☿ △ # **2:00 pm** 11:00 am
♇ ⊻ ⚴ **2:57 pm** 11:57 am
☽ ⊗ # **3:49 pm** 12:49 pm
☽ ⊼ ☿ **4:02 pm** 1:02 pm
☽ ☌ ⚵ **6:13 pm** 3:13 pm
♃ ⊼ ς **7:29 pm** 4:29 pm
☽ △ ♑ **10:31 pm** 7:31 pm

3 THURSDAY
☽ ⊼ ♆ **6:59 am** 3:59 am
♀ ☍ ♃ **7:22 am** 4:22 am
☽ ⊗ ♄ **9:41 am** 6:41 am
☽ 2 ♃ **11:34 am** 8:34 am
☽ △ ♀ **12:01 pm** 9:01 am
☽ ⊼ ς 12:09 pm 9:09 am
☿ ⊼ ⚵ 12:15 pm 9:15 am
♀ ⊻ ς 2:18 pm 11:18 am
☽ △ ☉ 4:36 pm 1:36 pm
☽ ⊗ ♇ 9:15 pm 6:15 pm
☽ △ ⚴ 10:00 pm 7:00 pm
☽ ☍ ♂ 11:30 pm

4 FRIDAY
☽ ☍ ♂ **2:30 am**
☽ ⊼ ♅ **8:02 am** 5:02 am
☽ △ ⚶ **5:18 pm** 2:18 pm
☽ ⊻ ⚵ **7:45 pm** 4:45 pm
☽ △ ☿ **11:35 pm** 8:35 pm
☽ □ ⚷ 9:48 pm

5 SATURDAY
☽ □ ⚷ **12:48 am**
☽ △ ♆ **9:14 am** 6:14 am
☽ △ ♄ **11:39 am** 8:39 am
☿ ⊻ ⚷ **12:23 pm** 9:23 am
☽ □ ♃ **1:20 pm** 10:20 am
☽ △ ⚳ **3:47 pm** 12:47 pm
☽ □ ♀ **7:11 pm** 4:11 pm
☽ □ ☉ **10:55 pm** 7:55 pm
☽ ⚹ ♇ **11:54 pm** 8:54 pm
☽ □ ♀ 10:58 pm

6 SUNDAY
☽ □ ♀ **1:58 am**
☽ ⊼ ♂ **7:59 am** 4:59 am
☽ △ ♅ **11:05 am** 8:05 am
☉ ⊻ ♇ **12:54 pm** 9:54 am
☽ ⊼ ⚶ **8:14 pm** 5:14 pm
☽ ⚹ ⚵ **10:41 pm** 7:41 pm

7 MONDAY
☽ ⚹ ⚷ **4:39 am** 1:39 am
☽ □ ☿ **8:52 am** 5:52 am
☽ □ ♆ **1:08 pm** 10:08 am
☽ ⊼ ♄ **3:18 pm** 12:18 pm
☽ △ ♃ **4:45 pm** 1:45 pm
☽ □ ⚳ **9:19 pm** 6:19 pm
♀ ⊻ ♇ 10:08 pm

8 TUESDAY
♀ ⊻ ♇ **1:08 am**
☽ ⊻ ♇ **4:22 am** 1:22 am
☽ ⚹ ♀ **4:41 am** 1:41 am
☽ ⚹ ☉ **7:29 am** 4:29 am
☽ ⚹ ♀ **7:55 am** 4:55 am
☽ △ ♂ **3:41 pm** 12:41 pm
☽ □ ♅ **4:03 pm** 1:03 pm
☉ ☌ ♀ **4:30 pm** 1:30 pm
♂ ⊻ ♅ **10:56 pm** 7:56 pm
☽ ☍ ⚶ 10:10 pm

9 WEDNESDAY
☽ ☍ ⚶ **1:10 am**
☽ □ ⚵ **3:28 am** 12:28 am
☿ ☌ ♆ **6:56 am** 3:56 am
☽ ⊻ ⚷ **10:33 am** 7:33 am
☽ ⚹ ♆ **7:05 pm** 4:05 pm
☽ ⚹ ☿ **8:17 pm** 5:17 pm
☽ ☍ ♄ **8:59 pm** 5:59 pm
☽ ⊼ ♃ **10:09 pm** 7:09 pm

10 THURSDAY
☿ △ ♄ **3:36 am** 12:36 am
☽ ⚹ ⚳ **5:04 am** 2:04 am
♀ ☌ ♀ **5:05 am** 2:05 am
☽ ☌ ♇ **10:54 am** 7:54 am
☿ ⊼ ♃ **3:19 pm** 12:19 pm
☽ ⊻ ♀ **4:07 pm** 1:07 pm
☽ ⊻ ♀ **4:57 pm** 1:57 pm
☽ ⊻ ☉ **6:40 pm** 3:40 pm
☽ ⚹ ♅ **11:07 pm** 8:07 pm
☽ □ ♂ 10:49 pm

11 FRIDAY
☽ □ ♂ **1:49 am**
☽ ⊼ ⚶ **8:14 am** 5:14 am
☽ △ ⚵ **10:11 am** 7:11 am
☽ ☌ ⚷ **6:34 pm** 3:34 pm

12 SATURDAY
☽ ⊻ ♆ **3:07 am** 12:07 am
☽ ⊼ ♄ **4:42 am** 1:42 am
☽ ☍ ♃ **5:34 am** 2:34 am
☽ ⊻ ☿ **9:29 am** 6:29 am
☽ ⊻ ⚳ **3:05 pm** 12:05 pm
☽ ⊻ ♇ **7:31 pm** 4:31 pm
☽ ☌ ♀ 11:34 pm

13 SUNDAY
☽ ☌ ♀ **2:34 am**
☉ ⊻ ♅ **5:47 am** 2:47 am
☽ ☌ ♀ **8:00 am** 5:00 am
☽ ⊻ ♅ **8:16 am** 5:16 am
☽ ☌ ☉ **8:29 am** 5:29 am
♀ ⊻ ♅ **10:41 am** 7:41 am
☽ ⚹ ♂ **2:24 pm** 11:24 am
☽ △ ⚶ **5:24 pm** 2:24 pm
☽ ⊼ ⚵ **6:49 pm** 3:49 pm

14 MONDAY
☽ ⊻ ⚷ **4:40 am** 1:40 am
☉ ☌ ♀ **6:32 am** 3:32 am
☽ ☌ ♆ **1:13 pm** 10:13 am
☽ △ ♄ **2:27 pm** 11:27 am
☽ ⊼ ♃ **2:58 pm** 11:58 am
☽ ☌ ☿ **11:43 pm** 8:43 pm

15 TUESDAY
☽ ☌ ⚳ **3:20 am** 12:20 am
☽ ⚹ ♇ **6:09 am** 3:09 am
☽ ⊻ ♀ **3:11 pm** 12:11 pm
♂ ⚹ ⚶ **5:15 pm** 2:15 pm
☽ ☌ ♅ **7:25 pm** 4:25 pm
☽ ⊻ ☉ 9:50 pm
☽ ⊻ ♀ 10:46 pm

16 WEDNESDAY
☽ ⊻ ☉ **12:50 am**
☽ ⊻ ♀ **1:46 am**
♂ ⊼ ⚵ **4:11 am** 1:11 am
☽ □ ⚶ **4:35 am** 1:35 am
☽ ☍ ⚵ **5:14 am** 2:14 am
☽ ⊻ ♂ **5:19 am** 2:19 am
☽ ⚹ ⚷ **4:42 pm** 1:42 pm
☽ ⊻ ♆ 10:09 pm
☽ □ ♄ 11:02 pm
☽ △ ♃ 11:09 pm

17 THURSDAY
☽ ⊻ ♆ **1:09 am**
☽ □ ♄ **2:02 am**
☽ △ ♃ **2:09 am**
♀ △ ⚶ **4:56 am** 1:56 am
♀ ⊼ ⚵ **7:05 am** 4:05 am
☽ ⊻ ☿ **1:57 pm** 10:57 am
☽ ⊻ ⚳ **5:26 pm** 2:26 pm
☽ □ ♇ **6:28 pm** 3:28 pm
♃ ⊻ ♄ **7:33 pm** 4:33 pm
⚵ □ ⚶ **7:58 pm** 4:58 pm
☉ ⊼ ⚵ **9:29 pm** 6:29 pm
☉ △ ⚶ **9:48 pm** 6:48 pm

18 FRIDAY
☽ ⚹ ♀ **5:31 am** 2:31 am
☽ ⊻ ♅ **8:06 am** 5:06 am
☽ ⊼ ⚵ **4:51 pm** 1:51 pm
☽ ⚹ ⚶ **5:13 pm** 2:13 pm
☽ ⚹ ☉ **7:00 pm** 4:00 pm
☽ ⚹ ♀ **9:27 pm** 6:27 pm
☽ ☌ ♂ **9:49 pm** 6:49 pm

19 SATURDAY
♇ ⚹ ⚳ **3:16 am** 12:16 am
♀ ⚹ ♂ **5:20 am** 2:20 am
☽ □ ⚷ **5:52 am** 2:52 am
☽ ⚹ ♆ **2:01 pm** 11:01 am
☽ □ ♃ **2:14 pm** 11:14 am
☽ ⚹ ♄ **2:31 pm** 11:31 am
☽ ⚹ ☿ 11:26 pm

20 SUNDAY
☽ ⚹ ☿ **2:26 am**
♃ ⊼ ♆ **5:58 am** 2:58 am
☽ △ ♇ **7:15 am** 4:15 am
☽ ⚹ ⚳ **8:07 am** 5:07 am
☽ □ ♀ **7:59 pm** 4:59 pm
☽ ⚹ ♅ **8:50 pm** 5:50 pm

21 MONDAY
☽ △ ⚵ **4:10 am** 1:10 am
☽ ⊻ ⚶ **5:43 am** 2:43 am
☽ □ ☉ **12:47 pm** 9:47 am
☽ ⊻ ♂ **1:51 pm** 10:51 am
☽ □ ♀ **4:35 pm** 1:35 pm
☽ △ ⚷ **6:20 pm** 3:20 pm
☽ ⚹ ♃ 10:23 pm
☽ □ ♆ 10:56 pm
☽ ⊻ ♄ 11:04 pm

22 TUESDAY
☽ ⚹ ♃ **1:23 am**
☽ □ ♆ **1:56 am**
☽ ⊻ ♄ **2:04 am**
♅ ⊻ ♀ **3:37 am** 12:37 am
♀ ⊻ ⚷ **10:56 am** 7:56 am
☽ □ ☿ **11:22 am** 8:22 am
☽ ⊼ ♇ **6:26 pm** 3:26 pm
☽ □ ⚳ **9:00 pm** 6:00 pm

23 WEDNESDAY
♄ △ ♆ **3:19 am** 12:19 am
☉ ⚹ ♂ **7:25 am** 4:25 am
☽ □ ♅ **7:29 am** 4:29 am
☽ △ ♀ **8:12 am** 5:12 am
☽ □ ⚵ **1:13 pm** 10:13 am
☽ ☌ ⚶ **3:53 pm** 12:53 pm
☽ ⚹ ♂ 11:42 pm

24 THURSDAY
☽ ⚹ ♂ **2:42 am**
☽ △ ☉ **3:10 am** 12:10 am
☽ ⊼ ⚷ **3:56 am** 12:56 am
☽ △ ♀ **7:57 am** 4:57 am
☽ ⊻ ♃ **9:38 am** 6:38 am
☽ ☌ ♄ **10:37 am** 7:37 am
☽ △ ♆ **10:47 am** 7:47 am
☉ ⊻ ⚷ **2:03 pm** 11:03 am
☽ △ ☿ **3:52 pm** 12:52 pm
♀ ⊼ ♃ 9:15 pm
☽ ☍ ♇ 11:08 pm

25 FRIDAY
♀ ⊼ ♃ **12:15 am**
☽ ☍ ♇ **2:08 am**
♂ □ ⚷ **4:09 am** 1:09 am
☽ △ ⚳ **6:03 am** 3:03 am
♀ △ ♄ **11:17 am** 8:17 am
♀ ☌ ♆ **2:16 pm** 11:16 am
☽ △ ♅ **2:23 pm** 11:23 am
☽ ⊼ ♀ **4:22 pm** 1:22 pm
☽ ⚹ ⚵ **6:37 pm** 3:37 pm
☽ ⊻ ⚶ **10:14 pm** 7:14 pm

26 SATURDAY
☿ ☌ ♀ **7:17 am** 4:17 am
☽ ☍ ⚷ **9:31 am** 6:31 am
☽ □ ♂ **10:55 am** 7:55 am
☽ ⊼ ☉ **12:35 pm** 9:35 am
☽ ☌ ♃ **2:03 pm** 11:03 am
☽ ⊻ ♄ **3:16 pm** 12:16 pm
☽ ⊼ ♆ **3:39 pm** 12:39 pm
☽ ⊼ ☿ **4:19 pm** 1:19 pm
☽ ⊼ ♀ **6:03 pm** 3:03 pm
☿ ☌ ♆ **11:39 pm** 8:39 pm

27 SUNDAY
☿ △ ♄ **4:26 am** 1:26 am
☽ ⊼ ♇ **5:55 am** 2:55 am
☉ ⊼ ♃ **7:17 am** 4:17 am
☽ ⊼ ⚳ **10:54 am** 7:54 am
☉ ☌ ☿ **1:55 pm** 10:55 am
☽ ⊼ ♅ **5:28 pm** 2:28 pm
♀ ⊼ ⚵ **7:52 pm** 4:52 pm
☿ ⊼ ♃ **8:18 pm** 5:18 pm
☽ ⊻ ⚵ **8:26 pm** 5:26 pm
☽ ☍ ♀ **8:28 pm** 5:28 pm
☽ ⚹ ⚶ 9:56 pm
☉ △ ♄ 10:12 pm

28 MONDAY
☽ ⚹ ⚶ **12:56 am**
☉ △ ♄ **1:12 am**
☿ ⚹ ♂ **4:52 am** 1:52 am
☉ ☌ ♆ **8:45 am** 5:45 am
☽ ⊼ ⚷ **11:37 am** 8:37 am
☽ ☍ ☿ **1:54 pm** 10:54 am
☽ △ ♂ **3:10 pm** 12:10 pm
☽ ⊻ ♃ **3:16 pm** 12:16 pm
☽ ⚹ ♄ **4:41 pm** 1:41 pm
♂ □ ♃ **4:58 pm** 1:58 pm
☽ ☍ ♆ **5:15 pm** 2:15 pm
☽ ☍ ☉ **5:50 pm** 2:50 pm
☽ ☍ ♀ **11:55 pm** 8:55 pm

29 TUESDAY
☽ △ ♇ **6:50 am** 3:50 am
☽ ☍ ⚳ **12:50 pm** 9:50 am
☿ ⊻ ⚷ **3:02 pm** 12:02 pm
☽ ☍ ♅ **6:04 pm** 3:04 pm
☽ ☌ ⚵ **8:00 pm** 5:00 pm
♂ ⚹ ♄ **9:35 pm** 6:35 pm
☽ ⊼ ♀ **10:01 pm** 7:01 pm
☽ □ ⚶ 10:28 pm

30 WEDNESDAY
☽ □ ⚶ **1:28 am**
☽ ⊼ ☿ **10:16 am** 7:16 am
☽ △ ⚷ **11:55 am** 8:55 am
♂ ⚹ ♆ **11:59 am** 8:59 am
☽ ⚹ ♃ **2:55 pm** 11:55 am
☽ □ ♄ **4:33 pm** 1:33 pm
☽ ⊼ ♆ **5:17 pm** 2:17 pm
☽ ⊼ ♂ **5:32 pm** 2:32 pm
☽ ⊼ ☉ **9:13 pm** 6:13 pm

31 THURSDAY
☽ ⊼ ♀ **4:10 am** 1:10 am
☽ □ ♇ **6:46 am** 3:46 am
☽ ⊼ ⚳ **2:01 pm** 11:01 am
☽ ⊼ ♅ **6:10 pm** 3:10 pm
☽ ⊻ ⚵ **7:10 pm** 4:10 pm
☽ △ ♀ **11:13 pm** 8:13 pm
☽ △ ⚶ 10:52 pm

Eastern Standard Time in bold type
Pacific Standard Time in medium type

JANUARY 2002

☽ Last Aspect day	EST / hr:mn / PST		asp	☽ Ingress sign day	EST / hr:mn / PST	
2	**6:16 am**	3:16 am	☍♅	♍ 2	**6:34 pm**	3:34 pm
3		11:30 pm	☍♂	♎ 4	**8:23 pm**	5:23 pm
4	**2:30 am**		☍♂	♎ 4	**8:23 pm**	5:23 pm
6	**11:05 am**	8:05 am	△♅	♏ 6	**11:41 pm**	8:41 pm
8	**4:03 pm**	1:03 pm	□♅	♐ 9	**4:57 am**	1:57 am
10		10:49 pm	□♂	♑ 11	**12:18 pm**	9:18 am
11	**1:49 am**		□♂	♑ 11	**12:18 pm**	9:18 am
13	**2:24 pm**	11:24 am	⚹♂	♒ 13	**9:41 pm**	6:41 pm
15	**7:25 pm**	4:25 pm	☌♅	♓ 16	**9:00 am**	6:00 am
18	**9:27 pm**	6:27 pm	⚹♀	♈ 18	**9:35 pm**	6:35 pm

☽ Last Aspect day	EST / hr:mn / PST		asp	☽ Ingress sign day	EST / hr:mn / PST	
20	**8:50 pm**	5:50 pm	⚹♅	♉ 21	**9:47 am**	6:47 am
23	**7:29 am**	4:29 am	□♅	♊ 23	**7:28 pm**	4:28 pm
25	**2:23 pm**	11:23 am	△♅	♋ 25		10:17 pm
25	**2:23 pm**	11:23 am	△♅	♋ 26	**1:17 am**	
26	**2:03 pm**	11:03 am	☌♃	♌ 28	**3:31 am**	12:31 am
29	**6:04 pm**	3:04 pm	☍♅	♍ 30	**3:40 am**	12:40 am
31	**6:46 am**	3:46 am	□♇	♎ 2/1	**3:44 am**	12:44 am

☽ Phases & Eclipses phase	day	EST / hr:mn / PST	
4th Quarter	5	**10:55 pm**	7:55 pm
New Moon	13	**8:29 am**	5:29 am
2nd Quarter	21	**12:47 pm**	9:47 am
Full Moon	28	**5:50 pm**	2:50 pm

Planet Ingress		day	EST / hr:mn / PST	
☿	♒	3	**4:38 pm**	1:38 pm
♂	♈	18	**5:53 pm**	2:53 pm
♀	♒	18	**10:42 pm**	7:42 pm
☉	♒	19		10:02 pm
☉	♒	20	**1:02 am**	

Planetary Motion		day	EST / hr:mn / PST	
⚶	D	14	**3:45 pm**	12:45 pm
☿	℞	18	**3:52 pm**	12:52 pm

DATE		SID.TIME	SUN	MOON	NODE	MERCURY	VENUS	MARS	JUPITER	SATURN	URANUS	NEPTUNE	PLUTO	CERES	PALLAS	JUNO	VESTA	CHIRON
1	T	6:41:53	10 ♑ 23 01	1 ♌ 07	27 ♊ ℞ 10	25 ♑ 35	7 ♑ 10	16 ♓ 53	10 ♋ ℞ 40	9 ♊ ℞ 19	22 ♒ 28	7 ♒ 27	16 ♐ 02	9 ♒ 38	15 ♑ 24	29 ♌ ℞ 54	28 ♉ ℞ 30	2 ♑ 10
2	W	6:45:50	11 24 10	15 40	27 08	27 07	8 25	17 37	10 32	9 16	22 30	7 29	16 04	10 00	15 47	29 51	28 24	2 16
3	Th	6:49:46	12 25 18	0 ♍ 16	27 06	28 39	9 41	18 21	10 24	9 12	22 33	7 31	16 06	10 23	16 10	29 47	28 19	2 23
4	F	6:53:43	13 26 26	14 47	27 04	0 ♒ 09	10 56	19 05	10 16	9 08	22 36	7 33	16 09	10 46	16 33	29 42	28 14	2 29
5	Sa	6:57:39	14 27 35	29 10	27 03	1 37	12 12	19 48	10 08	9 05	22 39	7 35	16 11	11 09	16 56	29 37	28 09	2 36
6	Su	7:01:36	15 28 44	13 ♎ 21	27 D 02	3 04	13 27	20 32	9 59	9 01	22 42	7 37	16 13	11 31	17 19	29 32	28 05	2 42
7	M	7:05:32	16 29 53	27 18	27 03	4 28	14 43	21 16	9 51	8 58	22 45	7 39	16 15	11 54	17 42	29 26	28 01	2 48
8	T	7:09:29	17 31 02	11 ♏ 01	27 04	5 49	15 58	22 00	9 43	8 55	22 48	7 42	16 17	12 17	18 05	29 20	27 58	2 55
9	W	7:13:26	18 32 12	24 29	27 05	7 07	17 14	22 44	9 35	8 51	22 51	7 44	16 19	12 40	18 28	29 13	27 55	3 01
10	Th	7:17:22	19 33 21	7 ♐ 43	27 07	8 22	18 29	23 28	9 28	8 48	22 54	7 46	16 21	13 03	18 51	29 06	27 53	3 07
11	F	7:21:19	20 34 31	20 44	27 ℞ 08	9 31	19 45	24 12	9 20	8 45	22 57	7 48	16 23	13 26	19 14	28 58	27 51	3 13
12	Sa	7:25:15	21 35 40	3 ♑ 33	27 08	10 36	21 00	24 56	9 12	8 42	23 00	7 50	16 25	13 49	19 37	28 49	27 49	3 20
13	Su	7:29:12	22 36 49	16 11	27 06	11 34	22 16	25 39	9 04	8 39	23 03	7 52	16 27	14 12	20 00	28 41	27 48	3 26
14	M	7:33:08	23 37 58	28 37	27 04	12 25	23 31	26 23	8 57	8 37	23 06	7 55	16 29	14 35	20 23	28 31	27 D 47	3 32
15	T	7:37:05	24 39 07	10 ♒ 53	27 00	13 09	24 47	27 07	8 49	8 34	23 09	7 57	16 31	14 58	20 46	28 22	27 47	3 38
16	W	7:41:02	25 40 14	23 00	26 54	13 44	26 02	27 51	8 41	8 31	23 12	7 59	16 33	15 21	21 09	28 11	27 48	3 44
17	Th	7:44:58	26 41 22	4 ♓ 59	26 49	14 10	27 17	28 35	8 34	8 29	23 16	8 01	16 35	15 44	21 31	28 01	27 48	3 51
18	F	7:48:55	27 42 28	16 52	26 43	14 ℞ 25	28 33	29 18	8 27	8 27	23 19	8 04	16 36	16 08	21 54	27 50	27 49	3 57
19	Sa	7:52:51	28 43 34	28 44	26 39	14 29	29 48	0 ♈ 02	8 20	8 24	23 22	8 06	16 38	16 31	22 17	27 39	27 51	4 03
20	Su	7:56:48	29 44 39	10 ♈ 36	26 35	14 22	1 ♒ 04	0 46	8 12	8 22	23 25	8 08	16 40	16 54	22 39	27 27	27 53	4 09
21	M	8:00:44	0 ♒ 45 43	22 33	26 D 33	14 03	2 19	1 29	8 05	8 20	23 28	8 10	16 42	17 17	23 02	27 15	27 55	4 15
22	T	8:04:41	1 46 46	4 ♉ 41	26 33	13 32	3 35	2 13	7 59	8 18	23 32	8 13	16 44	17 41	23 25	27 02	27 58	4 21
23	W	8:08:37	2 47 48	17 03	26 34	12 51	4 50	2 57	7 52	8 16	23 35	8 15	16 45	18 04	23 47	26 49	28 02	4 27
24	Th	8:12:34	3 48 49	29 45	26 36	11 59	6 05	3 40	7 45	8 15	23 38	8 17	16 47	18 27	24 10	26 36	28 05	4 33
25	F	8:16:31	4 49 50	12 ♊ 51	26 37	10 59	7 21	4 24	7 39	8 13	23 42	8 20	16 49	18 51	24 32	26 23	28 09	4 38
26	Sa	8:20:27	5 50 49	26 23	26 ℞ 38	9 51	8 36	5 08	7 32	8 12	23 45	8 22	16 51	19 14	24 55	26 09	28 14	4 44
27	Su	8:24:24	6 51 47	10 ♋ 22	26 37	8 39	9 52	5 51	7 26	8 10	23 48	8 24	16 52	19 38	25 17	25 55	28 19	4 50
28	M	8:28:20	7 52 44	24 48	26 34	7 24	11 07	6 35	7 20	8 09	23 52	8 26	16 54	20 01	25 40	25 41	28 24	4 56
29	T	8:32:17	8 53 41	9 ♌ 34	26 30	6 08	12 22	7 18	7 14	8 08	23 55	8 29	16 56	20 25	26 02	25 27	28 30	5 02
30	W	8:36:13	9 54 36	24 34	26 23	4 54	13 38	8 02	7 08	8 07	23 58	8 31	16 57	20 48	26 24	25 12	28 36	5 07
31	Th	8:40:10	10 55 30	9 ♍ 38	26 16	3 44	14 53	8 45	7 03	8 06	24 02	8 33	16 59	21 11	26 47	24 57	28 42	5 13

EPHEMERIS CALCULATED FOR 12 MIDNIGHT GREENWICH MEAN TIME. ALL OTHER DATA AND FACING ASPECTARIAN PAGE IN **EASTERN STANDARD TIME (BOLD)** AND PACIFIC STANDARD TIME (REGULAR).

FEBRUARY 2002

1 FRIDAY

☽△⚶	**1:52 am**	
☽△☿	**7:13 am**	4:13 am
♀⚹♇	**11:55 am**	8:55 am
☽□⚷	**12:29 pm**	9:29 am
☽□♃	**2:57 pm**	11:57 am
☽△♄	**4:54 pm**	1:54 pm
☽△♆	**5:49 pm**	2:49 pm
☽☍♂	**8:29 pm**	5:29 pm
☽△☉		10:24 pm

2 SATURDAY

☽△☉	**1:24 am**	
☽⚹♇	**7:44 am**	4:44 am
☽△♀	**9:36 am**	6:36 am
☽△⚳	**4:35 pm**	1:35 pm
♅☍⚵	**6:14 pm**	3:14 pm
☽⚹⚵	**7:43 pm**	4:43 pm
☽△♅	**7:45 pm**	4:45 pm
☽□♀		11:10 pm

3 SUNDAY

☽□♀	**2:10 am**	
☽⚻⚶	**4:03 am**	1:03 am
☽□☿	**6:23 am**	3:23 am
☽⚹⚷	**3:08 pm**	12:08 pm
☽△♃	**5:06 pm**	2:06 pm
☽⚻♄	**7:26 pm**	4:26 pm
☽□♆	**8:34 pm**	5:34 pm
☽⚻♂		11:04 pm

4 MONDAY

☽⚻♂	**2:04 am**	
☽□☉	**8:33 am**	5:33 am
☽⚺♇	**11:16 am**	8:16 am
☽□♀	**6:25 pm**	3:25 pm
☽□⚳	**10:07 pm**	7:07 pm
☽□⚵	**10:53 pm**	7:53 pm
☽□♅		9:08 pm

5 TUESDAY

☽□♅	**12:08 am**	
☿△⚶	**3:34 am**	12:34 am
☽⚹♀	**8:13 am**	5:13 am
☽⚹☿	**9:02 am**	6:02 am
☽☍⚶	**9:17 am**	6:17 am
⚳☍⚵	**2:21 pm**	11:21 am
☽⚺⚷	**8:51 pm**	5:51 pm
☉⚹♇	**9:45 pm**	6:45 pm
☽⚻♃	**10:15 pm**	7:15 pm
☿☌♀	**11:10 pm**	8:10 pm
☽☍♄		10:01 pm
☽⚹♆		11:25 pm

6 WEDNESDAY

☽☍♄	**1:01 am**	
☽⚹♆	**2:25 am**	
♀☍⚵	**10:56 am**	7:56 am
☽△♂	**11:16 am**	8:16 am
☽☌♇	**5:54 pm**	2:54 pm
☽⚹☉	**7:35 pm**	4:35 pm
♀☌⚳		11:32 pm

7 THURSDAY

♀☌⚳	**2:32 am**	
☽△⚵	**4:58 am**	1:58 am
☽⚹⚳	**7:01 am**	4:01 am
☽⚹♀	**7:21 am**	4:21 am
☽⚹♅	**7:38 am**	4:38 am
♀☌♅	**10:23 am**	7:23 am
☽⚺☿	**3:38 pm**	12:38 pm
☽⚺♀	**5:34 pm**	2:34 pm
☽⚻⚶	**5:41 pm**	2:41 pm
♀△⚶		9:28 pm

8 FRIDAY

♀△⚶	**12:28 am**	
☽☌⚷	**5:33 am**	2:33 am
☽☍♃	**6:18 am**	3:18 am
♅☌⚳	**6:34 am**	3:34 am
☽⚻♄	**9:30 am**	6:30 am
☽⚺♆	**11:08 am**	8:08 am
☽□♂	**11:43 am**	8:43 am

9 SATURDAY

☽⚺♇	**3:13 am**	12:13 am
☽⚺☉	**10:00 am**	7:00 am
☽⚻⚵	**1:25 pm**	10:25 am
☽⚺♅	**5:39 pm**	2:39 pm
☽⚺⚳	**6:39 pm**	3:39 pm
☽⚺♀	**11:40 pm**	8:40 pm
☽☌☿		10:50 pm

10 SUNDAY

☽☌☿	**1:50 am**	
☽△⚶	**4:33 am**	1:33 am
☽☌♀	**5:26 am**	2:26 am
☽⚺⚷	**4:26 pm**	1:26 pm
☽⚻♃	**4:28 pm**	1:28 pm
♃☍⚷	**7:33 pm**	4:33 pm
☉☍⚵	**7:39 pm**	4:39 pm
☽△♄	**8:06 pm**	5:06 pm
☽☌♆	**9:57 pm**	6:57 pm
☿⚺♀		10:12 pm

11 MONDAY

☿⚺♀	**1:12 am**	
♂△♇	**1:34 pm**	10:34 am
☽⚹♇	**2:23 pm**	11:23 am
☽⚹♂	**2:26 pm**	11:26 am
☽☍⚵	**11:28 pm**	8:28 pm
☽☌☉		11:41 pm

12 TUESDAY

☽☌☉	**2:41 am**	
☽☌♅	**5:21 am**	2:21 am
♀□⚶	**6:09 am**	3:09 am
☽☌⚳	**8:05 am**	5:05 am
☽⚺☿	**3:02 pm**	12:02 pm
☽□⚶	**5:05 pm**	2:05 pm
☽☌♀	**6:10 pm**	3:10 pm
☽⚺♀	**6:56 pm**	3:56 pm

13 WEDNESDAY

☽△♃	**4:03 am**	1:03 am
♀⚺♀	**4:10 am**	1:10 am
☽⚹⚷	**4:43 am**	1:43 am
☽□♄	**8:05 am**	5:05 am
☽⚺♆	**10:06 am**	7:06 am
☉☌♅	**12:06 pm**	9:06 am
☽□♇		11:44 pm

14 THURSDAY

☽□♇	**2:44 am**	
☽⚺♂	**6:33 am**	3:33 am
☽⚻⚵	**10:33 am**	7:33 am
☽⚺♅	**6:05 pm**	3:05 pm
☽⚺☉	**8:43 pm**	5:43 pm
☽⚺⚳	**10:38 pm**	7:38 pm

15 FRIDAY

☽⚹☿	**6:31 am**	3:31 am
☽⚹⚶	**6:37 am**	3:37 am
☿△⚶	**9:03 am**	6:03 am
☽⚹♀	**9:24 am**	6:24 am
☽⚺♀	**1:54 pm**	10:54 am
☽□♃	**4:27 pm**	1:27 pm
☽□⚷	**5:47 pm**	2:47 pm
☽⚹♄	**8:49 pm**	5:49 pm
☽⚹♆	**10:58 pm**	7:58 pm

16 SATURDAY

☉☌⚳	**8:16 am**	5:16 am
♂△⚵	**8:34 am**	5:34 am
♀△♃	**1:18 pm**	10:18 am
☽△♇	**3:31 pm**	12:31 pm
☽△⚵	**9:59 pm**	6:59 pm
☽☌♂	**11:08 pm**	8:08 pm

17 SUNDAY

♀⚹⚷	**4:57 am**	1:57 am
☽⚹♅	**7:01 am**	4:01 am
☽⚹⚳	**1:17 pm**	10:17 am
☽⚹☉	**2:55 pm**	11:55 am
☽⚺⚶	**8:09 pm**	5:09 pm
☽□☿	**11:01 pm**	8:01 pm
☽□♀	**11:43 pm**	8:43 pm

18 MONDAY

☽⚹♃	**4:36 am**	1:36 am
☽△⚷	**6:31 am**	3:31 am
♀□♄	**8:14 am**	5:14 am
☽⚺♄	**9:11 am**	6:11 am
☽⚹♀	**9:17 am**	6:17 am
☽□♆	**11:23 am**	8:23 am
☿☌♀	**3:21 pm**	12:21 pm

19 TUESDAY

☽⚻♇	**3:25 am**	12:25 am
♀⚺♆	**6:09 am**	3:09 am
☽□⚵	**8:26 am**	5:26 am
☽⚺♂	**2:22 pm**	11:22 am
☽□♅	**6:34 pm**	3:34 pm
☽□⚳		11:14 pm

20 WEDNESDAY

☽□⚳	**2:14 am**	
☽□☉	**7:02 am**	4:02 am
☽☌⚶	**7:54 am**	4:54 am
☽△♀	**11:57 am**	8:57 am
☽△☿	**2:06 pm**	11:06 am
☽⚺♃	**2:46 pm**	11:46 am
☽⚻⚷	**5:05 pm**	2:05 pm
☽☌♄	**7:22 pm**	4:22 pm
☉□⚶	**8:37 pm**	5:37 pm
☽△♆	**9:31 pm**	6:31 pm
☿⚻♃	**10:34 pm**	7:34 pm
☽□♀		10:39 pm

21 THURSDAY

☽□♀	**1:39 am**	
☽☍♇	**12:32 pm**	9:32 am
☽⚹⚵	**4:10 pm**	1:10 pm
☽⚹♂		10:55 pm
☽△♅		11:53 pm

22 FRIDAY

☽⚹♂	**1:55 am**	
☽△♅	**2:53 am**	
☿⚺⚷	**6:38 am**	3:38 am
☽△⚳	**11:26 am**	8:26 am
☽⚺⚶	**3:58 pm**	12:58 pm
☽△☉	**6:39 pm**	3:39 pm
☽⚻♀	**8:15 pm**	5:15 pm
☽☌♃	**9:19 pm**	6:19 pm
♂⚹♅	**9:28 pm**	6:28 pm
☽☍⚷	**11:51 pm**	8:51 pm
☽⚻☿		10:11 pm
☽⚺♄		10:47 pm

23 SATURDAY

☽⚻☿	**1:11 am**	
☽⚺♄	**1:47 am**	
☽⚻♆	**3:48 am**	12:48 am
☿△♄	**8:52 am**	5:52 am
☽△♀	**12:47 pm**	9:47 am
☽⚻♇	**5:37 pm**	2:37 pm
☽⚺⚵	**8:06 pm**	5:06 pm
☉⚺♀		11:55 pm

24 SUNDAY

☉⚺♀	**2:55 am**	
☉△♃	**6:15 am**	3:15 am
☽⚻♅	**7:03 am**	4:03 am
☽□♂	**8:39 am**	5:39 am
☿☌♆	**10:59 am**	7:59 am
♃⚻♀	**12:21 pm**	9:21 am
☽⚻⚳	**4:11 pm**	1:11 pm
☽⚹⚶	**7:47 pm**	4:47 pm
☽⚺♃	**11:53 pm**	8:53 pm
☽☍♀		9:10 pm
☽⚻☉		10:11 pm
☽⚻⚷		11:33 pm

25 MONDAY

☽☍♀	**12:10 am**	
☽⚻☉	**1:11 am**	
☽⚻⚷	**2:33 am**	
☽⚹♄	**4:12 am**	1:12 am
☽☍♆	**6:06 am**	3:06 am
☽☍☿	**7:39 am**	4:39 am
☽⚻♀	**6:53 pm**	3:53 pm
☽△♇	**6:57 pm**	3:57 pm
♀□♇	**7:46 pm**	4:46 pm
☽☌⚵	**8:35 pm**	5:35 pm
☉⚹⚷	**10:32 pm**	7:32 pm

26 TUESDAY

☽☍♅	**7:47 am**	4:47 am
☽△♂	**11:30 am**	8:30 am
♀⚻⚵	**12:37 pm**	9:37 am
☽☍⚳	**5:34 pm**	2:34 pm
☽□⚶	**8:31 pm**	5:31 pm
☉□♄	**10:54 pm**	7:54 pm
☽⚹♃	**11:38 pm**	8:38 pm
☽⚻♀		10:03 pm
☽△⚷		11:27 pm

27 WEDNESDAY

☽⚻♀	**1:03 am**	
☽△⚷	**2:27 am**	
☽□♄	**3:56 am**	12:56 am
☽☍☉	**4:17 am**	1:17 am
☽⚻♆	**5:47 am**	2:47 am
☽⚻☿	**11:10 am**	8:10 am
☽□♇	**6:13 pm**	3:13 pm
☽⚺⚵	**7:09 pm**	4:09 pm
☽☍♀	**10:17 pm**	7:17 pm

28 THURSDAY

☉⚺♆	**3:56 am**	12:56 am
☽⚻♅	**6:59 am**	3:59 am
☽⚻♂	**12:47 pm**	9:47 am
☽⚻⚳	**5:48 pm**	2:48 pm
☽△⚶	**8:18 pm**	5:18 pm
☽□♃	**10:39 pm**	7:39 pm
☽△♀		10:10 pm
☽□⚷		10:43 pm

Eastern Standard Time in bold type
Pacific Standard Time in medium type

FEBRUARY 2002

☽ Last Aspect day	EST / hr:mn	PST	asp	☽ Ingress sign	day	EST / hr:mn	PST
1/31	**6:46 am**	3:46 am	□♇	♎	1	**3:44 am**	12:44 am
2	**7:45 pm**	4:45 pm	△♄	♏	3	**5:35 am**	2:35 am
5	**9:02 am**	6:02 am	⚹☿	♐	5	**10:21 am**	7:21 am
7	**7:38 am**	4:38 am	⚹♅	♑	7	**6:08 pm**	3:08 pm
9		10:50 pm	☌☿	♒	10	**4:15 am**	1:15 am
10	**1:50 am**		☌☿	♒	10	**4:15 am**	1:15 am
12	**5:21 am**	2:21 am	☌♅	♓	12	**3:53 pm**	12:53 pm
13		11:44 pm	□♇	♈	15	**4:26 am**	1:26 am
14	**2:44 am**		□♇	♈	15	**4:26 am**	1:26 am
17	**2:55 pm**	11:55 am	⚹☉	♉	17	**4:58 pm**	1:58 pm
19	**6:34 pm**	3:34 pm	□♅	♊	20	**3:50 am**	12:50 am
21		11:53 pm	△♅	♋	22	**11:16 am**	8:16 am
22	**2:53 am**		△♅	♋	22	**11:16 am**	8:16 am
24	**8:39 am**	5:39 am	□♂	♌	24	**2:36 pm**	11:36 am
26	**11:30 am**	8:30 am	△♂	♍	26	**2:47 pm**	11:47 am
27	**10:17 pm**	7:17 pm	☍♀	♎	28	**1:47 pm**	10:47 am

☽ Phases & Eclipses phase	day	EST / hr:mn	PST
4th Quarter	4	**8:33 am**	5:33 am
New Moon	11		11:41 pm
New Moon	12	**2:41 am**	
2nd Quarter	20	**7:02 am**	4:02 am
Full Moon	27	**4:17 am**	1:17 am

Planet Ingress		day	EST / hr:mn	PST
☿	♑	3	**11:19 pm**	8:19 pm
♀	♒	8	**1:39 pm**	10:39 am
⚶	♊	9	**6:19 am**	3:19 am
♀	♓	11	**8:18 pm**	5:18 pm
☿	♒	13	**12:20 pm**	9:20 am
☉	♓	18	**3:13 pm**	12:13 pm
⚳	♓	22	**5:27 am**	2:27 am

Planetary Motion		day	EST / hr:mn	PST
♄	D	7	**8:32 pm**	5:32 pm
☿	D	8	**12:28 pm**	9:28 am

DATE		SID.TIME	SUN	MOON	NODE	MERCURY	VENUS	MARS	JUPITER	SATURN	URANUS	NEPTUNE	PLUTO	CERES	PALLAS	JUNO	VESTA	CHIRON
1	F	8:44:06	11 ♒ 56 24	24 ♍ 36	26 ♊ ℞ 09	2 ♒ ℞ 39	16 ♒ 08	9 ♈ 29	6 ♋ ℞ 57	8 ♊ ℞ 05	24 ♒ 05	8 ♒ 35	17 ♐ 00	21 ♒ 35	27 ♑ 09	24 ♌ ℞ 42	28 ♉ 49	5 ♑ 18
2	Sa	8:48:03	12 57 16	9 ♎ 21	26 03	1 40	17 23	10 12	6 52	8 04	24 09	8 38	17 02	21 58	27 31	24 27	28 56	5 24
3	Su	8:52:00	13 58 08	23 46	26 00	0 50	18 39	10 55	6 47	8 03	24 12	8 40	17 03	22 22	27 53	24 12	29 03	5 29
4	M	8:55:56	14 58 59	7 ♏ 48	25 D 58	0 07	19 54	11 39	6 42	8 03	24 16	8 42	17 05	22 45	28 15	23 56	29 11	5 35
5	T	8:59:53	15 59 49	21 27	25 58	29 ♑ 32	21 09	12 22	6 37	8 02	24 19	8 45	17 06	23 09	28 37	23 41	29 19	5 40
6	W	9:03:49	17 00 39	4 ♐ 45	25 58	29 07	22 25	13 05	6 32	8 02	24 22	8 47	17 07	23 33	28 59	23 25	29 28	5 46
7	Th	9:07:46	18 01 27	17 44	26 ℞ 00	28 49	23 40	13 49	6 28	8 02	24 26	8 49	17 09	23 56	29 21	23 09	29 37	5 51
8	F	9:11:42	19 02 15	0 ♑ 27	26 00	28 D 40	24 55	14 32	6 24	8 D 02	24 29	8 51	17 10	24 20	29 43	22 54	29 46	5 56
9	Sa	9:15:39	20 03 01	12 57	25 58	28 38	26 10	15 15	6 19	8 02	24 33	8 54	17 11	24 43	0 ♒ 05	22 38	29 55	6 01
10	Su	9:19:35	21 03 47	25 17	25 54	28 44	27 26	15 58	6 15	8 02	24 36	8 56	17 13	25 07	0 27	22 22	0 ♊ 05	6 06
11	M	9:23:32	22 04 31	7 ♒ 29	25 47	28 56	28 41	16 42	6 12	8 02	24 40	8 58	17 14	25 30	0 48	22 07	0 15	6 12
12	T	9:27:29	23 05 14	19 34	25 38	29 15	29 56	17 25	6 08	8 03	24 43	9 00	17 15	25 54	1 10	21 51	0 26	6 17
13	W	9:31:25	24 05 55	1 ♓ 33	25 27	29 39	1 ♓ 11	18 08	6 05	8 03	24 47	9 03	17 16	26 18	1 32	21 36	0 37	6 22
14	Th	9:35:22	25 06 36	13 28	25 15	0 ♒ 09	2 26	18 51	6 02	8 04	24 50	9 05	17 18	26 41	1 53	21 20	0 48	6 26
15	F	9:39:18	26 07 14	25 21	25 03	0 44	3 41	19 34	5 59	8 05	24 54	9 07	17 19	27 05	2 15	21 05	0 59	6 31
16	Sa	9:43:15	27 07 51	7 ♈ 12	24 52	1 23	4 57	20 17	5 56	8 05	24 57	9 09	17 20	27 28	2 36	20 50	1 11	6 36
17	Su	9:47:11	28 08 26	19 04	24 43	2 06	6 12	21 00	5 53	8 06	25 01	9 11	17 21	27 52	2 57	20 35	1 23	6 41
18	M	9:51:08	29 09 00	1 ♉ 01	24 36	2 54	7 27	21 43	5 51	8 07	25 04	9 13	17 22	28 15	3 19	20 20	1 35	6 46
19	T	9:55:04	0 ♓ 09 32	13 06	24 32	3 45	8 42	22 26	5 49	8 09	25 08	9 16	17 23	28 39	3 40	20 06	1 48	6 50
20	W	9:59:01	1 10 02	25 24	24 D 31	4 39	9 57	23 09	5 47	8 10	25 11	9 18	17 24	29 03	4 01	19 51	2 01	6 55
21	Th	10:02:57	2 10 30	8 ♊ 00	24 31	5 36	11 12	23 52	5 45	8 11	25 14	9 20	17 25	29 26	4 22	19 37	2 14	6 59
22	F	10:06:54	3 10 56	20 58	24 ℞ 31	6 36	12 27	24 34	5 43	8 13	25 18	9 22	17 26	29 50	4 43	19 23	2 27	7 04
23	Sa	10:10:51	4 11 21	4 ♋ 22	24 31	7 38	13 42	25 17	5 42	8 15	25 21	9 24	17 27	0 ♓ 13	5 04	19 10	2 41	7 08
24	Su	10:14:47	5 11 44	18 17	24 29	8 43	14 57	26 00	5 41	8 16	25 25	9 26	17 27	0 37	5 25	18 56	2 55	7 12
25	M	10:18:44	6 12 04	2 ♌ 40	24 24	9 50	16 12	26 43	5 40	8 18	25 28	9 28	17 28	1 00	5 46	18 43	3 09	7 17
26	T	10:22:40	7 12 23	17 31	24 17	11 00	17 27	27 25	5 39	8 20	25 32	9 30	17 29	1 24	6 06	18 31	3 23	7 21
27	W	10:26:37	8 12 40	2 ♍ 41	24 07	12 11	18 42	28 08	5 38	8 22	25 35	9 33	17 30	1 47	6 27	18 18	3 38	7 25
28	Th	10:30:33	9 12 55	18 01	23 56	13 24	19 56	28 51	5 38	8 24	25 38	9 35	17 31	2 11	6 47	18 06	3 53	7 29

EPHEMERIS CALCULATED FOR 12 MIDNIGHT GREENWICH MEAN TIME. ALL OTHER DATA AND FACING ASPECTARIAN PAGE IN **EASTERN STANDARD TIME (BOLD)** AND PACIFIC STANDARD TIME (REGULAR).

MARCH 2002

1 FRIDAY

☽△♀	**1:10 am**	
☽□⚷	**1:43 am**	
☽△♄	**3:08 am**	12:08 am
☽△♆	**4:59 am**	1:59 am
☽⚻☉	**6:42 am**	3:42 am
☽△☿	**2:40 pm**	11:40 am
☽⚹♇	**5:36 pm**	2:36 pm
☽⚹⚵	**5:56 pm**	2:56 pm
☽⚻♀		11:07 pm

2 SATURDAY

☽⚻♀	**2:07 am**	
☽△♅	**6:57 am**	3:57 am
⚷⚺♀	**7:14 am**	4:14 am
☽☍♂	**3:16 pm**	12:16 pm
♇△⚵	**7:10 pm**	4:10 pm
☽△⚳	**7:24 pm**	4:24 pm
☽⚻⚶	**9:34 pm**	6:34 pm
☽△♃	**11:10 pm**	8:10 pm
☿☍⚵	**11:59 pm**	8:59 pm
☿⚹♇		9:40 pm
☽⚹⚷		11:37 pm
☽□♀		11:59 pm

3 SUNDAY

☿⚹♇	**12:40 am**	
☽⚹⚷	**2:37 am**	
☽□♀	**2:59 am**	
☽⚻♄	**4:01 am**	1:01 am
☽□♆	**5:57 am**	2:57 am
☽△☉	**11:23 am**	8:23 am
☽□⚵	**6:58 pm**	3:58 pm
☽⚺♇	**7:17 pm**	4:17 pm
☽□☿	**9:13 pm**	6:13 pm

4 MONDAY

☽△♀	**9:19 am**	6:19 am
☽□♅	**9:43 am**	6:43 am
♀⚺♅	**1:52 pm**	10:52 am
☽⚻♂	**9:15 pm**	6:15 pm
☽□⚳		9:24 pm
☽☍⚶		11:14 pm
☽⚻♃		11:57 pm

5 TUESDAY

☽□⚳	**12:24 am**	
☽☍⚶	**2:14 am**	
☽⚻♃	**2:57 am**	
♄△♀	**5:49 am**	2:49 am
☽⚺⚷	**6:52 am**	3:52 am
☽☍♄	**8:19 am**	5:19 am
☽⚹♀	**8:22 am**	5:22 am
☽⚹♆	**10:21 am**	7:21 am
☽□☉	**8:25 pm**	5:25 pm
☽△⚵	**11:33 pm**	8:33 pm
☽☌♇		9:36 pm

6 WEDNESDAY

☽☌♇	**12:36 am**	
☽⚹☿	**9:00 am**	6:00 am
♃⚺⚶	**3:00 pm**	12:00 pm
☽⚹♅	**4:19 pm**	1:19 pm
☽□♀	**9:31 pm**	6:31 pm

7 THURSDAY

☽△♂	**7:43 am**	4:43 am
☉⚻⚵	**8:27 am**	5:27 am
☽⚹⚳	**9:35 am**	6:35 am
☽☍♃	**10:36 am**	7:36 am
☽⚻⚶	**11:00 am**	8:00 am
☽☌⚷	**2:58 pm**	11:58 am
☽⚻♄	**4:28 pm**	1:28 pm
☽⚺♀	**5:51 pm**	2:51 pm
☽⚺♆	**6:34 pm**	3:34 pm

8 FRIDAY

☉□♇	**3:29 am**	12:29 am
☽⚻⚵	**7:45 am**	4:45 am
☽⚺♇	**9:34 am**	6:34 am
☽⚹☉	**10:06 am**	7:06 am
♃△⚳	**8:09 pm**	5:09 pm
♆☌♀		9:02 pm
☽⚺☿		11:02 pm
☽⚺♅		11:21 pm

9 SATURDAY

♆☌♀	**12:02 am**	
☽⚺☿	**2:02 am**	
☽⚺♅	**2:21 am**	
☿☌♅	**4:52 am**	1:52 am
♂⚹♃	**12:46 pm**	9:46 am
☽⚹♀	**2:12 pm**	11:12 am
☽⚻♃	**9:19 pm**	6:19 pm
☽□♂	**9:50 pm**	6:50 pm
☽⚺⚳	**10:06 pm**	7:06 pm
☽△⚶	**11:02 pm**	8:02 pm
☽⚺⚷		11:01 pm

10 SUNDAY

☽⚺⚷	**2:01 am**	
☽△♄	**3:34 am**	12:34 am
☽☌♆	**5:38 am**	2:38 am
☽☌♀	**6:23 am**	3:23 am
♂⚹⚳	**7:56 am**	4:56 am
☽☍⚵	**6:27 pm**	3:27 pm
☽⚹♇	**9:01 pm**	6:01 pm
☽⚺☉		11:57 pm

11 MONDAY

☽⚺☉	**2:57 am**	
♂⚺⚶	**7:57 am**	4:57 am
☽☌♅	**2:28 pm**	11:28 am
☽☌☿	**10:26 pm**	7:26 pm

12 TUESDAY

☽⚺♀	**9:18 am**	6:18 am
☽△♃	**9:41 am**	6:41 am
☽☌⚳	**12:21 pm**	9:21 am
☽□⚶	**12:46 pm**	9:46 am
♀□♃	**1:05 pm**	10:05 am
☽⚹♂	**1:50 pm**	10:50 am
☽⚹⚷	**2:33 pm**	11:33 am
☽□♄	**4:09 pm**	1:09 pm
☽⚺♆	**6:07 pm**	3:07 pm
☽⚺♀	**8:25 pm**	5:25 pm

13 WEDNESDAY

♂△⚷	**3:04 am**	12:04 am
☽⚻⚵	**6:19 am**	3:19 am
☽□♇	**9:31 am**	6:31 am
☽☌☉	**9:03 pm**	6:03 pm
♀⚺⚳		11:20 pm

14 THURSDAY

♀⚺⚳	**2:20 am**	
☽⚺♅	**3:21 am**	12:21 am
♀⚹⚶	**3:48 am**	12:48 am
♂⚺♄	**8:40 am**	5:40 am
♀□⚷	**1:28 pm**	10:28 am
⚳□⚶	**6:14 pm**	3:14 pm
☽⚺☿	**8:11 pm**	5:11 pm
☽□♃	**10:32 pm**	7:32 pm
☽⚹⚶		11:59 pm

15 FRIDAY

☽⚹⚶	**2:59 am**	
☽⚺⚳	**3:03 am**	12:03 am
☽□⚷	**3:28 am**	12:28 am
☽☌♀	**5:02 am**	2:02 am
☽⚹♄	**5:07 am**	2:07 am
♀⚹♄	**5:53 am**	2:53 am
☽⚺♂	**6:17 am**	3:17 am
☽⚹♆	**6:55 am**	3:55 am
☽⚹♀	**10:44 am**	7:44 am
☿△♃	**2:13 pm**	11:13 am
♂□♆	**5:23 pm**	2:23 pm
⚷⚹⚳	**5:30 pm**	2:30 pm
☽△⚵	**6:27 pm**	3:27 pm
☽△♇	**10:09 pm**	7:09 pm
♀⚹♆	**11:26 pm**	8:26 pm
⚷⚻⚶		10:06 pm

16 SATURDAY

⚷⚻⚶	**1:06 am**	
♀⚺♂	**6:57 am**	3:57 am
☽⚺☉	**3:06 pm**	12:06 pm
☽⚹♅	**4:08 pm**	1:08 pm

17 SUNDAY

☿⚹⚷	**3:25 am**	12:25 am
☉⚺♅	**3:56 am**	12:56 am
☿□⚶	**8:37 am**	5:37 am
☽⚹♃	**11:06 am**	8:06 am
☿☌⚳	**12:41 pm**	9:41 am
☽△⚷	**3:56 pm**	12:56 pm
☿□♄	**4:29 pm**	1:29 pm
☽⚺⚶	**4:48 pm**	1:48 pm
☽⚹⚳	**5:18 pm**	2:18 pm
☽⚺♄	**5:40 pm**	2:40 pm
☽⚹☿	**5:51 pm**	2:51 pm
☽□♆	**7:15 pm**	4:15 pm
☽☌♂	**10:12 pm**	7:12 pm
☽⚺♀		9:09 pm
☽□♀		9:29 pm

18 MONDAY

☽⚺♀	**12:09 am**	
☽□♀	**12:29 am**	
☿⚺♆	**4:20 am**	1:20 am
♀⚹♀	**4:23 am**	1:23 am
☽□⚵	**6:04 am**	3:04 am
♄□⚳	**7:24 am**	4:24 am
☽⚻♇	**10:05 am**	7:05 am

19 TUESDAY

☽□♅	**3:53 am**	12:53 am
☽⚹☉	**7:53 am**	4:53 am
♄☌⚶	**11:17 am**	8:17 am
☿⚹♂	**9:12 pm**	6:12 pm
☽⚺♃	**10:17 pm**	7:17 pm
☽⚻⚷		11:53 pm

20 WEDNESDAY

☽⚻⚷	**2:53 am**	
☿⚺♀	**3:35 am**	12:35 am
☽☌♄	**4:40 am**	1:40 am
☽☌⚶	**5:01 am**	2:01 am
☽□⚳	**5:51 am**	2:51 am
☽△♆	**6:00 am**	3:00 am
♀△⚵	**7:27 am**	4:27 am
♆⚺⚳	**11:29 am**	8:29 am
☽⚺♂	**12:08 pm**	9:08 am
☽△♀	**12:23 pm**	9:23 am
☽□☿	**1:29 pm**	10:29 am
☽⚹⚵	**3:58 pm**	12:58 pm
☽⚹♀	**4:56 pm**	1:56 pm
♂□♀	**7:50 pm**	4:50 pm
☽☍♇	**8:05 pm**	5:05 pm

21 THURSDAY

☿⚻⚵	**7:25 am**	4:25 am
☽△♅	**1:14 pm**	10:14 am
☽□☉	**9:28 pm**	6:28 pm
♆△⚶	**11:19 pm**	8:19 pm
♀△♇		10:22 pm

22 FRIDAY

♀△♇	**1:22 am**	
☽☌♃	**6:37 am**	3:37 am
☽☍⚷	**10:51 am**	7:51 am
☽⚺♄	**12:40 pm**	9:40 am
☽⚻♆	**1:43 pm**	10:43 am
☽⚺⚶	**2:03 pm**	11:03 am
☿□♇	**2:11 pm**	11:11 am
☽△⚳	**3:06 pm**	12:06 pm
☽⚻♀	**8:51 pm**	5:51 pm
☽⚹♂	**10:21 pm**	7:21 pm
☽⚺⚵	**10:45 pm**	7:45 pm
☽⚻♇		11:47 pm

23 SATURDAY

☽⚻♇	**2:47 am**	
☽△☿	**4:38 am**	1:38 am
☽□♀	**5:19 am**	2:19 am
♂□⚵	**5:57 am**	2:57 am
☽⚻♅	**6:57 pm**	3:57 pm
☿⚺♀	**8:52 pm**	5:52 pm

24 SUNDAY

☽△☉	**6:24 am**	3:24 am
☽⚺♃	**11:10 am**	8:10 am
☽⚻⚷	**2:58 pm**	11:58 am
☽⚹♄	**4:48 pm**	1:48 pm
☽☍♆	**5:37 pm**	2:37 pm
☽⚹⚶	**7:01 pm**	4:01 pm
☽⚻⚳	**8:12 pm**	5:12 pm
☽☍♀		10:15 pm
☽☌⚵		10:49 pm

25 MONDAY

☽☍♀	**1:15 am**	
☽☌⚵	**1:49 am**	
☽□♂	**4:06 am**	1:06 am
☽△♇	**5:40 am**	2:40 am
☽△♀	**12:41 pm**	9:41 am
☽⚻☿	**2:23 pm**	11:23 am
☽☍♅	**8:57 pm**	5:57 pm

26 TUESDAY

♀☍⚵	**4:09 am**	1:09 am
☽⚻☉	**11:01 am**	8:01 am
☽⚹♃	**12:18 pm**	9:18 am
♂⚻♇	**12:49 pm**	9:49 am
☽△⚷	**3:46 pm**	12:46 pm
☽□♄	**5:39 pm**	2:39 pm
☽⚻♆	**6:15 pm**	3:15 pm
☽□⚶	**8:35 pm**	5:35 pm
☽☍⚳	**9:52 pm**	6:52 pm
☽⚺⚵		10:57 pm
☽⚻♀		11:24 pm

27 WEDNESDAY

☽⚺⚵	**1:57 am**	
☽⚻♀	**2:24 am**	
☽□♇	**5:39 am**	2:39 am
☽△♂	**6:28 am**	3:28 am
☉□♃	**8:24 am**	5:24 am
☽⚻♀	**4:37 pm**	1:37 pm
☽☍☿	**8:31 pm**	5:31 pm
☽⚻♅	**8:33 pm**	5:33 pm
☿⚺♅	**8:51 pm**	5:51 pm

28 THURSDAY

☽□♃	**11:41 am**	8:41 am
☽☍☉	**1:25 pm**	10:25 am
☽□⚷	**2:57 pm**	11:57 am
☽△♄	**4:58 pm**	1:58 pm
☽△♆	**5:23 pm**	2:23 pm
☽△⚶	**8:41 pm**	5:41 pm
☽⚻⚳	**10:07 pm**	7:07 pm
☽⚹⚵		9:59 pm
☽△♀		11:21 pm

29 FRIDAY

☽⚹⚵	**12:59 am**	
☽△♀	**2:21 am**	
☽⚹♇	**4:41 am**	1:41 am
☽⚻♂	**7:45 am**	4:45 am
☉□⚷	**1:49 pm**	10:49 am
♀⚹♅	**7:24 pm**	4:24 pm
☽△♅	**7:54 pm**	4:54 pm
☽☍♀	**7:57 pm**	4:57 pm
☽⚻☿		11:29 pm

30 SATURDAY

☽⚻☿	**2:29 am**	
☽△♃	**11:34 am**	8:34 am
☽⚹⚷	**2:45 pm**	11:45 am
☽⚻☉	**4:29 pm**	1:29 pm
☽⚻♄	**5:02 pm**	2:02 pm
☽□♆	**5:16 pm**	2:16 pm
☽⚻⚶	**9:46 pm**	6:46 pm
☽△⚳	**11:23 pm**	8:23 pm
☽□⚵		10:10 pm
☉⚹♄		10:22 pm

31 SUNDAY

☽□⚵	**1:10 am**	
☉⚹♄	**1:22 am**	
☽□♀	**3:32 am**	12:32 am
☉⚹♆	**4:19 am**	1:19 am
☽⚺♇	**4:58 am**	1:58 am
☽☍♂	**10:39 am**	7:39 am
☽□♅	**9:13 pm**	6:13 pm
☽⚻♀		10:49 pm

Eastern Standard Time in bold type
Pacific Standard Time in medium type

MARCH 2002

☽ Last Aspect day	EST / hr:mn / PST	asp	☽ Ingress sign day	EST / hr:mn / PST
2	**6:57 am** 3:57 am	△ ♅	♏ 2	**1:51 pm** 10:51 am
4	**9:43 am** 6:43 am	□ ♅	♐ 4	**4:55 pm** 1:55 pm
6	**9:31 pm** 6:31 pm	□ ♀	♑ 6	**11:48 pm** 8:48 pm
8	**10:06 am** 7:06 am	⚹ ☉	♒ 9	**9:56 am** 6:56 am
11	**2:28 pm** 11:28 am	☌ ♅	♓ 11	**9:56 pm** 6:56 pm
13	**9:03 pm** 6:03 pm	☌ ☉	♈ 14	**10:34 am** 7:34 am
16	**4:08 pm** 1:08 pm	⚹ ♅	♉ 16	**11:01 pm** 8:01 pm
19	**7:53 am** 4:53 am	⚹ ☉	♊ 19	**10:20 am** 7:20 am
21	**1:14 pm** 10:14 am	△ ♅	♋ 21	**7:06 pm** 4:06 pm
23	**5:19 am** 2:19 am	□ ♀	♌ 23	9:12 pm
23	**5:19 am** 2:19 am	□ ♀	♌ 24	**12:12 am**
25	**8:57 pm** 5:57 pm	☍ ♅	♍ 25	10:44 pm
25	**8:57 pm** 5:57 pm	☍ ♅	♍ 26	**1:44 am**
27	**8:31 pm** 5:31 pm	☍ ☿	♎ 27	10:04 pm
27	**8:31 pm** 5:31 pm	☍ ☿	♎ 28	**1:04 am**
29	**7:57 pm** 4:57 pm	☍ ♀	♏ 29	9:21 pm
29	**7:57 pm** 4:57 pm	☍ ♀	♏ 30	**12:21 am**
31	**9:13 pm** 6:13 pm	□ ♅	♐ 31	10:48 pm
31	**9:13 pm** 6:13 pm	□ ♅	♐ 4/1	**1:48 am**

☽ Phases & Eclipses phase	day	EST / hr:mn / PST
4th Quarter	5	**8:25 pm** 5:25 pm
New Moon	13	**9:03 pm** 6:03 pm
2nd Quarter	21	**9:28 pm** 6:28 pm
Full Moon	28	**1:25 pm** 10:25 am

Planet Ingress	day	EST / hr:mn / PST
♂ ♉	1	**10:05 am** 7:05 am
♀ ♈	7	**8:42 pm** 5:42 pm
☿ ♓	11	**6:34 pm** 3:34 pm
☉ ♈	20	**2:16 pm** 11:16 am
☿ ♈	29	**9:44 am** 6:44 am
♀ ♉	31	10:39 pm
♀ ♉	4/1	**1:39 am**

Planetary Motion	day	EST / hr:mn / PST
♃ D	1	**10:15 am** 7:15 am
♇ ℞	20	**9:55 am** 6:55 am
⚵ D	27	**10:27 pm** 7:27 pm

DATE		SID.TIME	SUN	MOON	NODE	MERCURY	VENUS	MARS	JUPITER	SATURN	URANUS	NEPTUNE	PLUTO	CERES	PALLAS	JUNO	VESTA	CHIRON
1	F	10:34:30	10 ♓ 13 09	3 ♎ 19	23 ♊ ℞ 45	14 ♒ 39	21 ♓ 11	29 ♈ 33	5 ♋ D 37	8 ♊ 27	25 ♒ 42	9 ♒ 37	17 ♐ 31	2 ♓ 34	7 ♒ 08	17 ♌ ℞ 55	4 ♊ 08	7 ♑ 33
2	Sa	10:38:26	11 13 20	18 24	23 36	15 56	22 26	0 ♉ 16	5 37	8 29	25 45	9 39	17 32	2 58	7 28	17 43	4 23	7 37
3	Su	10:42:23	12 13 31	3 ♏ 07	23 28	17 14	23 41	0 58	5 38	8 31	25 49	9 41	17 32	3 21	7 49	17 33	4 38	7 40
4	M	10:46:20	13 13 39	17 23	23 24	18 34	24 56	1 41	5 38	8 34	25 52	9 43	17 33	3 45	8 09	17 22	4 54	7 44
5	T	10:50:16	14 13 47	1 ♐ 11	23 22	19 55	26 11	2 23	5 39	8 37	25 55	9 45	17 34	4 08	8 29	17 12	5 10	7 48
6	W	10:54:13	15 13 52	14 31	23 21	21 18	27 25	3 06	5 39	8 39	25 59	9 47	17 34	4 32	8 49	17 02	5 26	7 51
7	Th	10:58:9	16 13 57	27 27	23 21	22 42	28 40	3 48	5 40	8 42	26 02	9 48	17 35	4 55	9 09	16 53	5 43	7 55
8	F	11:02:06	17 13 59	10 ♑ 04	23 21	24 07	29 55	4 30	5 41	8 45	26 05	9 50	17 35	5 18	9 29	16 44	5 59	7 58
9	Sa	11:06:02	18 14 00	22 25	23 18	25 34	1 ♈ 09	5 13	5 43	8 48	26 09	9 52	17 35	5 42	9 49	16 35	6 16	8 02
10	Su	11:09:59	19 14 00	4 ♒ 34	23 12	27 02	2 24	5 55	5 44	8 52	26 12	9 54	17 36	6 05	10 08	16 27	6 33	8 05
11	M	11:13:55	20 13 57	16 36	23 04	28 31	3 39	6 37	5 46	8 55	26 15	9 56	17 36	6 28	10 28	16 19	6 50	8 08
12	T	11:17:52	21 13 53	28 32	22 53	0 ♓ 02	4 53	7 19	5 48	8 58	26 18	9 58	17 36	6 52	10 47	16 12	7 08	8 12
13	W	11:21:49	22 13 47	10 ♓ 26	22 39	1 33	6 08	8 01	5 50	9 02	26 21	10 00	17 37	7 15	11 07	16 05	7 25	8 15
14	Th	11:25:45	23 13 39	22 18	22 24	3 06	7 22	8 44	5 52	9 05	26 25	10 01	17 37	7 38	11 26	15 59	7 43	8 18
15	F	11:29:42	24 13 29	4 ♈ 10	22 09	4 41	8 37	9 26	5 55	9 09	26 28	10 03	17 37	8 01	11 45	15 53	8 01	8 20
16	Sa	11:33:38	25 13 17	16 04	21 55	6 16	9 52	10 08	5 58	9 13	26 31	10 05	17 37	8 25	12 04	15 47	8 19	8 23
17	Su	11:37:35	26 13 03	28 00	21 44	7 53	11 06	10 50	6 00	9 17	26 34	10 07	17 38	8 48	12 23	15 42	8 38	8 26
18	M	11:41:31	27 12 46	10 ♉ 01	21 35	9 31	12 20	11 32	6 04	9 21	26 37	10 08	17 38	9 11	12 42	15 38	8 56	8 29
19	T	11:45:28	28 12 28	22 09	21 30	11 10	13 35	12 14	6 07	9 25	26 40	10 10	17 38	9 34	13 01	15 33	9 15	8 31
20	W	11:49:24	29 12 08	4 ♊ 29	21 27	12 50	14 49	12 56	6 10	9 29	26 43	10 12	17 ℞ 38	9 57	13 20	15 30	9 34	8 34
21	Th	11:53:21	0 ♈ 11 45	17 03	21 D 26	14 32	16 04	13 37	6 14	9 33	26 46	10 13	17 38	10 20	13 38	15 26	9 53	8 36
22	F	11:57:18	1 11 20	29 57	21 ℞ 26	16 15	17 18	14 19	6 18	9 38	26 49	10 15	17 38	10 43	13 57	15 23	10 12	8 39
23	Sa	12:01:14	2 10 53	13 ♋ 14	21 26	17 59	18 32	15 01	6 22	9 42	26 52	10 17	17 38	11 06	14 15	15 21	10 31	8 41
24	Su	12:05:11	3 10 23	26 57	21 24	19 44	19 47	15 43	6 26	9 46	26 55	10 18	17 38	11 29	14 33	15 19	10 51	8 43
25	M	12:09:07	4 09 51	11 ♌ 10	21 20	21 31	21 01	16 25	6 30	9 51	26 58	10 20	17 37	11 52	14 51	15 18	11 10	8 45
26	T	12:13:04	5 09 17	25 49	21 13	23 19	22 15	17 06	6 34	9 56	27 01	10 21	17 37	12 15	15 09	15 16	11 30	8 47
27	W	12:17:00	6 08 41	10 ♍ 51	21 04	25 08	23 29	17 48	6 39	10 00	27 04	10 23	17 37	12 38	15 27	15 16	11 50	8 49
28	Th	12:20:57	7 08 02	26 08	20 53	26 59	24 43	18 29	6 44	10 05	27 07	10 24	17 37	13 00	15 45	15 D 15	12 10	8 51
29	F	12:24:53	8 07 21	11 ♎ 27	20 43	28 51	25 57	19 11	6 49	10 10	27 10	10 26	17 37	13 23	16 02	15 16	12 30	8 53
30	Sa	12:28:50	9 06 38	26 39	20 33	0 ♈ 44	27 11	19 52	6 54	10 15	27 13	10 27	17 36	13 46	16 20	15 16	12 50	8 54
31	Su	12:32:47	10 05 53	11 ♏ 32	20 26	2 38	28 25	20 34	6 59	10 20	27 15	10 28	17 36	14 09	16 37	15 17	13 11	8 56

EPHEMERIS CALCULATED FOR 12 MIDNIGHT GREENWICH MEAN TIME. ALL OTHER DATA AND FACING ASPECTARIAN PAGE IN **EASTERN STANDARD TIME (BOLD)** AND PACIFIC STANDARD TIME (REGULAR).

APRIL 2002

1 MONDAY
☽ ⚻ ♀ **1:49 am**
☽ △ ☿ **12:02 pm** 9:02 am
☽ ⚻ ♃ **2:07 pm** 11:07 am
☽ ⚺ ⚷ **5:17 pm** 2:17 pm
☽ ☍ ♄ **7:58 pm** 4:58 pm
☽ ⚹ ♆ **7:58 pm** 4:58 pm
♄ △ ♆ **9:37 pm** 6:37 pm
☽ △ ☉ **10:59 pm** 7:59 pm
☽ ☍ ⚶ 11:03 pm

2 TUESDAY
☽ ☍ ⚶ **2:03 am**
☿ □ ♃ **3:18 am** 12:18 am
☽ □ ⚳ **3:56 am** 12:56 am
☽ △ ⚵ **4:30 am** 1:30 am
☽ ⚹ ♀ **8:02 am** 5:02 am
☽ ☌ ♇ **8:28 am** 5:28 am
☽ ⚻ ♂ **5:27 pm** 2:27 pm
☿ □ ⚷ 10:03 pm
☽ ⚹ ♅ 11:13 pm
⚳ ⚻ ⚵ 11:22 pm

3 WEDNESDAY
☿ □ ⚷ **1:03 am**
☽ ⚹ ♅ **2:13 am**
⚳ ⚻ ⚵ **2:22 am**
♇ ⚹ ♀ **3:36 am** 12:36 am
☽ △ ♀ **12:34 pm** 9:34 am
☿ ⚹ ♆ **7:45 pm** 4:45 pm
☽ ☍ ♃ **8:41 pm** 5:41 pm
☿ ⚹ ♄ **9:22 pm** 6:22 pm
☽ ☌ ⚷ **11:46 pm** 8:46 pm
☽ ⚺ ♆ 11:41 pm
☽ ⚻ ♄ 11:58 pm

4 THURSDAY
☽ ⚺ ♆ **2:41 am**
☽ ⚻ ♄ **2:58 am**
☽ □ ☿ **3:58 am** 12:58 am
☽ □ ☉ **10:29 am** 7:29 am
☽ ⚻ ⚶ **10:42 am** 7:42 am
☽ ⚻ ⚵ **11:57 am** 8:57 am
☽ ⚹ ⚳ **12:52 pm** 9:52 am
☉ ⚹ ⚶ **2:46 pm** 11:46 am
☽ ⚺ ♇ **4:00 pm** 1:00 pm
☽ ⚺ ♀ **4:51 pm** 1:51 pm

Eastern Standard Time in bold type
Pacific Standard Time in medium type

5 FRIDAY
☽ △ ♂ **4:59 am** 1:59 am
☉ △ ⚵ **6:18 am** 3:18 am
☽ ⚺ ♅ **11:14 am** 8:14 am

6 SATURDAY
☽ □ ♀ **4:32 am** 1:32 am
☿ ⚹ ⚶ **5:16 am** 2:16 am
☿ △ ⚵ **6:48 am** 3:48 am
☽ ⚻ ♃ **7:09 am** 4:09 am
☉ ⚺ ⚳ **9:59 am** 6:59 am
☽ ⚺ ⚷ **10:00 am** 7:00 am
☽ ☌ ♆ **1:04 pm** 10:04 am
☽ △ ♄ **1:43 pm** 10:43 am
⚵ ⚹ ⚶ **3:37 pm** 12:37 pm
☿ ⚺ ⚳ **9:25 pm** 6:25 pm
☽ ☍ ⚵ **11:00 pm** 8:00 pm
☽ △ ⚶ **11:11 pm** 8:11 pm
☽ ⚺ ⚳ 10:33 pm
☽ ⚹ ☿ 11:15 pm
☽ ⚹ ☉ 11:25 pm
☽ ⚹ ♇ 11:54 pm

7 SUNDAY
☽ ⚺ ⚳ **1:33 am**
☽ ⚹ ☿ **2:15 am**
☽ ⚹ ☉ **2:25 am**
☽ ⚹ ♇ **2:54 am**
☉ ☌ ☿ **3:55 am** 12:55 am
☽ ☌ ♀ **5:13 am** 2:13 am
☿ △ ♇ **6:00 am** 3:00 am
☉ △ ♇ **8:16 am** 5:16 am
♀ ⚹ ♃ **8:38 am** 5:38 am
☽ □ ♂ **8:06 pm** 5:06 pm
☿ ⚹ ♀ **9:33 pm** 6:33 pm
☽ ☌ ♅ **11:09 pm** 8:09 pm

8 MONDAY
♀ △ ⚷ **10:58 am** 7:58 am
☽ △ ♃ **7:57 pm** 4:57 pm
♇ □ ⚳ **7:59 pm** 4:59 pm
☽ ⚹ ⚷ **10:22 pm** 7:22 pm
☽ ⚹ ♀ **11:40 pm** 8:40 pm
☉ ⚹ ♀ 9:20 pm
☽ ⚺ ♆ 10:32 pm
☽ □ ♄ 11:35 pm

9 TUESDAY
☉ ⚹ ♀ **12:20 am**
☽ ⚺ ♆ **1:32 am**
☽ □ ♄ **2:35 am**
☽ ⚻ ⚵ **11:54 am** 8:54 am
☽ □ ⚶ **1:36 pm** 10:36 am
☽ □ ♇ **3:25 pm** 12:25 pm
☽ ☌ ⚳ **4:03 pm** 1:03 pm
♀ □ ♆ **5:51 pm** 2:51 pm
☽ ⚺ ♀ **7:12 pm** 4:12 pm
☽ ⚺ ☉ **8:27 pm** 5:27 pm

10 WEDNESDAY
☽ ⚺ ☿ **3:42 am** 12:42 am
♂ □ ♅ **4:04 am** 1:04 am
♀ ⚺ ♄ **5:56 am** 2:56 am
☽ ⚺ ♅ **12:04 pm** 9:04 am
☽ ⚹ ♂ **12:31 pm** 9:31 am

11 THURSDAY
☽ □ ♃ **9:14 am** 6:14 am
☽ □ ⚷ **11:06 am** 8:06 am
☽ ⚹ ♆ **2:17 pm** 11:17 am
☽ ⚹ ♄ **3:44 pm** 12:44 pm
☽ ⚺ ♀ **7:18 pm** 4:18 pm
♇ ☍ ⚶ **10:51 pm** 7:51 pm
☽ △ ⚵ 9:57 pm

12 FRIDAY
☽ △ ⚵ **12:57 am**
☿ ⚹ ♅ **3:46 am** 12:46 am
☽ △ ♇ **3:54 am** 12:54 am
☽ ⚹ ⚶ **4:04 am** 1:04 am
☽ ⚺ ⚳ **6:32 am** 3:32 am
☽ ⚹ ♀ **9:04 am** 6:04 am
☽ ☌ ☉ **2:21 pm** 11:21 am
☽ ⚹ ♅ 9:34 pm
☿ ⚺ ♂ 10:34 pm

13 SATURDAY
☽ ⚹ ♅ **12:34 am**
☿ ⚺ ♂ **1:34 am**
☽ ⚺ ♂ **4:28 am** 1:28 am
☽ ☌ ☿ **4:52 am** 1:52 am
☽ ⚹ ♃ **9:49 pm** 6:49 pm
☽ △ ⚷ **11:04 pm** 8:04 pm
☽ □ ♆ 11:14 pm

14 SUNDAY
☽ □ ♆ **2:14 am**
☽ ⚺ ♄ **4:05 am** 1:05 am
♀ □ ⚵ **6:47 am** 3:47 am
☽ □ ⚵ **1:08 pm** 10:08 am
☽ ☌ ♀ **1:46 pm** 10:46 am
☽ ⚻ ♇ **3:27 pm** 12:27 pm
☽ ⚺ ⚶ **5:32 pm** 2:32 pm
☽ ⚹ ⚳ **7:55 pm** 4:55 pm
☽ □ ♀ **9:50 pm** 6:50 pm

15 MONDAY
♀ ⚻ ♇ **6:21 am** 3:21 am
☽ ⚺ ☉ **6:52 am** 3:52 am
☽ □ ♅ **11:53 am** 8:53 am
☽ ☌ ♂ **6:56 pm** 3:56 pm

16 TUESDAY
☽ ⚺ ☿ **3:42 am** 12:42 am
☽ ⚺ ♃ **8:59 am** 5:59 am
☽ ⚻ ⚷ **9:35 am** 6:35 am
☽ △ ♆ **12:44 pm** 9:44 am
☽ ☌ ♄ **2:56 pm** 11:56 am
♀ ⚺ ⚶ **6:00 pm** 3:00 pm
☽ ⚹ ⚵ **11:45 pm** 8:45 pm
☽ ☍ ♇ 10:23 pm

17 WEDNESDAY
☽ ☍ ♇ **1:23 am**
☽ ☌ ⚶ **5:12 am** 2:12 am
☽ ⚺ ♀ **6:02 am** 3:02 am
☽ □ ⚳ **7:27 am** 4:27 am
☽ △ ♀ **8:45 am** 5:45 am
☿ ⚹ ♃ **2:12 pm** 11:12 am
☿ △ ⚷ **4:05 pm** 1:05 pm
☽ ⚹ ☉ **9:03 pm** 6:03 pm
☽ △ ♅ **9:17 pm** 6:17 pm
☉ ⚹ ♅ 9:15 pm
♀ ⚹ ⚳ 11:27 pm

18 THURSDAY
☉ ⚹ ♅ **12:15 am**
♀ ⚹ ⚳ **2:27 am**
☽ ⚺ ♂ **7:03 am** 4:03 am
☿ □ ♆ **12:13 pm** 9:13 am
♀ □ ⚴ **4:31 pm** 1:31 pm
☽ ☌ ♃ **5:54 pm** 2:54 pm
☽ ☍ ⚷ **5:54 pm** 2:54 pm
♃ ☍ ⚷ **5:55 pm** 2:55 pm
☽ ⚻ ♆ **8:58 pm** 5:58 pm
☽ ⚹ ☿ **10:29 pm** 7:29 pm
☽ ⚺ ♄ **11:27 pm** 8:27 pm

19 FRIDAY
☿ ⚺ ♄ **5:23 am** 2:23 am
☽ ⚺ ⚵ **7:57 am** 4:57 am
☽ ⚻ ♇ **8:53 am** 5:53 am
☽ ⚺ ⚶ **2:11 pm** 11:11 am
☽ △ ⚳ **4:15 pm** 1:15 pm
☽ ⚻ ♀ **4:57 pm** 1:57 pm
☽ ⚹ ♀ **6:55 pm** 3:55 pm

20 SATURDAY
☽ ⚻ ♅ **3:57 am** 12:57 am
☽ □ ☉ **7:48 am** 4:48 am
☽ ⚹ ♂ **3:51 pm** 12:51 pm
☽ ⚻ ⚷ **11:16 pm** 8:16 pm
☽ ⚺ ♃ **11:49 pm** 8:49 pm
☽ ☍ ♆ 11:13 pm

21 SUNDAY
☽ ☍ ♆ **2:13 am**
☽ ⚹ ♄ **4:56 am** 1:56 am
☽ □ ☿ **11:54 am** 8:54 am
☽ ☌ ⚵ **1:03 pm** 10:03 am
☽ △ ♇ **1:20 pm** 10:20 am
☽ ⚹ ⚶ **7:50 pm** 4:50 pm
☿ □ ⚵ **9:31 pm** 6:31 pm
☽ ⚻ ⚳ **9:41 pm** 6:41 pm
☽ ☍ ♀ **9:52 pm** 6:52 pm
☿ ⚻ ♇ **10:57 pm** 7:57 pm

22 MONDAY
☽ □ ♀ **3:42 am** 12:42 am
☽ ☍ ♅ **7:30 am** 4:30 am
♇ △ ⚵ **1:03 pm** 10:03 am
☽ △ ☉ **2:43 pm** 11:43 am
⚳ ⚺ ♀ **5:43 pm** 2:43 pm
☽ □ ♂ **9:05 pm** 6:05 pm
☽ △ ⚷ 10:37 pm
☽ ⚹ ♃ 11:39 pm

23 TUESDAY
☽ △ ⚷ **1:37 am**
☽ ⚹ ♃ **2:39 am**
☽ ⚻ ♆ **4:28 am** 1:28 am
☽ □ ♄ **7:23 am** 4:23 am
☽ □ ♇ **2:58 pm** 11:58 am
☽ ⚺ ⚵ **3:16 pm** 12:16 pm
☽ △ ☿ **8:23 pm** 5:23 pm
☽ □ ⚶ **10:31 pm** 7:31 pm
☽ ⚻ ♀ **11:55 pm** 8:55 pm
☽ ☍ ⚳ 9:12 pm
♀ □ ♅ 10:32 pm

24 WEDNESDAY
☽ ☍ ⚳ **12:12 am**
♀ □ ♅ **1:32 am**
☽ ⚻ ♅ **8:30 am** 5:30 am
☽ △ ♀ **9:06 am** 6:06 am
☽ ⚻ ☉ **6:44 pm** 3:44 pm
☿ ⚺ ⚶ **8:26 pm** 5:26 pm
☽ △ ♂ **11:49 pm** 8:49 pm
☽ □ ⚷ 10:54 pm

25 THURSDAY
☽ □ ⚷ **1:54 am**
☽ □ ♃ **3:26 am** 12:26 am
☽ △ ♆ **4:45 am** 1:45 am
☽ △ ♄ **7:56 am** 4:56 am
☿ □ ♀ **8:39 am** 5:39 am
☽ ⚹ ♇ **2:57 pm** 11:57 am
☿ ⚹ ⚳ **3:17 pm** 12:17 pm
☽ ⚹ ⚵ **3:50 pm** 12:50 pm
☽ △ ⚶ **11:43 pm** 8:43 pm
☽ △ ♀ 9:34 pm
☽ ⚻ ⚳ 10:17 pm
☽ ⚻ ☿ 11:11 pm

26 FRIDAY
☽ △ ♀ **12:34 am**
☽ ⚻ ⚳ **1:17 am**
☽ ⚻ ☿ **2:11 am**
☽ △ ♅ **8:29 am** 5:29 am
☽ ⚻ ♀ **1:14 pm** 10:14 am
♂ ⚻ ⚷ **9:32 pm** 6:32 pm
☽ ☍ ☉ **10:00 pm** 7:00 pm
☽ ⚹ ⚷ 10:52 pm
☽ ⚻ ♂ 11:04 pm

27 SATURDAY
☽ ⚹ ⚷ **1:52 am**
☽ ⚻ ♂ **2:04 am**
☽ △ ♃ **3:57 am** 12:57 am
☽ □ ♆ **4:50 am** 1:50 am
☽ ⚻ ♄ **8:24 am** 5:24 am
☽ ⚺ ♇ **3:09 pm** 12:09 pm
☽ □ ⚵ **4:41 pm** 1:41 pm
☽ ⚻ ⚶ 10:35 pm
☽ □ ♀ 10:51 pm

28 SUNDAY
☽ ⚻ ⚶ **1:35 am**
☽ □ ♀ **1:51 am**
☽ △ ⚳ **3:03 am** 12:03 am
☽ ☍ ☿ **8:19 am** 5:19 am
☽ □ ♅ **9:25 am** 6:25 am
☽ ☍ ♀ **6:50 pm** 3:50 pm
☿ □ ♅ **8:03 pm** 5:03 pm
♀ △ ⚶ **10:57 pm** 7:57 pm

29 MONDAY
☽ ⚻ ☉ **3:07 am** 12:07 am
☽ ⚺ ⚷ **3:28 am** 12:28 am
☽ ☍ ♂ **6:15 am** 3:15 am
☽ ⚻ ♃ **6:16 am** 3:16 am
☽ ⚹ ♆ **6:41 am** 3:41 am
♂ ⚺ ♃ **6:53 am** 3:53 am
☉ △ ⚷ **8:10 am** 5:10 am
☽ ☍ ♄ **10:50 am** 7:50 am
♂ △ ♆ **3:26 pm** 12:26 pm
☽ ☌ ♇ **5:30 pm** 2:30 pm
☽ △ ⚵ **7:53 pm** 4:53 pm

30 TUESDAY
☽ ⚹ ♀ **5:45 am** 2:45 am
☽ ☍ ⚶ **6:11 am** 3:11 am
☽ □ ⚳ **7:36 am** 4:36 am
☽ ⚹ ♅ **1:10 pm** 10:10 am
☽ ⚻ ☿ **5:27 pm** 2:27 pm
♃ ⚻ ♆ **8:43 pm** 5:43 pm

APRIL 2002

Last Aspect / Ingress / Last Aspect / Ingress / Phases & Eclipses / Planet Ingress / Planetary Motion

D Last Aspect			D Ingress			D Last Aspect			D Ingress			Phases & Eclipses			Planet Ingress			Planetary Motion	
day	EST / hr:mn / PST	asp	sign day	EST / hr:mn / PST		day	EST / hr:mn / PST	asp	sign day	EST / hr:mn / PST		phase	day	EST / hr:mn / PST			day	EST / hr:mn / PST	
3/19 9:13 pm 6:13 pm	□ ♄	✗ 3/31 10:48 am		9:17 am 6:17 am	△ ♄	☿ 18 1:01 am			4th Quarter	4 10:29 am 7:29 am	♀ ♂ ♀ 3/31		1:39 am 10:39 pm		♀ R₁ 16					
3/19 9:13 pm 6:13 pm		✗ ♃ 1 1:48 am	19 6:55 pm 3:55 pm	♂ ♀	♑ 20 7:20 am 4:20 am			New Moon	12 2:21 pm 11:21 am	♀ □ 6	1:39 am 10:39 pm		♀ R₁ 17	1:39 am					
2 11:13 pm	✱ ♀	♑ 3 6:58 am 3:58 am	22 7:30 am 4:30 am	□ ♂	☼ 22 10:35 am 7:35 am			2nd Quarter	20 7:48 am 4:48 am	♀ ♂ ♀ 6	5:10 am 2:10 am								
2 2:13 am	✱ ♀	♑ 3 6:58 am 3:58 am	22 9:06 am 6:06 am	□ □	♒ 24 11:22 am 8:22 am			Full Moon	26 10:00 pm 7:00 pm	♀ □ 13	12:36 pm 9:36 am								
4 4:59 am 1:59 am	△ ♀	☼ 5 4:07 pm 1:07 pm	25 5:29 am 2:29 am	♀ ♀	♓ 26 11:15 am 8:15 am					○ 19	12:36 pm 9:36 am								
7 11:09 pm 9:09 pm	✱ ♄	✗ 8 3:57 am 12:57 am	28 9:25 am 6:25 am	△ □	♈ 28 12:13 pm 9:13 am					♀ ♂ 19	1:20 am								
10 12:31 am 9:31 am	□ ♂	✗ 10 4:40 pm 1:40 pm	30 1:10 pm 10:10 am	✱ ♀	♉ 30 4:03 pm 1:03 pm					♀ □ 25	12:57 pm 9:57 am								
13 4:52 am 1:52 am	♂ ♀	♏ 13 4:55 am 1:55 am								♀ ♂ 30	2:15 am 11:15 pm								
15 11:53 am 8:53 am	□ ♀	♐ 15 3:56 pm 12:56 pm																		
17 9:17 pm 6:17 pm	☐ ♀	♑ 17 10:01 pm																		

DATE	SID.TIME	SUN	MOON	NODE	MERCURY	VENUS	MARS	JUPITER	SATURN	URANUS	NEPTUNE	PLUTO	CERES	PALLAS	JUNO	VESTA	CHIRON
1 M	12:36:43	11 ♈ 05 07	25 ♍ 11 59	20 ♋ R₁ 21	6 ♈ 34	29 ♈ 39	21 ♊ 15	7 ♋ 05	10 ♊ 25	27 ≈ 18	10 ≈ 31	17 ✗ R₁ 36	14 ♓ 31	16 ≈ 55	19 ♌ 31	13 ♒ R₁	9 ♑ 57
2 T	12:40:40	12 04 18	2 ≈ 56	20 D 20	6 30	0 ♉ 53	21 57	7 11	10 31	27 21	10 32	17 35	14 54	17 16	19 52	13 59	9 59
3 W	12:44:36	13 03 28	14 59	20 20	6 30	2 07	22 38	7 16	10 37	27 24	10 33	17 35	15 16	17 38	20 13	14	10 00
4 Th	12:48:33	14 02 36	26 52	20 R₁ 20	6 30	3 21	23 20	7 22	10 42	27 26	10 34	17 34	15 39	17 59	20 34	14 13	10 02
5 F	12:52:29	15 01 43	8 ✗ 46	20 19	6 33	4 35	24 01	7 28	10 48	27 29	10 35	17 34	16 01	18 19	20 55	14 15	10 03
6 Sa	12:56:26	16 00 47	20 45	20 16	6 40	5 49	24 42	7 34	10 54	27 32	10 36	17 33	16 24	18 40	21 16	14 16	10 04
7 Su	13:00:22	16 59 50	2 ♑ 54	20 11	6 49	7 03	25 24	7 41	11 00	27 35	10 37	17 33	16 46	19 00	21 37	14 17	10 06
8 M	13:04:19	17 58 51	15 15	20 04	7 02	8 17	26 05	7 47	11 06	27 38	10 38	17 32	17 09	19 21	21 57	14 16	10 07
9 T	13:08:16	18 57 50	27 51	19 56	7 17	9 31	26 46	7 54	11 12	27 41	10 39	17 31	17 31	19 41	22 18	14 14	10 08
10 W	13:12:12	19 56 48	10 ≈ 48	19 48	7 35	10 44	27 28	8 01	11 18	27 43	10 40	17 30	17 53	20 00	22 39	14 11	10 09
11 Th	13:16:09	20 55 43	24 09	19 40	7 55	11 58	28 09	8 08	11 24	27 46	10 41	17 29	18 15	20 20	22 59	14 07	10 10
12 F	13:20:05	21 54 36	7 ♓ 54	19 R₁ 34	8 18	13 12	28 50	8 15	11 30	27 49	10 42	17 29	18 38	20 39	23 19	14 01	10 11
13 Sa	13:24:02	22 53 28	22 03	19 29	8 43	14 26	29 32	8 22	11 36	27 52	10 43	17 28	19 00	20 59	23 40	13 55	10 12
14 Su	13:27:58	23 52 17	6 ♈ 33	19 27	9 10	15 40	0 ♋ 13	8 30	11 42	27 55	10 45	17 27	19 22	21 18	24 00	13 47	10 13
15 M	13:31:55	24 51 05	21 17	19 D 26	9 39	16 54	0 55	8 37	11 49	27 58	10 46	17 26	19 43	21 37	24 20	13 38	10 14
16 T	13:35:51	25 49 49	6 ♉ 08	19 26	10 10	18 08	1 36	8 45	11 55	28 01	10 47	17 25	20 05	21 55	24 41	13 28	10 15
17 W	13:39:48	26 48 33	20 57	19 R₁ 27	10 44	19 22	2 17	8 52	12 01	28 03	10 47	17 24	20 27	22 14	25 01	13 17	10 16 R₁
18 Th	13:43:44	27 47 14	5 ♊ 36	19 27	11 19	20 35	2 59	9 00	12 07	28 06	10 48	17 23	20 49	22 32	25 21	13 04	10 17
19 F	13:47:41	28 45 54	19 58	19 25	11 56	21 49	3 40	9 08	12 13	28 09	10 49	17 22	21 10	22 51	25 41	12 51	10 18
20 Sa	13:51:38	29 44 31	3 ♋ 59	19 23	12 36	23 03	4 22	9 16	12 20	28 12	10 50	17 21	21 32	23 09	26 01	12 37	10 19
21 Su	13:55:34	0 ♉ 43 06	17 36	19 19	13 17	24 17	5 03	9 24	12 26	28 15	10 51	17 20	21 53	23 26	26 21	12 23	10 20
22 M	13:59:31	1 41 40	0 ♌ 50	19 14	14 00	25 31	5 45	9 32	12 33	28 18	10 52	17 19	22 15	23 44	26 41	12 08	10 20
23 T	14:03:27	2 40 11	13 44	19 08	14 46	26 44	6 26	9 40	12 39	28 20	10 53	17 18	22 36	24 02	27 01	11 53	10 21
24 W	14:07:24	3 38 41	26 20	19 03	15 33	27 58	7 08	9 48	12 45	28 23	10 54	17 17	22 58	24 19	27 21	11 37	10 21
25 Th	14:11:20	4 37 08	8 ♍ 42	18 59	16 22	29 12	7 50	9 56	12 52	28 26	10 54	17 16	23 19	24 36	27 41	11 22	10 22
26 F	14:15:17	5 35 33	20 54	18 57	17 13	0 □ 25	8 31	10 05	12 58	28 28	10 55	17 15	23 40	24 53	28 01	11 06	10 22
27 Sa	14:19:13	6 33 56	2 ≈ 58	18 D 57	18 06	1 39	9 13	10 13	13 05	28 31	10 56	17 14	24 01	25 10	28 21	10 50	10 23
28 Su	14:23:10	7 32 18	14 58	18 58	19 01	2 53	9 55	10 22	13 11	28 34	10 57	17 13	24 23	25 27	28 41	10 33	10 23
29 M	14:27:07	8 30 37	26 54	19 00	19 57	4 06	10 36	10 31	13 18	28 37	10 58	17 12	24 44	25 43	29 01	10 17	10 24
30 T	14:31:03	9 28 43	8 ♏ 49	18 D 01	20 56	5 20	11 18	10 40	13 24	28 39	10 58	17 11	25 05	25 59	29 21	10 00	10 24

EPHEMERIS CALCULATED FOR 12 MIDNIGHT GREENWICH MEAN TIME. ALL OTHER DATA AND FACING ASPECTARIAN PAGE IN **EASTERN STANDARD TIME (BOLD)** AND PACIFIC STANDARD TIME (REGULAR).

MAY 2002

1 WEDNESDAY

☽ ⚻ ♀ **4:26 am** 1:26 am
☉ □ ♆ **7:10 am** 4:10 am
☽ ☌ ⚷ **8:20 am** 5:20 am
☉ ⚹ ♃ **9:09 am** 6:09 am
☽ ⚺ ♆ **11:54 am** 8:54 am
☽ ☍ ♃ **12:05 pm** 9:05 am
☽ △ ☉ **12:17 pm** 9:17 am
☽ ⚻ ♂ **2:18 pm** 11:18 am
☽ ⚻ ♄ **4:49 pm** 1:49 pm
☽ ⚺ ♇ **11:25 pm** 8:25 pm
☽ ⚻ ⚵ 11:54 pm

2 THURSDAY

☽ ⚻ ⚵ **2:54 am**
☽ ⚺ ⚴ **1:34 pm** 10:34 am
☽ ⚻ ⚶ **2:55 pm** 11:55 am
☽ ⚹ ⚳ **4:13 pm** 1:13 pm
☽ ⚺ ♅ **8:45 pm** 5:45 pm
♀ ⚻ ⚷ **10:03 pm** 7:03 pm

3 FRIDAY

☽ △ ☿ **6:46 am** 3:46 am
☽ ⚺ ⚷ **5:03 pm** 2:03 pm
☽ △ ♀ **7:10 pm** 4:10 pm
☽ ☌ ♆ **8:58 pm** 5:58 pm
☽ ⚻ ♃ **9:54 pm** 6:54 pm
♂ ☌ ♄ 9:58 pm
☽ □ ☉ 11:16 pm
☽ △ ♄ 11:44 pm
☽ △ ♂ 11:50 pm

4 SATURDAY

♂ ☌ ♄ **12:58 am**
☽ □ ☉ **2:16 am**
☽ △ ♄ **2:44 am**
☽ △ ♂ **2:50 am**
☉ ⚺ ♄ **9:00 am** 6:00 am
☽ ⚹ ♇ **9:05 am** 6:05 am
♀ △ ♆ **1:29 pm** 10:29 am
☽ ☍ ⚵ **1:50 pm** 10:50 am
☉ ⚺ ♂ **11:52 pm** 8:52 pm
☽ ☌ ♀ 10:04 pm
♀ ⚺ ♃ 11:47 pm

5 SUNDAY

☽ ☌ ♀ **1:04 am**
♀ ⚺ ♃ **2:47 am**

Eastern Standard Time in bold type
Pacific Standard Time in medium type

☽ △ ⚶ **3:33 am** 12:33 am
☽ ⚺ ⚳ **4:38 am** 1:38 am
☽ ☌ ♅ **7:46 am** 4:46 am
☽ □ ☿ **11:03 pm** 8:03 pm

6 MONDAY

☽ ⚹ ⚷ **4:39 am** 1:39 am
☽ ⚺ ♆ **8:52 am** 5:52 am
☽ △ ♃ **10:39 am** 7:39 am
☽ □ ♀ **1:46 pm** 10:46 am
☽ □ ♄ **3:23 pm** 12:23 pm
☽ □ ♂ **6:27 pm** 3:27 pm
☽ ⚹ ☉ **7:37 pm** 4:37 pm
☽ □ ♇ **9:11 pm** 6:11 pm

7 TUESDAY

☽ ⚻ ⚵ **3:14 am** 12:14 am
♀ ☌ ♄ **7:11 am** 4:11 am
☉ ⚻ ♇ **2:16 pm** 11:16 am
☽ ⚺ ⚴ **2:31 pm** 11:31 am
☽ □ ⚶ **6:12 pm** 3:12 pm
☽ ☌ ⚳ **6:58 pm** 3:58 pm
☽ ⚺ ♅ **8:28 pm** 5:28 pm

8 WEDNESDAY

☽ ⚹ ☿ **3:29 pm** 12:29 pm
☽ □ ⚷ **5:10 pm** 2:10 pm
♂ ☍ ♇ **5:14 pm** 2:14 pm
☽ ⚹ ♆ **9:31 pm** 6:31 pm
☽ □ ♃ 9:10 pm

9 THURSDAY

☽ □ ♃ **12:10 am**
☽ ⚹ ♄ **4:36 am** 1:36 am
☽ ⚹ ♀ **9:12 am** 6:12 am
☽ △ ♇ **9:37 am** 6:37 am
☽ ⚹ ♂ **10:37 am** 7:37 am
♀ ☍ ♇ **1:17 pm** 10:17 am
☽ ⚺ ☉ **1:31 pm** 10:31 am
☽ △ ⚵ **4:51 pm** 1:51 pm

10 FRIDAY

♅ ⚺ ⚳ **3:15 am** 12:15 am
☽ ⚹ ⚴ **3:43 am** 12:43 am
☿ ⚻ ⚷ **4:11 am** 1:11 am
☽ ⚹ ⚶ **8:33 am** 5:33 am
☽ ⚹ ♅ **8:47 am** 5:47 am
☽ ⚺ ⚳ **8:56 am** 5:56 am
♀ ☌ ♂ **2:56 pm** 11:56 am
♅ △ ⚶ **3:56 pm** 12:56 pm

11 SATURDAY

☽ △ ⚷ **4:47 am** 1:47 am
☽ ⚺ ☿ **5:42 am** 2:42 am
☽ □ ♆ **9:11 am** 6:11 am
☽ ⚹ ♃ **12:37 pm** 9:37 am
☽ ⚺ ♄ **4:40 pm** 1:40 pm
☉ □ ⚵ **6:48 pm** 3:48 pm
☽ ⚻ ♇ **8:50 pm** 5:50 pm
☽ ⚺ ♂ 10:19 pm
☽ ⚺ ♀ 11:58 pm

12 SUNDAY

☽ ⚺ ♂ **1:19 am**
☽ ⚺ ♀ **2:58 am**
☽ □ ⚵ **5:05 am** 2:05 am
☽ ☌ ☉ **5:45 am** 2:45 am
☽ □ ⚴ **3:17 pm** 12:17 pm
☽ □ ♅ **7:29 pm** 4:29 pm
⚳ □ ⚶ **9:03 pm** 6:03 pm
☽ ⚹ ⚳ **9:09 pm** 6:09 pm
☽ ⚺ ⚶ **9:09 pm** 6:09 pm

13 MONDAY

♀ ⚹ ⚵ **5:27 am** 2:27 am
☽ ⚻ ⚷ **2:35 pm** 11:35 am
☽ ☌ ☿ **4:50 pm** 1:50 pm
☽ △ ♆ **6:59 pm** 3:59 pm
☽ ⚺ ♃ **11:07 pm** 8:07 pm
☽ ☌ ♄ 11:47 pm

14 TUESDAY

☽ ☌ ♄ **2:47 am**
☽ ☍ ♇ **6:08 am** 3:08 am
☽ ☌ ♂ **1:41 pm** 10:41 am
☽ ⚹ ⚵ **3:16 pm** 12:16 pm
☽ ☌ ♀ **6:04 pm** 3:04 pm
☽ ⚺ ☉ **7:28 pm** 4:28 pm
☽ △ ⚴ 9:42 pm

15 WEDNESDAY

☽ △ ⚴ **12:42 am**
☽ △ ♅ **4:08 am** 1:08 am
☽ □ ⚳ **7:08 am** 4:08 am
☽ ☌ ⚶ **7:30 am** 4:30 am
☽ ☍ ⚷ **10:17 pm** 7:17 pm
☽ ⚺ ☿ 9:52 pm
☽ ⚻ ♆ 11:41 pm

16 THURSDAY

☽ ⚺ ☿ **12:52 am**
☽ ⚻ ♆ **2:41 am**
☽ ☌ ♃ **7:26 am** 4:26 am

☽ ⚺ ♄ **10:43 am** 7:43 am
♂ ⚹ ⚵ **1:12 pm** 10:12 am
☽ ⚻ ♇ **1:18 pm** 10:18 am
☽ ⚺ ⚵ **11:13 pm** 8:13 pm
☽ ⚺ ♂ **11:33 pm** 8:33 pm

17 FRIDAY

☽ ⚺ ♀ **6:16 am** 3:16 am
☽ ⚹ ☉ **6:27 am** 3:27 am
☽ ⚻ ⚴ **7:49 am** 4:49 am
☽ ⚻ ♅ **10:36 am** 7:36 am
☽ △ ⚳ **2:45 pm** 11:45 am
☽ ⚺ ⚶ **3:29 pm** 12:29 pm
☉ ⚺ ♀ **3:30 pm** 12:30 pm
♀ △ ⚴ 10:43 pm

18 SATURDAY

♀ △ ⚴ **1:43 am**
☽ ⚻ ⚷ **3:49 am** 12:49 am
☉ □ ⚴ **4:40 am** 1:40 am
☽ ⚹ ☿ **5:58 am** 2:58 am
☽ ☍ ♆ **8:11 am** 5:11 am
☽ ⚺ ♃ **1:29 pm** 10:29 am
☽ ⚹ ♄ **4:23 pm** 1:23 pm
☽ △ ♇ **6:17 pm** 3:17 pm

19 SUNDAY

☽ ☌ ⚵ **4:52 am** 1:52 am
☽ ⚹ ♂ **6:51 am** 3:51 am
♀ △ ♅ **7:26 am** 4:26 am
☽ ☍ ⚴ **12:40 pm** 9:40 am
☽ □ ☉ **2:42 pm** 11:42 am
☽ ☍ ♅ **2:53 pm** 11:53 am
☽ ⚹ ♀ **3:34 pm** 12:34 pm
☉ □ ♅ **5:25 pm** 2:25 pm
☽ ⚻ ⚳ **8:02 pm** 5:02 pm
☽ ⚹ ⚶ **9:05 pm** 6:05 pm

20 MONDAY

☽ △ ⚷ **7:14 am** 4:14 am
☽ □ ☿ **8:29 am** 5:29 am
☽ ⚻ ♆ **11:35 am** 8:35 am
☽ ⚹ ♃ **5:22 pm** 2:22 pm
☽ □ ♄ **7:57 pm** 4:57 pm
☽ □ ♇ **9:14 pm** 6:14 pm

21 TUESDAY

☽ ⚺ ⚵ **8:28 am** 5:28 am
☽ □ ♂ **11:53 am** 8:53 am
☽ ⚻ ⚴ **3:32 pm** 12:32 pm
☽ ⚻ ♅ **5:17 pm** 2:17 pm
☽ △ ☉ **8:39 pm** 5:39 pm

☽ □ ♀ **10:27 pm** 7:27 pm
☽ ☍ ⚳ **11:21 pm** 8:21 pm
☽ □ ⚶ 9:45 pm

22 WEDNESDAY

☽ □ ⚶ **12:45 am**
☽ □ ⚷ **9:00 am** 6:00 am
☽ △ ☿ **9:02 am** 6:02 am
☿ ⚻ ⚷ **10:17 am** 7:17 am
♀ □ ⚳ **1:04 pm** 10:04 am
☽ △ ♆ **1:23 pm** 10:23 am
☽ □ ♃ **7:43 pm** 4:43 pm
☽ △ ♄ **10:01 pm** 7:01 pm
☽ ⚹ ♇ **10:46 pm** 7:46 pm

23 THURSDAY

☽ ⚹ ⚵ **10:49 am** 7:49 am
☽ △ ♂ **3:37 pm** 12:37 pm
♀ ☌ ⚶ **4:09 pm** 1:09 pm
☽ △ ♀ **5:17 pm** 2:17 pm
☽ △ ♅ **6:39 pm** 3:39 pm
☽ ⚻ ☉ 10:26 pm
☽ ⚻ ⚳ 10:44 pm

24 FRIDAY

☽ ⚻ ☉ **1:26 am**
☽ ⚻ ⚳ **1:44 am**
☽ △ ⚶ **3:30 am** 12:30 am
☽ △ ⚴ **4:09 am** 1:09 am
☉ ⚹ ⚳ **7:56 am** 4:56 am
☽ ⚻ ☿ **8:42 am** 5:42 am
☽ ⚹ ⚷ **10:07 am** 7:07 am
☽ □ ♆ **2:39 pm** 11:39 am
☽ △ ♃ **9:42 pm** 6:42 pm
☽ ⚻ ♄ **11:47 pm** 8:47 pm
☽ ⚺ ♇ 9:01 pm

25 SATURDAY

☽ ⚺ ♇ **12:01 am**
♂ △ ⚴ **10:53 am** 7:53 am
☽ □ ⚵ **1:16 pm** 10:16 am
☽ □ ♀ **7:16 pm** 4:16 pm
☽ ⚻ ♂ **7:36 pm** 4:36 pm
☿ ⚺ ♀ **7:44 pm** 4:44 pm
☽ □ ♅ **8:20 pm** 5:20 pm
♄ ☍ ♇ **9:44 pm** 6:44 pm

26 SUNDAY

☽ △ ⚳ **4:39 am** 1:39 am
☽ ☍ ☉ **6:51 am** 3:51 am
☽ ⚻ ⚶ **6:52 am** 3:52 am
☉ ⚺ ⚶ **7:22 am** 4:22 am

☽ ☍ ☿ **8:51 am** 5:51 am
☽ ⚻ ♀ **10:38 am** 7:38 am
♂ △ ♅ **11:30 am** 8:30 am
☽ ⚺ ⚷ **12:00 pm** 9:00 am
☽ ⚹ ♆ **4:50 pm** 1:50 pm
☽ ⚻ ♃ 9:52 pm
☉ ☌ ☿ 11:09 pm
♀ ☍ ⚷ 11:20 pm
☽ ☌ ♇ 11:29 pm
☽ ☍ ♄ 11:48 pm

27 MONDAY

☽ ⚻ ♃ **12:52 am**
☉ ☌ ☿ **2:09 am**
♀ ☍ ⚷ **2:20 am**
☽ ☌ ♇ **2:29 am**
☽ ☍ ♄ **2:48 am**
☿ ⚺ ⚶ **12:25 pm** 9:25 am
☽ △ ⚵ **5:27 pm** 2:27 pm
☽ ⚹ ♀ **11:02 pm** 8:02 pm
☽ ⚹ ♅ **11:50 pm** 8:50 pm
☽ ☍ ♂ 10:40 pm

28 TUESDAY

☽ ☍ ♂ **1:40 am**
☽ □ ⚳ **9:46 am** 6:46 am
☽ ⚻ ☿ **10:53 am** 7:53 am
☽ ☍ ⚶ **12:35 pm** 9:35 am
☽ ⚻ ☉ **2:53 pm** 11:53 am
☽ ☌ ⚷ **4:07 pm** 1:07 pm
☽ ☍ ♀ **7:59 pm** 4:59 pm
☽ ⚺ ♆ **9:24 pm** 6:24 pm

29 WEDNESDAY

☿ ⚹ ⚳ **4:13 am** 1:13 am
☽ ☍ ♃ **6:46 am** 3:46 am
☉ ⚻ ⚷ **7:15 am** 4:15 am
☽ ⚺ ♇ **7:34 am** 4:34 am
☽ ⚻ ♄ **8:32 am** 5:32 am
♀ ⚻ ♆ **11:38 am** 8:38 am
☽ ⚻ ⚵ 9:47 pm

30 THURSDAY

☽ ⚻ ⚵ **12:47 am**
☽ ⚺ ⚴ **5:53 am** 2:53 am
☽ ⚺ ♅ **6:23 am** 3:23 am
☽ ⚻ ♂ **11:18 am** 8:18 am
☽ △ ☿ **3:53 pm** 12:53 pm
☽ ⚹ ⚳ **6:17 pm** 3:17 pm
☽ ⚻ ⚶ **9:53 pm** 6:53 pm
☽ ⚺ ⚷ **11:29 pm** 8:29 pm

31 FRIDAY

☽ △ ☉ **3:00 am** 12:00 am
♃ ⚻ ♇ **4:58 am** 1:58 am
☽ ☌ ♆ **5:18 am** 2:18 am
☽ ⚻ ♀ **9:44 am** 6:44 am
☽ ⚹ ♇ **4:01 pm** 1:01 pm
☽ ⚻ ♃ **4:13 pm** 1:13 pm
☽ △ ♄ **5:46 pm** 2:46 pm

MAY 2002

☽ Last Aspect				☽ Ingress			
day	EST / hr:mn / PST		asp	sign	day	EST / hr:mn / PST	
1	**12:17 pm**	9:17 am	△☉	≈	2	**11:43 pm**	8:43 pm
5	**7:46 am**	4:46 am	☌♅	♓	5	**10:46 am**	7:46 am
6	**9:11 pm**	6:11 pm	□♇	♈	7	**11:22 pm**	8:22 pm
10	**8:47 am**	5:47 am	⚹♅	♉	10	**11:32 am**	8:32 am
12	**7:29 pm**	4:29 pm	□♅	♊	12	**10:04 pm**	7:04 pm
15	**4:08 am**	1:08 am	△♅	♋	15	**6:33 am**	3:33 am
17	**6:27 am**	3:27 am	⚹☉	♌	17	**12:52 pm**	9:52 am
19	**3:34 pm**	12:34 pm	⚹♀	♍	19	**5:01 pm**	2:01 pm
21	**11:53 am**	8:53 am	□♂	♎	21	**7:19 pm**	4:19 pm
23	**6:39 pm**	3:39 pm	△♄	♏	23	**8:38 pm**	5:38 pm
25	**8:20 pm**	5:20 pm	□♅	♐	25	**10:20 pm**	7:20 pm
27		10:40 pm	☍♂	♑	27		10:54 pm
28	**1:40 am**		☍♂	♑	28	**1:54 am**	
29	**6:46 am**	3:46 am	☍♃	≈	30	**8:35 am**	5:35 am

☽ Phases & Eclipses			
phase	day	EST / hr:mn / PST	
4th Quarter	3		11:16 pm
4th Quarter	4	**2:16 am**	
New Moon	12	**5:45 am**	2:45 am
2nd Quarter	19	**2:42 pm**	11:42 am
Full Moon	26	**6:51 am**	3:51 am
☍	26	5° ♐ 04'	

Planet Ingress			
	day	EST / hr:mn / PST	
⚵ ♋	13		10:22 pm
⚵ ♋	14	**1:22 am**	
⚳ ♈	14	**8:16 am**	5:16 am
♀ ♋	20	**8:27 am**	5:27 am
☉ ♊	20		9:29 pm
☉ ♊	21	**12:29 am**	
♂ ♋	28	**6:43 am**	3:43 am

Planetary Motion			
	day	EST / hr:mn / PST	
♆ ℞	13	**7:10 am**	4:10 am
☿ ℞	15	**1:51 pm**	10:51 am

DATE		SID.TIME	SUN	MOON	NODE	MERCURY	VENUS	MARS	JUPITER	SATURN	URANUS	NEPTUNE	PLUTO	CERES	PALLAS	JUNO	VESTA	CHIRON
1	W	14:35:00	0 ♉ 26 59	1 ♑ 39	18 ♊ 22	0 ♊ 52	6 ♊ 23	11 ♊ 42	10 ♋ 56	13 ♊ 30	28 ≈ 24	10 ≈ 56	17 ♐ ℞ 11	25 ♓ 25	24 ≈ 19	18 ♌ 46	24 ♊ 40	9 ♑ ℞ 01
2	Th	14:38:56	1 25 12	14 47	18 23	2 03	7 36	12 23	11 05	13 37	28 25	10 57	17 10	25 46	24 32	18 57	25 04	9 00
3	F	14:42:53	2 23 24	27 32	18 25	3 09	8 49	13 03	11 15	13 44	28 27	10 57	17 09	26 07	24 43	19 09	25 28	8 58
4	Sa	14:46:49	3 21 35	9 ≈ 57	18 ℞ 25	4 10	10 02	13 43	11 25	13 51	28 28	10 57	17 08	26 28	24 55	19 21	25 51	8 57
5	Su	14:50:46	4 19 44	22 07	18 25	5 07	11 14	14 23	11 35	13 58	28 30	10 58	17 06	26 48	25 06	19 33	26 15	8 55
6	M	14:54:42	5 17 52	4 ♓ 06	18 23	5 58	12 27	15 04	11 45	14 06	28 31	10 58	17 05	27 09	25 18	19 46	26 39	8 54
7	T	14:58:39	6 15 59	15 59	18 20	6 45	13 40	15 44	11 55	14 13	28 32	10 58	17 04	27 29	25 29	19 59	27 03	8 52
8	W	15:02:36	7 14 03	27 50	18 16	7 27	14 52	16 24	12 05	14 20	28 34	10 58	17 02	27 49	25 39	20 12	27 27	8 51
9	Th	15:06:32	8 12 07	9 ♈ 44	18 11	8 04	16 05	17 04	12 15	14 27	28 35	10 59	17 01	28 09	25 50	20 25	27 52	8 49
10	F	15:10:29	9 10 09	21 41	18 06	8 35	17 17	17 44	12 26	14 35	28 36	10 59	17 00	28 30	26 00	20 38	28 16	8 47
11	Sa	15:14:25	20 08 09	3 ♉ 46	18 01	9 02	18 30	18 24	12 36	14 42	28 37	10 59	16 58	28 50	26 10	20 52	28 40	8 45
12	Su	15:18:22	21 06 08	16 00	17 57	9 24	19 42	19 04	12 47	14 49	28 38	10 59	16 57	29 10	26 20	21 06	29 05	8 43
13	M	15:22:18	22 04 06	28 24	17 55	9 40	20 54	19 44	12 57	14 57	28 39	10 ℞ 59	16 55	29 29	26 29	21 20	29 29	8 41
14	T	15:26:15	23 02 02	10 ♊ 59	17 D 53	9 51	22 07	20 24	13 08	15 04	28 40	10 59	16 54	29 49	26 39	21 34	29 53	8 39
15	W	15:30:11	23 59 57	23 46	17 53	9 ℞ 58	23 19	21 04	13 19	15 12	28 41	10 59	16 53	0 ♈ 09	26 48	21 49	0 ♋ 18	8 37
16	Th	15:34:08	24 57 49	6 ♋ 46	17 54	9 59	24 31	21 44	13 30	15 19	28 42	10 59	16 51	0 28	26 57	22 03	0 43	8 34
17	F	15:38:05	25 55 41	20 00	17 55	9 56	25 43	22 24	13 41	15 26	28 43	10 59	16 50	0 48	27 05	22 18	1 07	8 32
18	Sa	15:42:01	26 53 30	3 ♌ 28	17 57	9 48	26 56	23 04	13 52	15 34	28 44	10 59	16 48	1 07	27 14	22 33	1 32	8 30
19	Su	15:45:58	27 51 18	17 11	17 ℞ 58	9 35	28 08	23 44	14 03	15 42	28 45	10 58	16 47	1 26	27 22	22 48	1 57	8 27
20	M	15:49:54	28 49 04	1 ♍ 10	17 58	9 19	29 20	24 23	14 14	15 49	28 45	10 58	16 45	1 45	27 29	23 04	2 22	8 25
21	T	15:53:51	29 46 49	15 23	17 58	8 58	0 ♋ 32	25 03	14 26	15 57	28 46	10 58	16 44	2 05	27 37	23 19	2 47	8 22
22	W	15:57:47	0 ♊ 44 31	29 49	17 56	8 34	1 44	25 43	14 37	16 04	28 47	10 58	16 42	2 23	27 44	23 35	3 12	8 19
23	Th	16:01:44	1 42 12	14 ♎ 23	17 54	8 07	2 55	26 23	14 48	16 12	28 47	10 57	16 41	2 42	27 51	23 51	3 37	8 16
24	F	16:05:40	2 39 52	29 00	17 52	7 38	4 07	27 02	15 00	16 20	28 48	10 57	16 39	3 01	27 58	24 07	4 02	8 14
25	Sa	16:09:37	3 37 30	13 ♏ 35	17 51	7 07	5 19	27 42	15 12	16 27	28 48	10 57	16 38	3 19	28 04	24 23	4 27	8 11
26	Su	16:13:34	4 35 07	28 01	17 49	6 34	6 31	28 22	15 23	16 35	28 49	10 56	16 36	3 38	28 10	24 39	4 52	8 08
27	M	16:17:30	5 32 43	12 ♐ 12	17 D 49	6 00	7 42	29 01	15 35	16 43	28 49	10 56	16 34	3 56	28 16	24 56	5 17	8 05
28	T	16:21:27	6 30 17	26 05	17 49	5 26	8 54	29 41	15 47	16 50	28 49	10 55	16 33	4 15	28 22	25 12	5 42	8 02
29	W	16:25:23	7 27 51	9 ♑ 35	17 50	4 52	10 05	0 ♋ 20	15 59	16 58	28 50	10 55	16 31	4 33	28 27	25 29	6 08	7 59
30	Th	16:29:20	8 25 23	22 44	17 50	4 19	11 17	1 00	16 10	17 06	28 50	10 55	16 30	4 51	28 32	25 46	6 33	7 56
31	F	16:33:16	9 22 55	5 ≈ 31	17 51	3 48	12 28	1 39	16 22	17 14	28 50	10 54	16 28	5 08	28 36	26 03	6 58	7 52

EPHEMERIS CALCULATED FOR 12 MIDNIGHT GREENWICH MEAN TIME. ALL OTHER DATA AND FACING ASPECTARIAN PAGE IN **EASTERN STANDARD TIME (BOLD)** AND PACIFIC STANDARD TIME (REGULAR).

JUNE 2002

1 SATURDAY

☉△♆	**8:37 am**	5:37 am
☽☍⚵	**11:47 am**	8:47 am
☽☌⚴	**4:08 pm**	1:08 pm
☽☌♅	**4:19 pm**	1:19 pm
⚷☍⚶	**4:24 pm**	1:24 pm
☿⚺♂	**4:40 pm**	1:40 pm
☽□☿		9:07 pm
☽△♂		9:50 pm

2 SUNDAY

☽□☿	**12:07 am**	
☽△♂	**12:50 am**	
☽⚺⚳	**6:17 am**	3:17 am
☽⚹⚷	**10:01 am**	7:01 am
☽△⚶	**10:45 am**	7:45 am
☽⚺♆	**4:18 pm**	1:18 pm
☽□☉	**7:05 pm**	4:05 pm
♀⚻♇		11:08 pm

3 MONDAY

♀⚻♇	**2:08 am**	
☽□♇	**3:22 am**	12:22 am
☽△♀	**3:30 am**	12:30 am
☽△♃	**4:44 am**	1:44 am
♅☌⚴	**5:24 am**	2:24 am
☽□♄	**5:58 am**	2:58 am
♀☌♃	**6:12 pm**	3:12 pm
☽⚻⚵		10:23 pm

4 TUESDAY

☽⚻⚵	**1:23 am**	
☽⚺♅	**4:30 am**	1:30 am
☽⚺⚴	**4:37 am**	1:37 am
♀⚺♄	**7:03 am**	4:03 am
☽⚹☿	**10:44 am**	7:44 am
☽□♂	**4:42 pm**	1:42 pm
☽☌⚳	**8:13 pm**	5:13 pm
☽□⚷	**10:11 pm**	7:11 pm
☽□⚶		10:27 pm

5 WEDNESDAY

☽□⚶	**1:27 am**	
☽⚹♆	**4:45 am**	1:45 am
☽⚹☉	**12:54 pm**	9:54 am
☽△♇	**3:46 pm**	12:46 pm
☽□♃	**6:19 pm**	3:19 pm
☽⚹♄	**7:09 pm**	4:09 pm
☽□♀	**10:41 pm**	7:41 pm

6 THURSDAY

☽△⚵	**3:15 pm**	12:15 pm
☽⚹♅	**4:47 pm**	1:47 pm
☽⚹⚴	**5:08 pm**	2:08 pm
☽⚺☿	**9:58 pm**	6:58 pm
☉☍♇	**11:44 pm**	8:44 pm

7 FRIDAY

☽⚹♂	**8:10 am**	5:10 am
☽⚺⚳	**9:36 am**	6:36 am
☽△⚷	**9:49 am**	6:49 am
☽⚹⚶	**3:27 pm**	12:27 pm
☽□♆	**4:26 pm**	1:26 pm
⚷□⚳	**5:39 pm**	2:39 pm

8 SATURDAY

☽⚻♇	**3:02 am**	12:02 am
☽⚺☉	**5:23 am**	2:23 am
☽⚹♃	**6:38 am**	3:38 am
☽⚺♄	**7:04 am**	4:04 am
♂☍⚷	**12:31 pm**	9:31 am
☽⚹♀	**4:03 pm**	1:03 pm
♆⚻⚶	**6:24 pm**	3:24 pm
☉⚺♃		10:43 pm

9 SUNDAY

☉⚺♃	**1:43 am**	
☽□⚵	**3:13 am**	12:13 am
☽□♅	**3:14 am**	12:14 am
♅☍⚵	**3:41 am**	12:41 am
☽□⚴	**3:44 am**	12:44 am
♂□⚳	**5:19 am**	2:19 am
☉☌♄	**6:24 am**	3:24 am
☽☌☿	**8:07 am**	5:07 am
☽⚻⚷	**7:18 pm**	4:18 pm
☽⚹⚳	**8:38 pm**	5:38 pm
☽⚺♂	**9:07 pm**	6:07 pm
⚴☍⚵		10:45 pm
☽△♆		10:49 pm
☽⚺⚶		11:57 pm

10 MONDAY

⚴☍⚵	**1:45 am**	
☽△♆	**1:49 am**	
☽⚺⚶	**2:57 am**	
☽☍♇	**11:53 am**	8:53 am
☽⚺♃	**4:23 pm**	1:23 pm
☽☌♄	**4:26 pm**	1:26 pm
☽☌☉	**6:46 pm**	3:46 pm
♃⚺♄		11:36 pm

11 TUESDAY

♃⚺♄	**2:36 am**	
☽⚺♀	**6:00 am**	3:00 am
☽△♅	**11:05 am**	8:05 am
☽△⚴	**11:39 am**	8:39 am
☽⚹⚵	**12:25 pm**	9:25 am
☽⚺☿	**4:26 pm**	1:26 pm
☽☍⚷		11:11 pm

12 WEDNESDAY

☽☍⚷	**2:11 am**	
☽□⚳	**4:51 am**	1:51 am
☽☌♂	**7:00 am**	4:00 am
☽⚻♆	**8:37 am**	5:37 am
☽☌⚶	**11:34 am**	8:34 am
☽⚻♇	**6:12 pm**	3:12 pm
☽⚺♄	**11:12 pm**	8:12 pm
☽☌♃	**11:28 pm**	8:28 pm

13 THURSDAY

☽⚺☉	**5:00 am**	2:00 am
♀⚻♅	**2:29 pm**	11:29 am
♂⚻♆	**3:29 pm**	12:29 pm
☽⚻♅	**4:32 pm**	1:32 pm
☽☌♀	**4:44 pm**	1:44 pm
☽⚻⚴	**5:09 pm**	2:09 pm
☽⚺⚵	**7:06 pm**	4:06 pm
♀⚻⚴	**9:34 pm**	6:34 pm
☽⚹☿	**11:02 pm**	8:02 pm

14 FRIDAY

☽⚻⚷	**6:54 am**	3:54 am
☽△⚳	**10:44 am**	7:44 am
☽☍♆	**1:17 pm**	10:17 am
☽⚺♂	**2:23 pm**	11:23 am
☽⚺⚶	**5:53 pm**	2:53 pm
☽△♇	**10:31 pm**	7:31 pm

15 SATURDAY

☽⚹♄	**3:57 am**	12:57 am
☽⚺♃	**4:31 am**	1:31 am
♀⚺⚵	**5:51 am**	2:51 am
☽⚹☉	**12:55 pm**	9:55 am
☽☍♅	**8:17 pm**	5:17 pm
☽☍⚴	**8:53 pm**	5:53 pm
☽☌⚵		9:01 pm
☽⚺♀		10:13 pm

16 SUNDAY

☽☌⚵	**12:01 am**	
☽⚺♀	**1:13 am**	
☽□☿	**4:32 am**	1:32 am
☽△⚷	**10:07 am**	7:07 am
☽⚻⚳	**3:03 pm**	12:03 pm
☽⚻♆	**4:32 pm**	1:32 pm
☽⚹♂	**8:09 pm**	5:09 pm
☽⚹⚶	**10:44 pm**	7:44 pm
☽□♇		10:34 pm

17 MONDAY

☽□♇	**1:34 am**	
☽□♄	**7:28 am**	4:28 am
☽⚹♃	**8:20 am**	5:20 am
☽□☉	**7:29 pm**	4:29 pm
☽⚻♅	**11:04 pm**	8:04 pm
☽⚻⚴	**11:37 pm**	8:37 pm

18 TUESDAY

☽⚺⚵	**3:57 am**	12:57 am
☽⚹♀	**8:30 am**	5:30 am
☽△☿	**9:42 am**	6:42 am
☽□⚷	**12:34 pm**	9:34 am
☽☍⚳	**6:35 pm**	3:35 pm
☽△♆	**7:06 pm**	4:06 pm
☽□♂		10:10 pm
☽□⚶		11:54 pm

19 WEDNESDAY

☽□♂	**1:10 am**	
☽□⚶	**2:54 am**	
☽⚹♇	**4:02 am**	1:02 am
☽△♄	**10:28 am**	7:28 am
☽□♃	**11:39 am**	8:39 am
♆⚹⚳	**9:47 pm**	6:47 pm
☉△♅		9:08 pm
☽△♅		10:32 pm
☽△☉		10:38 pm
☽△⚴		11:02 pm

20 THURSDAY

☉△♅	**12:08 am**	
☽△♅	**1:32 am**	
☽△☉	**1:38 am**	
☽△⚴	**2:02 am**	
☿⚹♀	**3:52 am**	12:52 am
☉△⚴	**7:16 am**	4:16 am
☽⚹⚵	**7:39 am**	4:39 am
♀⚻⚷	**7:42 am**	4:42 am
☿⚻⚷	**8:58 am**	5:58 am
♇⚻⚶	**2:11 pm**	11:11 am
☽⚹⚷	**2:54 pm**	11:54 am
☽⚻☿	**3:19 pm**	12:19 pm
☽□♀	**3:34 pm**	12:34 pm
☽□♆	**9:38 pm**	6:38 pm
☽⚻⚳	**10:05 pm**	7:05 pm

21 FRIDAY

☽△♂	**6:15 am**	3:15 am
☽⚺♇	**6:37 am**	3:37 am
☽△⚶	**7:10 am**	4:10 am
☽⚻♄	**1:41 pm**	10:41 am
♂⚻♇	**1:59 pm**	10:59 am
☽△♃	**3:12 pm**	12:12 pm

22 SATURDAY

☽□♅	**4:27 am**	1:27 am
☽□⚴	**4:50 am**	1:50 am
☽⚻☉	**8:20 am**	5:20 am
☽□⚵	**11:56 am**	8:56 am
☽⚺⚷	**5:52 pm**	2:52 pm
☽☍☿	**10:20 pm**	7:20 pm
☽△♀	**11:29 pm**	8:29 pm
☽⚹♆		9:55 pm
☽△⚳		11:21 pm

23 SUNDAY

☽⚹♆	**12:55 am**	
☽△⚳	**2:21 am**	
☽☌♇	**10:06 am**	7:06 am
☽⚻♂	**12:23 pm**	9:23 am
☽⚻⚶	**12:28 pm**	9:28 am
♀☍♆	**4:21 pm**	1:21 pm
♂☌⚶	**5:52 pm**	2:52 pm
☽☍♄	**5:57 pm**	2:57 pm
☽⚻♃	**7:52 pm**	4:52 pm

24 MONDAY

☿△♆	**6:59 am**	3:59 am
☽⚹♅	**8:38 am**	5:38 am
☽⚹⚴	**8:52 am**	5:52 am
☽☍☉	**4:42 pm**	1:42 pm
♀△⚳	**5:37 pm**	2:37 pm
☽△⚵	**5:46 pm**	2:46 pm
☽☌⚷	**10:21 pm**	7:21 pm

25 TUESDAY

☽⚺♆	**5:51 am**	2:51 am
☽⚻☿	**8:04 am**	5:04 am
☽□⚳	**8:22 am**	5:22 am
☽⚻♀	**9:30 am**	6:30 am
☿⚹⚳	**12:13 pm**	9:13 am
☉⚹⚵	**2:57 pm**	11:57 am
☽⚺♇	**3:25 pm**	12:25 pm
☽☍⚶	**7:49 pm**	4:49 pm
☽☍♂	**8:40 pm**	5:40 pm
☽⚻♄		9:15 pm
☽☍♃		11:37 pm

26 WEDNESDAY

☽⚻♄	**12:15 am**	
☽☍♃	**2:37 am**	
☽⚺♅	**3:01 pm**	12:01 pm
☽⚺⚴	**3:03 pm**	12:03 pm
♅☌⚴	**10:37 pm**	7:37 pm
☽⚻⚵		11:09 pm

27 THURSDAY

☽⚻⚵	**2:09 am**	
☽⚻☉	**4:00 am**	1:00 am
☽⚺⚷	**5:13 am**	2:13 am
☽☌♆	**1:18 pm**	10:18 am
☽⚹⚳	**5:03 pm**	2:03 pm
☉☍⚷	**7:23 pm**	4:23 pm
☽△☿	**9:57 pm**	6:57 pm
☽☍♀	**10:53 pm**	7:53 pm
☽⚹♇	**11:20 pm**	8:20 pm

28 FRIDAY

♀△♇	**3:50 am**	12:50 am
☽⚻⚶	**6:09 am**	3:09 am
☽⚻♂	**8:04 am**	5:04 am
☽△♄	**9:20 am**	6:20 am
☿☍♇	**10:39 am**	7:39 am
☽⚻♃	**12:16 pm**	9:16 am
☽☌⚴	**11:56 pm**	8:56 pm
☽☌♅		9:12 pm

29 SATURDAY

☽☌♅	**12:12 am**	
☽☍⚵	**1:37 pm**	10:37 am
♂⚺♄	**2:01 pm**	11:01 am
☽⚹⚷	**2:54 pm**	11:54 am
☿⚹♀	**5:16 pm**	2:16 pm
☽△☉	**6:52 pm**	3:52 pm
☽⚺♆	**11:34 pm**	8:34 pm

30 SUNDAY

☽⚺⚳	**4:40 am**	1:40 am
☽□♇	**10:02 am**	7:02 am
☽⚻♀	**3:54 pm**	12:54 pm
☽□☿	**4:37 pm**	1:37 pm
☽△⚶	**7:30 pm**	4:30 pm
☽□♄	**9:11 pm**	6:11 pm
☽△♂	**10:37 pm**	7:37 pm
☽△♃		9:43 pm

Eastern Standard Time in bold type
Pacific Standard Time in medium type

JUNE 2002

☽ Last Aspect day	EST / hr:mn / PST	asp	☽ Ingress sign day	EST / hr:mn / PST
1	**4:19 pm** 1:19 pm	☌ ♅	♓ 1	**6:37 pm** 3:37 pm
3	**5:58 am** 2:58 am	□ ♄	♈ 4	**6:51 am** 3:51 am
6	**4:47 pm** 1:47 pm	⚹ ♅	♉ 6	**7:07 pm** 4:07 pm
9	**3:14 am** 12:14 am	□ ♅	♊ 9	**5:29 am** 2:29 am
11	**11:05 am** 8:05 am	△ ♄	♋ 11	**1:15 pm** 10:15 am
13	**4:44 pm** 1:44 pm	☌ ♀	♌ 13	**6:39 pm** 3:39 pm
15	**8:17 pm** 5:17 pm	☍ ♄	♍ 15	**10:23 pm** 7:23 pm
17	**7:29 pm** 4:29 pm	□ ☉	♎ 17	10:11 pm
17	**7:29 pm** 4:29 pm	□ ☉	♎ 18	**1:11 am**
19	10:38 pm	△ ☉	♏ 20	**3:42 am** 12:42 am
20	**1:38 am**	△ ☉	♏ 20	**3:42 am** 12:42 am
22	**4:27 am** 1:27 am	□ ♅	♐ 22	**6:42 am** 3:42 am
24	**8:38 am** 5:38 am	⚹ ♅	♑ 24	**11:01 am** 8:01 am
25	11:37 pm	☍ ♃	♒ 26	**5:36 pm** 2:36 pm
26	**2:37 am**	☍ ♃	♒ 26	**5:36 pm** 2:36 pm
28	9:12 pm	☌ ♅	♓ 29	**3:00 am** 12:00 am
29	**12:12 am**	☌ ♅	♓ 29	**3:00 am** 12:00 am
30	9:43 pm	△ ♃	♈ 7/1	**2:49 pm** 11:49 am
7/1	**12:43 am**	△ ♃	♈ 7/1	**2:49 pm** 11:49 am

☽ Phases & Eclipses phase	day	EST / hr:mn / PST
4th Quarter	2	**7:05 pm** 4:05 pm
New Moon	10	**6:46 pm** 3:46 pm
(eclipse)	10	19° ♊ 54'
2nd Quarter	17	**7:29 pm** 4:29 pm
Full Moon	24	**4:42 pm** 1:42 pm
(eclipse)	24	3° ♑ 11'

Planet Ingress	day	EST / hr:mn / PST
⚳ ♍	12	**11:28 pm** 8:28 pm
♀ ♌	14	**3:16 pm** 12:16 pm
☉ ♋	21	**8:24 am** 5:24 am

Planetary Motion	day	EST / hr:mn / PST
♅ ℞	2	**7:11 pm** 4:11 pm
☿ D	8	**10:12 am** 7:12 am
⚴ ℞	13	**12:50 pm** 9:50 am

DATE		SID.TIME	SUN	MOON	NODE	MERCURY	VENUS	MARS	JUPITER	SATURN	URANUS	NEPTUNE	PLUTO	CERES	PALLAS	JUNO	VESTA	CHIRON
1	Sa	16:37:13	10 ♊ 20 26	17 ♒ 59	17 ♊ 52	3 ♊ ℞ 19	13 ♋ 39	2 ♋ 19	16 ♋ 34	17 ♊ 21	28 ♒ 50	10 ♒ ℞ 53	16 ♐ ℞ 27	5 ♈ 26	28 ♒ 41	26 ♌ 20	7 ♋ 24	7 ♑ ℞ 49
2	Su	16:41:10	11 17 55	0 ♓ 12	17 52	2 52	14 51	2 58	16 47	17 29	28 50	10 53	16 25	5 44	28 45	26 38	7 49	7 46
3	M	16:45:06	12 15 25	12 13	17 ℞ 52	2 28	16 02	3 37	16 59	17 37	28 ℞ 50	10 52	16 23	6 01	28 49	26 55	8 15	7 43
4	T	16:49:03	13 12 53	24 08	17 52	2 07	17 13	4 17	17 11	17 45	28 50	10 52	16 22	6 19	28 52	27 13	8 40	7 39
5	W	16:52:59	14 10 20	6 ♈ 01	17 52	1 50	18 24	4 56	17 23	17 52	28 50	10 51	16 20	6 36	28 55	27 30	9 06	7 36
6	Th	16:56:56	15 07 47	17 56	17 52	1 36	19 35	5 36	17 35	18 00	28 50	10 50	16 18	6 53	28 58	27 48	9 31	7 32
7	F	17:00:52	16 05 14	29 57	17 51	1 27	20 46	6 15	17 48	18 08	28 50	10 49	16 17	7 10	29 00	28 06	9 57	7 29
8	Sa	17:04:49	17 02 39	12 ♉ 08	17 D 51	1 D 22	21 57	6 54	18 00	18 16	28 50	10 49	16 15	7 26	29 02	28 24	10 23	7 25
9	Su	17:08:45	18 00 04	24 31	17 51	1 22	23 08	7 33	18 13	18 24	28 49	10 48	16 14	7 43	29 04	28 43	10 48	7 22
10	M	17:12:42	18 57 28	7 ♊ 09	17 ℞ 51	1 25	24 18	8 13	18 25	18 31	28 49	10 47	16 12	8 00	29 06	29 01	11 14	7 18
11	T	17:16:39	19 54 52	20 02	17 51	1 34	25 29	8 52	18 38	18 39	28 49	10 46	16 10	8 16	29 07	29 19	11 40	7 15
12	W	17:20:35	20 52 15	3 ♋ 10	17 51	1 47	26 40	9 31	18 50	18 47	28 48	10 45	16 09	8 32	29 08	29 38	12 06	7 11
13	Th	17:24:32	21 49 37	16 34	17 51	2 04	27 50	10 10	19 03	18 55	28 48	10 44	16 07	8 48	29 ℞ 08	29 57	12 32	7 07
14	F	17:28:28	22 46 58	0 ♌ 12	17 51	2 26	29 01	10 49	19 16	19 03	28 47	10 43	16 06	9 04	29 08	0 ♍ 15	12 58	7 03
15	Sa	17:32:25	23 44 18	14 01	17 50	2 53	0 ♌ 11	11 28	19 28	19 10	28 47	10 42	16 04	9 20	29 08	0 34	13 24	7 00
16	Su	17:36:21	24 41 38	28 01	17 49	3 23	1 21	12 07	19 41	19 18	28 46	10 41	16 02	9 35	29 07	0 53	13 50	6 56
17	M	17:40:18	25 38 56	12 ♍ 08	17 49	3 58	2 31	12 47	19 54	19 26	28 45	10 40	16 01	9 50	29 06	1 12	14 16	6 52
18	T	17:44:14	26 36 14	26 20	17 D 49	4 38	3 42	13 26	20 07	19 34	28 45	10 39	15 59	10 06	29 05	1 31	14 42	6 48
19	W	17:48:11	27 33 30	10 ♎ 35	17 49	5 21	4 52	14 05	20 20	19 41	28 44	10 38	15 58	10 21	29 03	1 51	15 08	6 44
20	Th	17:52:08	28 30 46	24 50	17 49	6 09	6 02	14 44	20 33	19 49	28 43	10 37	15 56	10 35	29 01	2 10	15 34	6 41
21	F	17:56:04	29 28 01	9 ♏ 03	17 50	7 00	7 11	15 23	20 45	19 57	28 42	10 36	15 55	10 50	28 59	2 29	16 00	6 37
22	Sa	18:00:01	0 ♋ 25 16	23 10	17 51	7 56	8 21	16 02	20 58	20 05	28 42	10 35	15 53	11 05	28 56	2 49	16 26	6 33
23	Su	18:03:57	1 22 30	7 ♐ 09	17 ℞ 52	8 56	9 31	16 40	21 11	20 12	28 41	10 34	15 52	11 19	28 53	3 09	16 53	6 29
24	M	18:07:54	2 19 43	20 56	17 52	9 59	10 41	17 19	21 24	20 20	28 40	10 33	15 50	11 33	28 50	3 28	17 19	6 25
25	T	18:11:50	3 16 56	4 ♑ 29	17 52	11 06	11 50	17 58	21 38	20 28	28 39	10 32	15 48	11 47	28 46	3 48	17 45	6 21
26	W	18:15:47	4 14 09	17 45	17 50	12 17	12 59	18 37	21 51	20 35	28 38	10 30	15 47	12 01	28 42	4 08	18 11	6 17
27	Th	18:19:43	5 11 22	0 ♒ 45	17 48	13 32	14 09	19 16	22 04	20 43	28 37	10 29	15 45	12 14	28 37	4 28	18 38	6 13
28	F	18:23:40	6 08 34	13 28	17 46	14 50	15 18	19 55	22 17	20 51	28 35	10 28	15 44	12 27	28 32	4 48	19 04	6 10
29	Sa	18:27:37	7 05 46	25 54	17 43	16 12	16 27	20 34	22 30	20 58	28 34	10 27	15 43	12 41	28 27	5 08	19 30	6 06
30	Su	18:31:33	8 02 58	8 ♓ 07	17 40	17 37	17 36	21 12	22 43	21 06	28 33	10 25	15 41	12 54	28 21	5 28	19 57	6 02

EPHEMERIS CALCULATED FOR 12 MIDNIGHT GREENWICH MEAN TIME. ALL OTHER DATA AND FACING ASPECTARIAN PAGE IN **EASTERN STANDARD TIME (BOLD)** AND PACIFIC STANDARD TIME (REGULAR).

JULY 2002

1 MONDAY

☽ △ ♃	**12:43 am**	
⚷ △ ⚵	**4:30 am**	1:30 am
☽ ⊻ ⚴	**11:10 am**	8:10 am
☽ ⊻ ♅	**11:49 am**	8:49 am
☿ ⊻ ⚶	**10:47 pm**	7:47 pm
☽ □ ⚷		11:41 pm

2 TUESDAY

☽ □ ⚷	**2:41 am**	
☽ ⊼ ⚵	**3:28 am**	12:28 am
☉ ⊼ ♆	**5:20 am**	2:20 am
☿ ☌ ♄	**6:34 am**	3:34 am
☽ ⚹ ♆	**11:45 am**	8:45 am
☽ □ ☉	**12:19 pm**	9:19 am
☽ ☌ ⚳	**6:06 pm**	3:06 pm
☽ △ ♇	**10:21 pm**	7:21 pm
♀ ⊻ ⚶		11:42 pm

3 WEDNESDAY

♀ ⊻ ⚶	**2:42 am**	
♀ ⚹ ♄	**5:14 am**	2:14 am
♂ ☌ ♃	**8:24 am**	5:24 am
☽ □ ⚶	**10:19 am**	7:19 am
☽ ⚹ ♄	**10:20 am**	7:20 am
☽ △ ♀	**10:49 am**	7:49 am
♄ ⊻ ⚶	**10:51 am**	7:51 am
☿ ⊻ ♃	**2:06 pm**	11:06 am
☽ □ ♃	**2:22 pm**	11:22 am
☽ ⚹ ☿	**2:24 pm**	11:24 am
☽ □ ♂	**2:35 pm**	11:35 am
☿ ⊻ ♂	**4:27 pm**	1:27 pm
☽ ⚹ ⚴	**11:04 pm**	8:04 pm
☽ ⚹ ♅		9:11 pm

4 THURSDAY

☽ ⚹ ♅	**12:11 am**	
☽ △ ⚷	**2:39 pm**	11:39 am
☽ △ ⚵	**5:29 pm**	2:29 pm
☽ □ ♆	**11:44 pm**	8:44 pm

5 FRIDAY

☽ ⚹ ☉	**5:31 am**	2:31 am
☽ ⊻ ⚳	**7:03 am**	4:03 am
♀ ⊻ ♃	**8:01 am**	5:01 am
☽ ⊼ ♇	**10:03 am**	7:03 am
☽ ⊻ ♄	**10:22 pm**	7:22 pm
☿ △ ⚴	**10:42 pm**	7:42 pm
☽ ⚹ ⚶	**11:57 pm**	8:57 pm
☽ ⚹ ♃		11:43 pm

6 SATURDAY

☽ ⚹ ♃	**2:43 am**	
☽ □ ♀	**4:14 am**	1:14 am
☽ ⚹ ♂	**5:06 am**	2:06 am
☉ □ ⚳	**5:40 am**	2:40 am
☿ △ ♅	**8:42 am**	5:42 am
☽ □ ⚴	**9:24 am**	6:24 am
☽ □ ♅	**10:57 am**	7:57 am
☽ ⊻ ☿	**11:20 am**	8:20 am
☽ ⊼ ⚷		9:34 pm
♀ ⊻ ♂		9:55 pm

7 SUNDAY

☽ ⊼ ⚷	**12:34 am**	
♀ ⊻ ♂	**12:55 am**	
☽ □ ⚵	**5:10 am**	2:10 am
☽ △ ♆	**9:23 am**	6:23 am
☉ ⊼ ♇	**2:35 pm**	11:35 am
☽ ⚹ ⚳	**5:15 pm**	2:15 pm
☽ ☍ ♇	**7:09 pm**	4:09 pm
☽ ⊻ ☉	**7:31 pm**	4:31 pm

8 MONDAY

♀ ☍ ⚴	**7:14 am**	4:14 am
☽ ☌ ♄	**7:24 am**	4:24 am
☽ ⊻ ⚶	**10:19 am**	7:19 am
☽ ⊻ ♃	**11:56 am**	8:56 am
☽ ⊻ ♂	**4:05 pm**	1:05 pm
☽ △ ⚴	**4:40 pm**	1:40 pm
☽ ⚹ ♀	**5:40 pm**	2:40 pm
☽ △ ♅	**6:37 pm**	3:37 pm
♂ ⊼ ⚴		10:59 pm

9 TUESDAY

♂ ⊼ ⚴	**1:59 am**	
☽ ☌ ☿	**4:14 am**	1:14 am
♀ ☍ ♅	**4:38 am**	1:38 am
☽ ☍ ⚷	**7:18 am**	4:18 am
☽ ⚹ ⚵	**1:18 pm**	10:18 am
☽ ⊼ ♆	**3:45 pm**	12:45 pm
☽ □ ⚳	**12:00 pm**	9:00 pm
☿ ☍ ⚷		9:39 pm
☽ ⊼ ♇		9:59 pm

10 WEDNESDAY

☿ ☍ ⚷	**12:39 am**	
☽ ⊼ ♇	**12:59 am**	
☽ ☌ ☉	**5:26 am**	2:26 am
☽ ⊻ ♄	**1:07 pm**	10:07 am
☽ ☌ ⚶	**5:10 pm**	2:10 pm
☽ ☌ ♃	**5:48 pm**	2:48 pm
♂ ⊼ ♅	**6:23 pm**	3:23 pm
☽ ⊼ ⚴	**8:51 pm**	5:51 pm
☽ ⊼ ♅	**11:11 pm**	8:11 pm
☽ ☌ ♂	**11:25 pm**	8:25 pm
☽ ⊻ ♀		12:00 pm

11 THURSDAY

☽ ⊻ ♀	**3:00 am**	
☽ ⊼ ⚷	**11:08 am**	8:08 am
☽ ⊻ ☿	**5:02 pm**	2:02 pm
☽ ⊻ ⚵	**6:25 pm**	3:25 pm
☽ ☍ ♆	**7:22 pm**	4:22 pm

12 FRIDAY

☽ △ ⚳	**3:59 am**	12:59 am
☽ △ ♇	**4:14 am**	1:14 am
☿ ⚹ ⚵	**4:19 am**	1:19 am
♃ ☌ ⚶	**8:43 am**	5:43 am
☿ ⊼ ♆	**9:00 am**	6:00 am
☽ ⊻ ☉	**12:16 pm**	9:16 am
☽ ⚹ ♄	**4:28 pm**	1:28 pm
☽ ⊻ ♃	**9:22 pm**	6:22 pm
☽ ⊻ ⚶	**9:35 pm**	6:35 pm
☽ ☍ ⚴	**10:57 pm**	7:57 pm
♇ △ ⚳	**11:40 pm**	8:40 pm
☽ ☍ ♅		10:42 pm

13 SATURDAY

☽ ☍ ♅	**1:42 am**	
☽ ⊻ ♂	**4:25 am**	1:25 am
♆ ⊼ ⚵	**6:21 am**	3:21 am
☽ ☌ ♀	**9:49 am**	6:49 am
☽ △ ⚷	**1:16 pm**	10:16 am
☽ ⊼ ♆	**9:29 pm**	6:29 pm
☽ ☌ ⚵	**9:53 pm**	6:53 pm

14 SUNDAY

☽ ⚹ ☿	**3:43 am**	12:43 am
⚴ ⊼ ⚶	**5:57 am**	2:57 am
☽ □ ♇	**6:15 am**	3:15 am
☽ ⊼ ⚳	**6:39 am**	3:39 am
☽ ⚹ ☉	**5:49 pm**	2:49 pm
☽ □ ♄	**6:53 pm**	3:53 pm
☿ ⊼ ♇	**8:56 pm**	5:56 pm
☽ ⚹ ♃		9:08 pm
☽ ⊼ ⚴		9:19 pm
☿ □ ⚳		10:03 pm
☽ ⚹ ⚶		10:09 pm

15 MONDAY

☽ ⚹ ♃	**12:08 am**	
☽ ⊼ ⚴	**12:19 am**	
☿ □ ⚳	**1:03 am**	
☽ ⚹ ⚶	**1:09 am**	
☽ ⊼ ♅	**3:35 am**	12:35 am
♀ △ ⚷	**4:10 am**	1:10 am
♃ ⊼ ⚴	**6:43 am**	3:43 am
☽ ⚹ ♂	**8:44 am**	5:44 am
☉ ⊻ ♄	**11:55 am**	8:55 am
☽ □ ⚷	**3:04 pm**	12:04 pm
☽ ⊻ ♀	**4:02 pm**	1:02 pm
☽ △ ♆	**11:27 pm**	8:27 pm
☽ ⊻ ⚵		10:13 pm

16 TUESDAY

☽ ⊻ ⚵	**1:13 am**	
☽ ⚹ ♇	**8:21 am**	5:21 am
☽ ☍ ⚳	**9:21 am**	6:21 am
☽ □ ☿	**2:38 pm**	11:38 am
☽ △ ♄	**9:39 pm**	6:39 pm
☽ □ ☉	**11:47 pm**	8:47 pm
☽ △ ⚴		11:06 pm

17 WEDNESDAY

☽ △ ⚴	**2:06 am**	
☽ □ ♃	**3:23 am**	12:23 am
☽ □ ⚶	**5:15 am**	2:15 am
☽ △ ♅	**5:58 am**	2:58 am
☽ □ ♂	**1:45 pm**	10:45 am
☽ ⚹ ⚷	**5:35 pm**	2:35 pm
☽ ⚹ ♀	**11:11 pm**	8:11 pm
☽ □ ♆		11:17 pm
♅ ⊼ ⚶		11:36 pm

18 THURSDAY

☽ □ ♆	**2:17 am**	
♅ ⊼ ⚶	**2:36 am**	
☉ ⊼ ⚴	**4:38 am**	1:38 am
☽ ⚹ ⚵	**5:31 am**	2:31 am
☽ ⊻ ♇	**11:25 am**	8:25 am
☽ ⊼ ⚳	**1:03 pm**	10:03 am
☿ ⊻ ♄	**3:23 pm**	12:23 pm
☽ ⊼ ♄		10:35 pm

19 FRIDAY

☽ ⊼ ♄	**1:35 am**	
☽ △ ☿	**3:22 am**	12:22 am
☽ □ ⚴	**4:59 am**	1:59 am
☽ △ ☉	**7:11 am**	4:11 am
☽ △ ♃	**7:54 am**	4:54 am
☽ □ ♅	**9:35 am**	6:35 am
☽ △ ⚶	**10:42 am**	7:42 am
☿ ⊼ ⚴	**1:01 pm**	10:01 am
♀ ⊼ ♆	**1:26 pm**	10:26 am
☽ △ ♂	**8:16 pm**	5:16 pm
☉ ☌ ♃	**8:19 pm**	5:19 pm
☽ ⊻ ⚷	**9:26 pm**	6:26 pm

20 SATURDAY

☽ ⚹ ♆	**6:30 am**	3:30 am
☽ □ ♀	**8:04 am**	5:04 am
☽ □ ⚵	**11:21 am**	8:21 am
☿ ☌ ♃	**11:24 am**	8:24 am
☽ ☌ ♇	**3:57 pm**	12:57 pm
☉ ⊼ ♅	**4:34 pm**	1:34 pm
☽ △ ⚳	**6:13 pm**	3:13 pm
☿ ⊼ ♅	**6:51 pm**	3:51 pm
♂ ⊼ ⚷	**7:14 pm**	4:14 pm
☉ ☌ ☿	**8:47 pm**	5:47 pm

21 SUNDAY

☽ ☍ ♄	**7:05 am**	4:05 am
☽ ⚹ ⚴	**9:18 am**	6:18 am
☿ ☌ ⚶	**1:12 pm**	10:12 am
☽ ⊼ ♃	**2:02 pm**	11:02 am
☽ ⚹ ♅	**2:44 pm**	11:44 am
☽ ⊼ ☉	**4:30 pm**	1:30 pm
☽ ⊼ ⚶	**5:52 pm**	2:52 pm
☽ ⊼ ☿	**6:34 pm**	3:34 pm
☽ ☌ ⚷		11:52 pm

22 MONDAY

☽ ☌ ⚷	**2:52 am**	
☽ ⊼ ♂	**4:38 am**	1:38 am
☽ ⊻ ♆	**12:22 pm**	9:22 am
♀ ☌ ⚵	**6:17 pm**	3:17 pm
☽ △ ⚵	**7:00 pm**	4:00 pm
☽ △ ⚴	**7:03 pm**	4:03 pm
☽ ⊻ ♇	**10:10 pm**	7:10 pm
☽ □ ⚳		10:07 pm
♃ ⊼ ♅		11:18 pm

23 TUESDAY

☽ □ ⚳	**1:07 am**	
♃ ⊼ ♅	**2:18 am**	
☉ ☌ ⚶	**3:01 am**	12:01 am
☽ ⊼ ♄	**2:23 pm**	11:23 am
☽ ⊻ ⚴	**3:18 pm**	12:18 pm
☽ ⊻ ♅	**9:41 pm**	6:41 pm
☿ ⊼ ⚷	**9:50 pm**	6:50 pm
☽ ☍ ♃	**10:05 pm**	7:05 pm

24 WEDNESDAY

☽ ☍ ⚶	**3:05 am**	12:05 am
☽ ☍ ☉	**4:07 am**	1:07 am
♀ □ ♇	**7:41 am**	4:41 am
☽ ⊻ ⚷	**10:11 am**	7:11 am
☽ ☍ ☿	**12:39 pm**	9:39 am
☽ ☍ ♂	**3:12 pm**	12:12 pm
☽ ☌ ♆	**8:10 pm**	5:10 pm
♄ △ ⚴		10:48 pm

25 THURSDAY

♄ △ ⚴	**1:48 am**	
☽ ⊼ ⚵	**4:50 am**	1:50 am
☽ ⚹ ♇	**6:24 am**	3:24 am
☽ ⊼ ♀	**8:36 am**	5:36 am
☽ ⚹ ⚳	**10:02 am**	7:02 am
☿ ☌ ♂	**10:20 am**	7:20 am
☽ ☌ ⚴	**11:16 pm**	8:16 pm
☽ △ ♄	**11:52 pm**	8:52 pm
♀ ⊼ ⚳		11:46 pm

26 FRIDAY

♀ ⊼ ⚳	**2:46 am**	
☽ ☌ ♅	**6:47 am**	3:47 am
☽ ⊼ ♃	**8:24 am**	5:24 am
☿ ☍ ♆	**10:39 am**	7:39 am
☽ ⊼ ⚶	**2:44 pm**	11:44 am
☽ ⊼ ☉	**6:29 pm**	3:29 pm
☽ ⚹ ⚷	**7:42 pm**	4:42 pm

27 SATURDAY

☽ ⊼ ♂	**4:23 am**	1:23 am
☽ ⊻ ♆	**6:12 am**	3:12 am
♇ □ ⚵	**9:01 am**	6:01 am
☉ ⊼ ⚷	**9:12 am**	6:12 am
☽ ⊼ ☿	**10:07 am**	7:07 am
☽ □ ♇	**4:53 pm**	1:53 pm
☽ ☍ ⚵	**5:08 pm**	2:08 pm
☽ ⊻ ⚳	**9:13 pm**	6:13 pm
☽ ☍ ♀		10:03 pm

28 SUNDAY

☽ ☍ ♀	**1:03 am**	
☽ ⊻ ⚴	**9:19 am**	6:19 am
☽ □ ♄	**11:37 am**	8:37 am
♂ ☍ ♆	**1:31 pm**	10:31 am
☽ ⊻ ♅	**6:02 pm**	3:02 pm
☽ △ ♃	**9:01 pm**	6:01 pm

29 MONDAY

☿ △ ♇	**3:12 am**	12:12 am
☽ △ ⚶	**4:45 am**	1:45 am
☽ □ ⚷	**7:16 am**	4:16 am
☽ △ ☉	**11:30 am**	8:30 am
☿ ⊻ ⚵	**1:13 pm**	10:13 am
☽ ⚹ ♆	**6:09 pm**	3:09 pm
☽ △ ♂	**7:51 pm**	4:51 pm

30 TUESDAY

☽ △ ♇	**5:08 am**	2:08 am
☽ ⊼ ⚵	**7:22 am**	4:22 am
☿ △ ⚳	**9:10 am**	6:10 am
☽ ☌ ⚳	**10:04 am**	7:04 am
☽ △ ☿	**10:14 am**	7:14 am
☽ ⊼ ♀	**7:33 pm**	4:33 pm
☽ ⚹ ⚴	**8:40 pm**	5:40 pm
☽ ⚹ ♄		9:45 pm

31 WEDNESDAY

☽ ⚹ ♄	**12:45 am**	
♀ ⊼ ⚴	**5:50 am**	2:50 am
☽ ⚹ ♅	**6:28 am**	3:28 am
☽ □ ♃	**10:48 am**	7:48 am
⚷ ⊼ ⚶	**5:20 pm**	2:20 pm
☽ △ ⚷	**7:39 pm**	4:39 pm
☽ □ ⚶	**7:45 pm**	4:45 pm

Eastern Standard Time in bold type
Pacific Standard Time in medium type

JULY 2002

☽ Last Aspect day	EST / hr:mn / PST	asp	☽ Ingress sign day	EST / hr:mn / PST
6/30	9:43 pm	△ ♃	♈ 1	**2:49 pm** 11:49 am
1	**12:43 am**	△ ♃	♈ 1	**2:49 pm** 11:49 am
3	9:11 pm	✶ ♅	♉ 4	**3:16 am** 12:16 am
4	**12:11 am**	✶ ♅	♉ 4	**3:16 am** 12:16 am
6	**10:57 am** 7:57 am	□ ♅	♊ 6	**2:01 pm** 11:01 am
8	**6:37 pm** 3:37 pm	△ ♅	♋ 8	**9:36 pm** 6:36 pm
10	**11:25 pm** 8:25 pm	☌ ♂	♌ 10	11:08 pm
10	**11:25 pm** 8:25 pm	☌ ♂	♌ 11	**2:08 am**
12	10:42 pm	☍ ♅	♍ 13	**4:41 am** 1:41 am
13	**1:42 am**	☍ ♅	♍ 13	**4:41 am** 1:41 am
14	9:08 pm	✶ ♃	♎ 15	**6:39 am** 3:39 am
15	**12:08 am**	✶ ♃	♎ 15	**6:39 am** 3:39 am
17	**5:58 am** 2:58 am	△ ♅	♏ 17	**9:13 am** 6:13 am
19	**9:35 am** 6:35 am	□ ♅	♐ 19	**1:02 pm** 10:02 am
21	**2:44 pm** 11:44 am	✶ ♅	♑ 21	**6:26 pm** 3:26 pm
23	**10:05 pm** 7:05 pm	☍ ♃	♒ 23	10:40 pm
23	**10:05 pm** 7:05 pm	☍ ♃	♒ 24	**1:40 am**
26	**6:47 am** 3:47 am	☌ ♅	♓ 26	**11:04 am** 8:04 am
28	**9:01 pm** 6:01 pm	△ ♃	♈ 28	**10:39 pm** 7:39 pm
31	**10:48 am** 7:48 am	□ ♃	♉ 31	**11:17 am** 8:17 am

☽ Phases & Eclipses phase	day	EST / hr:mn / PST
4th Quarter	2	**12:19 pm** 9:19 am
New Moon	10	**5:26 am** 2:26 am
2nd Quarter	16	**11:47 pm** 8:47 pm
Full Moon	24	**4:07 am** 1:07 am

Planet Ingress	day	EST / hr:mn / PST
☿ ♋	7	**5:35 am** 2:35 am
♀ ♍	10	**4:09 pm** 1:09 pm
♂ ♌	13	**10:23 am** 7:23 am
☿ ♌	21	**5:41 pm** 2:41 pm
⚶ ♌	22	**10:26 am** 7:26 am
☉ ♌	22	**7:15 pm** 4:15 pm

Planetary Motion	day	EST / hr:mn / PST

DATE		SID.TIME	SUN	MOON	NODE	MERCURY	VENUS	MARS	JUPITER	SATURN	URANUS	NEPTUNE	PLUTO	CERES	PALLAS	JUNO	VESTA	CHIRON
1	M	18:35:30	9 ♋ 00 11	20 ♓ 09	17 ♊ ℞ 38	19 ♊ 06	18 ♌ 45	21 ♋ 51	22 ♋ 56	21 ♊ 13	28 ♒ ℞ 32	10 ♒ ℞ 24	15 ♐ ℞ 40	13 ♈ 06	28 ♒ ℞ 15	5 ♍ 48	20 ♋ 23	5 ♑ ℞ 58
2	T	18:39:26	9 57 23	2 ♈ 04	17 D 37	20 39	19 54	22 30	23 10	21 21	28 30	10 23	15 38	13 19	28 09	6 09	20 50	5 54
3	W	18:43:23	10 54 35	13 57	17 37	22 15	21 03	23 09	23 23	21 29	28 29	10 21	15 37	13 31	28 02	6 29	21 16	5 50
4	Th	18:47:19	11 51 48	25 52	17 38	23 54	22 11	23 47	23 36	21 36	28 28	10 20	15 35	13 43	27 55	6 49	21 43	5 46
5	F	18:51:16	12 49 01	7 ♉ 54	17 39	25 37	23 20	24 26	23 49	21 44	28 26	10 19	15 34	13 55	27 48	7 10	22 09	5 42
6	Sa	18:55:12	13 46 14	20 08	17 41	27 22	24 28	25 05	24 03	21 51	28 25	10 17	15 33	14 07	27 40	7 30	22 36	5 38
7	Su	18:59:09	14 43 28	2 ♊ 37	17 42	29 11	25 36	25 43	24 16	21 58	28 23	10 16	15 31	14 18	27 32	7 51	23 02	5 35
8	M	19:03:06	15 40 41	15 25	17 ℞ 43	1 ♋ 03	26 44	26 22	24 29	22 06	28 22	10 14	15 30	14 29	27 23	8 12	23 29	5 31
9	T	19:07:02	16 37 55	28 33	17 42	2 57	27 52	27 01	24 43	22 13	28 20	10 13	15 29	14 40	27 15	8 33	23 55	5 27
10	W	19:10:59	17 35 10	12 ♋ 02	17 40	4 54	29 00	27 39	24 56	22 21	28 19	10 11	15 27	14 51	27 06	8 53	24 22	5 23
11	Th	19:14:55	18 32 24	25 51	17 37	6 54	0 ♍ 08	28 18	25 09	22 28	28 17	10 10	15 26	15 01	26 56	9 14	24 49	5 20
12	F	19:18:52	19 29 39	9 ♌ 55	17 33	8 56	1 16	28 57	25 23	22 35	28 15	10 08	15 25	15 11	26 46	9 35	25 15	5 16
13	Sa	19:22:48	20 26 53	24 12	17 28	10 59	2 23	29 35	25 36	22 42	28 14	10 07	15 23	15 21	26 36	9 56	25 42	5 12
14	Su	19:26:45	21 24 08	8 ♍ 36	17 24	13 04	3 31	0 ♌ 14	25 50	22 50	28 12	10 05	15 22	15 31	26 26	10 17	26 09	5 08
15	M	19:30:42	22 21 23	23 01	17 20	15 11	4 38	0 52	26 03	22 57	28 10	10 04	15 21	15 40	26 15	10 38	26 35	5 05
16	T	19:34:38	23 18 37	7 ♎ 23	17 17	17 18	5 45	1 31	26 16	23 04	28 08	10 02	15 20	15 50	26 04	11 00	27 02	5 01
17	W	19:38:35	24 15 52	21 38	17 D 16	19 26	6 52	2 09	26 30	23 11	28 07	10 01	15 19	15 59	25 52	11 21	27 29	4 58
18	Th	19:42:31	25 13 07	5 ♏ 44	17 17	21 35	7 59	2 48	26 43	23 18	28 05	9 59	15 18	16 07	25 41	11 42	27 56	4 54
19	F	19:46:28	26 10 22	19 39	17 18	23 43	9 05	3 26	26 57	23 25	28 03	9 58	15 16	16 16	25 29	12 03	28 22	4 51
20	Sa	19:50:24	27 07 37	3 ♐ 24	17 19	25 52	10 12	4 05	27 10	23 32	28 01	9 56	15 15	16 24	25 17	12 25	28 49	4 47
21	Su	19:54:21	28 04 53	16 57	17 ℞ 20	28 00	11 18	4 43	27 23	23 39	27 59	9 54	15 14	16 31	25 04	12 46	29 16	4 44
22	M	19:58:17	29 02 08	0 ♑ 19	17 19	0 ♌ 07	12 24	5 22	27 37	23 46	27 57	9 53	15 13	16 39	24 51	13 07	29 43	4 40
23	T	20:02:14	29 59 25	13 29	17 16	2 13	13 30	6 00	27 50	23 53	27 55	9 51	15 12	16 46	24 39	13 29	0 ♌ 10	4 37
24	W	20:06:11	0 ♌ 56 41	26 26	17 12	4 19	14 36	6 39	28 04	23 59	27 53	9 50	15 11	16 53	24 25	13 50	0 36	4 34
25	Th	20:10:07	1 53 58	9 ♒ 11	17 05	6 23	15 42	7 17	28 17	24 06	27 51	9 48	15 10	17 00	24 12	14 12	1 03	4 31
26	F	20:14:04	2 51 16	21 43	16 58	8 26	16 47	7 56	28 30	24 13	27 49	9 46	15 09	17 06	23 58	14 34	1 30	4 27
27	Sa	20:18:00	3 48 35	4 ♓ 03	16 49	10 27	17 52	8 34	28 44	24 19	27 47	9 45	15 08	17 12	23 44	14 55	1 57	4 24
28	Su	20:21:57	4 45 54	16 12	16 41	12 28	18 57	9 12	28 57	24 26	27 44	9 43	15 07	17 18	23 30	15 17	2 24	4 21
29	M	20:25:53	5 43 14	28 11	16 34	14 26	20 02	9 51	29 10	24 33	27 42	9 42	15 07	17 23	23 16	15 39	2 51	4 18
30	T	20:29:50	6 40 35	10 ♈ 05	16 29	16 23	21 07	10 29	29 24	24 39	27 40	9 40	15 06	17 29	23 01	16 00	3 18	4 15
31	W	20:33:46	7 37 58	21 56	16 25	18 19	22 11	11 07	29 37	24 46	27 38	9 38	15 05	17 33	22 47	16 22	3 45	4 12

EPHEMERIS CALCULATED FOR 12 MIDNIGHT GREENWICH MEAN TIME. ALL OTHER DATA AND FACING ASPECTARIAN PAGE IN **EASTERN STANDARD TIME (BOLD)** AND PACIFIC STANDARD TIME (REGULAR).

AUGUST 2002

1 THURSDAY

☽□☉	**5:22 am**	2:22 am
☽□♆	**6:34 am**	3:34 am
☽□♂	**11:46 am**	8:46 am
☽⚻♇	**5:26 pm**	2:26 pm
☉☍♆	**7:57 pm**	4:57 pm
☿☍⚴	**9:24 pm**	6:24 pm
☽△⚵	**9:34 pm**	6:34 pm
☽⚺⚳	**10:42 pm**	7:42 pm

2 FRIDAY

☽□⚴	**7:28 am**	4:28 am
☽□☿	**9:30 am**	6:30 am
♀□♄	**11:10 am**	8:10 am
☽⚺♄	**1:08 pm**	10:08 am
☽△♀	**1:18 pm**	10:18 am
☽□♅	**5:58 pm**	2:58 pm
☽⚹♃	**11:24 pm**	8:24 pm

3 SATURDAY

☽⚻⚷	**6:35 am**	3:35 am
☽⚹⚶	**9:06 am**	6:06 am
☿⚹♄	**11:11 am**	8:11 am
☽△♆	**5:04 pm**	2:04 pm
⚳⚻⚵	**6:56 pm**	3:56 pm
☽⚹☉	**8:52 pm**	5:52 pm
☽⚹♂		10:13 pm

4 SUNDAY

☽⚹♂	**1:13 am**	
☽☍♇	**3:26 am**	12:26 am
☽⚹⚳	**8:44 am**	5:44 am
☽□⚵	**9:04 am**	6:04 am
☽△⚴	**3:37 pm**	12:37 pm
♀⚻♅	**5:45 pm**	2:45 pm
☿☍♅	**5:59 pm**	2:59 pm
☿⚺♀	**6:20 pm**	3:20 pm
☽☌♄	**10:28 pm**	7:28 pm
☽△♅		11:22 pm

5 MONDAY

☽△♅	**2:22 am**	
☽□♀	**3:09 am**	12:09 am
☽⚹☿	**3:42 am**	12:42 am
☽⚺♃	**8:34 am**	5:34 am
☽☍⚷	**2:08 pm**	11:08 am
☽⚺⚶	**6:35 pm**	3:35 pm
♂△♇	**8:58 pm**	5:58 pm
☽⚻♆	**11:58 pm**	8:58 pm

6 TUESDAY

☽⚺☉	**7:44 am**	4:44 am
☽⚻♇	**9:42 am**	6:42 am
☽⚺♂	**10:19 am**	7:19 am
☽□⚳	**2:50 pm**	11:50 am
☽⚹⚵	**4:26 pm**	1:26 pm
☽⚻⚴	**8:06 pm**	5:06 pm
☿⚺♃	**9:20 pm**	6:20 pm

7 WEDNESDAY

☽⚺♄	**3:51 am**	12:51 am
☽⚻♅	**6:57 am**	3:57 am
☉△♇	**11:29 am**	8:29 am
☽⚹♀	**12:02 pm**	9:02 am
☽☌♃	**1:43 pm**	10:43 am
☽⚺☿	**3:39 pm**	12:39 pm
☽⚻⚷	**5:57 pm**	2:57 pm
☽☌⚶	**11:56 pm**	8:56 pm

8 THURSDAY

☽☍♆	**3:14 am**	12:14 am
☿△⚷	**10:38 am**	7:38 am
☽△♇	**12:28 pm**	9:28 am
☽☌☉	**2:15 pm**	11:15 am
☽☌♂	**3:26 pm**	12:26 pm
♀⚹♃	**4:41 pm**	1:41 pm
☽△⚳	**5:30 pm**	2:30 pm
☽⚺⚵	**8:12 pm**	5:12 pm
☽☍⚴	**9:30 pm**	6:30 pm

9 FRIDAY

☽⚹♄	**6:06 am**	3:06 am
☽☍♅	**8:36 am**	5:36 am
☽⚺♃	**3:58 pm**	12:58 pm
☽⚺♀	**5:21 pm**	2:21 pm
☽△⚷	**7:11 pm**	4:11 pm
☽☌☿	**11:23 pm**	8:23 pm
☽⚺⚶		11:39 pm

10 SATURDAY

☽⚺⚶	**2:39 am**	
⚴⚻⚵	**3:09 am**	12:09 am
☽⚻♆	**4:13 am**	1:13 am
☽□♇	**1:17 pm**	10:17 am
♂△⚳	**4:14 pm**	1:14 pm
☉△⚳	**4:36 pm**	1:36 pm
☉☌♂	**5:17 pm**	2:17 pm
☽⚻⚳	**6:19 pm**	3:19 pm
☽⚺♂	**6:25 pm**	3:25 pm
☽⚺☉	**6:26 pm**	3:26 pm
♀□⚷	**6:46 pm**	3:46 pm
☽⚻⚴	**9:22 pm**	6:22 pm
☽☌⚵	**10:09 pm**	7:09 pm

11 SUNDAY

☽□♄	**7:01 am**	4:01 am
☽⚻♅	**9:04 am**	6:04 am
☿⚺⚶	**3:36 pm**	12:36 pm
☽⚹♃	**5:17 pm**	2:17 pm
☿⚻♆	**7:11 pm**	4:11 pm
☽□⚷	**7:39 pm**	4:39 pm
☽☌♀	**9:34 pm**	6:34 pm

12 MONDAY

♆☍⚶	**3:47 am**	12:47 am
☽△♆	**4:47 am**	1:47 am
☽⚹⚶	**4:49 am**	1:49 am
☽⚺☿	**5:58 am**	2:58 am
☉☍⚴	**6:37 am**	3:37 am
☽⚹♇	**2:03 pm**	11:03 am
☽☍⚳	**7:13 pm**	4:13 pm
♂☍⚴	**8:02 pm**	5:02 pm
☽△⚴	**9:26 pm**	6:26 pm
☽⚹♂	**9:32 pm**	6:32 pm
☽⚹☉	**10:46 pm**	7:46 pm
☽⚺⚵		9:23 pm

13 TUESDAY

☽⚺⚵	**12:23 am**	
☽△♄	**8:32 am**	5:32 am
☽△♅	**10:11 am**	7:11 am
☽□♃	**7:32 pm**	4:32 pm
☽⚹⚷	**9:07 pm**	6:07 pm

14 WEDNESDAY

☽⚺♀	**3:03 am**	12:03 am
☽□♆	**6:36 am**	3:36 am
☽□⚶	**8:23 am**	5:23 am
☉⚺⚵	**1:23 pm**	10:23 am
☽⚹☿	**2:06 pm**	11:06 am
☽⚺♇	**4:18 pm**	1:18 pm
☽⚻⚳	**9:43 pm**	6:43 pm
☽□⚴	**11:07 pm**	8:07 pm
☽□♂		11:34 pm

15 THURSDAY

☽□♂	**2:34 am**	
☽⚹⚵	**4:31 am**	1:31 am
☽□☉	**5:12 am**	2:12 am
☿□♇	**10:31 am**	7:31 am
☽⚻♄	**11:59 am**	8:59 am
☽□♅	**1:13 pm**	10:13 am
☽△♃		9:00 pm
☽⚺⚷		9:41 pm

16 FRIDAY

☽△♃	**12:00 am**	
☽⚺⚷	**12:41 am**	
♀△♆	**4:01 am**	1:01 am
☽⚹♆	**10:40 am**	7:40 am
☽⚹♀	**11:12 am**	8:12 am
☽△⚶	**2:26 pm**	11:26 am
☽☌♇	**8:54 pm**	5:54 pm
☽□☿		10:12 pm
☽△⚳		11:32 pm

17 SATURDAY

☽□☿	**1:12 am**	
☽△⚳	**2:32 am**	
☽⚹⚴	**3:04 am**	12:04 am
☽△♂	**10:22 am**	7:22 am
☽□⚵	**11:14 am**	8:14 am
☿⚻⚳	**1:24 pm**	10:24 am
♃⚻⚷	**2:27 pm**	11:27 am
☽△☉	**2:37 pm**	11:37 am
☿⚻⚴	**4:05 pm**	1:05 pm
☽☍♄	**5:53 pm**	2:53 pm
☽⚹♅	**6:39 pm**	3:39 pm

18 SUNDAY

☽☌⚷	**6:41 am**	3:41 am
☽⚻♃	**6:59 am**	3:59 am
⚳⚹⚴	**9:29 am**	6:29 am
☽⚺♆	**5:06 pm**	2:06 pm
☽□♀	**10:18 pm**	7:18 pm
☽⚻⚶	**11:06 pm**	8:06 pm

19 MONDAY

☽⚺♇	**3:51 am**	12:51 am
♂⚺⚵	**4:55 am**	1:55 am
☽⚺⚴	**9:12 am**	6:12 am
☽□⚳	**9:36 am**	6:36 am
☽△☿	**3:13 pm**	12:13 pm
☉⚹♄	**3:35 pm**	12:35 pm
♀⚹⚶	**5:13 pm**	2:13 pm
☉☍♅	**7:54 pm**	4:54 pm
☽△⚵	**8:27 pm**	5:27 pm
☽⚻♂	**8:47 pm**	5:47 pm
☽⚻♄		11:03 pm
☽⚺♅		11:17 pm
☽⚻☉		11:50 pm

20 TUESDAY

☽⚻♄	**2:03 am**	
☽⚺♅	**2:17 am**	
☽⚻☉	**2:50 am**	
☽⚺⚷	**2:49 pm**	11:49 am
☽☍♃	**4:14 pm**	1:14 pm
☽☌♆		10:36 pm
♄△♅		11:18 pm

21 WEDNESDAY

☽☌♆	**1:36 am**	
♄△♅	**2:18 am**	
☽☍⚶	**10:04 am**	7:04 am
☽△♀	**11:55 am**	8:55 am
☽⚹♇	**12:49 pm**	9:49 am
☽☌⚴	**5:14 pm**	2:14 pm
☽⚹⚳	**6:35 pm**	3:35 pm
♀⚹♇	**11:35 pm**	8:35 pm

22 THURSDAY

☽⚻☿	**7:36 am**	4:36 am
☽⚻⚵	**7:46 am**	4:46 am
☽☍♂	**9:28 am**	6:28 am
☿☌⚵	**9:34 am**	6:34 am
☽☌♅	**11:49 am**	8:49 am
☽△♄	**12:09 pm**	9:09 am
☽☍☉	**5:29 pm**	2:29 pm
☽⚹⚷		9:49 pm

23 FRIDAY

☽⚹⚷	**12:49 am**	
☽⚻♃	**3:25 am**	12:25 am
☽⚺♆	**11:55 am**	8:55 am
☿⚺♂	**4:48 pm**	1:48 pm
♀△⚴	**8:03 pm**	5:03 pm
☿⚻♅	**10:52 pm**	7:52 pm
☽⚻⚶	**11:02 pm**	8:02 pm
☽□♇	**11:36 pm**	8:36 pm
☽⚺⚴		11:59 pm

24 SATURDAY

☽⚺⚴	**2:59 am**	
☽⚻♀	**3:44 am**	12:44 am
♂☍♅	**4:29 am**	1:29 am
☽⚺⚳	**5:15 am**	2:15 am
☿□♄	**5:58 am**	2:58 am
♇△⚶	**2:08 pm**	11:08 am
♂⚹♄	**8:40 pm**	5:40 pm
☽☍⚵	**9:00 pm**	6:00 pm
♀☍⚳	**10:01 pm**	7:01 pm
☽⚺♅	**11:04 pm**	8:04 pm
☽□♄		9:01 pm
☽⚻♂		9:10 pm
☽☍☿		10:58 pm

25 SUNDAY

☽□♄	**12:01 am**	
☽⚻♂	**12:10 am**	
☽☍☿	**1:58 am**	
☽⚻☉	**10:19 am**	7:19 am
☽□⚷	**12:31 pm**	9:31 am
☽△♃	**4:20 pm**	1:20 pm
☽⚹♆	**11:51 pm**	8:51 pm

26 MONDAY

☽△♇	**11:54 am**	8:54 am
☉△⚷	**12:54 pm**	9:54 am
☽△⚶	**1:42 pm**	10:42 am
☽⚹⚴	**2:10 pm**	11:10 am
☽☌⚳	**5:17 pm**	2:17 pm
☽☍♀	**9:18 pm**	6:18 pm
⚴☍⚶	**9:59 pm**	6:59 pm

27 TUESDAY

♅⚻⚵	**9:10 am**	6:10 am
☽⚹♅	**11:32 am**	8:32 am
☽⚻⚵	**11:37 am**	8:37 am
☽⚹♄	**1:05 pm**	10:05 am
☽△♂	**4:18 pm**	1:18 pm
☽⚻☿	**9:22 pm**	6:22 pm
☽△⚷		10:12 pm

28 WEDNESDAY

☽△⚷	**1:12 am**	
☽△☉	**4:29 am**	1:29 am
☽□♃	**6:13 am**	3:13 am
☽□♆	**12:32 pm**	9:32 am
☽⚻♇		9:39 pm
☽□⚴		10:46 pm

29 THURSDAY

☽⚻♇	**12:39 am**	
☽□⚴	**1:46 am**	
☽□⚶	**4:49 am**	1:49 am
☽⚺⚳	**5:33 am**	2:33 am
☉⚺♃	**7:11 am**	4:11 am
☿□⚷	**2:22 pm**	11:22 am
☽⚻♀	**2:57 pm**	11:57 am
⚳△⚶	**9:01 pm**	6:01 pm
♄□⚵	**9:15 pm**	6:15 pm
☽□♅	**11:44 pm**	8:44 pm
☽⚺♄		10:49 pm
☽△⚵		10:56 pm

30 FRIDAY

☽⚺♄	**1:49 am**	
☽△⚵	**1:56 am**	
☽□♂	**7:55 am**	4:55 am
☽⚻⚷	**1:11 pm**	10:11 am
☽△☿	**3:20 pm**	12:20 pm
☽⚹♃	**7:07 pm**	4:07 pm
☽□☉	**9:31 pm**	6:31 pm
☽△♆		9:03 pm

31 SATURDAY

☽△♆	**12:03 am**	
☽☍♇	**11:47 am**	8:47 am
☽△⚴	**11:49 am**	8:49 am
♇⚹⚴	**1:57 pm**	10:57 am
☽⚹⚳	**3:58 pm**	12:58 pm
☽⚹⚶	**5:56 pm**	2:56 pm

Eastern Standard Time in bold type
Pacific Standard Time in medium type

AUGUST 2002

Last Aspect / Ingress

Last Aspect EST / hr:mn / PST	asp	Ingress sign day EST / hr:mn / PST	Last Aspect EST / hr:mn / PST	asp	Ingress sign day EST / hr:mn / PST
5:58 am 2:58 am	□ ♂	♉ 1 10:46 am 7:46 am	5 1:13 am 10:13 am	* ♀	♏ 15 6:25 pm 3:25 pm
3:42 am 12:42 am	* ♀	♊ 3 2:51 pm 11:51 am	17 6:39 pm 3:39 pm	△ ♂	♐ 17 12:15 am
7:02 am 4:02 am	□ ♂	♋ 5 6:27 pm 3:27 pm	6:39 pm 3:39 pm	△ ♂	♐ 18 3:15 am
8:36 am 5:36 am	☌ ♀	♌ 7 11:27 pm 8:27 pm	19 3:13 pm 12:13 pm	* ♂	♑ 20 6:11 am 3:11 am
8:36 am 5:36 am	□ ♀	♍ 10 1:03 am 10:03 pm	8:16 am	△ ♀	♒ 22 5:48 am 2:48 am
7:01 am 4:01 am	△ ♀	♎ 11 1:38 am 10:38 am	24 10:58 am	△ ♀	♓ 25 5:48 am 2:48 am
13:10:11 am 7:11 am	△ ♀	♏ 13 3:01 am 12:01 am	24 1:50 am		♈ 27 6:32 pm 3:32 pm
			27 4:16 pm 1:18 pm	* ♂	♉ 30 6:45 am 3:45 am
			29 11:44 am 8:44 pm		

★ The moon never makes an aspect while in the sign of Cancer, and this never goes void-of-course before entering the sign of Leo.

Phases & Eclipses

phase	day	EST / hr:mn / PST
4th Quarter	1	5:22 am 2:22 am
New Moon	8	2:15 pm 11:15 am
2nd Quarter	13	4:09 am 1:09 am
Full Moon	15	5:12 am 2:12 am
4th Quarter	30	9:31 pm 6:31 pm

Planet Ingress

	day	EST / hr:mn / PST
☿ → ♌	6	12:20 pm 9:20 am
♀ → ♎	6	4:51 am 1:51 am
☉ → ♍	22	11:17 pm
☉ → ♍	23	2:17 am
☿ R → ♌	26	4:10 pm 1:10 pm
♂ → ♍	29	9:38 am 6:38 am

Planetary Motion

	day	EST / hr:mn / PST
♃ R	4	9:59 am 6:59 am
☿ D	26	6:01 am 3:01 am

DATE	SID. TIME	SUN	MOON	NODE	MERCURY	VENUS	MARS	JUPITER	SATURN	URANUS	NEPTUNE	PLUTO	CERES	PALLAS	JUNO	VESTA	CHIRON
1 Th	20:37:43	8 ♌ 32 35	♉ 21 50	16 ♋ R 24	20 ♋ 12	23 ♍ 15	11 ♌ 46	29 ♋ 00	24 ♊ 52	27 ♒ R 36	9 ♒ R 35	15 ♐ R 37	17 ♌ 38	22 ♌ R 32	16 ♍ 44	4 ♎ 12	4 ♑ R 09
2 F	20:41:40	9 30 11	♊ 5 51	16 R 16	25 25	24 30	12 13	29 17	25 00	27 35	9 34	15 35	17 46	22 22	17 09	4 38	4 07
3 Sa	20:45:36	10 31 48	19 28	16 15	27 55	25 46	12 40	29 34	25 05	27 33	9 32	15 33	17 54	22 12	17 33	5 04	4 04
4 Su	20:49:33	11 27	♋ 2 ∞ 40	16 R 15	0 ♌ 33	27 02	13 06	29 51	25 11	27 31	9 30	15 32	18 02	22 02	17 57	5 32	4 01
5 M	20:53:29	12 25	15 28	16 D 15	3 16	28 18	13 32	0 ♌ 08	25 17	27 29	9 29	15 30	18 10	21 52	18 21	5 59	3 59
6 T	20:57:26	13 22 48	27 53	16 15	6 03	29 36	13 58	0 25	25 23	27 27	9 27	15 28	18 18	21 42	18 44	6 26	3 56
7 W	21:01:22	14 20 27	♌ 9 59	16 15	8 53	0 ≈ 53	14 24	0 42	25 29	27 24	9 26	15 27	18 26	21 31	19 08	6 53	3 53
8 Th	21:05:19	15 17 59	21 52	16 16	11 45	2 10	14 50	0 59	25 35	27 22	9 24	15 25	18 33	21 20	19 32	7 20	3 51
9 F	21:09:15	16 15 09	♍ 3 42	16 R 16	14 37	3 28	15 15	1 16	25 41	27 19	9 22	15 24	18 41	21 09	19 56	7 47	3 49
10 Sa	21:13:12	17 12 41	15 33	16 15	17 28	4 46	15 40	1 33	25 47	27 17	9 21	15 22	18 48	20 57	20 20	8 14	3 47
11 Su	21:17:09	18 10 15	27 30	15 47	20 18	6 04	16 05	1 50	25 52	27 14	9 19	15 21	18 55	20 45	20 43	8 41	3 44
12 M	21:21:05	19 07 49	♎ 9 36	15 40	23 06	7 22	16 30	2 07	25 58	27 11	9 18	15 19	19 02	20 33	21 07	9 09	3 42
13 T	21:25:02	20 05 25	21 58	15 34	25 51	8 40	16 54	2 24	26 04	27 09	9 16	15 18	19 08	20 21	21 31	9 36	3 40
14 W	21:28:58	21 03 03	♏ 4 43	15 31	28 32	9 58	17 18	2 40	26 09	27 06	9 15	15 17	19 15	20 08	21 55	10 03	3 38
15 Th	21:32:55	22 00 42	17 45	15 D 30	1 ♍ 11	11 17	17 42	2 57	26 15	27 03	9 13	15 16	19 21	19 55	22 18	10 30	3 36
16 F	21:36:51	22 58 23	♐ 1 06	15 30	3 46	12 36	18 06	3 14	26 20	27 00	9 12	15 14	19 27	19 42	22 42	10 58	3 34
17 Sa	21:40:48	23 56 05	14 40	15 R 31	6 17	13 55	18 30	3 31	26 25	26 57	9 10	15 13	19 33	19 29	23 06	11 25	3 32
18 Su	21:44:44	24 53 48	28 27	15 31	8 45	15 14	18 53	3 47	26 30	26 54	9 09	15 12	19 39	19 15	23 30	11 52	3 31
19 M	21:48:41	25 51 33	♑ 12 22	15 30	11 09	16 34	19 16	4 04	26 36	26 51	9 07	15 11	19 44	19 01	23 54	12 20	3 29
20 T	21:52:38	26 49 20	26 21	15 27	13 30	17 54	19 39	4 20	26 41	26 48	9 06	15 10	19 50	18 47	24 18	12 47	3 28
21 W	21:56:34	27 47 08	♒ 10 22	15 23	15 46	19 13	20 02	4 37	26 46	26 45	9 05	15 09	19 55	18 33	24 41	13 14	3 26
22 Th	22:00:31	28 44 58	24 21	15 17	17 58	20 33	20 24	4 54	26 51	26 42	9 03	15 09	20 00	18 19	25 05	13 42	3 25
23 F	22:04:27	29 42 49	♓ 8 18	15 11	20 07	21 54	20 46	5 10	26 56	26 39	9 02	15 08	20 05	18 04	25 29	14 09	3 23
24 Sa	22:08:24	0 ♍ 40 42	22 10	15 06	22 11	23 14	21 08	5 26	27 01	26 36	9 01	15 07	20 10	17 49	25 53	14 36	3 22
25 Su	22:12:20	1 38 36	♈ 5 57	15 02	24 10	24 35	21 30	5 43	27 05	26 33	9 00	15 06	20 14	17 34	26 17	15 04	3 21
26 M	22:16:17	2 36 32	19 35	15 00	26 05	25 55	21 51	5 59	27 10	26 29	8 59	15 05	20 19	17 19	26 41	15 31	3 20
27 T	22:20:13	3 34 29	♉ 3 01	14 D 59	27 55	27 16	22 13	6 15	27 15	26 26	8 57	15 04	20 23	17 03	27 05	15 59	3 19
28 W	22:24:10	4 32 28	16 13	14 59	29 40	28 38	22 34	6 32	27 19	26 23	8 56	15 04	20 27	16 48	27 29	16 26	3 18
29 Th	22:28:06	5 30 28	29 06	15 00	1 ≏ 20	29 59	22 54	6 48	27 24	26 20	8 55	15 D 03	20 31	16 32	27 53	16 54	3 17
30 F	22:32:03	6 28 31	♊ 11 39	15 R 01	2 55	1 ♎ 20	23 15	7 04	27 28	26 17	8 54	15 03	20 35	16 16	28 17	17 21	3 16
31 Sa	22:36:00	7 26 35	24 50	15 00	4 25	2 42	23 35	7 20	27 32	26 13	8 53	15 03	20 38	16 01	28 42	17 48	3 16

EPHEMERIS CALCULATED FOR 12 MIDNIGHT GREENWICH MEAN TIME. ALL OTHER DATA AND FACING ASPECTARIAN PAGE IN **EASTERN STANDARD TIME (BOLD)** AND PACIFIC STANDARD TIME (REGULAR).

SEPTEMBER 2002

1 SUNDAY
☉ ⚻ ♆ **5:08 am** 2:08 am
☽ △ ♀ **5:44 am** 2:44 am
☽ △ ♅ **9:28 am** 6:28 am
☽ ☌ ♄ **11:55 am** 8:55 am
☽ □ ⚵ **1:26 pm** 10:26 am
☽ ⚹ ♂ **8:17 pm** 5:17 pm
☽ ☍ ⚷ **10:13 pm** 7:13 pm
☿ ⚹ ♃ 11:53 pm

2 MONDAY
☿ ⚹ ♃ **2:53 am**
☽ ⚺ ♃ **4:41 am** 1:41 am
☽ □ ☿ **4:47 am** 1:47 am
☽ ⚻ ♆ **8:18 am** 5:18 am
☽ ⚹ ☉ **10:29 am** 7:29 am
☽ ⚻ ♀ **6:28 pm** 3:28 pm
☽ ⚻ ♇ **7:18 pm** 4:18 pm
☽ □ ⚳ **10:42 pm** 7:42 pm
☽ ⚺ ⚶ 11:51 pm

3 TUESDAY
☽ ⚺ ⚶ **2:51 am**
♀ △ ♅ **10:40 am** 7:40 am
♂ △ ⚷ **11:31 am** 8:31 am
☽ ⚻ ♅ **3:12 pm** 12:12 pm
☽ □ ♀ **3:31 pm** 12:31 pm
☽ ⚺ ♄ **5:52 pm** 2:52 pm
☽ ⚹ ⚵ **8:30 pm** 5:30 pm

4 WEDNESDAY
☽ ⚻ ⚷ **3:06 am** 12:06 am
☽ ⚺ ♂ **3:51 am** 12:51 am
☽ ☌ ♃ **9:52 am** 6:52 am
☿ △ ♆ **9:53 am** 6:53 am
☽ ☍ ♆ **12:23 pm** 9:23 am
☽ ⚹ ☿ **12:32 pm** 9:32 am
☽ ⚺ ☉ **6:14 pm** 3:14 pm
☽ ☍ ♀ **9:12 pm** 6:12 pm
☽ △ ♇ **10:42 pm** 7:42 pm
☽ △ ⚳ 10:23 pm

5 THURSDAY
☽ △ ⚳ **1:23 am**
☽ ☌ ⚶ **7:19 am** 4:19 am
♀ △ ♄ **9:26 am** 6:26 am
☽ ☍ ♅ **5:07 pm** 2:07 pm
☽ ⚹ ♄ **7:58 pm** 4:58 pm
☽ ⚹ ♀ **8:33 pm** 5:33 pm
☽ ⚺ ⚵ **11:30 pm** 8:30 pm

6 FRIDAY
☽ △ ⚷ **4:27 am** 1:27 am
☽ ☌ ♂ **7:20 am** 4:20 am
☉ ⚻ ♀ **7:43 am** 4:43 am
☽ ⚺ ♃ **11:31 am** 8:31 am
☽ ⚻ ♆ **1:11 pm** 10:11 am
☽ ⚺ ☿ **3:53 pm** 12:53 pm
☽ ⚻ ♀ **9:05 pm** 6:05 pm
☽ ☌ ☉ **10:10 pm** 7:10 pm
☽ □ ♇ **11:07 pm** 8:07 pm
☽ ⚻ ⚳ 10:14 pm

7 SATURDAY
☽ ⚻ ⚳ **1:14 am**
☽ ⚺ ⚶ **8:52 am** 5:52 am
☉ □ ♇ **1:05 pm** 10:05 am
☽ ⚻ ♅ **4:49 pm** 1:49 pm
☽ □ ♄ **7:54 pm** 4:54 pm
☽ ⚺ ♀ **11:00 pm** 8:00 pm
☽ ☌ ⚵ 9:23 pm

8 SUNDAY
☽ ☌ ⚵ **12:23 am**
☽ □ ⚷ **4:02 am** 1:02 am
☽ ⚺ ♂ **8:59 am** 5:59 am
☽ ⚹ ♃ **11:40 am** 8:40 am
☽ △ ♆ **12:38 pm** 9:38 am
☉ ⚻ ⚳ **4:01 pm** 1:01 pm
☽ ☌ ☿ **5:20 pm** 2:20 pm
☽ △ ♀ **8:01 pm** 5:01 pm
☽ ⚹ ♇ **10:39 pm** 7:39 pm
☽ ☍ ⚳ 9:17 pm
☽ ⚺ ☉ 9:57 pm

9 MONDAY
☽ ☍ ⚳ **12:17 am**
☽ ⚺ ☉ **12:57 am**
☽ ⚹ ⚶ **9:56 am** 6:56 am
☽ △ ♅ **4:25 pm** 1:25 pm
☽ △ ♄ **7:52 pm** 4:52 pm
♀ ⚺ ⚵ 9:13 pm
☽ ⚺ ⚵ 10:31 pm
☽ ☌ ♀ 10:34 pm

10 TUESDAY
♀ ⚺ ⚵ **12:13 am**
☽ ⚺ ⚵ **1:31 am**
☽ ☌ ♀ **1:34 am**
☽ ⚹ ⚷ **4:03 am** 1:03 am
☽ ⚹ ♂ **11:20 am** 8:20 am
☽ □ ♃ **12:35 pm** 9:35 am
☽ □ ♆ **12:51 pm** 9:51 am
☽ ⚺ ☿ **7:20 pm** 4:20 pm
☽ □ ♀ **8:02 pm** 5:02 pm
☽ ⚺ ♇ **11:22 pm** 8:22 pm
☽ ⚻ ⚳ 9:31 pm

11 WEDNESDAY
☽ ⚻ ⚳ **12:31 am**
☽ ⚹ ☉ **5:17 am** 2:17 am
♃ ☍ ♆ **7:06 am** 4:06 am
☽ □ ⚶ **12:46 pm** 9:46 am
☿ △ ♀ **4:44 pm** 1:44 pm
☽ □ ♅ **5:52 pm** 2:52 pm
♂ ⚻ ♆ **9:18 pm** 6:18 pm
☽ ⚻ ♄ **9:50 pm** 6:50 pm
♀ ⚹ ⚷ 11:02 pm

12 THURSDAY
♀ ⚹ ⚷ **2:02 am**
♂ ⚺ ♃ **4:07 am** 1:07 am
☽ ⚹ ⚵ **5:00 am** 2:00 am
☽ ⚺ ⚷ **6:18 am** 3:18 am
☽ ⚺ ♀ **6:33 am** 3:33 am
☽ ⚹ ♆ **3:33 pm** 12:33 pm
☽ △ ♃ **4:04 pm** 1:04 pm
☽ □ ♂ **4:28 pm** 1:28 pm
☽ ⚹ ♀ **10:40 pm** 7:40 pm
☽ ⚹ ☿ **11:31 pm** 8:31 pm
☽ ☌ ♇ 11:50 pm

13 FRIDAY
☽ ☌ ♇ **2:50 am**
☽ △ ⚳ **3:22 am** 12:22 am
☽ □ ☉ **1:08 pm** 10:08 am
☽ △ ⚶ **6:52 pm** 3:52 pm
☽ ⚹ ♅ **10:20 pm** 7:20 pm
☽ ☍ ♄ 11:54 pm

14 SATURDAY
☽ ☍ ♄ **2:54 am**
⚷ □ ⚵ **6:53 am** 3:53 am
☽ ☌ ⚷ **11:45 am** 8:45 am
☽ □ ⚵ **11:53 am** 8:53 am
☽ ⚹ ♀ **3:07 pm** 12:07 pm
♇ △ ⚳ **5:49 pm** 2:49 pm
☽ ⚺ ♆ **9:27 pm** 6:27 pm
☽ ⚻ ♃ **10:53 pm** 7:53 pm
☽ △ ♂ 10:18 pm

15 SUNDAY
☽ △ ♂ **1:18 am**
☽ ⚺ ♀ **4:28 am** 1:28 am
☽ □ ☿ **6:11 am** 3:11 am
☽ □ ⚳ **9:18 am** 6:18 am
☽ ⚺ ♇ **9:32 am** 6:32 am
☽ △ ☉ 9:58 pm

16 MONDAY
☽ △ ☉ **12:58 am**
☽ ⚻ ⚶ **4:27 am** 1:27 am
☽ ⚺ ♅ **5:55 am** 2:55 am
☽ ⚻ ♄ **11:05 am** 8:05 am
☽ ⚺ ⚷ **8:12 pm** 5:12 pm
☽ △ ⚵ **10:03 pm** 7:03 pm
☽ □ ♀ 11:59 pm

17 TUESDAY
☽ □ ♀ **2:59 am**
☽ ☌ ♆ **6:14 am** 3:14 am
♂ ⚻ ♀ **6:58 am** 3:58 am
☽ ☍ ♃ **8:40 am** 5:40 am
☽ ☌ ♀ **1:01 pm** 10:01 am
☽ ⚻ ♂ **1:24 pm** 10:24 am
☽ △ ☿ **2:30 pm** 11:30 am
☽ ⚹ ⚳ **5:47 pm** 2:47 pm
☽ ⚹ ♇ **6:57 pm** 3:57 pm
♅ ☍ ⚶ **7:23 pm** 4:23 pm

18 WEDNESDAY
☿ ⚺ ♂ **3:21 am** 12:21 am
☉ ⚻ ♅ **3:14 pm** 12:14 pm
☽ ☌ ♅ **3:54 pm** 12:54 pm
☽ ⚻ ☉ **3:57 pm** 12:57 pm
☽ ☍ ⚶ **4:44 pm** 1:44 pm
☽ △ ♄ **9:35 pm** 6:35 pm

19 THURSDAY
☽ ⚹ ⚷ **6:52 am** 3:52 am
☉ ⚺ ⚶ **9:07 am** 6:07 am
☽ ⚻ ⚵ **10:34 am** 7:34 am
♀ □ ♆ **4:19 pm** 1:19 pm
☽ ⚺ ♆ **5:02 pm** 2:02 pm
☽ △ ♀ **5:04 pm** 2:04 pm
☿ △ ♀ **8:24 pm** 5:24 pm
☽ ⚻ ♃ **8:32 pm** 5:32 pm
☽ ⚻ ☿ **11:23 pm** 8:23 pm
☽ ⚺ ♀ **11:30 pm** 8:30 pm

20 FRIDAY
☽ ☍ ♂ **3:47 am** 12:47 am
☽ ⚺ ⚳ **4:01 am** 1:01 am
☽ □ ♇ **6:14 am** 3:14 am
♂ ⚻ ⚳ **7:06 am** 4:06 am

21 SATURDAY
☽ ⚺ ♅ **3:27 am** 12:27 am
☽ ⚻ ⚶ **6:46 am** 3:46 am
☽ ☍ ☉ **8:59 am** 5:59 am
☽ □ ♄ **9:36 am** 6:36 am
☿ ⚹ ♃ **1:44 pm** 10:44 am
☉ □ ♄ **4:47 pm** 1:47 pm
☽ □ ⚷ **6:58 pm** 3:58 pm
☽ ☍ ⚵ 9:35 pm

22 SUNDAY
☽ ☍ ⚵ **12:35 am**
♂ □ ♇ **3:12 am** 12:12 am
☽ ⚹ ♆ **5:09 am** 2:09 am
☿ ⚺ ♀ **6:00 am** 3:00 am
☽ ☍ ☿ **8:08 am** 5:08 am
☽ ⚻ ♀ **8:24 am** 5:24 am
☽ △ ♃ **9:43 am** 6:43 am
☽ ⚹ ♀ **11:16 am** 8:16 am
☽ ☌ ⚳ **3:20 pm** 12:20 pm
☽ △ ♇ **6:42 pm** 3:42 pm
☽ ⚻ ♂ **7:34 pm** 4:34 pm

23 MONDAY
☽ ⚹ ♅ **3:56 pm** 12:56 pm
☽ △ ⚶ **9:49 pm** 6:49 pm
☽ ⚹ ♄ **10:29 pm** 7:29 pm
☿ △ ♆ **10:45 pm** 7:45 pm
♀ □ ♃ 11:53 pm

24 TUESDAY
♀ □ ♃ **2:53 am**
☽ ⚻ ☉ **3:10 am** 12:10 am
☽ △ ⚷ **7:52 am** 4:52 am
♀ □ ♀ **3:14 pm** 12:14 pm
☽ ⚻ ⚵ **3:22 pm** 12:22 pm
☽ ⚻ ☿ **4:23 pm** 1:23 pm
♄ ⚹ ⚶ **4:55 pm** 1:55 pm
☽ □ ♆ **5:53 pm** 2:53 pm
☽ □ ♃ **11:28 pm** 8:28 pm
☽ □ ♀ **11:38 pm** 8:38 pm
☽ ☍ ♀ 9:04 pm
☿ ☌ ⚵ 9:35 pm

25 WEDNESDAY
☽ ☍ ♀ **12:04 am**
☿ ☌ ⚵ **12:35 am**
☽ ⚺ ⚳ **3:04 am** 12:04 am
♃ ☍ ♀ **7:20 am** 4:20 am
☽ ⚻ ♇ **7:36 am** 4:36 am
☽ △ ♂ **11:49 am** 8:49 am

26 THURSDAY
☽ □ ♅ **4:27 am** 1:27 am
☽ ⚺ ♄ **11:12 am** 8:12 am
☽ □ ⚶ **12:43 pm** 9:43 am
☉ □ ⚷ **1:17 pm** 10:17 am
☽ ⚻ ⚷ **8:24 pm** 5:24 pm
☽ △ ☉ **9:00 pm** 6:00 pm
☽ △ ☿ **11:38 pm** 8:38 pm

27 FRIDAY
♀ ⚻ ⚳ **4:48 am** 1:48 am
☽ △ ⚵ **5:31 am** 2:31 am
☽ △ ♆ **6:00 am** 3:00 am
☽ △ ♀ **11:18 am** 8:18 am
☽ ⚹ ♃ **12:22 pm** 9:22 am
☉ ☌ ☿ **1:31 pm** 10:31 am
☽ ⚹ ⚳ **1:57 pm** 10:57 am
☽ ⚻ ♀ **2:28 pm** 11:28 am
☽ ☍ ♇ **7:28 pm** 4:28 pm
♆ △ ⚵ **8:57 pm** 5:57 pm
☽ □ ♂ 11:42 pm

28 SATURDAY
☽ □ ♂ **2:42 am**
☿ □ ⚷ **10:01 am** 7:01 am
☽ △ ♅ **3:19 pm** 12:19 pm
☽ ☌ ♄ **10:01 pm** 7:01 pm
☽ ⚹ ⚶ 10:28 pm

29 SUNDAY
☽ ⚹ ⚶ **1:28 am**
☽ □ ☿ **5:07 am** 2:07 am
☽ ☍ ⚷ **6:46 am** 3:46 am
☽ □ ☉ **12:03 pm** 9:03 am
♃ △ ⚳ **2:27 pm** 11:27 am
☽ ⚻ ♆ **3:40 pm** 12:40 pm
☽ □ ⚵ **4:58 pm** 1:58 pm
☽ ⚻ ♀ **8:26 pm** 5:26 pm
☽ □ ⚳ **10:13 pm** 7:13 pm
☽ ⚺ ♃ **10:28 pm** 7:28 pm
☽ △ ♀ 10:28 pm

30 MONDAY
☽ △ ♀ **1:28 am**
☽ ⚻ ♇ **4:27 am** 1:27 am
☿ ⚺ ⚶ **12:22 pm** 9:22 am
☽ ⚹ ♂ **1:59 pm** 10:59 am
☽ ⚻ ♅ **10:46 pm** 7:46 pm

Eastern Standard Time in bold type
Pacific Standard Time in medium type

SEPTEMBER 2002

☽ Last Aspect day	EST / hr:mn / PST	asp	☽ Ingress sign day	EST / hr:mn / PST
1	**11:55 am** 8:55 am	☌ ♄	♋ 1	**4:14 pm** 1:14 pm
3	**3:31 pm** 12:31 pm	□ ♀	♌ 3	**9:36 pm** 6:36 pm
5	**8:33 pm** 5:33 pm	⚹ ♀	♍ 5	**11:16 pm** 8:16 pm
7	**7:54 pm** 4:54 pm	□ ♄	♎ 7	**10:57 pm** 7:57 pm
9	**7:52 pm** 4:52 pm	△ ♄	♏ 9	**10:48 pm** 7:48 pm
11	**5:52 pm** 2:52 pm	□ ♅	♐ 11	9:44 pm
11	**5:52 pm** 2:52 pm	□ ♅	♐ 12	**12:44 am**
13	11:54 pm	☍ ♄	♑ 14	**5:47 am** 2:47 am
14	**2:54 am**	☍ ♄	♑ 14	**5:47 am** 2:47 am
15	9:58 pm	△ ☉	♒ 16	**1:54 pm** 10:54 am

☽ Last Aspect day	EST / hr:mn / PST	asp	☽ Ingress sign day	EST / hr:mn / PST
16	**12:58 am**	△ ☉	♒ 16	**1:54 pm** 10:54 am
18	**9:35 pm** 6:35 pm	△ ♄	♓ 18	9:18 pm
18	**9:35 pm** 6:35 pm	△ ♄	♓ 19	**12:18 am**
21	**9:36 am** 6:36 am	□ ♄	♈ 21	**12:11 pm** 9:11 am
23	**10:29 pm** 7:29 pm	⚹ ♄	♉ 23	9:55 pm
23	**10:29 pm** 7:29 pm	⚹ ♄	♉ 24	**12:55 am**
26	**4:27 am** 1:27 am	□ ♅	♊ 26	**1:26 pm** 10:26 am
28	**10:01 pm** 7:01 pm	☌ ♄	♋ 28	9:01 pm
28	**10:01 pm** 7:01 pm	☌ ♄	♋ 29	**12:01 am**
30	**1:59 pm** 10:59 am	⚹ ♂	♌ 10/1	**6:58 am** 3:58 am

☽ Phases & Eclipses phase	day	EST / hr:mn / PST
New Moon	6	**10:10 pm** 7:10 pm
2nd Quarter	13	**1:08 pm** 10:08 am
Full Moon	21	**8:59 am** 5:59 am
4th Quarter	29	**12:03 pm** 9:03 am

Planet Ingress	day	EST / hr:mn / PST
⚵ ♎	5	**2:15 pm** 11:15 am
♀ ♏	7	**10:05 pm** 7:05 pm
☉ ♎	22	**11:55 pm** 8:55 pm
⚶ ♍	27	**8:20 am** 5:20 am

Planetary Motion	day	EST / hr:mn / PST
⚷ D	7	**8:21 am** 5:21 am
☿ ℞	14	**2:39 pm** 11:39 am

DATE		SID.TIME	SUN	MOON	NODE	MERCURY	VENUS	MARS	JUPITER	SATURN	URANUS	NEPTUNE	PLUTO	CERES	PALLAS	JUNO	VESTA	CHIRON
1	Su	22:39:56	8 ♍ 23 44	18 ♊ 41	13 ♊ ℞ 50	5 ♎ 31	23 ♎ 58	1 ♍ 31	6 ♌ 30	27 ♊ 37	26 ♒ ℞ 23	8 ♒ ℞ 49	14 ♐ 55	17 ♈ ℞ 05	14 ♒ ℞ 52	28 ♍ 12	18 ♌ 09	3 ♑ ℞ 15
2	M	22:43:53	9 21 48	1 ♋ 30	13 49	6 28	24 51	2 09	6 42	27 42	26 21	8 47	14 55	16 58	14 39	28 35	18 35	3 15
3	T	22:47:49	10 19 54	14 45	13 46	7 22	25 43	2 48	6 54	27 46	26 18	8 46	14 55	16 51	14 27	28 57	19 02	3 14
4	W	22:51:46	11 18 02	28 29	13 41	8 14	26 35	3 26	7 06	27 50	26 16	8 45	14 55	16 43	14 15	29 20	19 29	3 14
5	Th	22:55:42	12 16 12	12 ♌ 42	13 34	9 02	27 25	4 04	7 19	27 53	26 14	8 44	14 56	16 35	14 03	29 42	19 56	3 14
6	F	22:59:39	13 14 24	27 21	13 24	9 47	28 16	4 42	7 31	27 57	26 12	8 42	14 56	16 27	13 51	0 ♎ 04	20 23	3 13
7	Sa	23:03:35	14 12 38	12 ♍ 20	13 13	10 28	29 05	5 20	7 43	28 01	26 09	8 41	14 56	16 19	13 40	0 27	20 50	3 D 13
8	Su	23:07:32	15 10 53	27 30	13 02	11 05	29 54	5 59	7 54	28 04	26 07	8 40	14 57	16 10	13 29	0 49	21 17	3 13
9	M	23:11:29	16 09 10	12 ♎ 40	12 52	11 39	0 ♏ 42	6 37	8 06	28 08	26 05	8 39	14 57	16 01	13 18	1 12	21 44	3 13
10	T	23:15:25	17 07 29	27 39	12 44	12 08	1 29	7 15	8 18	28 11	26 03	8 37	14 58	15 51	13 08	1 34	22 11	3 14
11	W	23:19:22	18 05 49	12 ♏ 20	12 39	12 32	2 15	7 53	8 30	28 15	26 00	8 36	14 58	15 42	12 58	1 57	22 38	3 14
12	Th	23:23:18	19 04 11	26 38	12 37	12 51	3 01	8 31	8 41	28 18	25 58	8 35	14 59	15 32	12 48	2 19	23 05	3 14
13	F	23:27:15	20 02 34	10 ♐ 32	12 37	13 05	3 46	9 09	8 53	28 21	25 56	8 34	14 59	15 21	12 39	2 42	23 32	3 15
14	Sa	23:31:11	21 00 59	24 03	12 37	13 ℞ 13	4 30	9 48	9 04	28 24	25 54	8 33	15 00	15 11	12 30	3 04	23 58	3 15
15	Su	23:35:08	21 59 25	7 ♑ 12	12 36	13 15	5 12	10 26	9 16	28 27	25 52	8 32	15 00	15 00	12 21	3 27	24 25	3 16
16	M	23:39:04	22 57 53	20 03	12 33	13 10	5 54	11 04	9 27	28 29	25 50	8 31	15 01	14 49	12 13	3 49	24 52	3 16
17	T	23:43:01	23 56 23	2 ♒ 39	12 28	12 59	6 35	11 42	9 38	28 32	25 48	8 30	15 02	14 37	12 05	4 12	25 19	3 17
18	W	23:46:58	24 54 54	15 04	12 20	12 41	7 15	12 20	9 50	28 35	25 46	8 29	15 02	14 26	11 57	4 34	25 45	3 18
19	Th	23:50:54	25 53 27	27 19	12 10	12 17	7 53	12 58	10 01	28 37	25 44	8 28	15 03	14 14	11 50	4 57	26 12	3 19
20	F	23:54:51	26 52 02	9 ♓ 26	11 58	11 45	8 31	13 37	10 12	28 40	25 42	8 27	15 04	14 02	11 43	5 19	26 39	3 20
21	Sa	23:58:47	27 50 39	21 27	11 44	11 06	9 07	14 15	10 23	28 42	25 40	8 26	15 05	13 50	11 36	5 41	27 06	3 21
22	Su	0:02:44	28 49 17	3 ♈ 23	11 31	10 21	9 42	14 53	10 34	28 44	25 38	8 25	15 06	13 37	11 30	6 04	27 32	3 22
23	M	0:06:40	29 47 58	15 15	11 19	9 29	10 16	15 31	10 44	28 46	25 36	8 24	15 06	13 25	11 24	6 26	27 59	3 23
24	T	0:10:37	0 ♎ 46 40	27 05	11 09	8 32	10 48	16 09	10 55	28 48	25 35	8 23	15 07	13 12	11 19	6 49	28 26	3 25
25	W	0:14:33	1 45 25	8 ♉ 55	11 02	7 31	11 19	16 47	11 06	28 50	25 33	8 22	15 08	12 59	11 14	7 11	28 52	3 26
26	Th	0:18:30	2 44 11	20 48	10 57	6 26	11 49	17 26	11 16	28 52	25 31	8 21	15 09	12 46	11 09	7 33	29 19	3 28
27	F	0:22:27	3 43 00	2 ♊ 47	10 D 56	5 20	12 17	18 04	11 27	28 53	25 29	8 21	15 10	12 33	11 04	7 56	29 45	3 29
28	Sa	0:26:23	4 41 52	14 57	10 55	4 13	12 43	18 42	11 37	28 55	25 28	8 20	15 11	12 20	11 00	8 18	0 ♍ 12	3 31
29	Su	0:30:20	5 40 45	27 22	10 ℞ 56	3 08	13 08	19 20	11 47	28 56	25 26	8 19	15 12	12 06	10 56	8 40	0 38	3 33
30	M	0:34:16	6 39 41	10 ♋ 07	10 56	2 06	13 31	19 58	11 57	28 58	25 24	8 19	15 14	11 53	10 53	9 03	1 05	3 35

EPHEMERIS CALCULATED FOR 12 MIDNIGHT GREENWICH MEAN TIME. ALL OTHER DATA AND FACING ASPECTARIAN PAGE IN **EASTERN STANDARD TIME (BOLD)** AND PACIFIC STANDARD TIME (REGULAR).

OCTOBER 2002

1 TUESDAY

☽⚺♄	**5:11 am**	2:11 am
☽⚹☿	**8:08 am**	5:08 am
☽⚺⚶	**10:08 am**	7:08 am
☉△♆	**10:50 am**	7:50 am
☽⚻⚷	**1:21 pm**	10:21 am
☽☍♆	**9:25 pm**	6:25 pm
☽⚹☉	**10:14 pm**	7:14 pm
☽⚹⚵		9:08 pm
☽☍♀		10:41 pm
☽△⚳		11:41 pm

2 WEDNESDAY

☽⚹⚵	**12:08 am**	
☽☍♀	**1:41 am**	
☽△⚳	**2:41 am**	
☽☌♃	**4:23 am**	1:23 am
☽□♀	**7:47 am**	4:47 am
☽△♇	**9:21 am**	6:21 am
☽⚺♂	**8:31 pm**	5:31 pm
☽☍♅		11:10 pm

3 THURSDAY

☽☍♅	**2:10 am**	
☽⚹♄	**8:16 am**	5:16 am
☽⚺☿	**8:37 am**	5:37 am
☽☌⚶	**2:22 pm**	11:22 am
☽△⚷	**3:55 pm**	12:55 pm
☉☌⚵	**4:32 pm**	1:32 pm
☿□♄	**6:08 pm**	3:08 pm
☉△♀	**9:47 pm**	6:47 pm
☽⚻♆	**11:19 pm**	8:19 pm
☉☍⚳		11:30 pm

4 FRIDAY

☉☍⚳	**2:30 am**	
☽⚺⚵	**3:09 am**	12:09 am
☽⚻♀	**3:14 am**	12:14 am
☽⚻⚳	**3:32 am**	12:32 am
☽⚺☉	**3:37 am**	12:37 am
♀△⚵	**5:51 am**	2:51 am
☽⚺♃	**6:25 am**	3:25 am
☽⚹♀	**9:57 am**	6:57 am
☽□♇	**10:37 am**	7:37 am
⚳☍⚵	**12:43 pm**	9:43 am
☽☌♂	**11:15 pm**	8:15 pm
⚳⚹♀		11:12 pm
☽⚻♅		11:24 pm

5 SATURDAY

⚳⚹♀	**2:12 am**	
☽⚻♅	**2:24 am**	
☽☌☿	**7:27 am**	4:27 am
☽□♄	**8:22 am**	5:22 am
☽⚺⚶	**3:36 pm**	12:36 pm
☽□⚷	**3:48 pm**	12:48 pm
☽△♆	**10:48 pm**	7:48 pm
⚷△⚶	**11:28 pm**	8:28 pm
☽☍⚳		11:15 pm
☽△♀		11:35 pm

6 SUNDAY

☽☍⚳	**2:15 am**	
☽△♀	**2:35 am**	
☽☌⚵	**3:45 am**	12:45 am
☉⚹♃	**5:38 am**	2:38 am
☽⚹♃	**6:15 am**	3:15 am
☽☌☉	**6:18 am**	3:18 am
☽⚺♀	**9:49 am**	6:49 am
☽⚹♇	**9:56 am**	6:56 am
☽⚺♂		9:24 pm
♀⚺♇		9:51 pm
☽△♅		10:26 pm

7 MONDAY

☽⚺♂	**12:24 am**	
♀⚺♇	**12:51 am**	
☽△♅	**1:26 am**	
☽⚺☿	**6:22 am**	3:22 am
☽△♄	**7:29 am**	4:29 am
☽⚹⚷	**3:05 pm**	12:05 pm
☽⚹⚶	**4:09 pm**	1:09 pm
☽□♆	**10:02 pm**	7:02 pm
♂⚻♅		9:10 pm
☽⚻⚳		9:52 pm
☽□♀		10:52 pm

8 TUESDAY

♂⚻♅	**12:10 am**	
☽⚻⚳	**12:52 am**	
☽□♀	**1:52 am**	
☽⚺⚵	**4:18 am**	1:18 am
☽□♃	**6:10 am**	3:10 am
☽⚺☉	**9:04 am**	6:04 am
☽⚺♇	**9:31 am**	6:31 am
☽☌♀	**9:42 am**	6:42 am
☉⚹♇	**4:05 pm**	1:05 pm
☉⚺♀	**7:31 pm**	4:31 pm
☽□♅		10:25 pm
☽⚹♂		11:36 pm

9 WEDNESDAY

☽□♅	**1:25 am**	
☽⚹♂	**2:36 am**	
☽⚹☿	**7:38 am**	4:38 am
☽⚻♄	**7:50 am**	4:50 am
☿□♄	**1:27 pm**	10:27 am
☽⚺⚷	**3:55 pm**	12:55 pm
☽□⚶	**6:26 pm**	3:26 pm
☽⚹♆	**11:05 pm**	8:05 pm
☽△⚳		10:21 pm

10 THURSDAY

☽△⚳	**1:21 am**	
☽⚹♀	**3:10 am**	12:10 am
☽⚹⚵	**7:05 am**	4:05 am
☽△♃	**8:16 am**	5:16 am
☽☌♇	**11:22 am**	8:22 am
☽⚺♀	**11:39 am**	8:39 am
☽⚹☉	**2:35 pm**	11:35 am

11 FRIDAY

☽⚹♅	**4:11 am**	1:11 am
☽□♂	**8:01 am**	5:01 am
☽☍♄	**11:08 am**	8:08 am
☽□☿	**1:28 pm**	10:28 am
☽☌⚷	**7:58 pm**	4:58 pm
☽△⚶		9:14 pm

12 SATURDAY

☽△⚶	**12:14 am**	
☽⚺♆	**3:28 am**	12:28 am
☽□⚳	**5:03 am**	2:03 am
☽⚺♀	**7:55 am**	4:55 am
☽□⚵	**1:36 pm**	10:36 am
☽⚻♃	**1:57 pm**	10:57 am
☽⚺♇	**4:46 pm**	1:46 pm
☽⚹♀	**4:48 pm**	1:48 pm
♀⚺♇	**8:18 pm**	5:18 pm
☽□☉		9:33 pm

13 SUNDAY

☽□☉	**12:33 am**	
♃⚹⚵	**9:31 am**	6:31 am
☽⚺♅	**10:37 am**	7:37 am
☽△♂	**5:42 pm**	2:42 pm
☽⚻♄	**6:07 pm**	3:07 pm
☽△☿		10:10 pm
♂□♄		10:56 pm

14 MONDAY

☽△☿	**1:10 am**	
♂□♄	**1:56 am**	
☽⚺⚷	**3:47 am**	12:47 am
☽⚻⚶	**10:06 am**	7:06 am
☽☌♆	**11:31 am**	8:31 am
☽⚹⚳	**12:15 pm**	9:15 am
☽☌♀	**4:23 pm**	1:23 pm
☽☍♃	**11:19 pm**	8:19 pm
☽△⚵		9:01 pm
☽□♀		10:04 pm
☽⚹♇		10:46 pm

15 TUESDAY

☽△⚵	**12:01 am**	
☽□♀	**1:04 am**	
☽⚹♇	**1:46 am**	
☿□⚷	**6:34 am**	3:34 am
☽△☉	**2:54 pm**	11:54 am
☽☌♅	**8:21 pm**	5:21 pm
♀⚺⚵	**11:14 pm**	8:14 pm
♆⚻⚶		11:49 pm

16 WEDNESDAY

♆⚻⚶	**2:49 am**	
☽△♄	**4:15 am**	1:15 am
⚳⚻⚶	**4:31 am**	1:31 am
☽⚻♂	**7:05 am**	4:05 am
♆⚹⚳	**8:04 am**	5:04 am
☽⚹⚷	**2:38 pm**	11:38 am
☽⚻☿	**6:18 pm**	3:18 pm
☽⚺⚳	**10:10 pm**	7:10 pm
☽⚺♆	**10:25 pm**	7:25 pm
☽☍⚶	**11:09 pm**	8:09 pm

17 THURSDAY

☽⚺♀	**3:39 am**	12:39 am
☽⚻♃	**11:19 am**	8:19 am
☽△♀	**11:20 am**	8:20 am
♀□♃	**11:34 am**	8:34 am
☽⚻⚵	**1:14 pm**	10:14 am
☽□♇	**1:17 pm**	10:17 am
♇⚹⚵	**2:53 pm**	11:53 am
☿☍⚳		9:03 pm

18 FRIDAY

☿☍⚳	**12:03 am**	
☿△♆	**5:46 am**	2:46 am
☽⚻☉	**8:06 am**	5:06 am
☽⚺♅	**8:11 am**	5:11 am
☉△♅	**9:08 am**	6:08 am
☽□♄	**4:17 pm**	1:17 pm
☽☍♂	**10:38 pm**	7:38 pm

19 SATURDAY

☿⚺⚶	**3:01 am**	12:01 am
☽□⚷	**3:11 am**	12:11 am
☽☌⚳	**9:32 am**	6:32 am
☽⚹♆	**10:48 am**	7:48 am
☽⚻⚶	**1:48 pm**	10:48 am
☽☍☿	**2:55 pm**	11:55 am
☽⚹♀	**4:22 pm**	1:22 pm
☽⚻♀	**10:15 pm**	7:15 pm
☽△♃		9:33 pm
☽△♇		10:59 pm
☿△♀		11:35 pm

20 SUNDAY

☽△♃	**12:33 am**	
☽△♇	**1:59 am**	
☿△♀	**2:35 am**	
☽☍⚵	**3:43 am**	12:43 am
☽⚹♅	**8:48 pm**	5:48 pm
☽☍☉		11:20 pm

21 MONDAY

☽☍☉	**2:20 am**	
☽⚹♄	**4:55 am**	1:55 am
☿⚺♀	**1:10 pm**	10:10 am
☽⚻♂	**2:48 pm**	11:48 am
☽△⚷	**4:12 pm**	1:12 pm
☽⚺⚳	**9:17 pm**	6:17 pm
☽□♆	**11:30 pm**	8:30 pm

22 TUESDAY

☽△⚶	**4:46 am**	1:46 am
☽□♀	**5:23 am**	2:23 am
☉△♄	**8:31 am**	5:31 am
☽☍♀	**8:53 am**	5:53 am
☽⚻☿	**12:46 pm**	9:46 am
☽□♃	**1:51 pm**	10:51 am
☽⚻♇	**2:46 pm**	11:46 am
☽⚻⚵	**6:15 pm**	3:15 pm
♂□⚷	**7:18 pm**	4:18 pm
☿⚹♃	**9:20 pm**	6:20 pm
♀⚻⚶		10:29 pm

23 WEDNESDAY

♀⚻⚶	**1:29 am**	
☿⚹♇	**3:50 am**	12:50 am
☽□♅	**9:14 am**	6:14 am
☽⚺♄	**5:11 pm**	2:11 pm
☽⚻☉	**8:11 pm**	5:11 pm

24 THURSDAY

☽⚻⚷	**4:42 am**	1:42 am
☽△♂	**6:23 am**	3:23 am
☽⚹⚳	**8:29 am**	5:29 am
☽△♆	**11:35 am**	8:35 am
♀⚹⚶	**12:52 pm**	9:52 am
☿☌⚵	**3:05 pm**	12:05 pm
☽△♀	**5:42 pm**	2:42 pm
☽⚻♀	**6:26 pm**	3:26 pm
☽□⚶	**6:53 pm**	3:53 pm
☽⚹♃		11:11 pm
☽☍♇		11:38 pm

25 FRIDAY

☽⚹♃	**2:11 am**	
☽☍♇	**2:38 am**	
☽△⚵	**7:43 am**	4:43 am
♀□♀	**8:55 am**	5:55 am
☽△☿	**9:43 am**	6:43 am
♂☍⚳	**2:08 pm**	11:08 am
☽△♅	**8:24 pm**	5:24 pm

26 SATURDAY

☽☌♄	**4:01 am**	1:01 am
☽△☉	**12:08 pm**	9:08 am
☽☍⚷	**3:31 pm**	12:31 pm
☽□⚳	**6:05 pm**	3:05 pm
☽□♂	**7:58 pm**	4:58 pm
☽⚻♆	**9:51 pm**	6:51 pm
☽△♀		11:00 pm

27 SUNDAY

☽△♀	**2:00 am**	
☽⚻♀	**4:06 am**	1:06 am
☽⚹⚶	**6:49 am**	3:49 am
☽⚺♃	**12:19 pm**	9:19 am
☽⚻♇	**12:22 pm**	9:22 am
☽□⚵	**6:42 pm**	3:42 pm
♃△♇	**6:42 pm**	3:42 pm

28 MONDAY

☽□☿	**3:22 am**	12:22 am
☽⚻♅	**5:04 am**	2:04 am
♂△♆	**9:27 am**	6:27 am
☉⚹⚷	**9:37 am**	6:37 am
☽⚺♄	**12:11 pm**	9:11 am
☿△♅	**4:43 pm**	1:43 pm
☽⚻⚷	**11:25 pm**	8:25 pm
☽□☉		9:28 pm
☽△⚳		9:53 pm

29 TUESDAY

☽□☉	**12:28 am**	
☽△⚳	**12:53 am**	
☽☍♆	**5:07 am**	2:07 am
☉⚻⚳	**5:28 am**	2:28 am
☽⚹♂	**6:05 am**	3:05 am
☽□♀	**6:42 am**	3:42 am
☽☍♀	**11:22 am**	8:22 am
♀⚺♂	**1:09 pm**	10:09 am
☽⚺⚶	**3:14 pm**	12:14 pm
☽△♇	**6:50 pm**	3:50 pm
☽☌♃	**7:06 pm**	4:06 pm
☽⚹⚵		11:05 pm

30 WEDNESDAY

☽⚹⚵	**2:05 am**	
☽☍♅	**10:19 am**	7:19 am
☽⚹☿	**3:57 pm**	12:57 pm
☽⚹♄	**4:51 pm**	1:51 pm
♀□♆	**5:53 pm**	2:53 pm
☿△♄	**11:28 pm**	8:28 pm

31 THURSDAY

☽△⚷	**3:44 am**	12:44 am
☽⚻⚳	**4:19 am**	1:19 am
☉☌♀	**7:06 am**	4:06 am
☽⚹♀	**8:13 am**	5:13 am
☽⚹☉	**8:21 am**	5:21 am
☽⚻♆	**8:50 am**	5:50 am
☽⚺♂	**12:07 pm**	9:07 am
☽⚻♀	**3:04 pm**	12:04 pm
☉□♆	**3:16 pm**	12:16 pm
☽☌⚶	**7:49 pm**	4:49 pm
☽□♇	**9:47 pm**	6:47 pm
☽⚺♃	**10:18 pm**	7:18 pm

Eastern Standard Time in bold type
Pacific Standard Time in medium type

OCTOBER 2002

☽ Last Aspect day	EST / hr:mn / PST	asp	☽ Ingress sign day	EST / hr:mn / PST
9/30	**1:59 pm** 10:59 am	⚹ ♂	♌ 1	**6:58 am** 3:58 am
3	**8:16 am** 5:16 am	⚹ ♄	♍ 3	**9:52 am** 6:52 am
5	**8:22 am** 5:22 am	□ ♄	♎ 5	**9:51 am** 6:51 am
7	**7:29 am** 4:29 am	△ ♄	♏ 7	**8:57 am** 5:57 am
9	**7:38 am** 4:38 am	⚹ ☿	♐ 9	**9:21 am** 6:21 am
11	**11:08 am** 8:08 am	☍ ♄	♑ 11	**12:45 pm** 9:45 am
13	**5:42 pm** 2:42 pm	△ ♂	♒ 13	**7:51 pm** 4:51 pm
16	**4:15 am** 1:15 am	△ ♄	♓ 16	**6:07 am** 3:07 am
18	**4:17 pm** 1:17 pm	□ ♄	♈ 18	**6:13 pm** 3:13 pm
21	**4:55 am** 1:55 am	⚹ ♄	♉ 21	**6:57 am** 3:57 am
23	**9:14 am** 6:14 am	□ ♅	♊ 23	**7:17 pm** 4:17 pm
26	**4:01 am** 1:01 am	☌ ♄	♋ 26	**6:10 am** 3:10 am
28	**3:22 am** 12:22 am	□ ☿	♌ 28	**2:20 pm** 11:20 am
30	**4:51 pm** 1:51 pm	⚹ ♄	♍ 30	**6:59 pm** 3:59 pm

☽ Phases & Eclipses phase	day	EST / hr:mn / PST
New Moon	6	**6:18 am** 3:18 am
2nd Quarter	12	9:33 pm
2nd Quarter	13	**12:33 am**
Full Moon	20	11:20 pm
Full Moon	21	**2:20 am**
4th Quarter	28	9:28 pm
4th Quarter	29	**12:28 am**

Planet Ingress	day	EST / hr:mn / PST
☿ ♍	2	**4:26 am** 1:26 am
☿ ♎	10	9:56 pm
☿ ♎	11	**12:56 am**
♂ ♎	15	**12:38 pm** 9:38 am
☉ ♏	23	**9:18 am** 6:18 am
☿ ♏	31	**5:43 pm** 2:43 pm

Planetary Motion	day	EST / hr:mn / PST
☿ D	6	**2:28 pm** 11:28 am
♀ D	8	9:56 pm
♀ D	9	**12:56 am**
♀ R	10	**1:35 pm** 10:35 am
♄ R	11	**8:01 am** 5:01 am
♆ D	20	**8:53 am** 5:53 am

DATE		SID.TIME	SUN	MOON	NODE	MERCURY	VENUS	MARS	JUPITER	SATURN	URANUS	NEPTUNE	PLUTO	CERES	PALLAS	JUNO	VESTA	CHIRON
1	T	0:38:13	7 ♎ 38 39	23 ♋ 16	10 ♊ R 55	1 ♎ R 09	13 ♏ 52	20 ♍ 37	12 ♌ 07	28 ♊ 59	25 ♒ R 23	8 ♒ R 18	15 ♐ 15	11 ♈ R 39	10 ♒ R 50	9 ♎ 25	1 ♍ 31	3 ♑ 37
2	W	0:42:09	8 37 40	6 ♌ 53	10 52	0 18	14 12	21 15	12 17	29 00	25 21	8 17	15 16	11 26	10 47	9 47	1 58	3 39
3	Th	0:46:06	9 36 42	21 01	10 46	29 ♍ 35	14 29	21 53	12 27	29 01	25 20	8 17	15 17	11 12	10 45	10 10	2 24	3 41
4	F	0:50:02	10 35 47	5 ♍ 36	10 38	29 01	14 45	22 31	12 37	29 02	25 18	8 16	15 18	10 59	10 43	10 32	2 50	3 43
5	Sa	0:53:59	11 34 54	20 35	10 30	28 37	14 59	23 09	12 47	29 03	25 17	8 16	15 19	10 45	10 41	10 54	3 17	3 45
6	Su	0:57:56	12 34 03	5 ♎ 49	10 21	28 D 23	15 11	23 48	12 56	29 03	25 15	8 15	15 21	10 31	10 40	11 17	3 43	3 47
7	M	1:01:52	13 33 15	21 08	10 13	28 19	15 20	24 26	13 06	29 04	25 14	8 15	15 22	10 18	10 39	11 39	4 09	3 50
8	T	1:05:49	14 32 28	6 ♏ 20	10 06	28 27	15 28	25 04	13 15	29 04	25 13	8 14	15 23	10 04	10 38	12 01	4 35	3 52
9	W	1:09:45	15 31 43	21 16	10 03	28 44	15 33	25 42	13 24	29 05	25 11	8 14	15 25	9 51	10 38	12 23	5 02	3 55
10	Th	1:13:42	16 31 00	5 ♐ 48	10 D 01	29 12	15 R 36	26 21	13 33	29 05	25 10	8 14	15 26	9 37	10 D 38	12 45	5 28	3 58
11	F	1:17:38	17 30 19	19 53	10 02	29 49	15 37	26 59	13 42	29 R 05	25 09	8 13	15 27	9 24	10 39	13 07	5 54	4 00
12	Sa	1:21:35	18 29 40	3 ♑ 30	10 03	0 ♎ 35	15 35	27 37	13 51	29 05	25 08	8 13	15 29	9 11	10 39	13 29	6 20	4 03
13	Su	1:25:31	19 29 03	16 43	10 R 03	1 29	15 31	28 15	14 00	29 05	25 07	8 13	15 30	8 57	10 40	13 52	6 46	4 06
14	M	1:29:28	20 28 27	29 33	10 03	2 31	15 24	28 54	14 08	29 05	25 06	8 12	15 32	8 44	10 42	14 14	7 12	4 09
15	T	1:33:25	21 27 53	12 ♒ 05	10 01	3 39	15 15	29 32	14 17	29 04	25 05	8 12	15 33	8 32	10 44	14 36	7 38	4 12
16	W	1:37:21	22 27 20	24 22	9 56	4 52	15 04	0 ♎ 10	14 25	29 04	25 04	8 12	15 35	8 19	10 46	14 58	8 04	4 15
17	Th	1:41:18	23 26 50	6 ♓ 29	9 50	6 11	14 50	0 48	14 33	29 03	25 03	8 12	15 36	8 06	10 48	15 20	8 29	4 18
18	F	1:45:14	24 26 21	18 29	9 42	7 33	14 34	1 27	14 42	29 03	25 02	8 12	15 38	7 54	10 51	15 42	8 55	4 21
19	Sa	1:49:11	25 25 54	0 ♈ 23	9 33	9 00	14 15	2 05	14 50	29 02	25 01	8 12	15 40	7 42	10 54	16 03	9 21	4 25
20	Su	1:53:07	26 25 29	12 15	9 25	10 29	13 54	2 43	14 57	29 01	25 00	8 D 12	15 41	7 30	10 57	16 25	9 47	4 28
21	M	1:57:04	27 25 06	24 06	9 17	12 01	13 31	3 22	15 05	29 00	25 00	8 12	15 43	7 18	11 01	16 47	10 12	4 31
22	T	2:01:00	28 24 45	5 ♉ 58	9 11	13 36	13 06	4 00	15 13	28 59	24 59	8 12	15 45	7 07	11 05	17 09	10 38	4 35
23	W	2:04:57	29 24 26	17 52	9 07	15 11	12 39	4 38	15 20	28 58	24 58	8 12	15 46	6 55	11 09	17 31	11 03	4 39
24	Th	2:08:53	0 ♏ 24 09	29 51	9 D 04	16 49	12 10	5 16	15 27	28 57	24 58	8 12	15 48	6 44	11 13	17 52	11 29	4 42
25	F	2:12:50	1 23 54	11 ♊ 57	9 04	18 27	11 40	5 55	15 35	28 55	24 57	8 12	15 50	6 34	11 18	18 14	11 54	4 46
26	Sa	2:16:47	2 23 42	24 13	9 05	20 06	11 08	6 33	15 42	28 54	24 57	8 12	15 52	6 23	11 23	18 36	12 19	4 50
27	Su	2:20:43	3 23 31	6 ♋ 42	9 06	21 45	10 34	7 11	15 49	28 52	24 56	8 12	15 53	6 13	11 29	18 58	12 45	4 54
28	M	2:24:40	4 23 23	19 28	9 08	23 25	10 00	7 50	15 55	28 50	24 56	8 13	15 55	6 03	11 34	19 19	13 10	4 57
29	T	2:28:36	5 23 17	2 ♌ 35	9 R 09	25 05	9 24	8 28	16 02	28 48	24 55	8 13	15 57	5 54	11 40	19 41	13 35	5 01
30	W	2:32:33	6 23 13	16 05	9 09	26 45	8 48	9 06	16 08	28 46	24 55	8 13	15 59	5 44	11 47	20 02	14 00	5 05
31	Th	2:36:29	7 23 11	0 ♍ 00	9 07	28 25	8 12	9 45	16 15	28 44	24 55	8 14	16 01	5 35	11 53	20 24	14 25	5 10

EPHEMERIS CALCULATED FOR 12 MIDNIGHT GREENWICH MEAN TIME. ALL OTHER DATA AND FACING ASPECTARIAN PAGE IN **EASTERN STANDARD TIME (BOLD)** AND PACIFIC STANDARD TIME (REGULAR).

NOVEMBER 2002

1 FRIDAY

☽ ⚺ ⚵	**5:45 am**	2:45 am
☽ ⚻ ♅	**12:15 pm**	9:15 am
☽ □ ♄	**6:19 pm**	3:19 pm
⚷ □ ⚳	**7:48 pm**	4:48 pm
☽ ⚺ ☿	**11:49 pm**	8:49 pm

2 SATURDAY

☽ ☍ ⚳	**4:54 am**	1:54 am
☽ □ ⚷	**5:01 am**	2:01 am
☽ ⚺ ♀	**7:10 am**	4:10 am
☽ △ ♆	**9:41 am**	6:41 am
☽ ⚺ ☉	**12:41 pm**	9:41 am
☽ ☌ ♂	**2:57 pm**	11:57 am
☽ △ ♀	**4:01 pm**	1:01 pm
☽ ⚺ ⚶	**9:33 pm**	6:33 pm
☽ ⚹ ♇	**10:12 pm**	7:12 pm
☽ ⚹ ♃	**10:54 pm**	7:54 pm

3 SUNDAY

☽ ☌ ⚵	**6:57 am**	3:57 am
☽ △ ♅	**12:07 pm**	9:07 am
☽ △ ♄	**5:56 pm**	2:56 pm
☿ ⚻ ⚳	**6:41 pm**	3:41 pm
♂ △ ♀	**9:36 pm**	6:36 pm
♇ □ ⚶	**11:16 pm**	8:16 pm
☿ ⚹ ⚷		9:40 pm
☿ ☌ ♀		11:43 pm

4 MONDAY

☿ ⚹ ⚷	**12:40 am**	
☿ ☌ ♀	**2:43 am**	
☽ ⚻ ⚳	**4:05 am**	1:05 am
☽ ⚹ ⚷	**4:50 am**	1:50 am
☽ ☌ ♀	**4:57 am**	1:57 am
☽ ☌ ☿	**5:19 am**	2:19 am
♀ ⚹ ⚷	**7:41 am**	4:41 am
☽ □ ♆	**9:14 am**	6:14 am
☽ ☌ ☉	**3:34 pm**	12:34 pm
☽ □ ♀	**3:56 pm**	12:56 pm
☽ ⚺ ♂	**4:35 pm**	1:35 pm
☉ □ ♀	**9:41 pm**	6:41 pm
☽ ⚺ ♇	**9:50 pm**	6:50 pm
☽ ⚹ ⚶	**10:25 pm**	7:25 pm
☽ □ ♃	**10:44 pm**	7:44 pm

5 TUESDAY

☽ ⚺ ⚵	**7:43 am**	4:43 am
♀ ⚻ ⚳	**10:18 am**	7:18 am
☽ □ ♅	**11:48 am**	8:48 am
♃ ⚺ ⚶	**1:06 pm**	10:06 am
☽ ⚻ ♄	**5:36 pm**	2:36 pm
☿ □ ♆	**5:37 pm**	2:37 pm

6 WEDNESDAY

☽ ⚺ ♀	**3:16 am**	12:16 am
☽ △ ⚳	**3:47 am**	12:47 am
☽ ⚺ ⚷	**5:10 am**	2:10 am
☉ ⚺ ♂	**7:27 am**	4:27 am
☽ ⚹ ♆	**9:31 am**	6:31 am
☽ ⚺ ☿	**11:31 am**	8:31 am
☽ ⚹ ♀	**4:54 pm**	1:54 pm
☽ ⚹ ♂	**7:21 pm**	4:21 pm
☽ ⚺ ☉	**7:41 pm**	4:41 pm
☽ ☌ ♇	**10:42 pm**	7:42 pm
☽ △ ♃	**11:50 pm**	8:50 pm
☽ □ ⚶		9:38 pm

7 THURSDAY

☽ □ ⚶	**12:38 am**	
☽ ⚹ ⚵	**10:13 am**	7:13 am
☽ ⚹ ♅	**1:17 pm**	10:17 am
☽ ☍ ♄	**7:14 pm**	4:14 pm

8 FRIDAY

☽ ⚹ ♀	**3:52 am**	12:52 am
☽ □ ⚳	**5:51 am**	2:51 am
☽ ☌ ⚷	**7:59 am**	4:59 am
☽ ⚺ ♆	**12:23 pm**	9:23 am
☿ □ ♀	**3:29 pm**	12:29 pm
☉ ⚺ ♇	**4:36 pm**	1:36 pm
☽ ⚺ ♀	**8:47 pm**	5:47 pm
☽ ⚹ ☿	**9:26 pm**	6:26 pm
☽ □ ♂		10:26 pm
☽ ⚺ ♇		11:35 pm

9 SATURDAY

☽ □ ♂	**1:26 am**	
☽ ⚺ ♇	**2:35 am**	
☽ ⚹ ☉	**3:22 am**	12:22 am
☽ ⚻ ♃	**3:58 am**	12:58 am
☽ △ ⚶	**6:08 am**	3:08 am
☉ □ ♃	**12:06 pm**	9:06 am
☽ □ ⚵	**4:14 pm**	1:14 pm
☽ ⚺ ♅	**6:07 pm**	3:07 pm
☽ ⚻ ♄		9:18 pm
♂ ⚹ ♇		11:54 pm

10 SUNDAY

☽ ⚻ ♄	**12:18 am**	
♂ ⚹ ♇	**2:54 am**	
☽ □ ♀	**7:55 am**	4:55 am
☽ ⚹ ⚳	**11:31 am**	8:31 am
☽ ⚺ ⚷	**2:32 pm**	11:32 am
☿ ⚺ ♇	**5:05 pm**	2:05 pm
☽ ☌ ♆	**6:59 pm**	3:59 pm
☿ ⚺ ♂		10:55 pm

11 MONDAY

☿ ⚺ ♂	**1:55 am**	
☽ ☌ ♀	**4:37 am**	1:37 am
☿ □ ♃	**6:09 am**	3:09 am
☽ ⚹ ♇	**10:19 am**	7:19 am
☽ △ ♂	**11:55 am**	8:55 am
☽ ☍ ♃	**11:59 am**	8:59 am
☽ □ ☿	**12:49 pm**	9:49 am
♂ ⚹ ♃	**1:22 pm**	10:22 am
☉ ⚹ ⚶	**3:05 pm**	12:05 pm
☽ ⚻ ⚶	**3:50 pm**	12:50 pm
☽ □ ☉	**3:52 pm**	12:52 pm
☽ △ ⚵		11:25 pm
☽ ☌ ♅		11:48 pm

12 TUESDAY

☽ △ ⚵	**2:25 am**	
☽ ☌ ♅	**2:48 am**	
☽ △ ♄	**9:06 am**	6:06 am
☽ △ ♀	**3:41 pm**	12:41 pm
♅ △ ⚵	**4:34 pm**	1:34 pm
☿ ⚹ ⚶	**7:03 pm**	4:03 pm
☽ ⚺ ⚳	**8:54 pm**	5:54 pm
☽ ⚹ ⚷		9:50 pm

13 WEDNESDAY

☽ ⚹ ⚷	**12:50 am**	
☽ ⚺ ♆	**5:12 am**	2:12 am
☽ ⚺ ♀	**4:05 pm**	1:05 pm
☽ □ ♇	**9:25 pm**	6:25 pm
☽ ⚻ ♃	**11:19 pm**	8:19 pm
☉ ☌ ☿	**11:40 pm**	8:40 pm
☽ ⚻ ♂		11:15 pm

14 THURSDAY

☽ ⚻ ♂	**2:15 am**	
☽ ☍ ⚶	**5:02 am**	2:02 am
☽ △ ☉	**8:29 am**	5:29 am
☽ △ ☿	**8:59 am**	5:59 am
☽ ⚺ ♅	**2:26 pm**	11:26 am
☽ ⚻ ⚵	**3:47 pm**	12:47 pm
☽ □ ♄	**8:38 pm**	5:38 pm
☽ ⚻ ♀		11:14 pm

15 FRIDAY

☽ ⚻ ♀	**2:14 am**	
☽ ☌ ⚳	**8:46 am**	5:46 am
☽ □ ⚷	**1:30 pm**	10:30 am
☽ ⚹ ♆	**5:37 pm**	2:37 pm
☿ □ ♅		11:03 pm

16 SATURDAY

☿ □ ♅	**2:03 am**	
☽ ⚹ ♀	**5:31 am**	2:31 am
☽ △ ♇	**10:13 am**	7:13 am
☽ △ ♃	**12:16 pm**	9:16 am
☽ ☍ ♂	**6:24 pm**	3:24 pm
☽ ⚻ ⚶	**7:50 pm**	4:50 pm
☿ ⚺ ⚵		9:07 pm
☽ ⚻ ☉		11:51 pm

17 SUNDAY

☿ ⚺ ⚵	**12:07 am**	
☽ ⚻ ☉	**2:51 am**	
☽ ⚹ ♅	**3:15 am**	12:15 am
☽ ☍ ⚵	**6:21 am**	3:21 am
☽ ⚻ ☿	**7:06 am**	4:06 am
☉ □ ♅	**7:34 am**	4:34 am
☽ ⚹ ♄	**9:06 am**	6:06 am
☽ ☍ ♀	**2:01 pm**	11:01 am
☽ ⚺ ⚳	**9:17 pm**	6:17 pm
☿ ⚻ ♄	**9:36 pm**	6:36 pm
☽ △ ⚷		11:39 pm

18 MONDAY

☽ △ ⚷	**2:39 am**	
☽ □ ♆	**6:23 am**	3:23 am
☽ □ ♀	**7:00 pm**	4:00 pm
☽ ⚻ ♇	**10:54 pm**	7:54 pm
☽ □ ♃		10:01 pm

19 TUESDAY

☽ □ ♃	**1:01 am**	
☿ ⚺ ♀	**8:16 am**	5:16 am
☽ ⚻ ♂	**10:10 am**	7:10 am
☽ △ ⚶	**10:12 am**	7:12 am
♂ ⚺ ⚶	**11:35 am**	8:35 am
☉ ⚺ ⚵	**3:15 pm**	12:15 pm
☽ □ ♅	**3:32 pm**	12:32 pm
☽ ⚻ ⚵	**8:16 pm**	5:16 pm
☽ ☍ ☉	**8:34 pm**	5:34 pm
☽ ⚺ ♄	**8:54 pm**	5:54 pm
☉ ⚻ ♄		9:21 pm
☽ ⚻ ♀		10:34 pm

20 WEDNESDAY

☉ ⚻ ♄	**12:21 am**	
☽ ⚻ ♀	**1:34 am**	
☽ ☍ ☿	**4:14 am**	1:14 am
☽ ⚹ ⚳	**9:00 am**	6:00 am
☽ ⚻ ⚷	**2:48 pm**	11:48 am
♄ △ ⚵	**3:27 pm**	12:27 pm
☽ △ ♆	**6:06 pm**	3:06 pm

21 THURSDAY

☽ △ ♀	**7:13 am**	4:13 am
☽ ☍ ♇	**10:16 am**	7:16 am
☽ ⚹ ♃	**12:22 pm**	9:22 am
☿ △ ⚳	**4:55 pm**	1:55 pm
☽ □ ⚶	**10:56 pm**	7:56 pm
☽ △ ♂		9:14 pm
☽ △ ♅		11:18 pm

22 FRIDAY

☽ △ ♂	**12:14 am**	
☽ △ ♅	**2:18 am**	
☽ ☌ ♄	**7:07 am**	4:07 am
☽ △ ⚵	**8:26 am**	5:26 am
☉ ⚺ ♀	**8:58 am**	5:58 am
☽ △ ♀	**11:58 am**	8:58 am
☽ ⚻ ☉	**12:13 pm**	9:13 am
☽ □ ⚳	**7:04 pm**	4:04 pm
☽ ⚻ ☿	**10:46 pm**	7:46 pm
☽ ☍ ⚷		10:07 pm

23 SATURDAY

☽ ☍ ⚷	**1:07 am**	
☽ ⚻ ♆	**3:59 am**	12:59 am
♂ △ ♅	**5:20 pm**	2:20 pm
☽ ⚻ ♀	**5:27 pm**	2:27 pm
☿ ⚺ ⚷	**6:52 pm**	3:52 pm
☽ ⚻ ♇	**7:39 pm**	4:39 pm
☽ ⚺ ♃	**9:40 pm**	6:40 pm

24 SUNDAY

☽ ⚹ ⚶	**9:23 am**	6:23 am
☽ ⚻ ♅	**10:57 am**	7:57 am
☽ □ ♂	**11:51 am**	8:51 am
☽ ⚺ ♄	**3:12 pm**	12:12 pm
☿ ⚹ ♆	**5:38 pm**	2:38 pm
☽ □ ⚵	**6:15 pm**	3:15 pm
☽ □ ♀	**8:37 pm**	5:37 pm
☽ △ ☉		10:06 pm
☽ △ ⚳		11:58 pm

25 MONDAY

☽ △ ☉	**1:06 am**	
☽ △ ⚳	**2:58 am**	
☽ ⚻ ⚷	**9:08 am**	6:08 am
☽ ☍ ♆	**11:35 am**	8:35 am
☽ △ ☿	**1:56 pm**	10:56 am
☽ ☍ ♀		10:13 pm
☉ △ ⚳		10:48 pm
☽ △ ♇		11:37 pm

26 TUESDAY

☽ ☍ ♀	**1:13 am**	
☉ △ ⚳	**1:48 am**	
☽ △ ♇	**2:37 am**	
☽ ☌ ♃	**4:31 am**	1:31 am
☽ ⚺ ⚶	**5:07 pm**	2:07 pm
☽ ☍ ♅	**5:09 pm**	2:09 pm
♅ ⚻ ⚶	**6:33 pm**	3:33 pm
☽ ⚹ ♂	**8:35 pm**	5:35 pm
☽ ⚹ ♄	**8:51 pm**	5:51 pm
☽ ⚹ ⚵		10:22 pm
♂ △ ♄		10:33 pm

27 WEDNESDAY

☽ ⚹ ⚵	**1:22 am**	
♂ △ ♄	**1:33 am**	
☽ ⚹ ♀	**3:02 am**	12:02 am
☽ ⚻ ⚳	**8:24 am**	5:24 am
☽ □ ☉	**10:46 am**	7:46 am
☽ △ ⚷	**2:34 pm**	11:34 am
☽ ⚻ ♆	**4:37 pm**	1:37 pm
☽ □ ☿		10:23 pm

28 THURSDAY

☽ □ ☿	**1:23 am**	
☽ ⚻ ♀	**6:20 am**	3:20 am
☽ □ ♇	**7:01 am**	4:01 am
☽ ⚺ ♃	**8:46 am**	5:46 am
☽ ⚻ ♅	**8:49 pm**	5:49 pm
☽ ☌ ⚶	**10:05 pm**	7:05 pm
☽ □ ♄		9:01 pm
☽ ⚺ ♂		11:27 pm

29 FRIDAY

☽ □ ♄	**12:01 am**	
☽ ⚺ ♂	**2:27 am**	
☽ ⚺ ⚵	**5:47 am**	2:47 am
☽ ⚺ ♀	**7:10 am**	4:10 am
☽ ☍ ⚳	**11:26 am**	8:26 am
☽ ⚹ ☉	**5:25 pm**	2:25 pm
☽ □ ⚷	**5:33 pm**	2:33 pm
☽ △ ♆	**7:17 pm**	4:17 pm
☉ ⚺ ⚷	**7:33 pm**	4:33 pm

30 SATURDAY

☿ ⚹ ♀	**4:57 am**	1:57 am
☿ ☌ ♇	**5:51 am**	2:51 am
☽ △ ♀	**9:09 am**	6:09 am
☽ ⚹ ♇	**9:11 am**	6:11 am
☽ ⚹ ☿	**9:34 am**	6:34 am
☽ ⚹ ♃	**10:48 am**	7:48 am
♇ ⚹ ♀	**12:26 pm**	9:26 am
☉ ⚹ ♆	**8:37 pm**	5:37 pm
☿ △ ♃	**9:19 pm**	6:19 pm
☽ △ ♅	**10:28 pm**	7:28 pm
☽ ⚺ ⚶		9:53 pm
☽ △ ♄		10:15 pm

Eastern Standard Time in bold type
Pacific Standard Time in medium type

NOVEMBER 2002

Last Aspect / Ingress

Last Aspect EST / hr:mn / PST	asp	Ingress sign day EST / hr:mn / PST
6:19 pm 3:19 pm	□ ♂	♏ 20 1:25 am
5:55 pm 2:55 pm	△ ♀	♏ 20 1:25 am
8:10 am 5:10 am	△ ♀	✗ 22 11:48 am 8:48 am
11:48 am 8:48 am	□ ♀	✗ 22 11:48 am 8:48 am
3:22 am 12:22 am	* ☉	♒ 24 8:00 pm 5:00 pm
9:55 am 6:55 am	★ ♀	☓ 27 1:42 am 10:42 am
6:06 am 3:06 am	□ ♆	☓ 27 1:42 am 10:42 am
5:38 am 2:38 am	□ ♀	♈ 29 4:54 am 1:54 am
9:06 am 6:06 am	* ♇	♈ 29 4:54 am 1:54 am
8:34 am 5:34 am	♂ ♀	

Phases & Eclipses

phase	day	EST / hr:mn / PST
New Moon	4	3:34 am 12:34 am
2nd Quarter	11	3:52 am 12:52 am
Full Moon	19	8:34 am 5:34 am
	19	27° ♉ 33'
4th Quarter	27	10:46 am 7:46 am

Planet Ingress

	EST / hr:mn / PST
♀ ✗ 19 6:29 pm 3:29 pm
☉ ✗ 22 6:54 am 3:54 am
♀ ♏ 27 3:09 pm 12:09 pm

Planetary Motion

	day	EST / hr:mn / PST
♇ D	3	10:27 pm
♀ R	20	1:27 am
♀ D	22	2:12 am
♀ D	23	12:25 pm 9:25 am

DATE	SID.TIME	SUN	MOON	NODE	MERCURY	VENUS	MARS	JUPITER	SATURN	URANUS	NEPTUNE	PLUTO	CERES	PALLAS	JUNO	VESTA	CHIRON
1 F	2:40:26	8 ♏ 23 12	14 ♏ 05	8 ♌ R, 00	3 ♏ 25	7 ♏ R, 05	10 ♎ 45	16 ♌ 23	28 Ⅱ R, 42	24 ≈ R, 55	8 ≈ 55	16 ✗ 27	5 ✗ R, 27	12 ♋ 00	21 ♍ 45	14 ♍ 3	5 ✗ 50
2 Sa	2:44:22	9 23 15	29 18	8 00	4 45	6 59	11 23	16 27	28 40	24 55	8 55	16 29	5 18	12 27	21 06	15 15	5 49
3 Su	2:48:19	10 23 19	14 ✗ 06	7 R, 55	6 07	6 50	12 01	16 30	28 38	24 D 55	8 55	16 31	5 10	12 54	21 28	15 40	5 47
4 M	2:52:16	11 23 24	28 41	7 51	7 30	6 40	12 39	16 34	28 36	24 55	8 55	16 34	5 02	13 21	21 49	16 04	5 45
5 T	2:56:12	12 23 31	12 ♑ 56	7 49	8 53	6 28	13 18	16 37	28 35	24 55	8 56	16 36	4 55	13 49	22 10	16 28	5 43
6 W	3:00:09	13 23 40	26 44	7 D 49	10 17	6 15	13 56	16 41	28 33	24 55	8 56	16 39	4 49	14 16	22 31	16 52	5 41
7 Th	3:04:05	14 23 50	10 ≈ 02	7 49	11 42	6 01	14 34	16 45	28 32	24 55	8 56	16 42	4 42	14 44	22 52	17 15	5 40
8 F	3:08:02	15 24 01	22 51	7 R, 49	13 06	5 46	15 13	16 48	28 31	24 55	8 56	16 45	4 36	15 12	23 12	17 38	5 38
9 Sa	3:11:58	16 24 14	5 ¥ 15	7 48	14 30	5 31	15 51	16 52	28 30	24 55	8 57	16 48	4 30	15 40	23 33	18 00	5 36
10 Su	3:15:55	17 24 44	17 19	7 44	15 55	5 14	16 30	16 56	28 29	24 55	8 57	16 51	4 25	16 08	23 53	18 22	5 34
11 M	3:19:52	18 25 02	29 10	7 38	17 19	4 57	17 08	17 00	28 29	24 56	8 58	16 54	4 19	16 36	24 13	18 43	5 32
12 T	3:23:48	19 25 18	10 ♈ 55	7 29	18 43	4 40	17 47	17 04	28 28	24 56	8 58	16 58	4 14	17 04	24 33	19 04	5 31
13 W	3:27:45	20 25 36	22 43	7 19	20 06	4 22	18 26	17 08	28 28	24 56	8 59	17 01	4 10	17 32	24 52	19 24	5 29
14 Th	3:31:41	21 25 55	4 ♉ 40	7 08	21 29	4 03	19 04	17 12	28 27	24 57	8 59	17 05	4 05	18 00	25 11	19 43	5 27
15 F	3:35:38	22 26 17	16 50	6 57	22 52	3 44	19 43	17 16	28 27	24 57	9 00	17 08	4 01	18 29	25 30	20 02	5 26
16 Sa	3:39:34	23 26 35	29 18	6 47	24 14	3 25	20 22	17 20	28 R, 27	24 58	9 01	17 12	3 57	18 57	25 49	20 20	5 24
17 Su	3:43:31	24 27 08	12 Ⅱ 03	6 40	25 35	3 06	21 00	17 24	28 27	24 59	9 01	17 16	3 54	19 26	26 08	20 38	5 23
18 M	3:47:27	25 27 25	25 06	6 35	26 56	2 47	21 39	17 28	28 27	24 59	9 02	17 20	3 51	19 54	26 26	20 55	5 21
19 T	3:51:24	26 27 56	8 ♋ 22	6 D 33	28 17	2 28	22 18	17 32	28 27	25 00	9 03	17 24	3 48	20 23	26 44	21 11	5 20
20 W	3:55:20	27 28 29	21 46	6 33	29 36	2 09	22 57	17 36	28 28	25 01	9 04	17 28	3 46	20 52	27 02	21 27	5 18
21 Th	3:59:17	28 29 02	5 ♌ 15	6 R, 34	0 ✗ 55	1 50	23 36	17 40	28 28	25 02	9 05	17 32	3 44	21 20	27 20	21 42	5 17
22 F	4:03:14	29 29 36	18 46	6 35	2 13	1 31	24 14	17 44	28 29	25 03	9 06	17 37	3 43	21 49	27 38	21 56	5 15
23 Sa	4:07:10	0 ✗ 30 14	2 ♍ 22	6 33	3 30	1 14	24 53	17 48	28 30	25 04	9 07	17 41	3 D 42	22 18	27 56	22 10	5 14
24 Su	4:11:07	1 30 51	16 00	6 29	4 46	0 58	25 32	17 52	28 31	25 05	9 08	17 45	3 42	22 47	28 13	22 23	5 13
25 M	4:15:03	2 31 30	29 41	6 23	6 00	0 43	26 11	17 56	28 32	25 06	9 09	17 50	3 43	23 16	28 30	22 36	5 12
26 T	4:19:00	3 32 10	13 ≏ 24	6 15	7 13	0 30	26 50	18 00	28 33	25 07	9 10	17 54	3 43	23 45	28 47	22 47	5 10
27 W	4:22:56	4 32 51	27 06	6 04	8 24	0 18	27 30	18 04	28 35	25 08	9 11	17 59	3 44	24 14	29 03	22 58	5 09
28 Th	4:26:53	5 33 34	10 ♏ 48	5 52	9 34	0 08	28 09	18 08	28 37	25 10	9 13	18 04	3 46	24 44	29 20	23 08	5 08
29 F	4:30:50	6 34 18	24 28	5 40	10 41	0 00	28 48	18 12	28 39	25 11	9 14	18 08	3 48	25 13	29 36	23 18	5 07
30 Sa	4:34:46	7 35 04	8 ✗ 03	5 30	11 46	0 D 00	29 27	18 16	28 41	25 13	9 15	18 13	3 50	25 43	29 ♍ 52	23 26	5 06

EPHEMERIS CALCULATED FOR 12 MIDNIGHT GREENWICH MEAN TIME. ALL OTHER DATA AND FACING ASPECTARIAN PAGE IN **EASTERN STANDARD TIME (BOLD)** AND PACIFIC STANDARD TIME (REGULAR).

DECEMBER 2002

1 SUNDAY
☽ ⚺ ⚶ **12:53 am**
☽ △ ♄ **1:15 am**
☽ ☌ ♂ **6:06 am** 3:06 am
☽ ☌ ⚵ **8:14 am** 5:14 am
☽ ☌ ♀ **9:38 am** 6:38 am
☽ ⚻ ⚳ **12:46 pm** 9:46 am
♄ □ ⚶ **1:05 pm** 10:05 am
☽ ✶ ⚷ **6:55 pm** 3:55 pm
☽ □ ♆ **8:22 pm** 5:22 pm
☽ ⚺ ☉ **10:05 pm** 7:05 pm

2 MONDAY
☽ ⚺ ♇ **10:07 am** 7:07 am
☽ □ ♀ **10:42 am** 7:42 am
☽ □ ♃ **11:37 am** 8:37 am
☽ ⚺ ☿ **4:03 pm** 1:03 pm
☽ □ ♅ **11:15 pm** 8:15 pm
☽ ⚻ ♄ 10:42 pm
☽ ✶ ⚶ 11:49 pm

3 TUESDAY
☽ ⚻ ♄ **1:42 am**
☽ ✶ ⚶ **2:49 am**
☽ ⚺ ♂ **9:03 am** 6:03 am
☽ ⚺ ⚵ **10:03 am** 7:03 am
☽ ⚺ ♀ **11:45 am** 8:45 am
☽ △ ⚳ **1:42 pm** 10:42 am
☽ ⚺ ⚷ **8:02 pm** 5:02 pm
☽ ✶ ♆ **9:16 pm** 6:16 pm
☽ ☌ ☉ 11:34 pm

4 WEDNESDAY
☽ ☌ ☉ **2:34 am**
☽ ☌ ♇ **11:18 am** 8:18 am
☽ ✶ ♀ **12:33 pm** 9:33 am
☽ △ ♃ **12:43 pm** 9:43 am
♃ ☍ ♀ **10:47 pm** 7:47 pm
☽ ☌ ☿ **11:10 pm** 8:10 pm
☽ ✶ ♅ 9:45 pm
☽ ☍ ♄ 11:55 pm

5 THURSDAY
☽ ✶ ♅ **12:45 am**
☽ ☍ ♄ **2:55 am**
♂ ☌ ⚵ **5:34 am** 2:34 am
☽ □ ⚶ **5:37 am** 2:37 am
☽ ✶ ⚵ **1:00 pm** 10:00 am
☽ ✶ ♂ **1:10 pm** 10:10 am
☿ ✶ ♅ **2:09 pm** 11:09 am
☽ ✶ ♀ **3:20 pm** 12:20 pm
☽ □ ⚳ **3:53 pm** 12:53 pm
☽ ☌ ⚷ **10:36 pm** 7:36 pm
☽ ⚺ ♆ **11:38 pm** 8:38 pm

6 FRIDAY
☿ ☍ ♄ **8:36 am** 5:36 am
☽ ⚺ ☉ **9:06 am** 6:06 am
♀ ⚻ ⚳ **9:19 am** 6:19 am
☽ ⚺ ♇ **2:26 pm** 11:26 am
☽ ⚻ ♃ **3:46 pm** 12:46 pm
☽ ⚺ ♀ **4:30 pm** 1:30 pm

7 SATURDAY
☽ ⚺ ♅ **4:37 am** 1:37 am
☽ ⚻ ♄ **6:31 am** 3:31 am
☽ ⚺ ☿ **9:29 am** 6:29 am
☽ △ ⚶ **11:05 am** 8:05 am
☽ □ ⚵ **6:49 pm** 3:49 pm
☽ □ ♂ **8:24 pm** 5:24 pm
☽ ✶ ⚳ **8:56 pm** 5:56 pm
☽ □ ♀ **10:13 pm** 7:13 pm

8 SUNDAY
☿ □ ⚶ **3:03 am** 12:03 am
☽ ⚺ ⚷ **4:10 am** 1:10 am
☽ ☌ ♆ **4:59 am** 1:59 am
♂ ⚻ ⚳ **8:57 am** 5:57 am
☽ ✶ ☉ **7:38 pm** 4:38 pm
☽ ✶ ♇ **8:53 pm** 5:53 pm
☽ ☍ ♃ **10:06 pm** 7:06 pm
☽ ☌ ♀ **11:58 pm** 8:58 pm

9 MONDAY
☉ ☌ ♇ **11:57 am** 8:57 am
☽ ☌ ♅ **12:02 pm** 9:02 am
☽ △ ♄ **1:35 pm** 10:35 am
☽ ⚻ ⚶ **8:24 pm** 5:24 pm
☽ ✶ ☿ 9:52 pm
☉ △ ♃ 11:16 pm

10 TUESDAY
☽ ✶ ☿ **12:52 am**
☉ △ ♃ **2:16 am**
☽ △ ⚵ **4:33 am** 1:33 am
☽ ⚺ ⚳ **5:47 am** 2:47 am
☽ △ ♂ **7:53 am** 4:53 am
☽ △ ♀ **9:32 am** 6:32 am
☽ ✶ ⚷ **1:31 pm** 10:31 am
☽ ⚺ ♆ **2:04 pm** 11:04 am

11 WEDNESDAY
☽ □ ♇ **7:00 am** 4:00 am
☽ ⚻ ♃ **8:01 am** 5:01 am
☽ □ ☉ **10:49 am** 7:49 am
☽ ⚺ ♀ **11:18 am** 8:18 am
☿ ✶ ⚵ **1:51 pm** 10:51 am
☉ ✶ ♀ **6:19 pm** 3:19 pm
☿ □ ⚳ **7:45 pm** 4:45 pm
☽ ⚺ ♅ **10:57 pm** 7:57 pm
☽ □ ♄ 9:02 pm

12 THURSDAY
☽ □ ♄ **12:02 am**
☽ ☍ ⚶ **9:18 am** 6:18 am
☽ ⚻ ⚵ **5:41 pm** 2:41 pm
☽ ☌ ⚳ **5:55 pm** 2:55 pm
☽ □ ☿ **8:54 pm** 5:54 pm
☽ ⚻ ♂ **10:59 pm** 7:59 pm
☽ ⚻ ♀ 9:42 pm
☽ □ ⚷ 10:54 pm
☽ ✶ ♆ 11:06 pm

13 FRIDAY
☽ ⚻ ♀ **12:42 am**
☽ □ ⚷ **1:54 am**
☽ ✶ ♆ **2:06 am**
⚳ ⚻ ⚵ **8:15 am** 5:15 am
☽ △ ♇ **7:36 pm** 4:36 pm
☽ △ ♃ **8:18 pm** 5:18 pm
☿ ✶ ♂ 9:25 pm
☽ ✶ ♀ 10:06 pm
♀ ✶ ⚷ 10:11 pm
♀ □ ♆ 11:18 pm

14 SATURDAY
☿ ✶ ♂ **12:25 am**
☽ ✶ ♀ **1:06 am**
♀ ✶ ⚷ **1:11 am**
♀ □ ♆ **2:18 am**
☽ △ ☉ **4:58 am** 1:58 am
♆ ⚺ ⚷ **11:41 am** 8:41 am
☽ ✶ ♅ **11:48 am** 8:48 am
☽ ✶ ♄ **12:18 pm** 9:18 am
☿ ⚺ ♆ **3:05 pm** 12:05 pm
☿ ☌ ⚷ **3:15 pm** 12:15 pm
☽ ⚻ ⚶ **11:48 pm** 8:48 pm
☿ ✶ ♀ 11:09 pm

15 SUNDAY
☿ ✶ ♀ **2:09 am**
☽ ⚺ ⚳ **7:19 am** 4:19 am
☽ ☍ ⚵ **8:03 am** 5:03 am
♂ □ ♆ **11:07 am** 8:07 am
♂ ✶ ⚷ **2:08 pm** 11:08 am
☽ □ ♆ **3:00 pm** 12:00 pm
☽ △ ⚷ **3:10 pm** 12:10 pm
☽ ☍ ♂ **3:13 pm** 12:13 pm
☽ ☍ ♀ **5:13 pm** 2:13 pm
☽ △ ☿ **6:18 pm** 3:18 pm

16 MONDAY
☽ ⚻ ♇ **8:20 am** 5:20 am
☽ □ ♃ **8:40 am** 5:40 am
☽ □ ♀ **2:52 pm** 11:52 am
♄ △ ♅ **4:35 pm** 1:35 pm
☽ ⚻ ☉ **10:54 pm** 7:54 pm
☽ ⚺ ♄ 9:07 pm
☽ □ ♅ 9:11 pm

17 TUESDAY
☽ ⚺ ♄ **12:07 am**
☽ □ ♅ **12:11 am**
☉ ☍ ♄ **12:28 pm** 9:28 am
☽ △ ⚶ **1:20 pm** 10:20 am
☉ ✶ ♅ **2:50 pm** 11:50 am
☽ ✶ ⚳ **7:39 pm** 4:39 pm
☽ ⚻ ⚵ **9:12 pm** 6:12 pm
☽ △ ♆ 11:34 pm

18 WEDNESDAY
☽ △ ♆ **2:34 am**
☽ ⚻ ⚷ **3:03 am** 12:03 am
☽ ⚻ ♂ **5:53 am** 2:53 am
♃ △ ♇ **8:41 am** 5:41 am
☽ ⚻ ♀ **8:21 am** 5:21 am
☽ ⚻ ☿ **1:22 pm** 10:22 am
☽ ✶ ♃ **7:14 pm** 4:14 pm
☽ ☍ ♇ **7:18 pm** 4:18 pm
☽ △ ♀ 11:38 pm

19 THURSDAY
☽ △ ♀ **2:38 am**
☽ ☌ ♄ **9:53 am** 6:53 am
☽ △ ♅ **10:30 am** 7:30 am
☽ ☍ ☉ **2:10 pm** 11:10 am
☽ □ ⚶ 9:21 pm

20 FRIDAY
☽ □ ⚶ **12:21 am**
☽ □ ⚳ **5:38 am** 2:38 am
☽ △ ⚵ **7:47 am** 4:47 am
☽ ⚻ ♆ **11:42 am** 8:42 am
☽ ☍ ⚷ **12:29 pm** 9:29 am
☿ ⚻ ♃ **4:58 pm** 1:58 pm
☽ △ ♂ **5:43 pm** 2:43 pm
☽ △ ♀ **8:46 pm** 5:46 pm
☿ ⚺ ♇ **8:47 pm** 5:47 pm

21 SATURDAY
☽ ⚺ ♃ **3:18 am** 12:18 am
☽ ⚻ ♇ **3:45 am** 12:45 am
☽ ☍ ☿ **4:31 am** 1:31 am
☽ ⚻ ♀ **11:46 am** 8:46 am
☽ ⚺ ♄ **5:12 pm** 2:12 pm
☽ ⚻ ♅ **6:18 pm** 3:18 pm
☽ ⚻ ☉ 11:16 pm

22 SUNDAY
☽ ⚻ ☉ **2:16 am**
☽ ✶ ⚶ **8:43 am** 5:43 am
☽ △ ⚳ **1:09 pm** 10:09 am
☽ □ ⚵ **3:47 pm** 12:47 pm
☽ ☍ ♆ **6:27 pm** 3:27 pm
☽ ⚻ ⚷ **7:30 pm** 4:30 pm
☽ □ ♂ 11:51 pm

23 MONDAY
☽ □ ♂ **2:51 am**
☽ □ ♀ **6:34 am** 3:34 am
☽ ☌ ♃ **9:07 am** 6:07 am
☽ △ ♇ **9:56 am** 6:56 am
☽ ⚻ ☿ **4:03 pm** 1:03 pm
☽ ☍ ♀ **6:37 pm** 3:37 pm
☽ ✶ ♄ **10:27 pm** 7:27 pm
☽ ☍ ♅ **11:58 pm** 8:58 pm

24 TUESDAY
☽ △ ☉ **11:48 am** 8:48 am
☽ ⚺ ⚶ **2:57 pm** 11:57 am
☽ ⚻ ⚳ **6:44 pm** 3:44 pm
♀ □ ♃ **8:26 pm** 5:26 pm
☽ ✶ ⚵ **9:44 pm** 6:44 pm
☽ ⚻ ♆ **11:21 pm** 8:21 pm
☽ △ ⚷ 9:37 pm

25 WEDNESDAY
☽ △ ⚷ **12:37 am**
☿ ⚺ ♀ **7:20 am** 4:20 am
☽ ✶ ♂ **9:56 am** 6:56 am
☽ ⚺ ♃ **1:13 pm** 10:13 am
♀ ⚺ ♇ **2:04 pm** 11:04 am
☽ □ ♇ **2:24 pm** 11:24 am
☽ ✶ ♀ **2:25 pm** 11:25 am
☽ ⚻ ♄ **11:46 pm** 8:46 pm
☽ △ ☿ 9:45 pm
☽ □ ♄ 11:10 pm

26 THURSDAY
☽ △ ☿ **12:45 am**
☽ □ ♄ **2:10 am**
☽ ⚻ ♅ **4:05 am** 1:05 am
☿ ⚻ ♄ **7:06 pm** 4:06 pm
☽ □ ☉ **7:31 pm** 4:31 pm
☽ ☌ ⚶ **7:39 pm** 4:39 pm
☉ □ ⚶ **10:04 pm** 7:04 pm
☽ ☍ ⚳ **10:56 pm** 7:56 pm
☽ ⚺ ⚵ 11:16 pm
☽ △ ♆ 11:54 pm

27 FRIDAY
☽ ⚺ ⚵ **2:16 am**
☽ △ ♆ **2:54 am**
☽ □ ⚷ **4:24 am** 1:24 am
☽ ⚺ ♂ **3:36 pm** 12:36 pm
☽ ✶ ♃ **4:08 pm** 1:08 pm
☽ ✶ ♇ **5:41 pm** 2:41 pm
☽ ⚺ ♀ **8:58 pm** 5:58 pm
♂ □ ♃ 11:22 pm

28 SATURDAY
♂ □ ♃ **2:22 am**
☽ △ ♀ **3:46 am** 12:46 am
☽ △ ♄ **4:49 am** 1:49 am
☿ ⚺ ♅ **5:19 am** 2:19 am
☽ △ ♅ **7:09 am** 4:09 am
☽ □ ☿ **7:15 am** 4:15 am
♆ □ ⚵ **3:21 pm** 12:21 pm
☽ ⚺ ⚶ **11:21 pm** 8:21 pm
☽ ✶ ☉ 11:05 pm
☽ ⚻ ⚳ 11:15 pm

29 SUNDAY
☽ ✶ ☉ **2:05 am**
☽ ⚻ ⚳ **2:15 am**
☉ □ ⚳ **4:46 am** 1:46 am
☽ □ ♆ **5:36 am** 2:36 am
☽ ☌ ⚵ **5:51 am** 2:51 am
☽ ✶ ⚷ **7:20 am** 4:20 am
♂ ⚺ ♇ **4:11 pm** 1:11 pm
☽ □ ♃ **6:19 pm** 3:19 pm
☽ ⚺ ♇ **8:15 pm** 5:15 pm
☽ ☌ ♂ **8:26 pm** 5:26 pm
♄ △ ♀ **9:15 pm** 6:15 pm
☽ ☌ ♀ 11:48 pm

30 MONDAY
☽ ☌ ♀ **2:48 am**
☽ ⚻ ♄ **6:54 am** 3:54 am
☽ □ ♀ **7:09 am** 4:09 am
☽ □ ♅ **9:39 am** 6:39 am
☽ ✶ ☿ **12:04 pm** 9:04 am
☽ ✶ ⚶ 11:38 pm

31 TUESDAY
☽ ✶ ⚶ **2:38 am**
☉ ⚺ ♆ **5:03 am** 2:03 am
☽ △ ⚳ **5:17 am** 2:17 am
☽ ✶ ♆ **8:04 am** 5:04 am
☽ ⚺ ☉ **8:17 am** 5:17 am
☽ ⚺ ⚵ **9:10 am** 6:10 am
☽ ⚺ ⚷ **10:02 am** 7:02 am
☽ △ ♃ **8:26 pm** 5:26 pm
☽ ☌ ♇ **10:48 pm** 7:48 pm
☉ ✶ ⚵ 9:40 pm
☽ ⚺ ♂ 10:15 pm

Eastern Standard Time in bold type
Pacific Standard Time in medium type

DECEMBER 2002

Last Aspect / Ingress

Last Aspect			Ingress		
day	EST / hr:mn / PST	asp	sign day	EST / hr:mn / PST	
1	6:06 am 3:06 am	⊙ ♂	♐ 1	6:15 am 3:15 am	
2	11:15 am 8:15 am	□ ♀	♑ 3	6:58 am 3:58 am	
4			⧫ 5	8:39 am 5:39 am	
5	2:55 am		♓ 7	8:39 am 5:39 am	
7	3:20 pm 12:20 pm	✶ ⊙	♈ 9	9:54 am 6:54 am	
9	1:35 pm 10:35 am	□ ♀	♉ 11	12:54 pm 9:54 am	
	9:02 pm		♊ 13	8:46 pm 5:46 pm	
12	12:02 am		♋ 16	7:58 am 4:58 am	
14	12:18 pm 9:18 am		♌ 18	8:43 pm 5:43 pm	
16	9:11 pm		♍ 21	8:43 am 5:43 am	

Last Aspect / Ingress (continued)

day	EST / hr:mn / PST	asp	sign day	EST / hr:mn / PST
17	12:11 am		♎ 18	8:43 pm 11:34 pm
19	2:10 pm 11:10 am		♏ 19	6:30 pm 3:30 pm
21	4:31 am 1:31 am		♐ 21	1:48 am
23	11:58 pm 8:58 pm		♑ 24	7:05 am 4:05 am
26	2:10 am		⧫ 26	10:53 am 7:53 am
28	7:15 am 4:15 am		♓ 28	1:41 pm 10:41 am
30	12:04 pm 9:04 am		♈ 30	4:01 pm 1:01 pm

Phases & Eclipses

phase	day	EST / hr:mn / PST
New Moon	3	11:34 pm
New Moon	4	2:34 am
2nd Quarter	11	10:49 am 7:49 am
Full Moon	19	2:10 pm 11:10 am
4th Quarter	26	7:31 pm 4:31 pm

Planet Ingress

	day	EST / hr:mn / PST
♂ ♏	1	9:26 am 6:26 am
⊙ ♑	3	3:21 pm 12:21 pm
♆ ⧫	10	9:52 am 6:52 am
⊙ ♑	21	8:14 pm 5:14 pm

Planetary Motion

	day	EST / hr:mn / PST
♃ R	4	7:22 am 4:22 pm

Main Ephemeris Table

DATE	SID.TIME	SUN	MOON	NODE	MERCURY	VENUS	MARS	JUPITER	SATURN	URANUS	NEPTUNE	PLUTO	CERES	PALLAS	JUNO	VESTA	CHIRON
1 Su	4:38:43	8♐36 19	23 ♏ 06	0♊41	10 ♐ 56	29 ♏ 29	29 ♎ 04	18 ♌ 15	26 Ⅱ 57	25 ☰ 13	8 ☰ 42	17 ♐ 07	3 ♏ 17	17 ♐ 10	26 ♏ 02	26 ♑ 37	7 ♐ 42
2 M	4:42:39	9 37 09	7 ♐ 06	0 51	12 19	0 ♐ 41	0 ♏ 41	18 18	26 52	25 14	8 43	17 09	4 01	17 23	26 22	26 58	7 48
3 T	4:46:36	10 37 55	20 51	0 58	13 41	1 54	1 19	18 21	26 47	25 15	8 44	17 12	4 45	17 37	26 41	27 20	7 54
4 W	4:50:32	11 38 42	4 ♐ 21	0 59	15 04	3 06	1 56	18 R 23	26 42	25 16	8 46	17 14	5 30	17 50	27 01	27 42	7 59
5 Th	4:54:29	12 39 30	17 38	0 56	16 26	4 18	2 33	18 24	26 37	25 17	8 47	17 16	6 14	18 04	27 21	28 03	8 05
6 F	4:58:25	13 40 18	0 ♑ 42	0 51	17 48	5 31	3 10	18 26	26 33	25 19	8 49	17 18	6 59	18 17	27 42	28 24	8 11
7 Sa	5:02:22	14 41 07	13 32	0 44	19 10	6 43	3 48	18 26	26 28	25 20	8 50	17 21	7 43	18 30	28 02	28 45	8 16
8 Su	5:06:19	15 42 49	26 08	0 40	20 32	7 55	4 25	18 27	26 23	25 22	8 52	17 23	8 28	18 43	28 22	29 06	8 22
9 M	5:10:15	16 43 34	8 ♒ 30	0 D 38	21 53	9 08	5 02	18 R 27	26 19	25 23	8 54	17 25	9 13	18 56	28 43	29 27	8 28
10 T	5:14:12	17 44 30	20 37	0 37	23 14	10 20	5 39	18 27	26 15	25 25	8 55	17 28	9 58	19 09	29 03	29 47	8 34
11 W	5:18:08	18 45 15	2 ♓ 31	0 38	24 34	11 32	6 16	18 26	26 11	25 27	8 57	17 30	10 43	19 21	29 24	0 ♒ 08	8 40
12 Th	5:22:05	19 46 03	14 15	0 R 39	25 53	12 44	6 53	18 25	26 06	25 29	8 59	17 32	11 28	19 33	29 45	0 28	8 45
13 F	5:26:01	20 47 53	25 52	0 39	27 11	13 56	7 30	18 24	26 03	25 31	9 01	17 35	12 13	19 45	0 ⧫ 06	0 48	8 51
14 Sa	5:29:58	21 48 19	7 ♈ 29	0 37	28 27	15 08	8 07	18 22	25 59	25 34	9 03	17 37	12 58	19 56	0 27	1 08	8 57
15 Su	5:33:54	22 49 09	19 08	0 32	29 41	16 20	8 44	18 19	25 55	25 36	9 05	17 39	13 44	20 08	0 48	1 28	9 03
16 M	5:37:51	23 49 59	0 ♉ 55	0 24	0 ♑ 51	17 32	9 20	18 17	25 52	25 38	9 07	17 42	14 29	20 19	1 09	1 47	9 09
17 T	5:41:48	24 50 51	12 51	0 15	1 58	18 45	9 57	18 14	25 49	25 41	9 09	17 44	15 14	20 30	1 31	2 06	9 15
18 W	5:45:44	25 51 43	25 01	0 04	3 00	19 57	10 33	18 10	25 46	25 43	9 11	17 47	16 00	20 40	1 52	2 25	9 21
19 Th	5:49:41	26 52 36	7 Ⅱ 26	29 ♉ 54	3 58	21 09	11 09	18 06	25 43	25 46	9 13	17 49	16 45	20 50	2 14	2 44	9 27
20 F	5:53:37	27 53 30	20 10	29 45	4 50	22 21	11 45	18 02	25 40	25 49	9 15	17 52	17 31	21 00	2 35	3 02	9 33
21 Sa	5:57:34	28 54 25	3 ♋ 14	29 38	5 35	23 33	12 21	17 57	25 38	25 52	9 17	17 54	18 17	21 10	2 57	3 22	9 39
22 Su	6:01:30	29 55 21	16 41	29 34	6 13	24 45	12 57	17 52	25 35	25 54	9 20	17 57	19 03	21 19	3 19	3 40	9 45
23 M	6:05:27	0 ♑ 56 17	0 ♌ 30	29 D 32	6 43	25 57	13 33	17 46	25 33	25 57	9 22	17 59	19 49	21 28	3 41	3 58	9 51
24 T	6:09:23	1 57 14	14 39	29 32	7 03	27 09	14 08	17 40	25 31	26 00	9 24	18 02	20 35	21 37	4 03	4 16	9 57
25 W	6:13:20	2 58 12	29 03	29 R 33	7 13	28 21	14 43	17 34	25 29	26 03	9 27	18 04	21 22	21 45	4 25	4 33	10 04
26 Th	6:17:13	3 59 10	13 ♍ 34	29 33	7 R 13	29 33	15 18	17 27	25 27	26 06	9 29	18 07	22 08	21 53	4 47	4 51	10 10
27 F	6:21:13	5 00 09	28 06	29 31	7 01	0 ♑ 45	15 53	17 20	25 25	26 09	9 32	18 09	22 55	22 01	5 08	5 08	10 16
28 Sa	6:25:10	6 01 09	12 ♎ 30	29 27	6 38	1 57	16 28	17 13	25 24	26 12	9 34	18 12	23 42	22 09	5 30	5 24	10 22
29 Su	6:29:06	7 02 09	26 42	29 21	6 04	3 09	17 02	17 05	25 22	26 16	9 37	18 15	24 29	22 16	5 52	5 42	10 27
30 M	6:33:03	8 03 10	10 ♏ 38	29 12	5 19	4 21	17 36	16 57	25 21	26 19	9 39	18 17	25 16	22 23	6 14	5 58	10 33
31 T	6:36:59	9 04 11	24 17	29 02	4 24	5 32	18 10	16 49	25 20	26 23	9 42	18 20	26 03	22 30	6 36	6 14	10 39

EPHEMERIS CALCULATED FOR 12 MIDNIGHT GREENWICH MEAN TIME. ALL OTHER DATA AND FACING ASPECTARIAN PAGE IN **EASTERN STANDARD TIME (BOLD)** AND PACIFIC STANDARD TIME (REGULAR).

Llewellyn Computerized Astrology Reports

Simple Natal Chart

This is your best choice if you want a detailed birth chart and prefer to do your own interpretations. It is loaded with information, including a chart wheel, aspects, declinations, nodes, major asteroids, and more. (Tropical zodiac/Placidus houses, unless specified.)
APS03-119: $5.00

Astro*Talk Advanced Natal Report

One of the best interpretations of your birth chart you'll ever read. The no-nonsense descriptions of the unique effects of the planets on your character will amaze and enlighten you.
APS03-525: $30.00

TimeLine Transit/Progression Forecast

Love, money, health—everybody wants to know what lies ahead, and this report will keep you one-up on your future. The TimeLine forecast is invaluable for seizing opportunities and timing your moves. Reports begin the first day of the month you choose. Specify current residence.

3-month TimeLine Forecast APS03-526: $12.00
6-month TimeLine Forecast APS03-527: $20.00
1-year TimeLine Forecast APS03-528: $30.00

Friends and Lovers

Find out how you relate to others, and whether you are really compatible with your current or potential lover, spouse, friend, or business partner! This service includes planetary placements for both people, so send birth data for both and specify "friends" or "lovers."
APS03-529: $20.00

Woman to Woman

Finally, astrology from a feminine point of view! Gloria Star brings her special insight to this detailed look into the mind, soul, and spirit of the modern female.
APS03-531: $30.00

Child*Star

An astrological look at your child's inner world through a skillful interpretation of his or her unique birth chart. As relevant for teens as it is for newborns. Specify your child's sex.
APS03-530: $20.00

Heaven Knows What

Discover who you are and where you're headed. This report contains a classic interpretation of your birth chart *and* a look at upcoming events, as presented by the time-honored master of the astrological arts, Grant Lewi.
APS03-532: $30.00

Astrological Services Order Form

Be sure to give accurate birth data including exact time, date, and place of birth. (Check your birth certificate for this information!) Noon will be used as your birthtime if you don't provide an exact time. Llewellyn will not be responsible for mistakes that result from inaccurate information.

1. Name and number of desired service

Full name (first, middle, last)

Birthplace (city, county, state, country)

Birthday (month, day, year)   Birthtime   ❏ a.m. ❏ p.m

2. Name and number of desired service

Full name (first, middle, last)

Birthplace (city, county, state, country)

Birthday (month, day, year)   Birthtime   ❏ a.m. ❏ p.m

Billing Information

Name

Address

City, State, Zip

Daytime phone:

Make check or money order payable to Llewellyn Publications, or charge it!
Check one: ❏ Visa ❏ MasterCard ❏ American Express

Account Number   Expiration Date

Cardholder Signature

Mail this form and payment to:
Llewellyn's Personal Services • P.O. Box 64383 • St. Paul, MN 55164-0383• K-972
Allow 4 to 6 weeks for delivery

Save $$ on Llewellyn Annuals!

Llewellyn has two ways for you to save money on our annuals. With a four-year subscription, you receive your books as soon as they are published — and your price stays the same every year, even if there's an increase in the cover price! Llewellyn pays postage and handling for subscriptions. Buy any 2 subscriptions and take $2 off; buy 3 and take $3 off; buy 4 subscriptions and take an additional $5 off the cost!

Subscriptions (4 years, 2002–2005):

- ☐ Astrological Calendar.................$51.80
- ☐ Witches' Calendar $51.80
- ☐ Tarot Calendar $51.80
- ☐ Goddess Calendar $51.80
- ☐ Spell-A-Day Calendar...............$43.80
- ☐ Daily Planetary Guide...............$39.80
- ☐ Witches' Datebook....................$39.80
- ☐ Astrological Pocket Planner......$27.80
- ☐ Sun Sign Book............................$31.80
- ☐ Moon Sign Book.........................$31.80
- ☐ Herbal Almanac $31.80
- ☐ Magical Almanac $31.80

Individual Copies of Annuals:
Include $4 postage for orders $15 and under and $5 for orders over $15. Llewellyn pays postage for all orders over $100.

2001	2002		
☐	☐	Astrological Calendar	$12.95
☐	☐	Witches' Calendar	$12.95
☐	☐	Tarot Calendar	$12.95
☐	☐	Goddess Calendar	$12.95
☐	☐	Spell-A-Day Calendar	$10.95
☐	☐	Daily Planetary Guide	$9.95
☐	☐	Witches' Datebook	$9.95
☐	☐	Astrological Pocket Planner	$6.95
☐	☐	Sun Sign Book	$7.95
☐	☐	Moon Sign Book	$7.95
☐	☐	Herbal Almanac	$7.95
☐	☐	Magical Almanac	$7.95

Call 1-877-NEW-WRLD to order any of the Llewellyn books or services listed in this publication.